Wolfgang von Oettingen

Daniel Chodowiecki

Ein Berliner Künstlerleben im achtzehnten Jahrhundert

Wolfgang von Oettingen

Daniel Chodowiecki
Ein Berliner Künstlerleben im achtzehnten Jahrhundert

ISBN/EAN: 9783742894168

Hergestellt in Europa, USA, Kanada, Australien, Japan

Cover: Foto ©ninafisch / pixelio.de

Manufactured and distributed by brebook publishing software
(www.brebook.com)

Wolfgang von Oettingen

Daniel Chodowiecki

Vorwort.

Über Chodowiecki, den Liebling der Deutschen unter den Kleinmeistern des vorigen Jahrhunderts, fehlte es noch an einem Buche, das die Persönlichkeit des eigenartigen Mannes und die Entstehung seiner Werke in umfassender, anschaulicher Weise schilderte. Wohl ist in den kunstgeschichtlichen Handbüchern und in mehreren Monographien, vor allem in der Einleitung zu Engelmanns unentbehrlichem Kataloge „Daniel Chodowieckis sämtliche Kupferstiche“, das Wesentlichste über ihn bereits gesagt und der wichtigste Teil seiner historischen Bedeutung festgestellt worden, doch beansprucht gerade er eine eingehendere Behandlung, eine viel eindringlichere Würdigung. Denn zum rechten Verständnis seiner Vorzüge wie seiner Mängel gehört bei ihm noch mehr als bei anderen die Kenntnis aller Irrgänge und aller Erleuchtungen seines Genius, und es lohnt sich wirklich, ihn durch eine schlecht beratene, zerstückte Jugend hindurch in das Haus zu begleiten, das er als Mann sich zur Stätte unausgesetzten Schaffens gründete. Dort, im Kreise der Familie, bei der gewissenhaften Arbeit offenbart er sich uns am klarsten als der liebenswerte Mensch, dessen tiefstes Herz an dem teilzunehmen weiß, das seine Hand vollbringt. Wir schätzen Chodowiecki, mit Chr. Lichtenberg zu reden, vornehmlich als einen „Seelenmaler“: so muß es uns reizen, nun auch in seiner eigenen Seele zu lesen, ihre Elemente zu erforschen und zwischen ihr und den geistigen Strömungen ihrer Zeit, soweit es möglich ist, den Zusammenhang aufzudecken.

Zu unserer Freude und Genugthuung kann uns das in einem verhältnismäßig hohen Grade gelingen. Zwar pflegen Kriegshelden, Gesetzgeber, Erfinder, Dichter und wer sonst noch geeignet befunden wird, der Nachwelt gegenwärtig zu bleiben, ihren Weg im allgemeinen deutlicher zu bezeichnen als gerade ein Künstler. Der Künstler tritt ja meist bescheiden hinter seinem Lebenswerke zurück: es erfüllt seine Bestimmung gewöhnlich wie eine weithin verstreute

Handvoll Samen, von der man auf den Säemann nicht zu schließen vermag, und kaum verständlich ist oft, was es von seinem Schöpfer berichtet. Aber für Chodowiecki liegen die Dinge günstiger. Nicht nur lassen sich seine sämtlichen Arbeiten mit Sicherheit chronologisch anordnen und lehren uns dadurch seine Entwickelung in allen ihren Phasen begreifen, sondern es haben sich auch zahlreiche handschriftliche Zeugnisse erhalten, Tagebücher aus des Meisters Feder, Briefe von ihm und an ihn, Aufzeichnungen und Ausarbeitungen verschiedener Arten, also mannigfaltige Urkunden, wie sie sonst nur selten in einiger Fülle für die Lebensbeschreibung eines Künstlers vorhanden sind.

Dieses Material, von dem der Anhang Näheres berichtet, ist schon von Weise, dem Verfasser der biographischen Notizen für die Engelmannsche Einleitung, benutzt worden, aber er kannte nur einen kleinen Teil davon und konnte überdies nicht beabsichtigen, seine Studie durch weitere Ausarbeitung zu beschweren. Was er zu geben sich entschloß, genügte auch vollkommen zur Orientierung der Chodowiecki-Sammler, für die jenes Buch bestimmt war. Heutzutage verlangt das Publikum aber mehr. Die Kunstgeschichte hat sich einen Leser- und Hörerkreis erobert, der zum allseitigen Verständnis dessen, was sein Auge an Kunstwerken aufnimmt, immer lebhafter angeleitet werden will; und da die Liebe zu dem seltsamen Realisten Chodowiecki auch ihrerseits im Wachsen begriffen ist, so erschien eine wiederholte, gründlichere Ausbeutung jener Quellen für eine neue, auf breiterer Grundlage zu errichtende Biographie des Meisters gerechtfertigt und angezeigt.

Der Versuch, eine solche zu leisten, ist hier unternommen worden. Sollte es diesem Buche gelingen, ein wahres, richtig erfaßtes Bild des Künstlers zu entwerfen und dem ehrwürdigen Manne weitere Verehrer zu werben, so wäre der Erfolg zunächst der Verwertung jenes handschriftlichen Nachlasses zuzuschreiben

außer ihm (und selbstverständlich allen erreichbaren Werken Chodowieckis) wurde kaum mehr als die Litteratur herangezogen, die jedem Erforscher des deutschen achtzehnten Jahrhunderts geläufig ist. Mit bedingungsloser Bereitwilligkeit haben die unmittelbaren Nachkommen des Meisters, vor allen die Familien Chodowiecki, du Bois-Reymond, Ewald und Rosenberger, dem Verfasser zur Verfügung gestellt, was von den vorhandenen Aufzeichnungen irgendwie dazu dienen konnte, das Leben des großen Vorfahren zu beleuchten und seine Kenntnis mit merkwürdigen Einzelheiten zu bereichern; nicht minder wurde ihm das Studium und nach Bedürfnis die Reproduktion der zahlreichen Kunstwerke aller Gattungen erlaubt, die sich von dem Urahnen her bis auf die letzte Generation vererbt haben. Eine solche Gesinnung dankbarer Enkel ehrt sich selber; aber sie wird auch den Dank desjenigen nicht verschmähen, dessen jahrelanger Arbeit sie immer aufs neue zu gute gekommen ist. Möge dieser Dank in der Widmung des Buches, die allen, die es angeht, verständlich sein wird, seinen schlichten Ausdruck finden.

Nächst der Familie des Künstlers förderten noch viele Kunstfreunde, Kunstsammlungen und Bibliotheken mit gleicher Liberalität das vorliegende Werk; auch ihnen gebührt ein herzlicher Dank, der an Aufrichtigkeit nichts verliert, wenn er ihre Namen nicht im einzelnen aufzählt.

Düsseldorf, im Oktober 1895.

Der Verfasser.

Die Einwanderung der Franzosen.
(E. 78.)

Erstes Kapitel.

Die Jugendjahre: 1726—1743.

Chodowieckis Vorfahren. — Seine Eltern und Geschwister. — Charakter seiner Vaterstadt Danzig. — Kunstübung in der Familie. — Danziger Kunstverhältnisse. — Die „Principia“ der Zeichenkunst. — Chodowieckis erste Kunststudien. — Chodowiecki als Kaufmannslehrling. — Seine erste erhaltene Zeichnung. — Seine Versuche in Miniatur. — Studium der Danziger Kunstwerke. — Abreise nach Berlin.

Im Künstler den Menschen zu erkennen, hat man von jeher als lohnend erachtet. Wir zollen großen Meistern, mögen sie nun schaffend vor uns stehen oder nur noch in ihren Schöpfungen leben, im Anschauen ihrer Werke zunächst dankbare Bewunderung; dann jedoch suchen wir, wenn anders historische Betrachtung uns am Herzen liegt, das Werk aus dem Künstler, den Künstler aus seiner Zeit heraus zu erklären. Umgekehrt lockt es uns aber auch, im Menschen den Künstler aufzuspüren und zu entdecken, in welchem Sinne die künstlerische Wiedergabe empfangener Eindrücke ihm Bedürfnis ist und was ihn veranlaßt, seinen Gedanken gerade in den Formen Ausdruck zu verleihen, die wir an ihm kennen lernten. Bei solchen Überlegungen sind wir neuerdings geneigt, auf die Vererbung von Eigenschaften viele Rücksicht zu nehmen. Wer aber versuchen wollte, die Erscheinung Daniel Chodowieckis[1]) auf diese Weise zu analysieren, würde bald auf Schwierigkeiten stoßen. Denn er würde finden, daß seine Familie vor ihm weder einen Künstler hervorgebracht noch sich jemals durch auffallende ästhetische Begabung ausgezeichnet hat; daß vielmehr das Waffenhandwerk, der geistliche Stand oder der Handel seine Vorfahren beschäftigten und daß er, einer der berufensten Darsteller Friedrichs des Großen und des preußischen Bürgertumes, sogar nur ein eingewanderter Berliner war.

Polen ist nämlich das Land seiner Väter und das halb polnische Danzig seine Vaterstadt. Wir können, an der Hand einer geschriebenen Chronik,[2]) sein Geschlecht bis in die Mitte des sechzehnten Jahrhunderts hinauf verfolgen. Da begegnet uns zuerst der Edelmann Bartholomäus Chodowiecki auf Borowno bei Gnesen: er hat vier Söhne, deren ältester, Albert, vermutlich der Erbe des Titels und des Besitzes geworden ist; die beiden nächsten waren Soldaten im Dienste vornehmer Szlachzizen, und der jüngste, Matthäus, wurde reformierter Prediger,[3]) während die übrigen wahrscheinlich katholisch blieben; wenigstens befindet sich unter der Nachkommenschaft Alberts ein Jesuit und noch im achtzehnten Jahrhunderte lebten in Polen viele Chodowieckis, die katholisch und große Herren waren. Jener Matthäus starb 1641 als Pfarrer zu Zychlin; von ihm wird die artige Anekdote berichtet, er habe nach der damaligen Sitte der dem Papismus Entsagenden und derer, die sich dem Lehramte der Kirche widmeten, seinen Taufnamen gewechselt und den Namen „Serenius“ gewählt, weil bei seinem Eintritt in die Synode, die ihn zur Vorbereitung auf das Lehramt empfangen sollte, ein heftiges Donnerwetter sich schleunig verzog, um dem heitersten Himmel Platz zu machen.

Unter seinen zahlreichen Kindern finden wir abermals mehrere Soldaten und Pastoren; von den letzteren setzt Jan Serenius die auf Daniel führende Familie fort. Wie sein Großvater Albert nicht an der Scholle gehaftet, sondern sich eine Frau aus der Fremde geholt hatte, so begab auch er sich auf Reisen und studierte 1634 in dem damals blühenden Franeker; angeblich auch an der Frankfurter Universität, in deren Matrikeln jedoch zwar die Namen von drei andern Chodowieckis stehen, nicht aber der seinige sich befindet. In die Heimat zurückgekehrt, hatte er von der Kriegsfurie viele Mühsale zu erdulden: bald plünderten ihn die Schweden, bald die Masuren, ja er mußte seine Kinder auf der Folter erblicken und wurde selbst nur mit Mühe von seinem katholischen Amtsbruder auf einen Kirchturm versteckt und so gerettet. Endlich fand er seinen Hafen als reformierter Prediger in Thorn, wo neben ihm in gleicher Stellung sein Sohn Theodor, der in Gröningen studiert hatte, wirkte. Er überlebte diesen brustkranken Sohn um ein Jahr und starb 1675.

Heftig ausgebrochene Religionsstreitigkeiten und das Schicksal ihres ältesten Bruders, den die fanatischen Lutheraner in Thorn unbillig bedrängt und geärgert hatten, veranlaßten die beiden jüngsten Söhne des Jan Serenius, ihre engere Heimat und schließlich auch den geistlichen Stand aufzugeben. Sie wandten sich nach Danzig, wo ihr Vater in seiner Jugend Korrektor bei dem Drucke der ersten polnischen Bibel durch Andreas Hünfeld gewesen war. Dort erlernte Christian den Handel unter dem Gewürzkrämer David von Genten, der einer alten Patrizierfamilie der Stadt angehörte; er heiratete später die

Tochter des Prinzipals, Sophie, und wurde so Teilhaber des Geschäftes, als welcher er angesehen und geachtet im Jahre 1709 starb. Sein Bruder Jan blieb den Wissenschaften treu, studierte in Amsterdam, Oxford und London und wurde endlich Rektor des Gymnasiums zu St. Peter in Danzig. Von seinen dazwischen liegenden Schicksalen wissen wir nichts; wir können nur vermuten, daß er ursprünglich Pfarrer war und mit jenem Johannes Chodowiecki identisch ist, den die „Brandenburgische Societät der Wissenschaften", d. h. die heutige Berliner Akademie, wegen seiner „Gelehrsamkeit in Historie, Antiquität und Sprachen" am 11. Juli 1701 zu ihrem Mitgliede ernannte, als er noch „Seelsorger der pohlnischen Gemeine und Rektor des Gymnasii zu Lissa in Groß-Pohlen" war. Er verfaßte die polnisch geschriebene Familienchronik, die uns bis hierher geführt hat, gegen das Jahr 1700 und starb 1726, unvermählt oder wenigstens kinderlos.

Dagegen hatte sein Bruder Christian, der Kaufmann, drei Söhne, von denen Gottfried, geboren den 12. März 1698, der Vater Daniels, des Künstlers, werden sollte.[1] Er wurde mit seinem Bruder Samuel außerhalb des Elternhauses bei einem Oheim, dem Gewürzhändler Bröllmann, erzogen, weil die Mutter sich bald nach dem Tode ihres Gatten zum zweitenmale verheiratet hatte und nur ihren Jüngsten aus der ersten Ehe, Jan David, bei sich behalten konnte oder wollte. Dieser wurde Advokat; die beiden älteren Knaben aber erlernten wie ihr Vater den Handel, ohne jedoch eine entschiedene Begabung oder Vorliebe für ihn zu hegen. Vielmehr mußte Samuel, ein herzensguter, sehr frommer und zugleich etwas unbeholfener Mann, sich schließlich bankerott erklären, während allerdings Gottfried, glücklicher und vielleicht praktischer als er, sich besser durchschlug. Er hatte sich schon früh jenes gewandte Auftreten und weltmännische Gebaren erworben, das ihm später nachgerühmt wird und das häufig, gleichsam als ein Ersatz für eigentümlicher hervortretende Züge, denen zu teil wird, die von Jugend auf sich unter fremden Menschen bewegten und der freieren Entwickelung in einer natürlichen Heimat entbehrten. Als er Lehrling werden konnte, trat er in das Haus des Großkaufmanns Fremouth und erregte alsbald durch Klugheit und Anstelligkeit das Wohlwollen des Prinzipals so sehr, daß dieser ihn den übrigen Lehrlingen und gelegentlich auch dem eigenen Sohn, zu dessen bitterem Neide, vorzog und sich persönlich viel mit ihm abgab. Auch sei nicht vergessen zu erwähnen, daß er eine gewisse Neigung zum Malen an ihm entdeckte und sie durch die Erlaubnis förderte, sich für freie Stunden einen Farbenkasten unter dem Schreibpulte zu halten.

Nach Ablauf der Lehrzeit unternahm Gottfried eine mehrjährige Reise, womit er nicht nur der Überlieferung in seiner Familie, sondern überhaupt einer Gewohnheit der Zeit folgte, und besuchte vornehmlich alle wichtigeren

Städte von Holland: denn wie die holländischen Universitäten, vor allen Leyden, das Ziel strebsamer Philologen und reformierter Theologen waren, so holten sich damals die norddeutschen Kaufleute von Amsterdam und den andern großen Emporien des Landes Verbindungen für den Welthandel, Sprachkunde, Anregungen und Kenntnisse aller Art. Etwa 1722 kehrte er nach Danzig zurück, und da er seinen Bruder Samuel als Commis im Hause des Oheims Bröllmann traf, die Mutter und David aber gestorben waren und der Stiefvater Wilde ihnen bald nachfolgte, so bezog er nunmehr das väterliche Anwesen und eröffnete darin einen Kornhandel. Er mag ihn zunächst schwunghaft genug betrieben haben, denn wir hören, daß viele vornehme Polen seine Kunden waren und ihn nicht minder wegen seiner Zuverlässigkeit schätzten, als sie seine elegante polnische und lateinische Unterhaltung liebten. Auch hielten sie sich, wie es heißt, in seinen Wohnräumen gern auf, da sie dort eigens zu ihrer Ergötzung mancherlei Komfort und im Hofe sogar einen prächtigen Springbrunnen angebracht fanden. — Aber schon nach kurzer Zeit hätte Gottfried wohl gewünscht, dieses Geschäft gegen einen andern Handelszweig zu vertauschen: er begriff, ohne es ändern zu können, daß der Kornhandel in Danzig nur bei Teuerung und Notständen, also durch die Bedrückung der Dürftigen und durch Wucher, lohnend sei: und ein solches Verfahren widerstrebte seinem menschenfreundlichen Sinn. Daher hatte seine ohnehin schwache Gesundheit unter der Last einer peinlich empfundenen, aber um so gewissenhafter betriebenen Arbeit fortan doppelt zu leiden, und er geriet in Gefahr, sich gänzlich aufzureiben. Wirklich muß der vorwiegende Eindruck seiner Persönlichkeit ein überaus zarter und milder gewesen sein: er wird uns in jener Zeit geschildert als ein wohlgebauter, nur etwas schmalschulteriger Herr von schönem Gange, mit einer auffallend feinen Hand und mit sanftem, seelenvollen Blick aus braunen Augen über einer entschiedenen, jedoch ein wenig schweren Adlernase.

Ein solcher Mann durfte es als einen doppelten Segen betrachten, daß er im rechten Augenblicke eine Gefährtin fand, die ihm durch vollkommene Harmonie zu seinem Charakter ein Lebensglück brachte, das der Beruf ihm eigentlich versagte. Er verheiratete sich im September 1724 mit Marie Henriette Ayrer. Sie war zwar eine geborene, doch keine ganz echte Danzigerin; denn ihr Vater Daniel Adrien Ayrer, ein Vergolder oder Goldschläger, stammte aus Leipzig, und ihre Mutter, aus der Familie de Baillet, war eine französische Réfugiée. Um ihren waldensischen Glauben zu retten, hatte Demoiselle de Baillet von Gex in Frankreich, wo ihr Vater Seneschall war, als Kind mit den Ihrigen nach der Schweiz flüchten müssen; von Bern war sie dann an einen fürstlichen Hof in Sachsen, vermutlich als Hofmeisterin, verschrieben worden, lernte jedoch in Zerbst ihren Mann kennen und geriet mit ihm schließlich (1696) nach Danzig, wo er sich niederzulassen für vorteilhaft hielt.

Von dieser französischen Mutter war Marie Henrietten die Sprache und die protestantische Gesinnung vererbt worden; im übrigen kennen wir sie nur aus einigen ihrer Briefe und durch die Nachrichten und Bilder, die ihr Sohn Daniel uns von ihr hinterlassen hat. Aus allen diesen Zeugnissen aber geht hervor, daß sie eine wackere und tapfere Frau war, die ihr liebevolles Wesen durch die Anmut französischer Formen nur noch anziehender machte.

Langjährige Familienfreundschaft hatte die Verbindung Gottfrieds mit Marie Henriette vorbereitet und das Schicksal begünstigte sie: bald umschloß das Haus eine ganze Schar von Kindern, unter denen Daniel Nikolaus, unser Künstler, das zweitälteste war. Denn ihm war 1725 Luise Concordia vorausgegangen; er folgte ihr als der erste Sohn am 16. Oktober 1726; dann kamen 1728 Samuel Gottfried und 1730 Sarah Henriette; 1732 wurde Alexander Michael geboren, der aber schon mit dreizehn Jahren starb; und den Beschluß machte 1734 Antoine Nathanael, ein geisteskranker Knabe, dessen Blödsinn die Mutter sich durch die vor seiner Geburt beim russischen Bombardement Danzigs ausgestandenen Schrecknisse erklärte. Mit diesen sechs Kindern wurde noch eine Zeitlang ein verwaistes Mädchen aus der Verwandtschaft aufgezogen.

So wären wir denn in den Familienkreis gelangt, dessen Mittelpunkt für uns der künftige Meister in der Darstellung des intimen Lebens ist. Und wie wenig gleicht diese seine bürgerliche Generation jener ersten, von der wir hörten, der um zweihundert Jahre älteren! Damals lebte ein adliges und streitbares Geschlecht, bei ihm war zunächst Schwert- und Herrendienst Sitte; von seinem Stamme bog sich dann ein minder knorriger Zweig ab, und in den Kriegsnöten des siebzehnten Jahrhunderts, mehr wohl noch durch die Kämpfe des reformierten Glaubens gegen die Katholiken und die wenig brüderlichen Lutheraner, wendeten sich die Nachkommen des ersten Pfarrers in der Familie mit Entschiedenheit geistigen Bestrebungen zu. Sie suchten ihren Gesichtskreis durch die Verbindung mit dem weiter vorgeschrittenen Auslande über die polnischen Gepflogenheiten hinaus zu erweitern, aber es scheint ihnen über diesem Sinn, nachdem sie ihn durch zwei Generationen hindurch gehegt hatten, die thatkräftige Entschlossenheit in praktischen Dingen abhanden gekommen zu sein; denn wir fanden unter ihren letzten Sprößlingen in Samuel und Gottfried zwei Männer, die abseits vom Berufe ihren Schwerpunkt im Familienleben suchen mußten.

Aber eben dieses Familienleben war es, dem der aufwachsende Knabe Daniel unendlich vieles zu verdanken bekam. Das Hauswesen Gottfried Chodowieckis, geleitet von dem zartsinnigen Vater und der energischen, liebenswürdigen Mutter, war ein überaus ehrbares und innerlich tüchtiges und mag in seiner Einfalt seltsam genug gegen die meist stolze und üppige Danziger

Kaufmannsgesellschaft abgestochen haben. So suchte die Familie ihren näheren Verkehr auch weniger unter dieser als bei Gesinnungsgenossen, deren sie vorzüglich unter den französischen Kolonisten finden konnte; und an der Spitze der Freunde standen vermutlich die Pastoren der reformierten Gemeinde zu St. Peter, wo man eingepfarrt war. Eine herzliche, schlichte Frömmigkeit, die im Hause herrschte, wurde daher auf das natürlichste gepflegt und erhalten; und diesem ruhig bewußten Glaubensleben seiner Jugend hatte Daniel für immer ein festes Christentum, zugleich aber auch eine gesunde Abneigung gegen jeden Fanatismus wie gegen die vielfachen Plattheiten der damaligen Aufklärung zu verdanken. Neben das „ora“ wurde dabei für Alt und Jung ein frisches „labora“ gesetzt: der Mangel an bedeutenderem Vermögen, besonders jedoch der arbeitsame Sinn der Eltern erhielt sämtliche Familienglieder in emsiger Thätigkeit, welche bei den Kindern zunächst auf eine gute, elementare Schulbildung gelenkt wurde. Als eine charakteristische Eigentümlichkeit des Hauses bedarf auch seine Mehrsprachigkeit der Erwähnung. Durch den Einfluß der Mutter und die Gewohnheit der Kolonie überwog im inneren wie im äußeren Verkehr das Französische; aber während die Mutter nur wenig deutsch und fast gar kein polnisch verstand, war deutsch die Muttersprache des Vaters, der außerdem französisch, polnisch und gewiß auch noch englisch und holländisch redete. Ohne Zweifel wurden die Kinder, besonders Daniel und Gottfried, die von früh auf für den Handel bestimmt waren, in einigen dieser Sprachen unterrichtet und erwarben dadurch weitere Ausblicke und formale Gewandtheit

Vorteile, deren man ja in großen Handelsstädten leicht und häufig habhaft wird. Auch in späteren Zeiten behielt Daniel das Französische als intime Umgangssprache bei, drückte sich aber daneben im Deutschen ganz geläufig aus; des Polnischen bediente er sich gar nicht, obgleich es ihm nicht ganz fremd war und er gelegentlich mit Stolz auf seine polnische Abstammung hinwies.[7]

Von alledem erhalten wir den Eindruck, das Chodowieckische Haus habe der Jugend des Meisters eine Umgebung gebildet, die auf die natürlichste Weise zur Reife förderte, was an Menschenliebe, Pflichtgefühl, Fleiß und Bildungstrieb als Keim in seiner Seele vorhanden sein mochte. Zugleich aber kommt, als ein kräftiges Anregungsmittel zum Beobachten und zur Entwickelung einer künstlerischen Auffassungsgabe, seine charaktervolle, farben- und formenreiche Vaterstadt in Betracht. Die alte Hansestadt Danzig[8] stand in der ersten Hälfte des achtzehnten Jahrhunderts noch auf der Höhe ihres Reichtums und Ansehens. Hatte sie auch ihre frühere Freiheit, nach langen Streitigkeiten mit den deutschen Ordensrittern, schließlich einem Schutzverhältnis zu Polen geopfert, so fühlte sie sich doch in ihrer Eigenschaft eines Schlüssels zu diesem Königreiche durchaus als eine zu respektierende Bundesgenossin und

Geldmacht. Wirklich lag der polnische Handel, besonders die Ausfuhr der Landeserzeugnisse, fast ganz in ihren Händen. Wie von alters her wurden unermeßliche Mengen von Getreide, Holz, Wachs und Leinwand aus den fruchtbaren Niederungen des Weichselgebietes auf ihren Weltmarkt gebracht und waren die Quelle eines soliden Wohlstandes, der seinerseits die Einführung von ausländischen Luxusgegenständen zum Gebrauche der Stadt, dann auch für die üppigen Residenzen des polnischen Inlandes veranlaßte. Daher bot Danzig, durch die trübe Mottlau mit ihren Kanälen, sowie einen Arm der klareren Rodaune und mittelbar durch die Weichsel auch größeren Schiffen zugänglich, das lebendige Bild einer Hafenstadt, obgleich es eine gute Stunde von der Weichselmündung abliegt. Hunderte von Fahrzeugen kamen jährlich an ihre Lange Brücke und die übrigen hölzernen Lastadien vor die Magazine der wohlbefestigten Speicherinsel oder anderer Stapelplätze und wurden von einem bunten Lastträger- und Matrosenvolke bedient, von internationalen Kaufleuten besichtigt. Da konnte man neben den derben Nord- und Ostseebarken die breiten floßartigen Kähne beobachten, auf welchen der Weizen und Roggen, zu haushohen goldigen Bergen aufgeschüttet, die Weichsel herabkam; neben den Marktbooten sah man die flinken Jollen und die schwerfälligen Treckschuyten, die, jedes auf seine Art, den Verkehr in den Kanälen und mit den Vororten besorgten. Da reisten in ihren Tarantassen, Telegen und Kibitken die bärtigen Kaufherren auf dem Landwege aus Rußland heran, oft in Begleitung ihrer seltsam und reich geputzten Frauen; da stand neben dem breiten Holländer, dem korrekten Briten, dem vorsichtigen Deutschen der polnische adlige Grundbesitzer in seiner malerischen Tracht, zwar den ritterlichen Säbel an der Seite, aber im Korn- und Pferdehandel seinen Vorteil schlau erspähend oder sich Geld gegen Wucherzinsen auswirkend vom unentbehrlichen Adoptivlandsmann im Kaftan und mit den langen Ohrlocken, der in allen Gattungen reichlich vorhanden war. Noch bunter und lärmender wurde dies Treiben durch die polnischen, litauischen, wendischen, kassubischen Bauern, die besonders im August, zur großen Dominiksmesse, scharenweise zur Stadt kamen, und durch die Floßknechte, welche die Schiffahrt aus dem Inneren des Landes her betrieben. Dieses leibeigene Volk von der äußersten Armut, in leinenen Kitteln, mit eisenbeschlagenen Sandalen an den Füßen und die kahlrasierten Köpfe in Strohhüten vor der Sonne bergend, gab sich der schweren Arbeit wie dem primitiven Vergnügen mit demselben glücklichen, kindlichen Temperamente, singend, schwatzend, womöglich auch trinkend und tanzend hin und erfüllte die Luft mit seinen schnell entstandenen und schnell beigelegten Streitigkeiten. Wandte man sich aber von den Schauplätzen dieses Durcheinanders und von den turmartigen Kranen, welche die Warenballen auf und nieder schrotend so recht sichtbar die Ausgaben und Einnahmen der Handelsherren besorgten, nach den stilleren Straßen der Stadt, so fiel auch hier die Macht und der Wohlstand der alten wie der neuen Zeit in die Augen. Ernst und eindrucksvoll standen hohe Backsteinkirchen da, in der Mehrzahl Denkmäler des kirchengründenden vierzehnten und fünfzehnten Jahrhunderts; ihre schlanken Turmspitzen hatten zwar fast sämtlich lustigen Barockkuppelchen oder niedrigen Notdächern weichen müssen, aber die hochgezogenen Fenster und die abgestuften, gemusterten Giebel hielten den Charakter des Mittelalters fest und bezeugten den großen Sinn ihrer Erbauer: rühmte sich doch das vornehmste dieser Gotteshäuser, die Pfarrkirche von St. Marien, sie sei in Formen und Maßen

Die Lange Gasse in Danzig.
Aus Chodowieckis „Danziger Reise“.

das genaue Abbild der Hagia Sophia von Konstantinopel! Gerechtfertigter als dieser freilich nur zu eitle Ruhm war der Stolz der Danziger auf ihre Armenanstalten und Spitäler, die teils von katholischen Orden in mancherlei Kutten, teils von protestantischen Pflegern geleitet wurden, auf ihre Wohn- und Rathäuser, ihre Arsenale und ihre prunkenden Stadtthore. In allen ansehnlicheren Gassen verdrängten die üppigen Gedanken eines originellen Barockstils eine einfachere, noch gotisierende Bauweise, die sich nur in entlegeneren Stadtteilen erhielt. In geschlossener Reihe erhoben sich die stolzen, schmalen Häuser mit ihren wenigen, aber sehr großen Fenstern zur beträchtlichen Höhe von drei bis vier Stockwerken und kehrten einen vielfach geschwungenen Giebel oder eine vornehme Attika als wirksamen Abschluß der Straße zu. Mancherlei Zieraten an Vasen, Obelisken, Kugeln und vorzüglich an bezeichnenden Emblemen krönten diese Abschlüsse, und man konnte dort oben die wunderbarsten Geschöpfe: auffahrende Adler, brennende Phönixe, selbstmörderische Pelikane, Schildkröten mit beweglichen Gliedmaßen, springende Pferde u. dergl. mehr gegen den Himmel sich abheben sehen. Ebenso reich waren die unteren Teile der Fassaden ausgestattet: zwischen kräftigen Gesimsen und energischen Fensterumrahmungen liebte man Nischen mit Büsten, Statuen und Reliefs von allegorischem oder historischem Inhalte anzubringen, und oft wurden alle diese Elemente noch durch lebhafte Färbung einzelner Teile gehoben. Besondere Aufmerksamkeit endlich verwendete man auf die Hauptthüren und auf die „Beischläge", jene eigentümlichen Terrassen, die als Überwölbungen der Kellerhälse den Häusern in ihrer ganzen Breite nach der Straße zu vorlagen und aneinander stoßend eine Reihe von willkommenen Plätzen für den nachbarlichen Verkehr und das freiere Spiel der Kinder gewährten: sie wurden als wahre Schmuckstücke behandelt und mit oft kostbaren Geländern von Schmiedeeisen oder Marmor und mit schönen Freitreppen ausgestattet. — Einzelne dieser Häuser waren so hoch, daß man auf ihren Dächern Plattformen zum Genusse einer weiten Aussicht anlegte. Da konnte man mit Behagen über die Befestigungen der Stadt weg das reiche Grün der Vorstädte erblicken: die Gärten und Villen von Strieß, Schidlitz und Langfuhr, das aufblühende Schottland und die sandige Anmut des Bischofs- wie des Hagelsberges; oder man verfolgte den stillen Zug der Segelschiffe aus der Mottlau die Weichsel entlang nach Neufahrwasser, von wo die Ostsee herübertönte und schimmerte. Wen es dann nach einem Spaziergange vor die Thore lüstete, der mochte sich durch die baumbepflanzten Straßen und über die Märkte nach den weiten Plätzen des Glacis begeben und sich an den Hantierungen, die dort zwischen den Holzbauten und Palissaden betrieben wurden, vergnügen oder auch am Anblick des Stadtgalgens der Gewähr bürgerlicher Sicherheit und einer prompten Rechtspflege sich getrösten.

In dieser schönen und betriebsamen Stadt also wuchs der junge Daniel auf: als Mitglied einer Kaufmannsfamilie bewegte er sich mitten in dem bunten Leben, dem das Gemeinwesen seinen eigentümlichen und so scharf ausgesprochenen Charakter verdankte, und sah sich auf allen Seiten von merkwürdigen Erscheinungen umgeben. Auch sein Geburtshaus war echt danzigisch; es stand in der stattlichen Heiligengeistgasse nicht weit von dem alten, berühmten Schiffergildenhause (heute erhebt sich an seiner Stelle eine moderne Nr. 54), und auch vor seiner Thür blühten Bäume, zwei Linden, die „Daniel" und „Gottfried" hießen und an den Geburtstagen der beiden Brüder gepflanzt worden waren; auch es hatte seinen Beischlag, sein Emblem und seine hohen, hellen Fenster. Aber mochte nun der dämmernde Flur mit seinen Schränken, auf denen große holländische oder chinesische Vasen prangten, noch so danzigisch-herkömmlich sein: ein unsichtbarer Bewohner hatte ihn betreten und sich in ihm eingenistet, der im eigentlichen Danzig noch so gut wie fremd war — die echte Kunstliebe, die das Schicksal unserem Helden zur unzertrennlichen Gefährtin bestimmt hatte und die ihm neben dem, was er im Hause Gutes lernte, draußen in den Gassen der Stadt manches schauen und erfassen ließ, das andere achtlos übersahen.

Chodowieckis Geburtshaus.
(Aus Chodowieckis „Danziger Reise“.

Gottfried Chodowiecki, der Vater, hatte sich, wie wir vernahmen, als Lehrling am Farbenkasten vergnügt, und noch in späteren Jahren liebte er, ohne übrigens im Zeichnen einige Übung zu besitzen, in Miniatur zu kopieren. Sein anspruchsloser Dilettantismus wetteiferte dann mit dem schon etwas anspruchsvolleren seiner Schwägerin, des Fräuleins Justine Ayrer, deren kleine Miniaturarbeiten, ebenfalls nur Kopien nach konventionellen Vorlagen, gelegentlich im Berliner Quincailleriegeschäfte ihres Bruders Antoine Ayrer Verwendung fanden. Beider Werke sind durchaus verschollen und entziehen sich daher einer Beurteilung; aber es ist wohl nicht unbillig anzunehmen, daß ihre Schäfer- und Komödiantenscenen, ihre Porträtköpfchen, Blumenstücke und Ornamente sich nicht sehr hoch über die gewöhnliche rohe Produktion innerhalb eines mißverstandenen und verblaßten Barockstils erhoben. Immerhin lernen wir, daß ein gewisser Kunstsinn im Hause vorhanden war, und verstehen, warum Daniels Kunsttrieb, als er erwachte, trotz einiger Bedenken nicht unterdrückt wurde.

Im Gegenteil! Er fand bereits Bewunderung, als der Knabe noch in den Jahren war, wo es Kindern verboten ist mit der Schere zu spielen. In Ermangelung dieses Hilfsmittels wußte er nämlich seine künstlerischen Gedanken dadurch zum Ausdruck zu bringen, daß er seine Figuren aus dem Papiere riß! Freilich fügt Chodowiecki, der uns diese Einzelheit selbst berichtet,[7]) ehrlich hinzu, solche Werke hätten nur „Unkennern" gefallen. Aber sie bedeuteten doch einen Anfang: und sobald seine Hand Bleistift und Feder führen konnte, vergnügte sich Daniel am Entwerfen von Wagen, Pferden und allerlei „Historien".

Jetzt konnte es sich fragen, ob ein berufener Lehrer ihn in diesen Künsten weiterbilden sollte. Ein solcher im wahren Sinne wäre freilich im damaligen Danzig schwer aufzutreiben gewesen, denn man hielt daselbst im ganzen nicht viel von dem, was er gelehrt hätte, und überhaupt lag dort das Interesse an der Kunst im allgemeinen danieder. Zwar fehlte es den Kirchen, vorzüglich den katholischen, nicht an alten und neuen Gemälden; zwar war der Artushof mit merkwürdigen Schildereien reich genug ausgestattet: zwar gab es sogar einige kleine Bildersammlungen in den Häusern großer Handelsherren und in den Palästen des polnischen Adels, aber die meisten Kunstwerke waren importiert, d. h. bei fremden Meistern bestellt oder auch auf Reisen im Auslande gesammelt worden, und einheimische Künstler setzte man nur selten, am ehesten noch für ein Bildnis, in Arbeit. Kein Wunder also, wenn die Stadt an guten Malern, Kupferstechern und Bildhauern arm blieb. Wir kennen ihrer daher aus dem siebzehnten Jahrhundert auch nur ganz wenige, z. B. den Maler Samuel Niedenthal, der sich in Tierstücken auszeichnete, oder den Stecher Nathanael Schröder, der in seltsam phantastischen Blättern Scenen aus der Geschichte, wie den „Schauplatz polnischer Thronsverendung" radierte; und aus dem achtzehnten Jahrhundert kennen wir, trotz des noch erhöhten Wohlstandes der Stadt, ihrer kaum mehr. Ja es scheint sogar, daß vor leidlichen Malern wie Nauisch, Boy, Wessels, und vor Bildhauern wie Meißner, der die Statue König Augusts III. für den Artushof machte, eigentlich die Künstler die angesehensten waren, die allerlei kuriose Ergötzlichkeiten zustande brachten: Bildnisse und Figuren aus Schriftzügen hergestellt, artiges Schnitzwerk aus Kirsch- und Pflaumenkernen oder gar künstliche Vorrichtungen, um Flöhe und andere kleine Tiere an Wagen zu spannen. — Bei solchen Verhältnissen genügte es dem Vater Daniels, den Kunstsinn seines Sohnes nur dadurch zu fördern, daß er ihn selbst unterrichtete, und so ließ er ihn, der herkömmlichen Methode folgend, unter seiner Aufsicht die „Principia" zeichnen.

Unter diesen Anfangsgründen der Zeichenkunst verstand man damals, wie auch heute noch häufig, die Übung der Hand im Nachzeichnen von Vorlagen, die zunächst gerade Linien, Kurven, geometrische Figuren und dann schematisierte Gesichts- und andere Körperteile darstellten. Man stieg von ihnen allmählich zu Schattierungsversuchen, Gewandstudien, anatomischen Figuren, Kompositionen von Gruppen und von Landschaften auf — alles dies nach ebenfalls schematisierten Vorbildern und nach Regeln, die meist von den Werken italienischer und französischer Barockmeister entnommen waren und in erster Linie bestimmten, was in betreff des physiognomischen Ausdrucks, der Gebärde, der Tracht und des Stils zu beobachten sei. Gelegentlich ist auch von Proportionen und von Perspektive die Rede, aber selbst wenn man dabei an Lionardos und Dürers grundlegende Arbeiten erinnert, die stets auf die Natur zurückgreifen, so wird der Zeichnende eigentlich doch nirgends mit vollem Nachdruck auf das Naturstudium und das selbständige Auffassen und Schaffen verwiesen. Vielmehr läuft alles eben darauf hinaus, eine gewisse Fertigkeit der Hand und des Auges nur für das Nachzeichnen zu erzielen und Kenntnisse zu verbreiten, die vor ästhetischen Fehlern, besonders vor Vergehungen gegen die Konvention, bewahren sollen. So schrieb z. B. Johann Daniel Preisler, einer der Nürnberger Maler dieser Familie, in seiner „durch Theorie erfundenen Practic"[*] ein Lehrbuch der Zeichenkunst, das zuerst 1728 erschien und sich in mehreren Auflagen, übrigens auch bis nach Danzig verbreitete. Darin läßt er alle einzelnen Körperteile zunächst mit harten schematischen Umrissen und die ganzen Glieder und Figuren außerdem noch mit Richtungslinien zeichnen, um Verhältnisse und Bewegung zu fixieren; ist dieser „Entwurff" gelungen, so werden schwellende Umrißlinien übergezogen und an den gehörigen Orten mit „Drucken" versehen, die den Schatten bedeuten. Sollen aber die Figuren ganz ausschattiert werden, so ist der Schatten in drei Stärken anzuwenden, und der stärkste immer ganz eckig zu halten. Das Landschaftzeichnen wird mit dem Entwerfen von Bäumen begonnen, das ebenfalls auf schematische Weise, mit Richtungslinien in den Ästen und Zweigen, vor sich geht; dann muß man die „Gruppi" der Blattbüschel mit Sorgfalt schräg, nie horizontal oder senkrecht, stellen, und endlich in den Gruppo den Baumschlag hineinzeichnen, „nach Art von m-Strichen so in Unordnung gerathen", wobei die verschiedenen Baumgattungen durch Zusammenziehen oder Ausrundung solcher m-Striche kenntlich gemacht werden. Bei den Landschaftskompositionen ist ferner darauf zu achten, daß nur ein einziger Horizont und nur eine Lichtquelle angenommen wird; Spiegelungen in stillem Gewässer, nicht aber etwa in Wasserfällen, werden als beliebte Motive empfohlen, und als Staffage sind am besten „schlechte Bauernhütten, Ueberbleibsel von eingefallenen Gebäuden, Gräber, Todtenmale, Aschenkrüge, Grenzsteine (= Hermen), zerbrochene Säulen, Capitälgen, Obelisken, Pyramiden u. A." aufzustellen.

Der melancholische Wust einer so phrasenhaften, weil anempfundenen Romantik charakterisiert diese ganze Methode zur Genüge als eine kaum begriffene

Erbschaft aus jenen kunstfreundlicheren Zeiten, die zwar auch Theorien ausspannen, aber sie in der Praxis durch ein eindringendes Studium der Natur und der Antike entwickelten und läuterten; und es liegt auf der Hand, daß ein solcher Lehrgang dem Lernenden mehr schaden als nützen mußte, es sei denn, daß er sich gleich nach der Befolgung der rein technischen Ratschläge dem eigenen Genius überließ. — Ähnlich, und vielleicht noch unfruchtbarer, mag der Unterricht gewesen sein, den Daniel von seinem Vater erhielt; und jeden-

Hausflur im Geburtshause Chodowieckis.
(Aus Chodowieckis „Danziger Reise“.)

falls genügte ihm das dürre Linienzeichnen, das ängstliche Schraffieren mit Rotstift und schwarzer Kreide, das Wischen mit dem Tampon nicht lange. Er traute sich bald zu, auf eigene Hand in Miniatur zu malen; und als 1734 die Mode aufkam, den durch seine Unglücksfälle interessant gewordenen König Stanislaus Lesczinsky auf Dosen und Ringe appliziert zu tragen, da verfertigte er geschwind auch ein solches Porträt mit schöner Zackenkrone, um es mit den bei seiner Tante Justine bestellten Exemplaren nach Berlin zu schicken. Der achtjährige Künstler erzielte damit den Beifall seiner Angehörigen und überraschte sie noch mehr durch ein in allen Einzelheiten aus der Fibel kopiertes Vaterunser, das er mit Tusche und Pinsel abmalte, noch ehe er schreiben konnte.

Man suchte ihm daher doch weiter zu helfen und gab ihm allerlei Kupferstiche in die Hand, nach denen er auf seine Weise studieren mochte. Er that es, indem er sich Formen und Stellungen aus ihnen einprägte, manchmal sie auch ganz oder teilweise abzeichnete oder mit Tusche nachbildete; dabei hatte er aber immer zuerst die Umrisse an der Fensterscheibe durchgepaust und dann durch den Storchschnabel vergrößert oder verkleinert übertragen. Daß er sich so eine ganz oberflächliche Technik und eine schlechterdings verderbliche Routine aneignete, ist nur zu klar; und auch seinen Geschmack werden wir für gefährdet halten, wenn wir erfahren, an welchen Blättern aus der Sammlung seines Vaters er sich zu üben pflegte. Es waren Stiche und Radierungen der niederländischen und französischen Schule hauptsächlich aus dem siebzehnten Jahrhundert; aber nicht etwa die Werke der großen damals bahnbrechenden Meister graphischer Kunst, die mit souveräner Technik eine scharfe, durchdringende Auffassung verbanden und ihm nach verschiedenen Richtungen hin gleich mustergültige Vorbilder dargeboten hätten, sondern es waren zum größten Teile die Arbeiten von Manieristen, deren etwaige Vorzüge reichlich durch ihre innere Unwahrheit aufgewogen werden. Ostade und Rembrandt blieben Chodowiecki zunächst ebenso fremd wie Edelinck, Nanteuil und Audran; dagegen begeisterte er sich an den Blättern von und nach Martin de Vos, Abraham Bloemaert und den Perelles. Nun konnte er zwar etwa von Johannes oder Raphael Sadelers virtuosen, reinen Linienstichen nach de Vos eine vorzügliche Linienführung absehen und an ihnen die zartesten Übergänge mit den einfachsten Mitteln herstellen lernen; aber nach demselben de Vos haben doch auch Adrian Collaert und Crispin de Passe gestochen und bei geringerer Technik seine ohnehin etwas lang gezogenen Figuren ins Unerträgliche übertrieben. Solche Allegorien mit ihren kleinköpfigen, haltlosen Gestalten in studierten, nichtssagenden Stellungen, mit ihren theatralisch antikisierenden Gewandungen und Attributen, ihrem roh und gleichgültig behandelten Beiwerk mußten ebenso wie die in denselben Stil übersetzten Darstellungen aus der Bibel oder aus der alten Geschichte der Phantasie des lernbegierigen Knaben eine ausgesprochene Richtung auf diese ganz erkünstelte Formenwelt geben und ihn lehren, sich ihrer als des selbstverständlichen künstlerischen Ausdrucksmittels zu bedienen, ohne sich über ihre Unnatur Gedanken zu machen. Nicht viel besser mögen die Bilder zu Ovids Metamorphosen von Wilhelm Bauer auf ihn gewirkt haben; und wenn er zu seinem Zeichenbuch mit den Bischoffschen Kupfern oder zu den kleinen Viehstücken des Abraham Bloemaert oder den Landschaften eines der Perelles griff, so verblieb er ebenfalls im Banne einer konventionellen Kunst, die italienische Motive aufnimmt und sie durchaus ohne italienischen Geist, mit wunderlicher Verflachung, ausbeutet. Studierte er aber, was auch vorkam, die reizenden kleinen Blättchen von Jacques Callot oder dessen größere Folgen, so fand er in ihnen zwar lebendige Anschauung und echten, malerischen Sinn, doch nicht minder bei vielen von ihnen eine gewisse Nichtachtung der Proportionen und selbst der Genauigkeit in der Zeichnung.

Erst später, 1741, lernte er andere und in manchen Beziehungen für ihn tauglichere Sachen kennen: gute französische Stiche nach Watteau und Lancret; aber auch sie halfen ihm vorderhand wenig weiter, weil er das Wesentliche in ihnen, die präcisere Durchbildung, die natürliche Grazie, die unnachahmliche Anmut, nicht klar genug aufzufassen wußte.

Überdies war gerade damals eine entschiedene Wandlung in seinem Leben eingetreten: der Tod des Vaters hatte die bisher so eng verbundene Familie auseinander gesprengt. Der strenge Winter von 1739 auf 1740 hatte den gewissenhaften Mann nicht abgehalten, seine Geschäftsreisen in gewohnter Weise zu erledigen, aber er erlag den Strapazen und starb an viermonatelanger Krankheit im April 1740, nachdem er noch von dem Schmerzenslager aus bis zum letzten Atemzuge seinen Verpflichtungen im Berufe nachgekommen war. Als die Familiengruft in St. Peter sich über seinem Sarge geschlossen hatte, zeigte es sich wirklich, daß der Segen, den er den Seinigen hinterließ, nicht in irdischen Schätzen bestand. Sie waren verarmt; und so mußten Daniel und Gottfried, damals vierzehn- und zwölfjährig, unverweilt in ihren längst vorbereiteten Beruf eintreten und das Elternhaus verlassen. Daniel kam zu einer Tante, der Witwe Bröllmann, als Lehrling in vermutlich denselben Gewürzladen, in dem schon sein Vater als Knabe gedient hatte; und Gottfried wurde nach Berlin zu seinem Paten, dem Onkel Ayrer, geschickt, der in Erinnerung an seine Jugendfreundschaft mit dem verstorbenen Schwager sich der Familie freundlich erwies und ihn in seinem Geschäfte unterbrachte. Im alten Hause der Heiligengeistgasse blieb also die Mutter mit den beiden jüngeren Söhnen zurück, von denen der eine bald sterben sollte und der andere unzurechnungsfähig war, und mit den zwei Töchtern, die beide nicht heirateten; sie halfen der Mutter eine kleine Kinderschule einrichten, die sie lange Jahre hindurch geführt haben.

Chodowiecki gesteht offen ein, die Entschließung zur Handelslaufbahn sei ihm trotz seiner Künstlerträume ohne viel Zureden leicht geworden. Er glaubte als Kaufmann ein angesehener und behäbiger Mann werden zu können, während er die Danziger Künstler, nur von den wenigsten geschätzt, eine dürftige und untergeordnete Rolle spielen sah; auch hoffte er, das Vergnügen am Zeichnen und Malen wie bisher, und wie sein Vater es ja auch stets gethan hatte, weiterpflegen zu dürfen. Aber freilich erwies sich das eine ebenso schwierig als das andere trügerisch. Von morgens sechs Uhr bis abends um zehn wurde er im Ladendienste beschäftigt; und dann folgte noch bei der Prinzipalin eine Hausandacht, die aus mehreren Gebeten und Liedern bestand und bei der man

Das lesende Kind.
(E. 36.)

nicht fehlen durfte: kein Wunder, daß der Schlaf den armen Lehrjungen dabei oft übermannte! So fand er des Tages kaum je einen verstohlenen Augenblick für die Kunst, und in seinem Eifer suchte er daher des Nachts, bei einem Lichtstümpfchen und hart gegen die Müdigkeit ankämpfend, der für Lesen und Schreiben erübrigten Zeit auch ein Stündchen für das Zeichnen abzugewinnen. Das Schlimmste dabei war, daß er im Geschäfte nicht viel lernte und überhaupt darin nicht die Grundlage zu künftigem Wohlstande zu legen vermochte; denn der Laden „ging" nicht mehr und mußte geschlossen werden, nachdem Daniel anderthalb Jahre in ihm verloren hatte.

Aus dieser Lehrzeit (1741 bis 1742) besitzen wir das für uns erste Werk seiner Hand:[9]) eine Zeichnung, deren Echtheit er selbst, mit Lächeln auf die Jugendarbeit zurückblickend, uns bezeugt. Bei aller Unsicherheit in der Perspektive, bei allem Mangel an plastischem Gefühl und an Sinn für Proportionen, ist sie doch schon für ihn ganz charakteristisch, da sie, trotz der bedenklichen Richtung seiner Studien, mit Naivetät und Auffassung ein Stück seiner täglichen Umgebung, also etwas gründlich Beobachtetes, darstellt. Mit der Feder auf weißem Papier (21,5 : 33 cm) in unbeholfenen Umrissen entworfen, zeigt sie nämlich den Laden, in dem er die sechzehn Stunden seines Tages verbringen mußte. Wir blicken geradeaus in ihn hinein, indem seine Vorderseite völlig offen und nur durch ein Vordach auf drei Holzpfosten geschützt ist. Da wird uns nichts von seiner Ausstattung und seinen Schätzen verborgen; wir lesen auf den zahlreichen Schiebladen, Schachteln, Büchern, Fässern und Krügen alle Namen der darin enthaltenen Spezereien, finden auf der Lette die Fadenrolle und die Wage und können auch einen stattlichen Kolonialwarenneger begrüßen. Bevölkert wird aber dieser Raum von dreizehn Personen, die zwar größtenteils etwas ängstlich die Profilstellung beobachten, jedoch dabei ganz lebendig das Treiben der Verkäufer wie der Käufer veranschaulichen. Links thront in ihrer Ecke die Patronin und beobachtet ihre fünf bezopften oder gelockten Ladenjünglinge, von denen einer über den Tisch weg ein kaufendes Dienstmädchen abküßt; hierau ereifert sich eine gegenübersitzende Dame, ein Jude dagegen läßt sich in seinem Handeln nicht stören, und andere Personen warten ebenfalls ruhig konversierend ihre Bedienung ab.

Diese Zeichnung zu kolorieren fehlte es Chodowiecki offenbar an Zeit — er hatte schon ihre einzelnen Teile mit Ziffern versehen, die einer Reihe von Farbennotizen entsprachen — aber nach seinem Austritte aus dem Geschäfte konnte er, bis Neues über ihn bestimmt wurde, sich der Kunst wieder eingehender hingeben, besonders, da sie ihm etwas Geld einzubringen begann. Mit Hilfe seiner Tante und der Kenntnisse, die er dem einzigen Malerbuche aus dem Besitze des Vaters, einer „Manière de peindre en miniature“, sowie seiner bereits erworbenen, etwas gewissenlosen Gewandtheit verdankte, kopierte er nämlich in Wasserfarben auf Pergament die Dosenbildchen eben jener Tante und allerlei andere geeignete, oder vielmehr ungeeignete Vorlagen. Solcher kleiner Vorlagen gab es für dergleichen Zwecke sehr viele; es waren meist Kupferstiche französischer Herkunft, etwa in der Art des Picart und ähnlicher Künstler, und gewöhnlich stellten sie ganze oder halbe Figuren aus der allegorischen oder der arkadischen Welt, Dorfscenen, Komödiantenmasken und Begebenheiten aus der römischen Geschichte vor. Die Kopisten und Bearbeiter suchten den flotten Vortrag und die kokette Grazie ihrer Vorbilder zu treffen, ohne im übrigen auf die Richtigkeit der Ausführung Mühe zu verwenden: fand doch Chodowiecki selbst mehrere Jahre nach dieser Zeit durchaus keinen Anstoß daran, einen Schatten so fallen zu lassen, wie es ihm für die Komposition gerade paßte, mochte er auch zu der übrigen Schattierung im Widerspruche stehen. Natürlich war dann die Färbung solcher Bilder konventionell, und oft beschränkte man sich überhaupt auf eine Ausmalung in schwarzer Tusche oder in Grisaille und gab etwa die Fleischteile in rötlicher Punktierung dazu.

Wie schwach nun immerhin die Versuche und Leistungen Chodowieckis auf diesem Gebiete sein mochten, sie wurden von seiner Umgebung nicht minder bewundert als die „Historien“ oder die Veduten, die er gelegentlich, wie z. B. einmal die genaue Abbildung eines vornehmen Leichenbegängnisses, aus der Erinnerung anfertigte; und bald fand sich in dem Berliner Oheim ein erster zahlender Abnehmer für seine Bildchen, die gleich denen der Tante zu Einsätzen in Dosen, Ringe, Medaillons u. dergl. verwendet wurden. Allerdings vernachlässigte der junge Maler sich auch wieder während der Zeit, die er im Hause der Mutter zubrachte, und mußte erleben, daß seine Lieferungen selbst den bescheidenen Ansprüchen des Oheims nicht immer genügten; ja er erhielt sogar von diesem einige Arbeiten des jüngeren Bruders Gottfried, der sich inzwischen nach den Grundsätzen der Berliner Quincailleriefabrik weitergebildet hatte, zum Studium und als Muster zugeschickt und mußte sich der darin enthaltenen Demütigung unterziehen, um nicht sein Taschengeld zu verlieren.

In diesem oberflächlichen Treiben, das nur als Gegensatz zu der später so gründlichen Thätigkeit des Meisters und als Anfangsstadium seiner überraschenden Entwickelung von einer gewissen Bedeutung ist, spüren wir fast nichts von eigentlicher und echter Kunstübung. Nur einen, goldenen Faden greifen wir auf, der uns die Verbindung zwischen dem fast gänzlich unberatenen Autodidakten und dem in Stil und Technik sicheren Künstler herstellt: der junge Chodowiecki begann allmählich die Unzulänglichkeit seines Könnens selbst zu empfinden und erkannte, daß es auch in seinem Gesichtskreise eine höhere Kunst gebe als die der ihm geläufigen Vorbilder. Noch ist er damals zwar nicht zu dem Gedanken durchgedrungen, die Natur zu seiner Lehrmeisterin zu machen, aber sein Urteil war doch schon gereift genug, um gute Bilder aufzusuchen und an ihnen eher die Schönheiten als die Fehler zu entdecken.[10] Und darin spricht sich ja die eigentümliche Begabung des wahrhaft produktiven Künstlers aus, daß er nicht damit anfängt, seine Ideen willkürlich und leichthin auszudrücken und zu verkörpern, sondern daß er das Bedürfnis fühlt und die Fähigkeit besitzt, seine Schaffenskraft in feinfühliger Empfänglichkeit für das Schöne in der Natur und Kunst zunächst zu erziehen und im Angesicht derselben sie in ihrer Eigenart auszugestalten. Dergleichen mochte Chodowiecki vorerst nur dunkel empfinden und allenfalls ahnen, wenn er in den Danziger Kirchen und im Artushofe die großen alten Bilder mit Bewunderung ansah und sie sich auf seine Weise einzuprägen suchte. War er auch viel zu schüchtern, um vor allen Leuten mit Bleistift und Skizzenbuch die Einzelheiten festzuhalten, an denen er Gefallen fand und die er sich merken wollte, so wußte er sie doch dadurch zu memorieren, daß er sie sich verstohlen mit dem Zeigefinger etwa in die flache Hand „oder sonst auf einen Körperteil" zeichnete, worauf er sie zu Hause leichter als wie nach bloßer Betrachtung zu Papier glaubte bringen zu können. Auf diese Art lernte er dort manches, das seine manierierten Kupferstiche ihm nicht boten; und es zeugt entschieden von Verständnis, daß er neben dem viel bewunderten Schmuckstücke des Artushofes, dem barocken „Jüngsten Gericht" von Anton Möller, einem übrigens ganz tüchtigen norddeutschen Meister des sechzehnten bis siebzehnten Jahrhunderts in italienischem Gewande, auch einiges von Hans Memlings gewaltigem „Jüngsten Gericht" in der Marienkirche begriff. Er vermochte also doch schon aus fremdartigen Formen das künstlerische Können, das sie geschaffen, herauszufassen und sein Auge an ihm zu weiden; und damit war ihm die Gewähr gegeben, daß er noch weit und immer weiter in der Ausbildung der eigenen Anlage vordringen werde.

Fürs erste freilich mußte dieses hohe Ziel sein Geheimnis bleiben und war von diesen Dingen viel weniger die Rede als von der Rückkehr zu dem einmal bestimmten Berufe. Man suchte für den stellenlos gewordenen Lehrling nach einer neuen Unterkunft, und glaubte sie nirgends besser zu finden als beim Berliner Onkel, der sich ja bereits Gottfrieds angenommen hatte und imstande schien, auch Daniels Talente zum Handel und allenfalls zur Kunst auf seine Art nutzbar zu machen. Nach Preußen also wendete man jetzt den hoffenden Blick, auf den damals noch nicht gehaßten Nachbarn des Vaterlandes. Persönliche Beziehungen wiesen zunächst dorthin, aber überhaupt konnte Berlin dem „Lebensläufer" als die verheißungsvollste aller Städte winken. Lag es doch 1743, im Friedensjahre nach dem siegreich beschlossenen ersten schlesischen Kriege, glänzend und ruhmvoll unter der aufsteigenden Sonne Friedrichs des Großen, und wie mit tausend Masten mochte Chodowiecki wunderbar erträumten Schicksalen entgegensegeln, als er dahin gewendet die Heimat verließ, die er erst nach dreißig Jahren wieder betreten sollte.

Das Brandenburger Thor in Berlin.
(S. 39.)

Zweites Kapitel.

Die Lehrjahre: 1743–1754.

Chodowiecki im Quincailleriegeschäft. — Die Berliner Kunst unter Friedrich Wilhelm I. — Die königliche Akademie der Künste in Berlin. — Die Berliner Kunst unter Friedrich dem Großen. — Friedrich und die königliche Kunstakademie. — Kunstgenüsse in Berlin. — Bildung des Berliner Geschmackes unter Friedrich. — Chodowieckis Lehrer im Emaillieren. — Seine Fortschritte. — Einige Zeichnungen von ihm. — Austritt aus dem Geschäft.

Wenn der junge Chodowiecki auf seiner Reise nach Berlin sich vorgenommen hatte, nicht nur die Wunder dieser häufig genannten Residenz und den schon früh vom Ruhme gekrönten Monarchen anzustaunen, sondern auch alle Gelegenheiten auszunutzen, um dort in jeder Esse an seinem Glücke zu schmieden, so mochte er bald nach seinem Einzuge in das Ayrersche Geschäft empfinden, daß er des Hammers dazu noch lange nicht mächtig war. Vielmehr glich er selber wohl am ehesten einem geplagten Metalle, aus dem das Schicksal noch etwas zu wirken im Sinne hat. Für das leibliche Leben war er ja ganz gut aufgehoben; er hatte an seinem Oheim, einem Junggesellen oder Witwer, einen zwar nicht durchaus uneigennützigen, aber gutmütigen Pflegevater, und an seinem Bruder fand er einen bereits eingewöhnten Genossen; auch in den erwählten Beruf, den Kaufmannsstand, konnte er sich unter der geeigneten Führung bequem einarbeiten. Indessen blieb die erhoffte Förderung seiner geistigen und künstlerischen Interessen ihm doch zunächst versagt. Darin unterschied er sich nämlich von dem minder regsamen Gottfried, daß, während jener keinen Anlaß fühlte, mehr zu leisten als das Geschäft und die Tagesarbeit von ihm verlangten, er seinerseits fest entschlossen war, nicht in der alten, unerträglich gewordenen Beschränkung zu verharren. Er wollte sich an Kenntnissen aller Art und vor allem in der Kunst weiterbilden und überhaupt den großen Männern nachstreben, deren Lebensbeschreibungen er sich anschaffte und nachts heimlich las — aber der Onkel schalt, wenn er ihn dabei ertappte, und mochte solche Zerstreuungen keineswegs zugeben.[1]) Auch suchte er die Malerei des Neffen in demselben fragwürdigen Charakter zu erhalten, der ihm bisher ganz brauchbar und, bei seinem vollständigen Mangel an Urteil über Kunstsachen, nicht minder löblich erschienen war: denn er blieb eben nur auf Gewinn bedacht, und dieser ließ sich am raschesten durch massenhaften Absatz billiger und der Menge gefälliger Ware erzielen. So fügte Daniel zu seinen Danziger Erfahrungen im Gewürzhandel die nunmehr notwendige Kenntnis von allerlei Modeartikeln hinzu; er lernte mit Tabaksdosen, Riechfläschchen, Breloquen, Uhrgehäusen, Prunkschächtelchen, Stockknäufen und anderen Schmucksachen dieser Art unter dem Gesichtspunkte ihrer Verkäuflichkeit umgehen, studierte den zu respektierenden Geschmack des Publikums, übte sich in der Buchführung und bezog mit dem Prinzipale die Messen — alles Beschäftigungen, die er je länger je mehr als Druck und unwillkommene Ablenkung empfand. Denn immer lebhafter erwuchs in ihm jener Trieb nach gründlicher und ernsthafter Ausübung der Kunst, zu der er immer deutlicher seinen natürlichen Beruf erkannte; und durfte, ja sollte er auch, wie Gottfried, für das Geschäft verwendbare Bilderchen malen soviel er konnte, so handelte es sich zu seinem Leidwesen doch eben stets nur um Kopien nach kleinen Kupferstichen und anderen Vorlagen der niedrigsten Gattung. Überdies behielt der Oheim den ganzen Erlös aus der Arbeit für sich, und ein geregelter Unterricht, eine Weiterbildung im Zeichnen und Malen wurde dabei nicht für nötig befunden.

Es war freilich kein Wunder, daß im Hinblick auf das kaufende Publikum keine höheren Leistungen von Chodowiecki verlangt und keine tieferen Anregungen ihm zu teil wurden.[2]) Berlin begann ja damals (1743) kaum, den kräftig durchgeführten Willen eines Herrschers zu vergessen, der im Gegensatz zu seinem Vorgänger wie zu seinem Nachfolger das Schöne nicht ehrte und also auch nicht pflegte. Friedrich Wilhelm I. hatte, um die geleerten Staatskassen durch Sparsamkeit wieder zu füllen, bei seinem Regierungsantritte, gleichsam mit einem Federstriche, aufs gründlichste auch unter den Künstlern aufgeräumt, die herbeigeströmt waren, um der Hofhaltung seines königlichen Vaters den geforderten Glanz zu verleihen: und seitdem hatte er dafür gesorgt, daß in seiner Residenz möglichst weniges aufkam, das nach Verfeinerung der Lebensweise und des Geschmackes aussah. Nicht als ob er der Kunst an sich abhold gewesen wäre: aber es fehlte der beschränkten Natur dieses ausnehmend praktischen und gewissenhaften Staatsverwalters, dieses derben Nimrods und Soldatenfreundes an Verständnis für ein höheres geistiges Schaffen und ästhetisches Genießen. Daher schien ihm fast alles, dessen Nutzen nicht zu wägen oder nicht zu messen war, es sei denn, daß es seine eigenen Gewohnheiten und Liebhabereien anging, nur zur Verweichlichung zu dienen und zur Vergeudung zu verführen, und deshalb sollte es in heilsamen Schranken gehalten werden. Auch haßte seine Sittenstrenge die Lascivität unter jeder Form, vorzüglich also das frivole Treiben am Hofe Ludwigs XV., und er verfolgte daher mit besonderem Ingrimm alles französische Wesen, das aber eben damals in der ganzen civilisierten Welt noch als der vornehmste Träger eines heiteren Kunstsinnes und der gewinnendsten Anmut gelten mußte. Wirklich gelang es ihm, in seinem Machtbereiche dem eigenen spartanischen Geschmacke Ausdruck zu verleihen: und mit Bedauern sehen wir die Lücke klaffen, die seine siebenundzwanzigjährige Regierung in die kaum begonnene Entwickelung der brandenburgischen Künste und feineren Gewerke gerissen hat.

Militärstrafe.
(S. 161.)

Die unfertig hinterlassenen Prachtbauten Friedrichs I., vorzüglich das königliche Schloß, ließ er zwar vollenden, aber nur hastig und um sich alsbald einer ausgedehnten Bauthätigkeit auf seine Weise zuzuwenden. Er versah Berlin und Potsdam mit zahlreichen nützlichen Gebäuden und mit mehreren Kirchen: und die Formen dieser Architekturen waren so ausschließlich durch die Zweckmäßigkeit bestimmt, daß an ihnen höchstens abzusehen ist, auf ein wie Geringes man die künstlerische Durchbildung eines Baues zu beschränken vermag. Mit großem Eifer ließ er sich die Entwickelung der neuangelegten Stadtteile, wie der Friedrichstadt in Berlin, befohlen sein; aber hier, bei diesen Wohnhäusern, die er vielfach verschenkte oder auf seine Veranlassung, auch unter seiner Aufsicht entstehen sah, herrschte erst recht das Lineal, dessen Unerbittlichkeit jede feinere Bildung, fast auch jedes Ornament, abschnitt. Ganze Straßen erhielten dadurch ein so einförmiges Aussehen, daß man ihre Häuserfluchten für je ein langes Haus hätte halten können, wäre nicht den Besitzern manchmal die Freiheit geblieben, ihr Eigentum durch einen Anstrich nach Belieben von dem des Nachbarn abzuheben — eine Freiheit, die gelegentlich dadurch zu einer Demonstration gegen den erlittenen Zwang gemißbraucht wurde, daß man vermittels grüner, blauer oder gelber Fassaden ein schreiendes Nebeneinander schuf. Durfte sich also die Baukunst beklagen, daß der König sie zum Handwerk herabwürdige, so war das wenige, das er für die Skulptur that, nun gar von barbarischem Charakter. Man behauptet, daß er in seinem Leben nur eine einzige Statue ausführen ließ, und diese habe den Riesengardisten Jonas in ganzer Größe und in vollständiger Montur vorgestellt — ein Werk, bei dem es also gewiß, wie bei historischen Wachsfiguren, hauptsächlich auf die genaueste Beobachtung des Maßes und aller Äußerlichkeiten der Uniform ankam. Nicht künstlerischer war die silberne Ausstattung, die Friedrich Wilhelm, um auf seine solide Weise einmal etwas für den königlichen Anstand zu thun, in Augsburg für einige Gemächer des Berliner Schlosses bestellte: diese Kronleuchter, Wandblaker, Spiegelrahmen, Gueridons u. s. w. waren von solchem Umfange und Gewicht, daß man über den Aufwand an kostbarem Material und über die darin enthaltene kluge Kapitalanlage allerdings staunen mußte, in ihren Formen zeigten sie sich jedoch so roh, daß ein großer Teil von ihnen später ohne Bedauern eingeschmolzen werden konnte. Am günstigsten stand es vielleicht noch mit der Malerei, da der König sich selbst ein wenig mit ihr befaßte, alle seine Kinder in ihr unterrichten ließ und ein Freund von Kupferstichen war: indessen blieb sein Geschmack auch hier nur ein untergeordneter. Er hatte zwar Antoine Pesne, den ersten Hofmaler seines Vaters, als einen der wenigen nicht fortgeschickten Künstler bei gutem Gehalte belassen, aber er bestellte bei ihm nur Porträts, und auch die nicht häufig, da weder seine Malweise noch sein zweites Gebiet, die große pompöse Historie, ihm angenehm waren. Ebensowenig schätzte er das Genre und die Landschaft. Er ließ also nur Bildnisse und allenfalls noch Tierstücke gelten, doch überwogen bei allem, was selbst davon für ihn angefertigt wurde, sachliche Interessen die künstlerischen. Die Tierbilder, in denen Leygebe und Degen sich auszeichneten, mußten nämlich in der Regel seine Lieblingspferde und -hunde und seine Jagdbeute, als Erinnerung an irgendwelchen denkwürdigen Schuß oder Saufang, darstellen und deswegen ihre Originale mit peinlicher Accuratesse wiedergeben; und die Porträts waren hauptsächlich bestimmt, die Züge des Königs und seiner Familie in zahlreichen Vervielfältigungen als mehr oder minder banale Geschenke für Fürstlichkeiten und verdiente Beamte abzubilden — Arbeiten, die sich meist unter der Mittelmäßigkeit hielten, es sei denn, daß Maler wie Pesne oder Harper sie ausgeführt hatten. Außerdem aber benutzte ja Friedrich Wilhelm die Bildnismalerei, um seine Generale und sein Entzücken, die Potsdamer

Riesengarde, zu verewigen. Zwei Berliner Meister, Merck und Weidemann der Jüngere, mußten ihm die Offiziere und die „langen Kerls“ in ganzer Gestalt für seine Sammlung in den Gängen des Potsdamer Stadtschlosses abmalen; oft jedoch ergriff auch er selbst die Palette, um in bösen oder in guten Stunden, d. h. mit oder ohne Gichtschmerzen in den Füßen, das Konterfei irgend eines seiner Lieblinge auszuführen. Ein Maler hatte ihm dazu die Farben zu bereiten und den ersten Entwurf vorzuzeichnen; verfehlte dann der königliche Dilettant trotzdem die Ähnlichkeit, so fuhr er wohl dem Modell mit dem Pinsel über das Gesicht und entließ es mit dem Scherze: „Nun bist du gewiß getroffen.“

Wessen er selbst aber nicht bedurfte, das hielt Friedrich Wilhelm auch anderen für entbehrlich, und deswegen sah er sich durch nichts veranlaßt, zur würdigeren Pflege der Künste größere Sammlungen zu begründen oder sonstwie der Ausbildung von tüchtigen Künstlern Vorschub zu leisten. Hatte vielmehr sein Vater in Berlin die erste Kunstakademie Preußens, ja Deutschlands gegründet und mit hinreichenden Mitteln ausgestattet, um den Künsten glücklicherer Länder eine erste Stätte auf seinem Boden zu bereiten, so benutzte er jede Gelegenheit, um dieser Anstalt die Einkünfte zu schmälern und ihr seine Nichtachtung zu bezeigen. Mit welchem Stolze, welcher Sorgfalt mochten Andreas Schlüter und der Maler Augustin Terwesten in den letzten Jahren des siebzehnten Jahrhunderts die Statuten der Stiftung, nach dem Muster der Pariser Akademie, ausgearbeitet haben! Wie vornehm trat sie auf, da kein Geringerer als der allmächtige Minister von Danckelmann zu ihrem ersten Protektor ausersehen war! Im oberen Stockwerke eines königlichen Gebäudes, das außerdem die Sternwarte der Akademie der Wissenschaften, aber freilich auch eine Hautelissefabrik und die Stände der königlichen Maultiere enthielt, hatte der Baumeister Nehring 1697 die nötigen Räume herrichten müssen. Es ergab sich auf der Vorderseite des Hauses, an der erst kurz zuvor angelegten Lindenplantage, der heutigen Straße „Unter den Linden“, eine Reihe schöner Säle, in denen zunächst für drei, bald aber für vier Klassen die Anfangsgründe des Zeichnens, das Zeichnen nach Gips und das nach dem Modell gelehrt wurden, wo ferner der Unterricht in der Anatomie, der Gewänder- und Faltenkunde, in der Geometrie, der Perspektive und der bürgerlichen wie der militärischen Baukunst stattfand und wo die Lehrer ihre Konferenzen abhielten. Besonders schön war auch der Aktsaal ausgestattet, eine Rotunde mit amphitheatralisch aufsteigenden Bänken für etwa hundert Personen; die hochgelegenen Fenster gaben nach Bedürfnis von allen Seiten her ein geeignetes Licht, und abends beleuchtete eine einzige, sehr helle Lampe, die in der Mitte der Kuppel hing, das Modell von oben herab. Daneben diente dieser Raum zur Aufstellung von Gipsabgüssen nach der Antike, die der Maler Gericke aus

Italien besorgt hatte, und beherbergte außerdem noch viele zahlreiche Gemälde und Kunstblätter, wie denn die Kupferstichsammlung der Anstalt eine auserlesene und die Zahl ihrer Zeichenvorlagen überhaupt sehr bald eine beträchtliche war. Die höhere Ausbildung der Schüler in der eigentlichen Technik der Malerei und der Skulptur hatte man nicht in den Studienplan aufgenommen; sie wurde zunächst nur in den privaten Ateliers der Meister betrieben. Dieser „Kunst-Academie zum Aufnehmen der Mahler-, Bildhauer- und Architecturkunst, zu mehrer Etablirung und desto nützlicher Fortpflanzung aller Künste" stand, unter dem Protektor, ein Direktor, unterstützt von einem erfahrenen Decanus, vor: er wurde jährlich aus der Reihe der vier Rektoren gewählt, die mit Hilfe ihrer vier Adjunkten den eigentlichen Kunstunterricht durch mündliche Information, durch Korrektur und durch Stellen des Aktmodells (zweimal wöchentlich je zwei Stunden) erteilten. Besondere Professoren waren für den Vortrag der Wissenschaften und der Architektur verpflichtet; zwei außerordentliche Adjunkten, ein Sekretär, ein Kassier und ein Kastellan vervollständigten das amtliche Personal der Akademie. Außerdem aber gehörten zu ihr die „incorporirten" Künstler, welche nach abgelegtem Probestück durch ein Patent der Akademie in den Genuß ihrer eigenen Privilegien gesetzt waren und daher das Recht hatten, in der ganzen Monarchie ihre Profession zu treiben, „ungehindert durch den Widerspruch irgendwelcher Zünfte und Gilden". Endlich wurden der Akademie noch die Assessoren angeschlossen, „kunstliebende Subjecta, die dann und wann die Academie frequentiren" und die zu dieser Ehrenstellung einstimmig gewählt sein mußten: es waren gewöhnlich reiche Leute oder sonst angesehene Personen, Prinzen, vornehme Ausländer und hohe Beamte, deren Einfluß man zu nützen hoffte. — Sehr bald hatte die Anstalt die auf sie verwendete Sorgfalt durch lebhaften Besuch und verhältnismäßig gute Leistungen gelohnt; da starb ihr königlicher Gründer, 1713, und Friedrich Wilhelm I. war nicht gesonnen, unter seinen Augen so bedeutende Mittel für die ihm überflüssig dünkenden Künste aufgehen zu sehen. Er hob die meisten akademischen Stellen auf, indem er die Gehälter zu Gunsten der Ausbildung von Wundärzten und zu anderen Zwecken einzog; und bald blieben der Anstalt kaum so viel Mittel, daß einige junge Leute in der Geometrie, Perspektive und Optik, also in den Fächern, deren die Landvermesser bedürfen, unterrichtet werden konnten. Dennoch erhielt sich das Institut einen Schein der Existenz durch die treue Aufopferung seines damaligen Direktors, Weidemann des Älteren. Ihm standen außer den sechshundert Thalern seines Gehaltes schließlich nur noch zweihundert Thaler für alles übrige zur Verfügung; aber er verzagte nicht. Mit fieberhafter Thätigkeit gab er fast allein den Unterricht, schrieb Aufsätze, damit es an Veröffentlichungen nicht fehle, feierte Stiftungsfeste, veranstaltete die jährlichen Ausstellungen und teilte, auf seine Kosten, an die wenigen Konkurrenten Prämien aus. — Wurde nun auch auf diese Weise die Ehre der Akademie vor dem wenig orientierten Publikum einigermaßen gerettet, so war doch unmöglich noch auf eine irgendwie segensreiche Wirkung ihrerseits zu rechnen. Der König hatte sie eben gelähmt, wie er ihre Schwester, die Akademie der Wissenschaften, zu schädigen wußte, indem er ihr den Mann zum Haupte gab, der die Zielscheibe seiner schnödesten Scherze zu sein pflegte, oder wie er den Universitäten zusetzte, an denen er am liebsten nur die nötigen Theologen und Chirurgen gezogen hätte. Wie sollte also, soviel an der Akademie lag, das Interesse für Kunstwerke in den höheren und niederen Schichten des Volkes geweckt oder genährt und gesteigert werden? Wie hätten gewissenhaft ausgebildete Künstler, die von ihr ausgingen, durch ihre Arbeiten den Geschmack und die Ansprüche des Publikums heben können? Es ist kein Zweifel, daß im Verein mit der allgemeinen Vernachlässigung der Bildung, des Geschmackes und der Künste unter diesem Herrscher auch der Niedergang dieser Anstalt dazu beigetragen hat, die Kunst in Brandenburg noch für Jahre als die Abenteurerin aus der Fremde zu erhalten, die man mißtrauisch anblickte und selten zur Rast am Herdfeuer einlud. Während in Frankreich die köstlichsten Meisterwerke aller Art ohne Unterlaß geschaffen und allenthalben von einem künstlerisch empfindenden Publikum gewürdigt und genossen wurden, vergnügten sich, bei wenigen Ausnahmen, die Berliner Kunstfreunde etwa mit dem Illuminieren und Ausschneiden von Kupferstichen, mit denen sie dann die Möbel und Wände ihrer Kabinette beklebten, und machten diejenigen Künstler die besten Geschäfte, die ihre Fertigkeiten den auf königlichen Befehl verbreiteten Beschreibungen der peinlichen Exekutionen widmeten und sie mit schaudererregenden Abbildungen versahen.

Bessere Zeiten für Künste und Wissenschaften schienen anzubrechen, als Friedrich II. am 31. Mai 1740 den Thron Preußens bestieg und seine Residenz von Rheinsberg nach Berlin-Charlottenburg verlegte. Wußte man doch, in welcher Weise er als Kronprinz in jener glücklichen Zurückgezogenheit Hof gehalten hatte! Das ehedem so stille Schlößchen am träumerischen See war unter seinen schöpferischen Händen zu einem glänzenden, gastlichen „Remusberg" geworden und wurde von allen Musen und Grazien besucht, die sich sonst noch nicht in der Mark hatten einbürgern dürfen. Auserlesene Konzerte, französische Komödien und Ballette, schelmische Schäferspiele, phantastische Pilgerzüge nach seligen Inseln, ländliche Bälle und pikante Tafelfreuden ergötzten eine geistreich bewegte Gesellschaft, deren Grundsatz zu sein schien, sich nichts zu versagen, was dem heiteren Genusse erreichbar war — aber diesem Grundsatze fehlte auch nicht seine ernste Ergänzung, und wenn man des Nachmittags epikureisch schwärmte, so hatte man die Vormittage der wissenschaftlichen Arbeit und den Stoikern geweiht. Nicht umsonst luden die vornehm und geschmackvoll ausgestatteten Gemächer des Prinzen, vor allen die reiche Bibliothek, auch zu ruhigem Verweilen: denn hier, unter Voltaires Bildnis, näherte sich Friedrich den antiken und den französischen Philosophen und Forschern und wetteiferte mit ihnen in der versifizierten oder prosaischen Aussprache des Erdachten und Gefundenen; und nicht umsonst hatte Pesne die Decke des großen Saales mit einer Aurora geschmückt: denn hier, in diesen Räumen, bereitete ein nur scheinbar leichtlebiger Fürst ein Lebenswerk vor, welches dadurch beispiellos segensreich werden sollte, daß der helläugigste Herrscher sich ganz und gar in den Dienst seines Landes stellte, daß er mit unermeßlichem Wissen den Organismus seines Staates durchdrang und mit aufgeklärtem Wollen seine Einzelheiten gestaltete.

In der That ließ sich Friedrich, als er König geworden, die schönen Künste und zunächst die Sorge für die Architektur in der Hauptstadt sofort angelegen sein. Kaum ein Jahr durfte, bis zum Ausbruch des siebenjährigen Krieges, verfließen, ohne daß ein ansehnliches Bauunternehmen von ihm begonnen und ausgeführt wurde. Da sanken die Wälle, die bisher den Verkehr zwischen Berlin und Cölln gehemmt hatten; da wurden die weiten, sandigen Strecken der nördlichen und östlichen Vorstädte bebaut und in Gärten verwandelt; Pappeln und Linden faßten die Ufer der Spreearme ein; ganze Häuserreihen verschwanden, um sich stattlicher und schöner wieder zu erheben. Schon 1741 mußte der Freiherr von Knobelsdorff, Friedrichs genialer Freund und Baumeister, das Opernhaus aufführen und es auf das reichste mit Säulen, Statuen und Reliefs schmücken; ihm gegenüber begann 1742 der gewaltige Palast des Prinzen Heinrich (die heutige Universität) durch Boumann den Älteren zu erstehen. Diese Plätze, vor den Thoren der Altstadt gelegen, waren bis dahin wüst geblieben, und noch trennte eine hohe Mauer die Behrenstraße in ihrer ganzen Länge von den Rückseiten der Häuser und Gärten „Unter den Linden"; aber bald, seit 1747, verdrängte die katholische Hedwigskirche die Festungswerke am Anfang der Behrenstraße, um mit dem Opernhause, dem Heinrichspalais und der etwas später hinzukommenden königlichen Bibliothek den schönen Platz zu bilden, der noch immer einen Glanzpunkt der Berliner Architektur abgiebt. Der gotische, zweitürmige Dom auf dem südlichen Schloßplatze wurde abgebrochen und auf dem Lustgarten durch den Neubau ersetzt, dessen felsenfestes

Friedrich der Große.
Nach einer Emaille Chodowieckis.
(Original im Besitz der Frau Dr. Ewald, Berlin.)

Mauerwerk nach mehr als hundertjährigem Bestande nur zögernd den Minen der Pioniere nachgab, die es zu Gunsten des heutigen Domes zerstören sollten. Neben solchen Bauten einer königlichen Verschönerungslust fehlte es aber auch nicht an gemeinnützigen Anlagen mehr praktischer Art. Der neue Packhof, mehrere massive Brücken, wichtige Fabriken dienten dem Verkehr und dem Handel: den verwundeten Siegern seiner schlesischen Kriege gab Friedrich das ausgedehnte Invalidenhaus vor dem Oranienburger Thor an der damals noch bewaldeten Jungfernheide: auch für Arbeiterwohnungen sorgte er im „Neuen Voigtlande". Und während sein Vater den köstlichen Lustgarten Friedrichs I. mit den Wasserkünsten und Orangerien in einen staubigen Exerzierplatz verwandelt hatte, schuf Friedrich zum Besten seiner Städter im eröffneten königlichen Wildgehege des Tiergartens die ersten Anfänge eines allgemein zugänglichen Parkes: den „Großen Stern", den das Volk wegen seiner Statuen alsbald „die Puppen" taufte, die radialen Hauptalleen, das Labyrinth, eine Boscage und andere mehr. Diese Spaziergänge dehnten sich nördlich bis an die Spree aus, wo der Kurfürstenplatz oder „Zirkel" die schöne Welt versammelte, wenn sie, besonders an Sonntagnachmittagen, zu Wagen, zu Pferde oder zu Fuß zusammenströmte, um Militärmusik zu hören und sich sehen zu lassen. Baumreihen, Ballustraden und Bänke umgaben dort einen Halteplatz für Fuhrwerke aller Art, und in der Mitte ragte eine Statue der Diana empor: aus diesem „Zirkel" entwickelten sich seit 1745 die „Zelten". — Für sich selbst aber ersann der König in Potsdam ein Sanssouci, das er schon 1744 beginnen und ganz nach den eigenen Ideen ausführen ließ: ihm zuliebe verödete das eben erst durch Knobelsdorff vergrößerte Charlottenburger Schloß, und es wurde auf das sorgfältigste mit mancherlei Kunstwerken ausgestattet sowie mit weiten, geschmückten Gärten umgeben.

Als aber der königliche Philosoph dieses neue Tusculum bezogen hatte, wurde man wohl inne, daß die Rechnung auf eine allgemeine Förderung der Künste durch ihn im Sinne einer wieder zu erweckenden, nationalen deutschen Kunst keine ganz richtige war. Wie Friedrich meist das Unerwartete that, so unterließ er oft, was man von ihm erwartete. Er handelte eben mit unbeirrter Energie aus seiner vollen Natur heraus nach der gefundenen Erkenntnis: aber diese Natur war eine einzige in ihrer Art und nun gar den Brandenburgern in wesentlichen Punkten eine fremde. Die französische Bildung, die seine Mutter ihm gegeben und in die ihn der hartnäckige Gegensatz zum Vater nur noch tiefer getrieben hatte, öffnete seinen Blick über ein Volk, dessen Begabung ihm um so beneidenswerter und dessen Kultur ihm um so vorbildlicher erscheinen mußten, je verwandter im Geiste er selbst sich ihm fühlte und je entschiedener er darauf verzichten sollte, die angestammten Unterthanen auf die eigene Höhe zu bringen. Mit dem ästhetischen Unbehagen eines Parisers mochte der König auf diese seine schwerfälligen Preußen blicken, deren Tugenden er ja schätzte und für deren wirtschaftliches Wohl er auf echt deutsche, väterliche Weise sorgte: aber sich selbst behielt er in jeder Beziehung seines Lebens französische Formen vor und suchte auch den nationalen Wissenschaften und Künsten, die so schwer danieder lagen, hauptsächlich durch französische Elemente aufzuhelfen. Ein merkwürdiges Unternehmen, dem in seinem Sinne ein Erfolg nicht blühen konnte, da jene allerhöchsten Kräfte und Erzeugnisse des Menschen in wahrer Schönheit nie anders als aus seinem echtesten Sein entspringen werden. Besonders nachdem Friedrich selbst durch seine Thaten und durch die unmittelbare Gewalt seines Heldensinns in Sieg und Niederlage die Stürme nie zuvor vernommener Begeisterung in seinem Volke entfesselt und ihm dadurch ein bisher kaum gekanntes, patriotisches und nationales Selbstgefühl geschaffen hatte, empfand man die Fremdheit und das Unzeitgemäße der von ihm als Vorbild gesetzten Kultur und überließ sie ihm allein, indem man nach einer kurzen Lehrzeit die eigenen, notwendigen Bahnen geistiger Entwickelung einschlug. Auf diesem Wege gelangte Brandenburg-Preußen, der Spätling unter den deutschen Staaten, zu einer Blüte und Bedeutung, wie sie die stammverwandten Völker in Mittel- und Süddeutschland unter großartiger Kraftentfaltung sich schon früher erobert hatten. Aber auch vor dem siebenjährigen Kriege war schon leicht zu erkennen gewesen, daß der König seinerseits überhaupt nicht einmal den Versuch hatte machen wollen, sich mit den künstlerischen Leistungen der Deutschen zu befreunden, wie ja auch ihre jugendlich aufstrebende Dichtkunst seinem klassicistischen Geschmacke fremd blieb. Vielmehr bediente er sich, wie gesagt, fortwährend zu allen wissenschaftlichen und künstlerischen Untersuchungen zunächst der Hilfe von Franzosen (auch in den Bauten, die seine deutschen oder holländischen Meister für ihn ausführten, überwiegen wie damals überall die französisch-italienischen Formen), und er wandte sich, wenn er keine Helfer von jenseits des Rheines erhielt, mit Vorliebe an die Franzosen in den preußischen Kolonien, die ja freilich in der That fast allein in seinen Staaten im Besitz einer höheren Bildung und erprobten Kunstfertigkeit waren. — So kam es, daß der König auch die Malerei und die Skulptur nur nach seinem persönlichsten Geschmacke unterstützte: er ließ in Frankreich und Italien Kunstwerke für sich sammeln und Künstler anwerben und dachte selten daran, die einheimischen Meister durch kräftige Unterstützung zu besseren, vielleicht ihn selbst befriedigenden Leistungen anzuspornen und auf diese Weise ihre Befreiung von der bestehenden Tyrannei ausländischer Vorbilder einzuleiten. Er ließ seine Deutschen gewähren, verwendete sie im ganzen nur zu untergeordneten Arbeiten und gab unzweideutig zu erkennen, daß er nur wenige unter ihnen schätze.

Deshalb war ihm auch die Akademie der Künste ziemlich gleichgültig; und als sie im Juli 1743 abbrannte und alle ihre Sammlungen, Gipsformen und sonstigen Kunstschätze zu Grunde gingen, beeilte er keineswegs ihre Wiederherstellung. Die unter den Ruinen stehen gebliebenen Räume wurden sogar fürs erste an einen Wirt vermietet, der eine Kaffeeschenke in ihnen einrichtete. Endlich entschloß man sich dann zu der vollständigen Reparatur des Gebäudes, bestimmte jedoch, daß die Akademie der Künste ihre Säle fortan mit derjenigen der Wissenschaften teilen solle; und es dauerte immerhin noch bis 1770, daß der ersteren ihr verkürztes Obdach übergeben wurde. Daß sie auf diese Weise siebenundzwanzig Jahre lang eigentlich brach liegen mußte, kümmerte den König nur wenig, und er hatte auch noch lange nicht die Absicht, ihre ganz zerrütteten Einrichtungen wieder auf den statutenmäßigen Zustand zu bringen. Er begnügte sich vielmehr damit, einige der von seinem Vater eingezogenen Lehrstellen, wenigstens scheinbar, wieder zu besetzen, denn ein geregelter Unterricht fand trotzdem nicht statt, und berief der Anstalt 1751 einen ständigen Direktor, der sich eines besseren Rufes erfreute als er verdiente: den Franzosen Blaise Nicolas Lesueur, einen mittelmäßigen Historienmaler von geringer Energie und Rührigkeit, unter dem die Akademie das Dasein einer gewöhnlichen Zeichenschule weiterführte. Auch nach dem Tode Lesueurs (1782) sollte noch mehrere Jahre lang keine wesentliche Besserung ihrer Verhältnisse eintreten.

So stand es also um die bildenden Künste unter Friedrich dem Großen: er, der das Schöne ehrte, pflegte es auch, jedoch auf eine Weise, die den Seinigen nicht unbedingt und jedenfalls nur mittelbar zu gute kam. Schauen wir aber nach sonstigen Hilfsmitteln aus, die sich unter ihm in Berlin den aufstrebenden Künstlern und anderen Kunstbedürftigen geboten hätten, so erblicken wir ihrer sehr wenig beträchtliche. Die Stadt selbst konnte sich, besonders in den ersten Regierungsjahren des Königs, trotz der vielen Bauten seines Vaters und der Anfänge seiner eigenen Neubauten nur geringer Reize rühmen. Sie war die Tochter der bitter armen märkischen Erde oder vielmehr eines Sandes, der neben der Oase von Potsdam wohl als Wüste bezeichnet werden durfte; Naturschönheiten kamen ihr also nicht zu statten, und was der harte Fleiß ihrer Bewohner seit Jahrhunderten an Baulichkeiten aufgeführt hatte, zeugte vorzüglich von Anspruchslosigkeit und sparsamem Sinn. Das Schloß Friedrichs I. und das Zeughaus ragten ungeheuer und fremdartig in der Silhouette der Residenz empor, die sich in Berlin Cölln eng und kleinlich drängte und in den Vorstädten, bis zu den Palissaden, sich unansehnlich verstreute; die wenigen Paläste einiger ehemals Gewaltigen, wie der des Grafen Wartenberg, oder zierliche Lustschlößchen, wie Monbijou, stachen wunderlich ab gegen die ärmlichen, nur schlecht verputzten Fachwerk- und Ziegelhäuser, welche ohne viel Abwechselung die unsauberen Straßen bildeten oder sich um düstere, schwerfällige Kirchen gruppierten. Und das Leben, der Verkehr in der Stadt, die damals nur gegen 90 000 Einwohner zählte, entsprach ihrem Bilde: es überwog das bedächtige, kleinbürgerliche Tagewerk und ließ die seltenen, glänzenden Personen vom Hofe, die in Berlin lebten oder zeitweise dort zu thun hatten, wie Eindringlinge erscheinen. Nur das tägliche Paradieren der starken Garnison erinnerte an die Bedeutung der befestigten Hauptstadt; und die rührige Arbeit auf den Packhöfen oder in den klappernden Werkstätten des Schiffbauerdamms, das Treiben auf der Spree und den Kanälen gab etwas Abwechselung und vielleicht einen schwachen Abglanz von dem malerischen Gewirre, mit dem etwa das farbenreiche Danzig ein beobachtendes Auge ergötzte.

Daß diese an Architekturformen so arme Stadt nun auch wenig andere öffentliche Kunstschätze aufwies, bedarf kaum der Versicherung. Allerdings stand Andreas Schlüters Großer Kurfürst in grandioser Schönheit auf seinem Postament, an dem die von Entsetzen und Schmerz ergriffenen „Sklaven" so wundervoll die erhabene Ruhe ihres Besiegers zur Geltung bringen, und durfte von der vorüberwandelnden Menge angestaunt werden; aber die Mehrzahl der übrigen Arbeiten des Meisters blieb dem großen Publikum unsichtbar: seine Dekorationen in den königlichen Schlössern, seine Statue Friedrichs I., die so wechselnde Schicksale hatte, seine erschütternden Masken der sterbenden Barbaren, die im Hofe des Zeughauses auch nicht durchaus zugänglich waren. Was aber Schlüters Vorgänger etwa an Denkmälern in den Berliner Kirchen oder seine Zeitgenossen und nächsten Nachfolger sonst geschaffen hatten, erhob sich nicht annähernd zu einem leidlichen Mittelmaße der Güte. Allenfalls möchte man Hulots vier allegorische Statuen vor dem Zeughause und die kräftigen Trophäen und Gruppen auf der Attika dieses Gebäudes und des Schlosses ausnehmen; aber im übrigen waren die wenigen Figuren, die man hier und da angebracht sah, die Statuen im Tiergarten und vor dem Brandenburger Thore (das damals aus einem Schlagbaum zwischen zwei Pfeilern und zwei Wachthäusern bestand), die dekorativen Gestalten auf einigen Brücken und dergleichen, von der herkömmlichsten und rohesten Arbeit. Wer bessere und schöne Skulpturen sehen wollte, mußte nach Sanssouci oder Charlottenburg gehen und konnte froh sein, wenn er nicht von groben Aufsehern aus den reich geschmückten Galerien, Heckengängen und Boskets hinausgewiesen wurde; oder er suchte in das Innere der königlichen Schlösser oder in das Palais des Prinzen Heinrich zu dringen, wo denn vielleicht ein besonderer Befehl des Königs ihm Zutritt verschaffte oder ein Kastellan sich bestimmen ließ, einen flüchtigen Blick auf auserlesene Bildhauerwerke ausländischer Meister und auf wertvolle Antiken zu gestatten. Denn erst später, nach 1786, wurde wenigstens den Künstlern das Studium der königlichen Kunstschätze grundsätzlich erlaubt. — Ebenso schlimm stand es ihrerseits mit der Malerei: auch sie erschien in würdiger Weise nur in den schwer zugänglichen fürstlichen Sammlungen und wenigen anderen Kabinetten vornehmer Liebhaber oder wohlhabender Kaufleute und Künstler; und was man in den Kirchen sehen konnte — vor der Hedwigskirche gab es noch keine katholische in Berlin — beschränkte sich damals auf einzelne unverstandene Reste aus altdeutschen Schulen, auf wertlose Bildnisse ehrwürdiger Prediger und Kanzler und auf einige moderne Altarbilder, etwa von Bernhard Rode, die übrigens bei der in den alten Gebäuden herrschenden Dämmerung wohl nur selten zu voller Geltung kommen konnten.

Dennoch ist aber nicht zu verkennen, daß sich im Laufe von Friedrichs Regierung das Verständnis des Publikums für die bildende Kunst und die Produktion der Künstler allmählich, und schließlich ganz bedeutend, hoben. Diese Erscheinung ist zunächst auf den Umschwung der Verhältnisse im allgemeinen, dann aber auch auf vielleicht nicht direkt beabsichtigte Wirkungen des Königs zurückzuführen. Man lebte nicht mehr in den Jahrhunderten, in denen die gesteigerte Gedankenarbeit, das ideale Erkennen und Wissen, ein Besitz nur weniger durch die Überlieferung ihres Standes oder durch eigenen Willen Auserwählter war, und schon verbreiteten sich die Anfänge einer bescheidenen Bildung in allen Schichten des Volkes. Neben den alten Gelehrtenschulen und den nach ihrem Vorbilde eingerichteten Gymnasien fanden sich schon viele ordentliche Elementar- und einzelne gute Volksschulen, und ihre Zahl und ihr Wert steigerten sich rasch: die Menge der Analphabeten nahm langsam ab, und etwa in demselben Verhältnisse wuchs das Maß des Könnens und der geistigen Reife auch bei denen, die sich bis dahin schon zu den Gebildeten hatten rechnen dürfen. Besonders in den größeren Städten, unter dem Einfluß ihrer verschiedenen Anstalten und des anregenderen Lebens, entwickelte sich ein interessiertes Publikum, das sich aus allen Ständen vom besseren Handwerker bis zum Adel des Heeres und des Hofes zusammensetzte. Seinen Schwerpunkt behielt es natürlich bei den Geistlichen und den Fachgelehrten, indessen hatte die Wissenschaft schon längst neben der unbeholfenen Rüstung, die aus dem siebzehnten Jahrhundert stammte, allerlei leichtere, ja öfters zu leichte Formen für ihr Auftreten gefunden und beschäftigte auch solche, die sich etwa nur durch das Lesen von Monatsschriften, Lehrgedichten und didaktisch-moralischen Romanen mit ihr befaßten. Sobald aber eine Gesellschaft sich dem vollkommenen Banausentume entzieht und, sei es auch nur oberflächlich oder zu einem kleinen Teile, sich geistigen Bewegungen anschließt, so ergiebt sich für sie mit Notwendigkeit bald auch eine intensivere Richtung auf die Künste. Denn weitaus die Mehrzahl der Menschen, unfähig, am abstrakten Denken und Wissen ein vollkommenes Genügen zu finden, bedarf daneben, für ihr Seelenleben, einer gewissen Fesselung der Sinne, welche nur die Künste ihr gewähren: und diese Ergötzung wird als eine um so geistigere und feinere beansprucht werden, je besser der Einzelne seine Begabung zum Kunstgenuß durch sonstige wohlentwickelte Fähigkeiten unterstützt. Ein wirklich unbefangenes, freies Urteil, der Schlüssel zur Erlangung aller begehrenswerten

Das Vorlesen.

Oelgemälde auf Leinwand von 17[illegible], im Besitze der Frau Dr. Ewald.

ideellen und reellen Genüsse, ist die vornehmste dieser Fähigkeiten, denn es setzt eine durchgeführte Schulung der übrigen Kräfte voraus; und so geht eine höhere Bildung, die allein aus der Verworrenheit der Vorurteile befreit, durchaus Hand in Hand mit höheren Ansprüchen an die Kunst und mit einer regeren Teilnahme an ihrem Schaffen. – Dieser Zustand des Publikums trat, wie wir hörten, für Berlin zu der Zeit Friedrichs des Großen ein, dessen Beispiel allein ihn schon förderte; aber nur sehr allmählich konnte dort das erwachende Kunstbedürfnis auf gesunde Weise befriedigt und weitergebildet werden. Es half sich jedoch, wie es sich helfen mußte: auch ohne den Nachdruck einer unmittelbaren königlichen Unterstützung, die damals viel mehr bedeutete wie neuerdings, rief es mit der Zeit eine einheimische, anfangs freilich nur sehr bescheidene und unselbständige Kunstübung ins Leben. Es wurde jedoch dabei zum Teil wieder geleitet durch die bald erfolgte Gewöhnung an die ausländischen Kunstwerke, die es gelegentlich zu sehen bekam, und an die aus dem Auslande neu eingeführten und allmählich hoch entwickelten Kunstindustrien — also an Elemente, die es schließlich vor allem dem Könige verdankte. Was nämlich jene fremden Maler und Bildhauer, die Pesne, Vanloo, Tassaert u. a., in Berlin für den Hof schufen, wirkte in zweiter Linie doch auch auf ein weiteres Publikum und durch dessen Geschmack auf die einheimischen Künstler. Diese mußten nun, um ihren Bestellern zu genügen, jenen oft unerreichbaren Vorbildern nachstreben, mindestens aber sich in ihre Schule begeben; und wenn sie sich auch dabei häufig an sie verloren, so konnte es ihnen doch andererseits gelingen, an ihnen die eigenen Anschauungen und Fertigkeiten zu läutern und im übrigen die Anfänge einer nationalen Kunst vorzubereiten. Und wenn Friedrich dafür sorgte, daß gut modellierte und fein bemalte Porzellane, die entzückendsten und originellsten Erzeugnisse des achtzehnten Jahrhunderts, im Lande selbst entstanden und zu erschwingen waren, daß schönere Glaswaren die groben und rohen ersetzten, daß prächtige und geschmackvolle Seiden- und Sammetstoffe ebenfalls in immer wachsendem Maße einheimische Produkte wurden, daß das Goldschmiede- und Juweliergewerbe kräftig aufblühte, so flößten diese und andere bis dahin kaum gekannte Gaben des Luxus den Berlinern auch das Bedürfnis nach idealeren Kunstwerken ein. Es währte nicht lange, und man begann die üppiger und anmutiger eingerichteten Wohnungen auch mit Gemälden und mit guten Stichen reicher auszustatten als bisher; dadurch erweiterte sich aber, wenn nicht der Kreis der Sammler, so doch jedenfalls die Zahl der die Kunstwerke Kaufenden, Beurteilenden und Genießenden — und alsbald war jenes ganze räsonnierende und kritisierende Wesen und Treiben einer künstlerisch interessierten Gesellschaft ermöglicht, das ja zwar unendlich viele schiefe Urteile und Ansprüche zu Tage fördert, aber in der Summe, als anregend oder zügelnd, doch eine gewisse Wirkung auf die schaffenden Künstler auszuüben nicht verfehlt.

Vorderseite einer von Chodowiecki emaillierten Bonbonniere.
(Original im Besitz der Frau Dr. Ewald, Berlin.)

Durch alle diese Ausführungen wurde, zurück und vorgreifend um zu orientieren, der Zustand der Berliner Kunstverhältnisse gekennzeichnet, wie er um 1743, als Chodowiecki in Berlin eintraf, herrschte und wie er sich in den folgenden Jahren entwickelte. Wir finden durch sie also auch die Erklärung, warum der entschieden strebsame junge Künstler in seiner Ausbildung noch längere Zeit fast stehen blieb. Mag er sich auch zu hart beurteilen, wenn er von einer seiner Zeichnungen aus dem Jahre 1749, die eine Tischgesellschaft nach der Natur darstellte, sagt, sie sei kaum besser gewesen als jene des Bröllmannschen Ladens von 1741, so ist doch wahr, daß er in jenen Jahren zwar seine Routine im Kopieren und jedenfalls auch im Komponieren der kleinen dekorativen Bildchen vergrößerte, aber ein ohne Urteil forderndes und kaufendes Publikum auch eben mit ihr abfertigte und trotz seines gelegentlichen Zeichnens nach Gips und nach der Natur die nächsten zehn Jahre ganz in ihr verharrte.

Eine wichtige Veränderung in seine und Gottfrieds Arbeiten brachte aber die etwa 1740 in Berlin gleichsam neu aufkommende Technik der Emailmalerei und ihre durch die Mode sehr geförderte Anwendung zum Schmucke von kostbaren Kleinodien und auch von solchen billigeren Waren, wie sie das Ayrersche Geschäft erzeugte und führte. François Claude Thérémin,[9]) ein Pfarrerssohn aus der französischen Kolonie in Groß- und Klein-Ziethen in der Uckermark, hatte am Anfang des Jahrhunderts acht Jahre in London und Paris unter dem Studium dieser alten und stets geschätzten Kunst zugebracht und sie darauf mit Hilfe von Pariser und Genfer Arbeitern als eine wesentlich verbesserte in Berlin eingeführt, wo sie seit der zweiten Hälfte des 17. Jahrhunderts durch die Brüder Huaut, dann durch Samuel Blesendorf und andere in wenig zulänglicher Weise geübt worden war. Viele Meister folgten Thérémins Beispiele; auch erzog er selbst Schüler, die bald sehr zahlreich waren, unter deren Händen jedoch die ursprüngliche Feinheit des Verfahrens einer immer gröberen Ausführung wich; denn auch hier zeigte es sich, daß zarte, reizvolle

Kunstwerke, für den gebildeten Geschmack bestimmt, ihre Vorzüge in trüben Abbildern selbst dem ungebildetsten Auge preiszugeben gezwungen werden, sobald die Mode sich ihrer bemächtigte. So entstanden in Berlin allenthalben Werkstätten für das Malen und Brennen der Emaillen, und auch Antoine Ayrer zögerte nicht, im Jahre 1746 oder 1747 einen Versuch damit anzustellen. Die Brüder Chodowiecki sollten die Technik erlernen und die ganze Fabrikation im eigenen Hause betreiben. Sie hatten gerade damals einen gewissen Fortschritt in ihrer Miniaturmalerei gemacht, da ihnen neue und etwas bessere Vorlagen, nämlich kleine Aquarelle der angesehenen Miniaturisten Johann Harper († 4. Dezember 1746) und Christian (?) Wolfgang, in die Hände gefallen waren; und das stark leuchtende, freilich auch ebenso unrichtige Kolorit derselben hatte sie angeregt, ihren Farbensinn etwas kräftiger zu entwickeln. In dieser Rücksicht kam ihnen die Nötigung, mit Email zu malen, eben ganz recht, denn die Emailfarben nehmen im Feuer und durch die Glasur eine prachtvolle Lebhaftigkeit an und lassen, wo sie durchsichtig sind, das Metall, auf dem sie sitzen, sehr wirksam durchschimmern. Im übrigen aber entfernten sich die nunmehr auszuführenden Bilder nicht weit von denen, die sie bisher verfertigt hatten, da es sich ebenfalls hauptsächlich um die Verzierung von Tabaksdosen u. s. w. handelte. Ein ehemaliger Goldschmied, mit Namen Schröder, wurde angestellt, den Brüdern die Sache aus dem Grunde beizubringen. Er lehrte sie also, die Kupferplatten (denn zu Goldunterlagen verstieg sich Ayrer zunächst noch nicht) in die Formen der einzelnen zu emaillirenden Teile einer Dose zu treiben; dann mischte er die Farben nach bestimmten Rezepten, deren er aber nur wenige und unvollkommene besaß. Die so zubereiteten, ziemlich dickflüssigen und undurchsichtigen Farben trug er dann auf die Platten, und hierbei zeigte es sich schon, daß er von der eigentlichen Malerei nichts verstand: er brachte es nur zu elenden Figuren und Landschaften und offenbarte einen ganz bedenklichen Geschmack, indem er möglichst viel Goldfarbe in mosaikartigen Hintergründen und ornamentalem Laubwerk anwendete und sogar goldene Figürchen aus Metallprägung einfügte; außer diesen schienen nur noch grün emaillierte Petersilienblätter ihm als Verzierungen zu Gebote zu stehen. Das Schlimmste aber war, daß er das Brennen nicht verstand und daß seine Farben immer ganz verdorben aus dem Ofen hervorgingen — ein Umstand, der seine Zöglinge sehr bald zu den sichereren Aquarellfarben und ihren erfreulicheren Miniaturen zurücktrieb. Er selbst aber verschwand aus Berlin, sobald er genug verdient hatte, um einige Wochen davon zu leben. — Das Mißlingen dieses Versuches schreckte jedoch den Oheim Ayrer nicht ab, einen zweiten zu wagen, da die Mode, billige Emaillen zu tragen, immer noch anhielt. 1748 oder 1749 fand er denn auch für seine Neffen einen besseren Lehrer, der außerdem auf Daniel einen ungeahnten Einfluß ausüben sollte. Er ließ aus Polen, wo ihm allerlei Geschäftsverbindungen zur Verfügung stehen mochten, einen Maler Namens Haid kommen, der sich, Arbeit suchend, gerade dort aufhielt. Dieser Haid — seinen Taufnamen kennen wir nicht — stammte aus der bekannten, sehr verbreiteten Künstlerfamilie dieses Namens in Augsburg, das ja seinen alten Ruhm als hervorragende Stätte mancher Künste und des Kunsthandels noch aufrecht erhielt: er war mit Georg Philipp Rugendas, dem Pferde- und Schlachtenmaler und Radierer in Schwarzkunst (1666–1742), verwandt und war sein Schüler. So hatte er von Hause aus einen guten Unterricht genossen und war dann nach Dresden, vermutlich auch ins Ausland gegangen, um sich besonders im Emaillieren auszubilden. Darin leistete er Gutes; er beherrschte die Farben, deren Verbesserung der Erfolg unablässiger, jahrzehntelanger Bemühungen vieler Künstler gewesen war, und er galt als Meister in der Technik des Brennens; dagegen fehlte es auch ihm an Erfindungsgabe und an Grazie in den Formen: seine Zeichnung war steif und außerdem schlecht. Immerhin brachte er die Ayrersche Werkstätte in Gang; seine Vorrichtungen und Handgriffe erwiesen sich als zuverlässig, und bald hatten die Chodowieckis sich so gut in die Arbeit gefunden, daß sie mehr zum Malen und viel weniger als bisher im eigentlichen kaufmännischen Geschäft verwendet wurden: ihre Leistungen im Emaillieren waren einträglicher geworden als ihre Commisdienste. Diese größere Freiheit und die Notwendigkeit, sich von der anstrengenden Brennerei öfters zu erholen, waren Daniels Privatstudien günstig: auch veranlaßten sie weite Spaziergänge, die die Brüder häufig mit Haid unternahmen; und dabei zeigte sich, daß dieser nicht umsonst mit guten Künstlern verkehrt hatte. Er verstand über die Kunst zu reden und wußte auf solchen Wanderungen und in sonstigen Gesprächen seinen Zöglingen einen Begriff von den Zielen einer richtigen Kunstübung beizubringen. Obgleich er selbst trotz seiner Kenntnisse eigentlich kein guter Künstler geworden war, hatte er doch die höchste Achtung vor dem Werte einer methodischen, akademischen Erziehung; und es mochte einer gewissen Komik nicht entbehren, wenn er den beiden, die mit der Berliner Akademie freilich nichts zu thun hatten, pathetisch zurief: „Ihr seid Ignoranten! Ihr habt niemahls keine Akademie gesehen, viel weniger eine frequentiert: aus euch wird niemahls etwas werden!“ — Solche Worte und Gespräche fielen bei Daniel auf fruchtbaren Boden. Während Gottfried wie bisher nur that, was der Oheim angab und verlangte, schloß er sich an Haid an, der so sein erster eigentlicher Lehrer wurde; und als dieser Berlin nach einiger Zeit verließ, hatte er bereits ernstlich begonnen, sich eine etwas bessere Kunstbildung zu erwerben. Er hatte dazu die akademischen Aktfiguren studiert und kopiert, die Haid ihm gab, und außerdem sich Stiche nach Watteau und Boucher angeschafft und sie ganz anders vorgenommen als früher: Watteau beeinflußte ihn jetzt durch seine Bestimmtheit im Charakter der Köpfe und durch die präzise Zeichnung der Hände, Füße und Bewegungen; bei Boucher beobachtete er die reizvolle, weiche Behandlung des Nackten und die Leichtigkeit der Komposition. – Der Erfolg blieb diesen Bemühungen, mögen sie uns noch immer als recht dilettantische erscheinen, nicht versagt. Bald hatte Daniel seinen Bruder, der ihm früher als Muster vorgestellt worden war, überflügelt, bald wußte er sogar bei dem Oheim durchzusetzen, daß er gänzlich von der Beschäftigung mit dem Handel befreit wurde und nur zu malen bekam. Dies mag 1751 oder 1752 stattgefunden haben, und um dieselbe Zeit begann er, sich gelegentlich an schwierigere Aufgaben im Emaillieren zu wagen. Zum Entzücken des alten Ayrer malte er jetzt, was bedeutend höhere Anforderungen an seine Kunstfertigkeit stellte, auch Dosen von Gold, die mit Brillanten besetzt wurden, und verwandte für sie statt der Kopien auch eigene Erfindungen, die er mit großer Lust ausführte und hoch bezahlt erhielt.

Von diesen kostbaren Emaillen ist uns keine zu Gesichte gekommen, und von seinen uns bekannten einfacheren, die durch ihre Bezeichnung oder durch andere Kriterien auf ihn zurückzuführen sind, fällt schwerlich eine in diese früheren Jahre seiner Thätigkeit. Auch die erhaltenen Miniaturen lassen sich nicht mit Wahrscheinlichkeit so weit zurückdatieren; und so können wir uns diese zweite Periode Chodowieckis wie die erste nur durch einige Handzeichnungen veranschaulichen, deren er mit Sorgfalt und Fleiß zu jeder Zeit zahlreiche angefertigt hat. Zum Glück sind ihrer sehr charakteristische erhalten: die eine zeigt uns eine Art von ausgeführter Vedute, die übrigen bilden einen Cyklus von Illustrationen in französischer Manier. An jener ersteren können wir erkennen, wie unbeholfen unser Künstler noch immer der Natur gegenüberstand, auch wenn er sie beobachtete und zu charakterisieren suchte. Wir sehen nämlich auf einem Blatte in Folio,[1]) mit Tusche und Federzeichnung dargestellt, eine Versammlung von polnischen Bauern, Pilgern und Bettlern eine Predigt anhören, die in einem Klosterhofe gehalten wird. Die Menge steht, meist mit dem Rücken zum Beschauer gekehrt, in gedrängten Gruppen vor der Kanzel; viele Leute haben aber auch die Zäune und Bäume erklettert, um besser zu sehen und zu lauschen. Auf einer zweiten Kanzel befindet sich eine Anzahl von höheren Geistlichen neben einem Kruzifix. Die Figuren sind sauber und gewissenhaft ausgeführt und mit breiten Schatten angelegt, aber sie sind hager und kleinköpfig und haben wie die Bäume etwas Unpersönliches und Schematisches. Links oben ist eine von Putten getragene Kartusche mit einem gekrönten Wappen angebracht, in dem der polnische Adler vorkommt; links unten aber sieht man eine verkleinerte perspektivische Ansicht desselben Klosterhofes, in dem die Handlung vor sich geht, wohl als Orientierungsplan eingeschoben und alle Gebäude und Gegenstände in ihm mit Zahlen bezeichnet; auch hier ist ein Wappen, diesmal ein geistliches, angefügt. Die Inschrift: „Ein Polnisches Jubel-Jahr und Bus-Predigt, in Cracau gezeichnet 1750" erhöht den Eindruck, daß das Ganze ein Erinnerungsblatt ist, welches nach Aufnahmen an Ort und Stelle nachträglich ausgeführt wurde; und daß es von unserem Künstler stammt, bekundet die echte Bezeichnung: „D. Chodowiecky del Cracovia." Wahrscheinlich ist es auf einer der Meßreisen entstanden, die Daniel als Buchhalter mit seinem Oheim zu unternehmen pflegte. — Während er jedoch, auf eine selbständige Auffassung angewiesen, hier noch eine fast kindliche Befangenheit zeigt, setzt er uns nur zwei Jahre später durch jenen Illustrationencyklus geradezu in Erstaunen. Dieses Werk tritt mit vollkommener Sicherheit auf, aber freilich nur deshalb, weil es ganz im Banne der französischen Routine steht und sich an die dem Künstler längst gewohnten Formen der Miniaturen und der Emailmalereien anlehnt; innerhalb dieses Stiles jedoch und nach Abzug der so häufigen Schwächen desselben, der unkorrekten Zeichnung, der schwankenden Proportionen und der oft manierierten Motive, überrascht es durch die scharfe und lebendige Darstellung der gegebenen Personen und Situationen, durch eine frische Charakteristik und durch eine Anmut und Grazie, die bereits hart an gute französische Arbeiten dieser Art heranreicht. Auch hier ist die Technik die Federzeichnung, verbunden mit schwarzbrauner Tuschmalerei; aber die Figuren sind nur im Miniaturenformate (zwei bis drei Centimeter hoch) gehalten und dabei mit Feinheit und erstaunlicher Gewandtheit durchgeführt. Besonders die Lichteffekte und die Laternenbeleuchtungen bei den häufig vorkommenden Nachtstücken sind mit Sorgfalt und Glück ausgearbeitet. Es handelt sich nämlich um eine Reihe von 42 Blättchen,[5] die zusammen ein Album ausmachen und, durch kurze Unterschriften erklärt, die Geschichte von Blaise Gaulard erzählen. Gaulard, der „Schafskopf von Troyes", wird von seiner Mutter nach Paris geschickt, um einer Tante Gelder zu überbringen; er gerät aber dort zuerst in ein schlechtes Haus, wo er beraubt wird, und kommt dann zu Spitzbuben, die ihn verführen, auf dem Kirchhofe eine Gruft zu bestehlen; der geraubte Schatz verbleibt ihm durch Zufall, und nun finden sich schalkhafte Freunde, die den thörichten Jüngling auf lustige Weise erleichtern, bis er von der Mutter wieder heimgeholt wird. Chodowiecki nutzte die mannigfaltigen Auftritte dieses dankbaren Stoffes mit bester Laune aus; er wird die Bilder zwar zu seiner Übung, aber mit großem Vergnügen ausgeführt haben.

Im Angesichte eines solchen Werkes kann es uns nicht wundern, daß das Verhältnis zwischen dem Onkel und dem gereiften Neffen sich allmählich lockerte. Auch Gottfried hatte inzwischen einige Fortschritte gemacht, und beide Brüder begannen nach größerer Selbständigkeit zu trachten. Sie hatten so viel verdient, daß das Ayrersche Geschäft bereits in ihrer Schuld stand; der alternde Oheim wünschte deshalb, es ihnen gegen eine Abfindung zu überlassen, wobei er sie jedoch mit seinem Socius Fleuriot in Verbindung zu erhalten gedachte.

Sein Vorschlag mißfiel aber den Brüdern, die sich von dieser Art Handel ganz losmachen wollten, und nach lebhaften Auseinandersetzungen kam man im Sommer 1754 gütlich überein, daß das Geschäft den Chodowieckis herauszahlen sollte, was es ihnen bis dahin schuldete, und daß es fortan gegen ein Drittel des Erlöses die Kunstwaren vertreiben würde, die jene ihm lieferten. Der Oheim starb übrigens wenige Jahre später, und das Geschäft löste sich auf.

So hatte denn Daniel Chodowiecki nach der Meinung der Berliner Geschäftsleute seine Lehrzeit beschlossen und stand auch vor dem Publikum als geschätzter Emailleur und Miniaturmaler, als ein fertiger Künstler da. Er selbst jedoch, ein ehrlicher Mann mit offenen Augen, sah recht wohl, daß die anmutigen Werke seiner Hand am Maßstabe einer echten und tiefempfundenen Kunst gemessen im Grunde nur eben Handarbeiten seien; und um als Historienmaler großen Stiles die wahre Künstlerwürde zu erreichen, die er sich beschieden glaubte, begann er jetzt, wo er als Meister galt und übrigens auch bereits auf Freiersfüßen ging, wie von neuem zu lernen und zu streben. Den Weg zur Akademie, den Haid ihm hatte weisen wollen, konnte er bei der Verwahrlosung dieser Anstalt nicht einschlagen; aber er verdankte seinem Lehrer auch die klarere Erkenntnis eines bestimmten Zieles, das er erreichen sollte, und in sich selbst fand er die Willenskraft, um sich eigene Wege dahin zu suchen.[6])

Der unverdrossene Pilger.
(E. 7831)

Die Heimführung der Braut.
(E. 133.)

Drittes Kapitel.

Neue Ziele und neue Wege (1755).

Chodowieckis neue Stellung. — Seine und seines Bruders Verheiratung. — Die französische Kolonie in Berlin. — Chodowiecki als Emailleur. — Chodowiecki als Miniaturmaler. — Vertiefung seiner Kunstauffassung. — Eklekticismus in der Malerei des achtzehnten Jahrhunderts. — Grundlagen des künstlerischen Schaffens. — Klassicismus und Realismus. — Chodowiecki als bewußter Realist.

„Denn ein Gott hat
Jedem seine Bahn
Vorgezeichnet,
Die der Glückliche
Rasch zum freudigen
Ziele rennt.“ —

Mit einem Blicke, als ein vollendetes Ganzes, überschaut der Dichter den Verlauf des Menschenlebens, und doch mußte es Schritt für Schritt, ja es konnte selbst von dem Glücklichsten nur im Schweiße seines Angesichts durchmessen werden! Und unter manchen Mühen, mit hartnäckiger Arbeit sehen wir nunmehr unseren Künstler, von einer unweisen Vormundschaft und vom Kaufmannstande befreit, zu seiner weiteren Ausbildung als Maler schreiten. Zwar mußte er immer noch durch das Anfertigen von Emaillen und Miniaturen im herkömmlichen Geschmacke und im Sinne der Berliner Mode das tägliche Brot erwerben, aber daneben lernte er, wie wir alsbald hören werden, sein Auge bilden, seine Auffassung vertiefen, sein Können vermehren. Für einen Autodidakten wie er war dieses Unternehmen kein leichtes. Sein Lauf nach dem Ziele ist denn auch kein rascher zu nennen; er war jedoch ein freudiger und insofern ein glücklicher, als er unter den Auspizien einer gesunden und klaren Natur von statten ging.

Es zeugt auch von einem gesunden Vertrauen auf seine Zukunft, daß Chodowiecki gerade in dieser Übergangszeit, die einen anderen wohl aufgeregt und unstät gemacht hätte, den Mut fand, ein zweites Menschenschicksal mit dem seinigen zu verbinden. In den Kreisen der Berliner französischen Kolonie, der er durch seine Beziehungen zu der Danziger und durch das halbfranzösische Quincailleriegeschäft des Oheims nahe stand, war er der Demoiselle Jeanne Barez begegnet, der Tochter eines nicht unvermögenden Goldstickers aus der Champagne, und mit dieser verlobte[1] er sich in der Hoffnung, nach nicht zu langer Zeit auch zur Heirat zu schreiten. Die Wahl war gut getroffen, sie verband ihn mit einer Familie, in der er die Sphäre seines Vaterhauses und die Stimmung seiner Jugend wiederfinden mochte. Der alte Barez hatte sich in der Zeit der Verfolgungen wie die meisten wohlhabenderen Réfugiés nach Holland gewendet und war dann von Amsterdam nach Berlin gezogen, wo er sich mit einem bereits eingesessenen Sticker, Henri Rollet, verschwägerte und ein solides Geschäft zum Blühen brachte. Er wetteiferte mit den Haindchelin, Huaut, Bally und anderen Kolonisten, die Goldstickerei, einen dankbaren Zweig des französischen Kunstgewerbes, in Preußen einheimisch zu machen, und da er bald in dem Rufe eines der fleißigsten und ehrlichsten Bürger stand, so erhielt er allmählich manche einträgliche Lieferungen von Stickerein für die Armee und vermehrte durch sie einen behaglichen Wohlstand. Mit seiner Frau und zwei Töchtern führte der geachtete Mann einen stillen, frommen Haushalt und war bekannt und verehrt wegen seiner Mildthätigkeit gegen die Armen wie wegen der Fürsorge, mit der er minder begüterte Verwandte und Landsleute nach Berlin zog, um sie mit Arbeit zu versehen.

Bleistiftzeichnung (1750).

Fast um dieselbe Zeit verlobte sich Gottfried Chodowiecki mit Marie Lainé, deren Familie den Kolonien in Danzig und in Halle an der Saale angehörte; und so konnte in der fernen Heimat die alte Mutter der Brüder mit Recht ihrem Schöpfer danken, daß ihre Söhne in der Fremde nun wirklich festen Fuß gefaßt hatten. Mit brieflichen Ermahnungen und Ratschlägen war sie ihnen jahraus jahrein nachgegangen; jetzt feierte sie auch ihren gemeinsamen Hochzeitstag, den 18. Juli 1755, im Geiste mit ihnen. Sie und ihre Töchter verbrachten den Vormittag unter Gesang und Gebet in einer Kirche und wohnten dann fröhlich dem Festmahle bei, das der befreundete Pastor Lainé zu Ehren der beiden Berliner Brautpaare gab. Die Gläser erklangen und man trank in Ungarwein auf die Gesundheit der Abwesenden; aber Wehmut ergriff doch das Mutterherz, als das Glockenspiel vom nahen Turme die Melodie des 120. Psalmes ertönen ließ. „Wehe mir, daß ich ein Fremdling bin unter Mesach, ich muß wohnen unter den Hütten Kedars." Auch ihre Söhne sah sie ja jetzt alle und gänzlich der Vaterstadt entfremdet; selbst den schwachsinnigen Antoine hatte sie, schon 1749, nach Berlin geschickt, wo er unter Fürsorge seiner Brüder an verschiedenen Pflegestätten, zuletzt im Hôpital français, sein dumpfes Dasein führte sie hoffte nur noch, die Kinder dereinst im Jenseits vereinigt wieder zu besitzen, wohin der kleine Alexander Michael, ihr vierter Sohn, ihnen schon längst vorausgegangen war.

Daniel und Gottfried indessen fühlten sich nun erst recht in Berlin eingebürgert. Sie bezogen mit ihren Frauen das Rolletsche Haus[2] in der Brüderstraße, das der Barezschen Verwandtschaft gehörte, und führten ihre Haushaltungen mit der Genügsamkeit und Stille, die damals in der französischen Kolonie zu herrschen pflegten. Nach ihren Heiraten, wenn nicht schon früher,[3] waren sie in diese merkwürdige Gemeinschaft eingetreten; in ihr fanden sie fortan ihren eigentlichen Verkehr und trafen hier auf Anschauungen und Gewohnheiten, die ihnen nur förderlich sein konnten. Denn die Kolonie, noch wenig von fremden Elementen durchsetzt, war selbständig in ihrem Kirchen-, Unterrichts- und Armenwesen wie in ihrer Gerichtsbarkeit und ihrem Handel; sie bildete gewissermaßen einen Staat im Staate und fühlte sich also verantwortlich für so viele Privilegien und empfangene Wohlthaten; daher vereinigte sie ihre Glieder zu einer ernsthaften und tüchtigen Gemeinde. Mochten sich auch Unwürdige in ihr finden, die unter strenger Zucht zu halten oder zu unterdrücken waren, so ist doch der Aufschwung in Bildung und Gewerbfleiß, den Preußen unzweifelhaft durch die Kolonie nahm, nur dadurch zu erklären, daß auch die späteren Generationen dieser Einwanderer die sittliche Gesinnung und die zähe Beharrlichkeit entwickelten, die ihre Vorfahren im erlittenen Martyrium erprobt hatten oder ihm verdankten. Und in Wahrheit segensreich und musterhaft wirkten die französischen und schweizerischen Réfugiés allenthalben wo sie sich hatten niederlassen dürfen. Nicht zu verwechseln mit den adligen Emigranten, welche die große Revolution etwa hundert Jahre später den Nachbarn als meistens unwillkommene Gäste zutrieb, gehörten sie fast ausschließlich den arbeitsamen Ständen der Handwerker, der Kaufleute und der Geistlichen an, und alle diese brachten ihrer neuen Heimat fortwährend die nützlichsten Gastgeschenke dar durch die Einführung von mancherlei neuen Ge werben und Kenntnissen. So verdankte man bald in vielen kleineren und größeren Städten Brandenburgs und Preußens, vorzüglich in Berlin (dessen Kolonie schon am 10. Juni 1672, also in den Wirren vor der Aufhebung des Ediktes von Nantes, gegründet worden war), der überlegenen Kultur und dem emsigen Fleiße der Franzosen die erwünschtesten Errungenschaften, wie z. B. die Pflege der feineren Gemüse- und Blumenzucht und des bisher in Deutschland noch unbekannten Tabaksbaues. Die Fabrikation von kostbaren Geweben, von Hüten und Handschuhen, vollends die von künstlerisch behandelten Juwelen und Luxusgegenständen ging ebenfalls von ihnen aus. Und nicht minder durchdrang der edle Geist der höher gebildeten Familien unter den Kolonisten als eine erziehende Kraft die entsprechenden Schichten der einheimischen Bevölkerung. Unter dem franzosenfeindlichen Friedrich Wilhelm I. vernachlässigt und in manchen ihrer Bestrebungen sogar gehemmt, stand die Kolonie bei Friedrich dem Großen natürlich in desto höherer Gunst und erreichte unter ihm den Zenith ihrer Bedeutung: ihr anzugehören und in ihr eine geachtete Stellung einzunehmen, war ein Vorteil und eine gewichtige Empfehlung für jedermann.

Die beiden Chodowieckis, denen nunmehr die Sorgen von Familienhäuptern oblagen, wußten sich dieser Umstände zu bedienen. Fast alle Juweliere und Quincailleriehändler Berlins waren Mitglieder der Kolonie, und unter ihnen verschafften die Brüder ihren Emaillen und Miniaturen ein stets wachsendes Absatzgebiet. Indessen hielten sie doch nicht gleichen Schritt miteinander. Gottfried, dem es ja von jeher an offenkundiger Begabung und an Regsamkeit gefehlt hatte, blieb bei Arbeiten von geringem Werte stehen, während der geschicktere Daniel bald in die vordersten Reihen der Berliner Emailleurs und Miniaturisten vordrang. Es währte auch nicht lange, und man ließ ihn Tabatièren für den Bedarf der königlichen und der prinzlichen Höfe malen; sie wurden eben allmählich so begehrt, daß man ihnen zuliebe die nichtfranzösische Herkunft ihres Verfertigers übersah. — Diese entschiedene Wertschätzung seiner Werke für den Berliner Markt kann jedoch viel eher einen Schluß auf den Unwert der Konkurrenten und den noch nicht vollkommen gereiften Geschmack des Publikums als auf ihre eigene, absolute Tüchtigkeit gestatten. Es bedarf nur eines Blickes auf gute französische Werke dieser Gattung, um zu erkennen, wie sehr in seinem Rechte Daniel war, als er beschloß, seine reichliche, routinierte Herstellung solcher Malereien im stillen nur als Vorstufe zu einem künstlerischeren Schaffen zu betrachten. Was er lieferte, war zwar stets elegant und ergötzlich und anmutig, aber es war zugleich unselbständig und oberflächlich. Er haftete eben durchaus am französischen Einflusse und reichte doch lange nicht immer an die würdigeren seiner Vorbilder heran. Man spürt bei ihm zu oft den unkünstlerischen Quincailleriemaler, der keinen gründlichen Unterricht, überhaupt keine eigentliche Ausbildung erhalten hat und nun, zwar unterstützt von Übung, technischem Geschick und der Gabe graziöser Anordnung, jedoch durchaus mit Manier, eine Anzahl von herkömmlichen Dingen darstellt, wie man sie eben im artigen Kunsthandwerke darzustellen pflegte. Was im vorigen Kapitel über seine reizvollen Illustrationen zu Blaise Gaulard gesagt wurde, gilt auch von allen diesen, übrigens noch bis gegen 1780 von ihm angefertigten Dosen, Plaquetten und Miniaturblättern: es gilt aber mit der Einschränkung, daß seine noch längst nicht überwundene Unsicherheit im Zeichnen bei ihnen viel störender hervortritt als bei jenen Blättchen, an denen er mit einfacheren Mitteln und augenscheinlich in glücklichster Disposition geschaffen hatte. Auch darf nicht übersehen werden, daß er neben eigenen Erfindungen noch immer Kopien nach französischen Vorlagen oder freiere Bearbeitungen entlehnter Motive zu verwenden pflegte. So müssen wir denn, was uns von seinen Emaillen und Miniaturen erhalten ist, als die nur in bedingtem Sinne verbesserten Fortsetzungen seiner Jugendversuche und der schlecht beratenen Erzeugnisse seiner ersten, ganz richtungslosen Berliner Zeit betrachten: seine wahre Kunst erschloß er sich erst später und zwar dort, wo er sie gar nicht gesucht hatte.

Übrigens dürfte das Mißverhältnis auffallend erscheinen, in dem die Zahl der jetzt noch vorhandenen Chodowieckischen Stücke dieser Kleinkünste zur Menge der von ihm nach seinen Rechnungen und Berichten geschaffenen steht. Während zur Zeit kaum mehr als wenige Dutzend ihm zugeschriebene Emaillen und Miniaturen bekannt sind, von denen nicht einmal alle mit Sicherheit als echt verfochten werden dürfen, wissen wir, daß er ihrer schon fast ebensoviel allein in einem halben Jahre liefern konnte. Das waren dann freilich zum Teil jene ganz kleinen Bildnisse, die für Ringe und Armbänder benutzt wurden und gewöhnlich den Kopf des Königs, des Prinzen Heinrich, der Königin Ulrike von Schweden oder anderer Fürstlichkeiten darstellten, also Porträts, die nach irgend einem fremden oder bei Gelegenheit selbst verfertigten Originale in zahlreichen Exemplaren und dann oft sehr flüchtig kopiert wurden; zum Teil aber waren es auch anspruchsvollere Miniaturen, die größer und nicht immer bloß Kopien sein mußten, und ferner die umständlicher zu fabrizierenden Emaillen für die verschiedenen Schmuckgegenstände. Indessen kann uns gerade dieser Umstand, diese hastige Herstellung von billiger Kunstware und von etwas sorgfältiger behandelten Stücken, die Ursachen ihrer jetzigen relativen Seltenheit erklären. Sie gingen eben zum größten Theil zu Grunde, weil ihr selbständiger Kunstwert im Durchschnitt kein bedeutender war und die Mode, die sie veranlaßt hatte, nicht überdauern konnte. Billige Miniaturen und Emailplaquetten, die an häufig gebrauchten Schmucksachen oder einfachen Dosen befestigt waren, nutzten sich zugleich mit diesen ab oder gerieten, nicht allzu eifrig gehütet, mit ihnen in Verlust: war der Gegenstand der Malerei ein Porträt und wurde dessen Original vergessen, so trug auch dies zu ihrem Untergange bei. Teurere Einsätze aber wurden für feine, oft für an sich verhältnismäßig weit kostbarere Quincaillerien und Kleinodien verwendet; dadurch gerieten sie jedoch wieder in die Gefahr, achtlos beiseite geworfen zu werden, wenn man im Wechsel der Zeiten sich veranlaßt sah, die edlen Steine und das echte Metall solcher Tabatièren und Döschen in ihren Geldwert umzuwandeln. Es kommt hinzu, daß Chodowiecki dergleichen Arbeiten nur selten und vielleicht überhaupt erst nach der Mitte der fünfziger Jahre signierte — die früheste bekannte Bezeichnung einer Emaille ist von 1757 — und daß also sein bald so berühmter Name in den wenigsten Fällen ein Schutz und Deckmantel für sie sein konnte. Ebendeswegen mögen sich freilich auch ihrer viele noch unter den zahllosen Zierlichkeiten versteckt halten, mit denen das achtzehnte Jahrhundert uns beschenkt und welche in so vielen öffentlichen und privaten Sammlungen die Kenner inkognito erfreuen.

So ist es denn keine besonders lange Reihe von bezeichneten und unbezeichneten Emaildosen, Deckeln, Täfelchen und Medaillons, sowie von Miniaturen auf Pergament und Elfenbein, von der hier zu reden bleibt. Die unbezeichneten unter ihnen, die wir bei diesem Überblicke in Betracht ziehen, haben zur Unterstützung ihres Anspruchs auf Echtheit den Umstand für sich, daß sie bis in den unmittelbaren Nachlaß des Meisters zu verfolgen sind: Stilkriterien wird man auf solche Werke, da sie eigentlich als jeder individuellen Färbung bar erscheinen, nur insofern anwenden, als man mit ihrer Hilfe die Entstehungszeit der Sachen annähernd bestimmen und allenfalls feststellen kann, daß dies oder jenes unter ihnen unmöglich von Chodowieckis Hand herrührt. Alle hier in Frage kommenden Arbeiten stammen aus den fünfziger und sechziger Jahren; eine innere Entwickelung und eine dieser entsprechende Reihenfolge ist an ihnen nicht nachzuweisen.

Als die ansehnlichste unter ihnen müssen wir eine Folge von sechs flachgewölbten, bezeichneten und 1757 datierten Emailtäfelchen erwähnen, auf die, im Gegensatz zu den meisten seiner übrigen Emaillen, der Künstler einen gewissen Wert gelegt zu haben scheint.[1]) Dargestellt sind sechs Scenen aus der Passion, nämlich: Christi Eintritt in den Garten Gethsemane; sein Seelenleiden auf dem Ölberge; der Verrat des Judas; Petri Verleugnung; Christus vor Herodes; Christus von Pilatus dem Volke gezeigt. Alle diese Vorgänge sind mit unendlichem Fleiße und peinlicher Sorgfalt vollkommen bildmäßig, nämlich in geschlossenen Kompositionen, in durchaus entwickelten Landschaften und Räumen und mit sehr zahlreichen Figürchen zur Anschauung gebracht. Sie sind sämtlich nach französischen Kupferstichen, und zwar genau nach den entsprechenden Blättern aus Sebastien Leclercs Passionsfolge von 1692, gearbeitet: daraus erklären sich denn die theatralischen Architekturen der drei letzten Tafeln, die mit ihren

Prunktreppen, Tribünen, Säulenhallen und Bögen sehr dekorativ und wirksam komponiert sind. Auf dieselbe Quelle sind die ebenfalls dem „großen" französischen Historienstile entlehnten Anordnungen der Gruppen, die sehr anspruchsvollen Bewegungsmotive und Posen der einzelnen Figuren sowie ihre entschieden barocken Typen zurückzuführen. Keines dieser Elemente, die hier meistens mit Geschick verwertet sind, hat Chodowiecki jemals selbständig beherrscht, wie er denn auch später, sobald er religiöse oder antike Gegenstände zu verkörpern hat, zu oft unerquicklichen Anleihen bei der akademischen, konventionellen Schule gezwungen sein wird. Nur gelingt ihm in diesen Emaillen nicht einmal eine geschmackvolle Kopie: sein überlanger, kleinköpfiger, rotbäckiger Christus ist von noch unerträglicherer Süßigkeit als der des Originales, und manche seiner Motive sind von noch ärgerer Geziertheit und Unwahrheit. Die Nachtscenen der drei ersten Tafeln werden zwar durch brennende Fackeln und Laternen als solche gekennzeichnet, sind aber sonst in Tagesbeleuchtung gehalten — eine Naivetät, die man kaum mehr dem sechzehnten Jahrhundert verzeiht und die hier höchstens mit der Freude an glänzenden Farben, die die Nacht gedeckt haben würde, zu entschuldigen ist. Die Farben, technisch genommen, sind denn überhaupt das einzige, das neben dem außerordentlichen Fleiße an der Arbeit wirklich zu loben wäre: sie sind frisch und reich nuanciert aus dem Ofen hervorgegangen und stimmen bei allem Glanze harmonisch zusammen. — Einen viel günstigeren Eindruck empfangen wir von den Emaillen, die mit idyllischen und heiter mythologischen Scenen, mit Amoretten- und Puttenspielen geschmückt sind. Auch sie leiden ja an bedenklichen Zeichenfehlern, aber ihre Gattung liegt dem Talente Chodowieckis bedeutend näher; und wenngleich er selbst hier noch immer Französisches nachbildet, so verstimmt das schon deshalb weniger, weil es dieser Seite der französischen Kunst nie an Reiz und Liebenswürdigkeit fehlt. Da setzt er denn mit Vorliebe seine im Ländlichen schwärmenden Gesellschaften in Vignetten[5] auf einen weißen, mit zartem Grün abgetönten Emailgrund; unter den leicht und locker behandelten Bäumen, zwischen wohlverteilten Gebüschen, wandeln, trinken, singen, tanzen seine zierlichen Damen und Herren im Kostüm der Schule Watteaus; oder es drängen sich Dorfkinder um den Guckkasten und den Leiermann, oder schaukeln sich auf einem wippenden Balken; oder junge Schäfer belauschen ihre Geliebten oder flöten ihnen ein Ritornell vor. Auf einem dreieckigen Täfelchen sehen wir ferner in entzückend feiner

Email Camayen von Chodowiecki.

Darstellung die Schmiede Amors, in der seine Pfeile gehämmert werden, auf einem Medaillon eine Toilette der Venus. Grau gemalt auf rosa Grunde findet sich ein Tanz von Putten um den Altar der Freundschaft und eine Huldigung von Amoretten vor dem Altare der Liebe; grün auf weißem Grunde sind auf einer vollständigen Bonbonniere allerlei Spiele von Putten in Wolken mit großer Anmut und Frische gemalt. Gelegentlich wird neben solche genrehafte Gegenstände ein Bild von historischem Charakter gesetzt; so füllt die Innenseite des Deckels einer prächtigen bezeichneten Dose eine Komposition „Hercules bei der Omphale spinnend", die eine genaue Kopie im Gegensinne nach dem bekannten Gemälde Le Moynes im Louvre ist, während auf den Außenseiten des Kästchens die Pseudoarkadier ihr Wesen treiben. — Schließlich haben sich noch einige fürstliche Bildnisse in Email erhalten, von denen wir nur das eine Friedrichs des Großen nennen wollen, welches auf der Rückseite der (60:50 mm großen) Tafel mit „D. Chodowiecki fec. Berlin 1758" bezeichnet ist und eine Halbfigur des Königs giebt. Nach rechts gewendet erhebt er den Degen, während er mit einer konventionellen Bewegung, die zu dem purpurnen Fürstenmantel und dem leichten Panzer stimmt, den Kopf nach dem Beschauer hindreht. Auch hier ist die Arbeit sauber und glatt, aber Arm und Hand des Königs sind stark verzeichnet und die Farbe seines Gesichtes ist übertrieben rot gehalten. (Siehe die Abbildung auf Seite 27.)

Die Miniaturen Chodowieckis schließen sich seinen Emaillen eng an. Die Emailmalerei hatte sich ja ohnehin der Malerei mit Aquarell- und Gouachefarben sehr genähert, als sie, durch die Porzellanmalerei beeinflußt, zum weißen Malgrunde übergegangen war und sich von der uralten Eigenart ihrer Zellen und Gruben und von der schon minder strengen Limousiner Manier lossagte; die Emaillen unterschieden sich schließlich von den Miniaturen kaum mehr dem Ansehen nach und eigentlich nur durch das Material und die Technik des Brennens. Die Methode des Farbenauftrags, besonders das Tupfen mit der Pinselspitze (Pointillieren), war ganz dieselbe geworden, und da die Erzeugnisse der beiden Gattungen auf die nämliche Weise verwendet wurden, so ergab sich auch bald eine Gemeinsamkeit der Formate und der behandelten Gegenstände. Allerdings wird man beobachten, daß Bildnisse von Privatpersonen weit häufiger in Miniatur als in dem meist kostbareren Email ausgeführt wurden; und wirklich finden wir unter den Miniaturen Chodowieckis neben einer Wahrsagerin, neben Hirtenscenen und einer Anzahl von fürstlichen Porträts, unter denen wiederum Friedrich der Große mehrfach vertreten ist, hauptsächlich eine Reihe von männlichen und weiblichen Bildnissen, welche Mitglieder der bürgerlichen Gesellschaft und der Familie des Künstlers darstellen. Unter letzteren fesseln vorzüglich drei unser Interesse. Ein ovales Medaillon (27:22 mm) vom Jahre 1759 zeigt uns den Meister selbst im Brustbilde ohne Hände,

Selbstporträt Chodowieckis.
Miniatur von 1759.

nach rechts gewendet; der Kopf mit seinem gelblichen Gesichte, braunen Augen, einer starken, unten etwas breiten, individuellen Nase und eingefallenen Backen ist dem Beschauer zugekehrt. Eine graue Zopfperücke, die Chodowiecki auf besorgliches Anraten seiner Mutter seit 1755 trug, bedeckt den Schädel; vom Anzuge werden eine weiße Halsbinde mit Jabot und ein brauner Rock sichtbar. Dieses Bildnis ist das älteste, das wir von unserem Meister besitzen; denn eine andere Miniatur von seiner Hand (48:40 mm, auf Elfenbein), die ebenfalls als sein Selbstbildnis gilt und einen ihm ähnlichen, aber etwas jüngeren Mann mit dunkler Perücke, dunklen Augenbrauen und blauem Rocke zeigt, stellt vermutlich seinen Bruder Gottfried dar. Allerliebst ist das dritte zu erwähnende Bildnis (oval, etwa 55:40 mm): Jeannette, des Künstlers ältestes Töchterchen, im Kinderstuhl sitzend; sie hat vor sich Spielzeug und Kirschen liegen, hält in der Linken eine Klapper und blickt unter einem weißen, federgeschmückten Häubchen mit ihren schönen braunen Augen recht freundlich aus dem Bilde. Auf der Kante des Tisches lesen wir: „âgée de 11 mois et demi peint p son Pere D: Chki 1762.“ [6])

Diese drei Bildnisse lassen uns mit Nachdruck den Unterschied zwischen dem Kunsthandwerker und dem Künstler Chodowiecki empfinden. Während jener noch emsig im Banne der Berliner Kunstbegriffe schuf, hatte dieser bereits begonnen, sich sacht zu entwickeln und sich strebend zu bilden; davon zeugt die schlichte, wahre Auffassung, die hier erscheint und die allen seinen gelungenen Werken zu Grunde liegt. Er hatte aber auch seit seiner Befreiung aus dem Geschäfte des Oheims mit derselben Energie, die ihm die Hand in der Erwerbsthätigkeit führte, seine früheren Privatstudien weiter und außer ihnen andere, gründlichere betrieben, deren Ergebnisse er in sich verarbeitete.

Zunächst sei daran erinnert, daß er sich schon als Lehrling bemühte, seine Bildung durch vieles Lesen, vorzüglich von Lebensbeschreibungen merkwürdiger Künstler und großer Männer, zu fördern. Jetzt nahm er noch eine Anzahl kunsttheoretischer Schriften hinzu. Dies galt damals als sehr wesentlich. Dem Kunstjünger des achtzehnten Jahrhunderts, vorzüglich in dessen erster Hälfte, schien die Kenntnis der verschiedenen Kunsttheorien ganz besonders wichtig. Mit Vorliebe redete man in jener Zeit der Akademiker und Virtuosen vom „denkenden“ Künstler, der zwar Natur und Wahrheit erstreben und nicht ohne eigene Empfindung arbeiten sollte, aber doch mit der Einschränkung, daß er sich einem Herkommen in Stil, Auffassung und manchen Äußerlichkeiten unterordne, daß er nach den Regeln der geltenden Ästhetik Edles und Großes schaffe und womöglich den Werken bestimmter, bevorzugter Meister die „rechten Griffe“ für eine des Geschmackes würdige, kunstmäßige Wiedergabe der Dinge ablausche. Denn bei dem Mangel an starken Künstlerindividualitäten suchte man alle Kunst auf ein energisches Idealisieren nach dem Rezepte italienischer, französischer oder noch anderer „Klassiker“, bald auch nach dem Vorbilde der freilich noch vielfach mißverstandenen Antike hinauszuführen. Die Natur, wurde sie auch als etwas Herrliches anerkannt, sollte im Kunstwerke schlechterdings übertroffen werden: man fürchtete, sich ängstlich und sklavisch in Kleinigkeiten zu verwickeln und die konventionelle Wirkung des Ganzen zu stören, sobald man „nur nach der Natur“, d. h. außerhalb einer anerkannten Manier, schuf. Der Künstler konnte weder für die Komposition noch überhaupt für die Formen- und Farbengebung die Führung eines idealen Vorbildes oder eines Meisters entbehren, der die zeitweilig für die besten gehaltenen Ausdrucksformen für die verschiedenen Gegenstände besaß und sie lehren konnte. Oft aber, ehe gegen Ende des Jahrhunderts die Antike zur kaum bestrittenen Herrschaft gelangte, hielt man sich nicht an einen Meister allein, sondern studierte unter solchen Gesichtspunkten ihrer sogar mehrere. Mit übertriebenem Eklekticismus nahm man sich für fast jedes darstellbare Element, sowohl für die Schilderung des Menschen nach seinem Charakter, seinen Empfindungen und Bewegungen als für die Landschaft mit ihren Formen und Einzelheiten, immer den Künstler zum Vorbilde, der gerade darin als der vorzüglichste galt. Ein schlagendes Beispiel für diese Art von Künstlertum ist Salomon Geßner, der bekannte Dichter arkadischer Idyllen und Erzählungen. Er war ein Dilettant im Zeichnen, bis das Studium einer Kupferstichsammlung ihn anregte, sich ernstlich der Landschaftsmalerei zu widmen. Nun zeichnete er zunächst nach der Natur, bemerkte jedoch bald, daß er noch nicht geübt sei, sie wie ein Gemälde zu betrachten, daß es seinen Veduten an der gewünschten Ordnung und Geschlossenheit fehle, daß Unharmonisches, Zufälliges sich störend hineindränge, und daß ihm „die Manier noch abgehe, die den Gegenständen der Natur ihren wahren Charakter beybehält“. Er begann daher, etwa im Sinne Christian Dietrichs, der ja in jedes Meisters Weise wirkungsvolle Bilder malte, sich die untereinander so verschiedenen Manieren einer langen Reihe von Landschaftern anzueignen; aber so, daß Salvator Rosa ihm seine düsteren Bäume und Felspartien, Berghem seine Sträucher und Kräuter, Philipp Wouvermann seine „sanft hintereinander wegfließenden Hügel in gemäßigtem Lichte“ leihen mußten. Neben diesen plünderte er noch vorzüglich Waterloo, der ihm „die wahre Natur“ zu haben schien; ferner Swanefeld, Felix Meyer, Johann Friedrich Ermels und Philipp Hackert. Jetzt gelang es ihm schon eher, nach der Natur zu studieren. Er wußte sie nunmehr besser zu beobachten und mit mehr Leichtigkeit „eine ausdrückende Manier zu finden, da wo die Kunst nicht mehr hinreicht." Er gewöhnte sich, Einzelmotive, etwa aus einem Baume einige Zweige, aufzugreifen und seinen Werken durch sie „Wahrheit und Schönheit" zu geben. Ja, ein glücklich gebildeter Stein konnte ihm jetzt die schönste Masse eines Felsenstückes vorstellen und nach Belieben von ihm effektvoll beleuchtet werden! Als er aber trotzdem bemerken mußte, daß seine Kompositionen auf solche Weise immer noch nicht hinreichend groß und edel und harmonisch ausfielen, nahm er noch Everdingens „bei großer Mannigfaltigkeit einfältige Ländlichkeit", Rubens' Kühnheit, die Erhabenheit der Poussins und Claude Lorrains sanfte, dämmernde Entfernungen u. s. w., gewissermaßen als Korroborantien, hinzu. Nunmehr beruhigte er sich und glaubte zu empfinden, daß sein Ausdrucksvermögen zuverlässig geworden sei. Von da an führte er stets Bleistift und Skizzenbuch bei sich, aber weniger, um allenthalben, mit flüchtigen Strichen, reizvolle Einzelheiten und bedeutende Motive naturgetreu aufzugreifen, als um die durch vielleicht einfallende Betrachtungen erzeugten „Ideen der Imagination" festzuhalten und sofort stilisiert zu besitzen. Nicht ohne Selbstbewußtsein nahm Geßner den „Offenen Brief über die Landschaftsmalerey an Herrn Füeßlin", dem sein eben geschilderter Bildungsgang zum Teil wörtlich entlehnt ist, unter seine gedruckten Werke auf [7] und fügte schließlich noch zwei Wünsche zum Besten der Kunst hinzu. Er hoffte, ein philosophischer Kenner, von Künstlern beraten, werde eine weitere gute Anleitung für Maler schreiben, da die gebräuchlichen nicht genügten; die Maler selbst aber verweist er, zweitens, auf die Dichter, deren Phantasie ihnen Gemälde vorbilde und überhaupt die Natur vormale: zum Beispiel liefere die feine Beobachtung von Brockes manchen Stoff zu Kompositionen. Nun wissen wir jedoch, wie Heinrich Brockes, etwa in seinem „Irdischen Vergnügen in Gott", die Schilderung von Naturerscheinungen und Landschaften, von Vorgängen und Zuständen in der Tierwelt, von Bäumen und Blumen durchzuführen pflegt: er giebt wirklich Bilder, die er bis in die kleinsten Einzelheiten hinein beschreibt. Mit feiner Empfindung und offenem Auge faßt er alles auf, um mit pathetischem Schwung oder mit liebenswürdigem Behagen, je nach dem Gegenstande, seine Eindrücke wiederzugeben; und eine sichere Sachkenntnis, eine klare Vorstellung helfen ihm, Bedeutendes zu gruppieren und manche Züge zu hervorragender Anschaulichkeit herauszuarbeiten. Aber sehr bald ermüdet er den Leser, denn er läßt der mitarbeitenden Phantasie desselben fast nichts zu thun übrig. Sie hat nur achtsam und ordentlich aufzustapeln, was er ihr in Fülle darreicht oder aufdringt, und eigentlich wird dem Gedächtnis die Hauptarbeit zugemutet und ihm allein der Kunstgenuß bereitet.

Aus allem diesem geht wieder einmal hervor, wie unselbständig der bildende Künstler des achtzehnten Jahrhunderts sich fühlte und unter welcher

Bevormundung seitens zahlreicher Autoritäten er sich halten ließ. Er glaubte ja, sehr Wichtiges, wenn nicht die Hauptsache von der Kunst, durch Reflexion zu erobern, der eigene Kopf gab aber dazu selten genügende Grundsätze und Ideen her. Da mußte denn ein solcher Neophyt wohl glücklich sein, wenn ein Brockes ihn sehen lehrte oder ein philosophischer Kenner ihm in wohlgefügten Worten auseinandersetzte, wie er sich am sichersten die Unsterblichkeit ermalen werde; ganz geborgen mochte er sich aber dünken, wenn er gar irgendwo den Weg beschrieben fand, auf dem ein großer Meister wirklich zu seinem Stil oder seiner Manier gelangt sein sollte. Es galt ihm als ausgemacht, daß er durch die Lektüre der ästhetisch-kritischen Briefe und Reflexionen Hagedorns und der Untersuchungen von Webb und Richardson an Klarheit über die Malerei zunehme, daß er durch Kenntnis von Hogarths „Zergliederung der Schönheit“, von Friedrich Oesers und Raphael Mengs' Schriften, von Lairesses „Grand livre des Peintres“ die wertvollsten Fingerzeige für seine künstlerische Entwickelung erhalte. Kein Wunder also, daß auch Chodowiecki zu solchen Büchern griff und zuversichtlich in ihnen las.

Bibliothekzeichen Chodowieckis.
(E. 192.)

Wir werden aber bald beurteilen können, ob einer Natur wie der seinigen eine solche Belehrung nützlich und überhaupt notwendig war, obgleich man sie ihm ohne Zweifel eindringlich empfohlen hatte. Das ganze Erziehungssystem der damaligen Künstler, wie Geßner und andere Theoretiker es auffaßten, bezweckte ja gerade das Gegenteil von dem, was wir unseren bildenden Künstlern zu ihrer Anregung wünschen und anraten und was auch von jeher das eigentliche Bildungsmittel wahrhaft großer Meister gewesen ist. Gewiß lesen auch unsere Maler nur mit Vorteil die Dichter, aber nicht, um erst durch sie in die Schönheit und Mannigfaltigkeit der Natur eingeführt zu werden; gewiß unterlassen auch bei uns nur die Oberflächlichen und die trotzigen Prachtoriginale das unter allen Umständen nutzbringende, nämlich klärende und belehrende Studium der Kunstwerke alter und neuer Zeit; gewiß ist es jedem gut, zunächst von einem energischen Lehrer methodisch geschult zu werden, und gewiß wird er stets wohl daran thun, die Motive zu Kompositionen, die sich ihm bei irgend einem Anlasse und aus freien Einfällen oder abstrakten Betrachtungen ergeben, in Skizzen zu notieren: aber die Hauptsache finden wir schließlich doch anderswo. Der echte Künstler, zu einem Gedanken einmal angeregt, wird ihn selbständig, in der Sprache seiner eigenen Seele, ausbilden: seine Phantasie wird ihn in die ihr eigentümlichen Formen kleiden, und seine Hand soll imstande sein, diese gedachten Formen in die entsprechenden sichtbaren zu übersetzen. Dies alles erreicht er jedoch in einer wahrhaft künstlerischen, vor dem Gerichte der Jahrhunderte gültigen Weise nur dann, wenn er wirklich Phantasie besitzt, und nur dadurch, daß er in der Erforschung der Naturformen nie ermüdet und die Fähigkeit nie verliert, sie nach Bedürfnis zunächst ganz getreu wiederzugeben. Sein Auge muß alles, jeden Umriß, jede Fläche, jede Farbe, jede Modellierung, auffassen, und seine Hand hat für alles das den richtigen Ausdruck zu finden. Was aber der „richtige" Ausdruck für den gegebenen Fall sei, lehrt ihn sein durch künstlerische Bildung entwickeltes Urteil, die künstlerische Weisheit. Lernte er so die Sprache der Natur verstehen und sie selber sprechen, so wird er sie nicht zu leerem Geschwätze mißbrauchen, sondern er beginnt, wenn anders er ein echter Künstler bleibt, in ihr zu dichten: er schafft aus sich heraus Neues im Sinne der Natur. Ihr ist er, als ihr Sohn und Zögling, eng verbunden: und wie ein wohlerzogenes Kind, zur Selbständigkeit herangereift, den Geist und die Tradition seines Hauses um sein eigentümliches Wesen und Wirken erfreulich vermehrt, so erweitert der Künstler den Kreis der natürlichen Gestaltungen durch seine im wahren Sinne freien Schöpfungen. Sie werden ein desto besseres Recht auf ihr schönes Scheinleben und auf Bestand haben, je unmittelbarer sie einer starken und in ihrer Kraft nicht willkürlichen, sondern von Maß und Gesetzlichkeit geregelten Phantasie entstammen.

Kenntnis der Natur, Respekt vor ihr und die Ausbildung einer künstlerisch selbständigen, klaren Persönlichkeit sind also die Forderungen, die die moderne Malerei, soweit sie realistisch ist, an ihre Jünger stellt. Es sind dieselben, die zu allen Blütezeiten der Kunst erhoben wurden und die sich bei den Ägyptern nicht minder als bei den Griechen, bei den Italienern der Renaissance so gut wie später bei den Deutschen, bei den Niederländern und anderen in stets veränderter und doch stets wesensgleicher Fassung wie von selbst ergaben. Nur in den Zeiten des Verfalls, wie für die deutsche Kunst das achtzehnte Jahrhundert ihrer eine bedeutet, wurden sie durch die ästhetische Zuchtlosigkeit, oder aber durch die Pedanterie, der Künstler und des Publikums getrübt und gefälscht; und wenn schon der durch solche Verirrung unfehlbar erfolgende Rückgang der Kunst von ihren Trägern zunächst nur selten im ganzen Umfange erkannt und zugegeben wird, so zeigt er sich doch offenkundig, sobald im Um-

Der Federball.

Oelgemälde in Hannover um 1750.

schwung der Epoche jene alten, ewig jungen Kunstprincipien wieder einmal aufs neue zur Geltung gelangten. Dann hüllt barmherzig eine verdiente Vergessenheit die überwundene, unglückselige Periode in Dämmerung ein, und mühsam genug muß sich der Kunstforscher fortan in ihr herumtasten, um unter ihren Erzeugnissen das allenfalls Wertvolle zu retten und um die Vorboten späterer Erscheinungen in ihr aufzuspüren.

Denn wie in der Dämmerung der Morgenstern den Tag verkündet, vor dessen Glanze sein eigenes Licht verbleichen wird, so sehen wir unter den Künstlern einer solchen Periode diesen oder jenen auftauchen, der in irgend einer Beziehung die Bewegung zum Besseren einleitet, um dann vor anderen zurückzutreten, die ihm folgen und mit klarer Erkenntnis durchführen, was er mehr geahnt als gewollt hatte. Für die deutsche Kunst bereitete sich die Rettung aus der Schmach des achtzehnten Jahrhunderts auf allen beiden möglichen, zunächst noch getrennten Pfaden vor: auf dem des Idealismus und dem des Realismus. Jener, die akademische, breite, meist platte Heerstraße, führte aus den ganz unhaltbaren Zuständen des verzopften Eklekticismus auf die phlegräischen Gefilde und zu einer zwar kurzen, aber keineswegs fruchtlosen Blüte des Griechentums: dieser, der Pfad des Realismus, schien daneben ein kaum betretener, bescheidener Seitenweg, der aber unvermerkt eine immer größere Bedeutung gewann. Auf ihm treffen wir als erste Wanderer eine wackere kleine Schar, deren thätigster Anführer neben Anton Graff*) niemand anders als Daniel Chodowiecki ist: durfte dieser, wie wir später sehen werden, auch nicht zu einem Neubegründer der Malerei werden, so erblicken doch die modernen Realisten dankbar einen Gesinnungsgenossen in ihm, der ihnen wenigstens die Bahn im Publikum hat brechen helfen. Mit einigen erklärenden Worten sei dieser wichtigen Verhältnisse und ihrer Voraussetzungen hier gedacht; wie die Fäden eines mehrfarbigen Gewebes sich kreuzen, so verschlingen sich die verschiedenen Kunstrichtungen, um dann wieder auseinander zu gehen und sich schließlich doch noch einmal zu treffen.

So oft die Malerei keinen entschiedenen Zug zu der Selbständigkeit des ausgesprochenen Realismus in sich verspürte, hat sie, um ihrer Unfähigkeit aufzuhelfen oder um für das Idealisieren ein lehrreiches Vorbild zu gewinnen, sich unter irgend einem Gesichtspunkte an die Antike gewendet. Gegründet auf das glücklichste Zusammenwirken aller wesentlichen Faktoren, ist die griechische Kunst unerschöpflich reich an Schönheit, und ihre Macht wurde nie endgültig gebrochen, sondern sie ruht nur, wenn sie sich zeitweilig nicht äußert. Kaum jemals und irgendwo ist es einem europäischen Volke in solchem Grade wie den alten Hellenen vergönnt gewesen, durch Jahrhunderte hindurch von übermächtigen fremden Einflüssen verschont zu bleiben, seinen Geist und seine Gaben gleichmäßig nach allen Richtungen hin zu entwickeln und auszunutzen und so zu einer Höhe der Kultur zu gelangen, die das gesamte Wesen der Nation adelte und läuterte. Dadurch stellte sich für diese das wunderbarste Gleichgewicht her zwischen einer tief künstlerischen, idealen Auffassung von Welt und Leben einerseits und einem geklärten, durchdringenden Verstande auf der anderen Seite: das Ergebnis davon war das goldene Zeitalter in Attika. Als ein hochgesteigerter Zustand vermochte es freilich nicht, sich lange zu erhalten. Es brach zusammen, und da trat, wie häufig bei einem solchen Gleichgewichte der Eigenschaften, der scheinbare Widersinn ein, daß die Wirkungen der künstlerischen und idealen Seiten des Volkes weit nachhaltiger und allgemeiner waren als die Früchte seiner praktischen Begabung. Die staatliche Freiheit und die wirtschaftliche Bedeutung Griechenlands waren längst dahin, als seine Kunst und seine Wissenschaft, die ohne jene festen Grundlagen nicht erwachsen wären und nunmehr wie Blumen von der Muttererde losgelöst wurden, ihren Eroberungszug durch die bildungsfähige Welt eigentlich erst recht begannen. Das unvergleichlich edle Verhältnis der griechischen Kunst zu der Natur, neben der sie wie eine jüngere, geistiger und zarter begabte Schwester steht, überwältigte zunächst die derben Römer in Italien und in den Provinzen. Sie nahmen den schönen Fremdling, den siegreichen Besiegten, willig auf und wurden, ebenso wie die Spätgriechen von Byzanz, so gut sie es vermochten, seine Pfleger und Hüter.

(E. 319 b.)

Allerdings kamen dann auch über sie die vernichtenden Schicksale, und im Laufe des Mittelalters verflüchtigte sich die ehemals herrliche Erscheinung der griechischen Kunst zu einem gespenstischen Schatten; aber auch dieser — so kräftig war der Zauber der Antike! — wirkte noch weithin bis in den kunstarmen Norden und den bedrängten Osten. Als dann im fünfzehnten Jahrhundert die scheue Hochachtung des Mittelalters sich in eine leidenschaftliche Verehrung und in eindringliche Erforschung des Altertums verwandelt hatte, als zunächst die Italiener ihre Kunst unter dem Einflusse klassischer Werke verjüngten, da erstand der hellenische Geist wieder in Glanz und Fülle. Aber freilich nicht eigentlich mehr in seiner ursprünglichen Reinheit, sondern meist nur im römischen Gewande. Römertum und Griechentum in der Kunst wurden nunmehr jahrhundertelang kaum unterschieden; die Künstler und Kunstfreunde ahnten nur selten, daß in dem verödeten Griechenland Werke von einer viel idealeren Schönheit schlummerten, als die italienischen Funde sie gewöhnlich dem doch schon staunenden Auge darboten. Und auch die römischen Arbeiten, mochten sie immerhin nur Abbilder griechischer Originale oder griechischer Empfindung sein, erfüllten ihre Mission überall, wenn ein richtiges Verständnis ihnen entgegenkam. Sie lehrten die Schauenden den vornehmen Reiz des Rhythmus, die wohlthuende Harmonie glücklicher Proportionen, die Grazie idealer Formen und die vollkommene Einheit des geistigen Inhaltes und der Erscheinung begreifen und zeigten ihnen die Möglichkeit einer naturwahren und zugleich doch künstlerisch gesteigerten Durchbildung des menschlichen Körpers. Sie waren schlicht, klar, maßvoll. Ein festes, nie beirrtes Stilgefühl beherrschte sie, und vor ihnen konnte sich jeder Künstler sagen: dies ist die Kunst gesunder, gebildeter und geschulter Menschen. Wurde nun diese Kunst in solchem Sinne wirklich aufgefaßt und mit gewahrter Selbständigkeit, bei eigener Tüchtigkeit der Künstler als Vorbild benutzt, so schuf man Werke von einem neuen und wundersamen Reize. Fehlte den Künstlern jedoch die gründliche Kenntnis der Natur und eine sichere Technik oder wollten sie gar die Motive der klassischen Skulpturen unversehens in die Malerei versetzen, suchten sie also der Antike eine Manier abzugewinnen, so wurde deren Einfluß ein verhängnisvoller. Als die ursprüngliche Frische und künstlerische Energie der Italiener erschlaffte, als in Frankreich während des „Großen Jahrhunderts“ die Kunst fast ein Monopol der Akademie geworden war, als in Deutschland die schöpferische Kraft für immer vernichtet schien, da hatte man längst sich gewöhnt, nicht die Antike allein, sondern auch ihre Verarbeitung von seiten berühmter neuer Meister als das angeblich notwendige Korrektiv der Natur zu betrachten; da herrschte allenthalben eine gröblich mißverstandene, in die gewagtesten Ausbildungen verzerrte und den natürlichen Kunstgeschmack verderbende Antike. Auf sie berief sich jeder barocke Dekorateur, jeder schwülstige Plafondmaler und jeder Modelleur von Nippsachen; fast war sie wieder wie damals in den mittelalterlichen Figuren der Byzantiner oder der

(K. 319^a.)

Miniaturisten des Abendlandes zum Gespenst geworden. Doch noch einmal offenbarte sie ihre Unbesiegbarkeit, und dies geschah um die Mitte des achtzehnten Jahrhunderts. Herculanum und Pompeji gaben in reicher und immer reicherer Fülle dem Tage zurück, was er einst in künstlerisch beglückteren Zeiten beschienen hatte. Die unzähligen Kunstwerke aus diesen halbgriechischen Städten erneuten und erweiterten die Kunststudien der Altertumsforscher, wichtige Funde in Griechenland selbst kamen hinzu, und die Künstler erhielten dadurch einen Maßstab in die Hände, an dem sie beurteilen konnten, auf welche Wege sie seit der Renaissance geraten waren. Jetzt trat auch Johann Winckelmann auf; seine „Gedanken über die Nachahmung der griechischen Werke in der Malerei und Bildhauerkunst“ (1755) und seine „Geschichte der Kunst des Altertums“ (1764) übten, im rechten Augenblicke, in Deutschland eine maßgebende Wirkung aus. Sie gründeten im Publikum, das sie begierig aufnahm, den Geschmack für die wieder echter erscheinende Antike und befestigten für die Künstler einen wenigstens zunächst notwendigen und heilsamen Kanon. Denn wenngleich dieser Kanon, besonders als die entsprechende Entwickelung in Frankreich, nach Deutschland herüberwirkend, ihn noch verschärfte, tyrannisch und einseitig wurde, wenngleich mit der antiken Form doch schließlich nicht der antike Geist erfaßt worden war, so bot er auch andererseits, nach so langen, bedenklichen Verwirrungen, der Kunst wieder ein hohes Ziel und vereinigte für eine gewisse Zeit die Bestrebungen der Künstler in einem einheitlichen Stile, der dem unheilvollen Treiben der stillosen Manieristen einen Damm entgegensetzte. Eine Grundlage ward dadurch geschaffen, auf der man jetzt so selbständig wie möglich weiterbauen mochte. Das gelang nun zwar manchen nicht: z. B. blieb der vielbewunderte Raphael Mengs, der eifrigste Verfechter der Winckelmannschen Wünsche, nur ein kalter Eklektiker; aber im Laufe der nächsten Jahrzehnte lernten für die Malerei ein Carstens, für die Bildhauerkunst ein Gottfried Schadow die geistige Schülerschaft gegenüber der Antike richtiger begreifen und in einem moderneren Sinne stilvoll, d. h. mit eigenem Geiste in streng gebildeter Form, arbeiten.

Solchen Männern hat nun die große Kunst auch unseres Jahrhunderts viel zu verdanken; indessen waren die offiziellen Kunstschulen der damaligen Zeit, selbst nach jener Steigerung der Einsicht in das Wesen der Antike, im ganzen dieselben Pflanzstätten eines konventionellen Schematismus geblieben, die sie bis dahin gewesen. Das herrlichste Kunstprincip muß eben zur toten Formel erstarren, wenn es unkünstlerisch, von Handwerkern der Kunst, gehandhabt wird. Dies war damals noch ziemlich allgemein der Fall, und so hätte das glücklich gerettete antike Idol nur geringen Segen stiften können, wäre sein Wirken nicht durch das andere, das realistische, Element in der Kunst zur rechten Zeit wieder kräftiger unterstützt worden.

Der Realismus hatte ja, wie die Antike, immer neue Blütezeiten gehabt und sich von den unrealistisch idealisierenden Kunstrichtungen eigentlich nie gänzlich unterdrücken lassen. Mochte er durch diese zeitweilig aus den Akademieen und von den Höfen verdrängt werden — in volkstümlichen Kunstleistungen lebte er doch beständig fort und wartete gleichsam im Verborgenen auf den guten Augenblick zu wirksamer Erhebung. Er konnte ja auch gar nicht vernichtet werden; denn was ist er anderes, als eine Frucht des unbeirrten, natürlichen Gefühles, das zum Glück auch in verzweifelten Zeiten der Mehrzahl der Menschen erhalten bleibt? Helläugiger Verstand und unbefangenes Empfinden schließen eine Verbindung, aus der notwendig echter Realismus, sei es für die Denkart, sei es für die Künste, erwächst. Schon die Antike, bei allem Idealismus, hat den ihrigen, nämlich in ihrem principiellen Anschlusse an das Greifbare und Naturwahre; und wie alles, was in ihr lebt, kommt auch er bei ihr zu vollkommener Ausgestaltung. Durch das ganze Mittelalter hindurch beobachten wir dann seinen hartnäckigen, immer erfolgreicheren Kampf gegen die Fesseln einer übergewaltigen Befangenheit und Tradition. In der italienischen Renaissance verbindet er sich abermals, als originelle Gestaltungskraft, mit dem Idealismus der Antike, für Deutschland kommt er in Albrecht Dürer zum vollsten, mannhaftesten Ausdruck; im siebzehnten Jahrhundert beherrschte er die Niederlande und Spanien. Im Laufe des achtzehnten feiert er in England Triumphe und findet, als Reaktion gegen die prunkvolle höfische Kunst, in Frankreich einen Kampfplatz; in Deutschland endlich sollte ihm, wie schon angedeutet wurde, mit Hilfe Graffs und Chodowieckis ein merkwürdiger Vorstoß gelingen. Wo und wie er aber auch auftreten mag, er bringt immer die Kraft mit sich, dem Idealismus derselben Zeit oder einer späteren Epoche das Dasein zu fristen. Ein Idealisieren ganz ohne realistische Unterlage ist in der Kunst ja überhaupt nicht denkbar; je schwächer diese Unterlage ist, desto unhaltbarer wird der Idealismus der betreffenden Periode sein. In der Zeit Chodowieckis war aber, nach langer Abnahme, die notwendige realistische Unterströmung wieder sacht im Anwachsen. Sie kam deshalb der neuen idealisierenden, nämlich der gräcisierenden Richtung als wesentliche Hilfe zu gute: als eine unentbehrliche Bundesgenossin, die freilich trotzdem mit einiger Geringschätzung behandelt wurde und sich bescheiden der anspruchsvollen, als Führerin nun einmal anerkannten Schwester unterzuordnen hatte. Selbst Chodowiecki, der realistische Meister, hat sein Lebenlang die akademische Formenwelt, freilich nicht die seiner Zeitgenossen, voll Hochachtung betrachtet und sich nur mit Resignation und nie vollständig in die seinige gefügt.

Es wäre eine verlockende Aufgabe, hier tiefer auf die wunderbare Wechselwirkung zwischen Idealismus und Realismus einzugehen, denn das hieße im Grunde nichts anderes als das Verhältnis zwischen dem Menschengeist und der

Natur erforschen. Indessen hüten wir uns, den Rahmen unserer Darstellung zu sprengen, und untersuchen weiter, auf welche Weise Chodowiecki seine künstlerische Bildung vervollständigte.

Das Lesen der kunsttheoretischen Bücher, sahen wir, konnte ihn nur fördern, wenn seine Begabung ihn wirklich zum Eklektiker bestimmt hatte, der er bis dahin gewesen war. Dies traf nun zum Glück nicht ein: und mit sicherem Instinkte wählte unser Künstler jenen anderen, für ihn richtigen Pfad, nämlich den des Realismus. Er wandte sich an die Natur selbst: er zog vor — um mit Lionardo da Vinci zu reden — ihr Sohn zu werden statt ihr Enkel oder Urenkel zu bleiben, soweit dies, wohlverstanden, ihm nach allen entgegenwirkenden Umständen und Umwegen seines Lebens überhaupt noch möglich war.

Erfahrungen, die er beim Malen von Bildnissen in Miniatur gemacht hatte, wiesen ihn immer von neuem auf seine Mängel im Zeichnen und auf seine flache Auffassung hin. Zwar gelang es ihm häufig, Wahrheit und Charakter in die Porträts zu bringen, aber er bemerkte doch, daß er diese Vorzüge eigentlich nur glücklichen Umständen verdankte, daß er nämlich zunächst selten jemand anderes als seine Freunde oder Verwandten malte und daß das Sympathische der ihm gut bekannten Modelle das Gelingen seines Werkes begünstigte. Auch fand er, daß das Bildnismalen, wie er es auffaßte, ein beständiges Naturstudium sei und andere Anforderungen an die Beherrschung der Formen stelle, als die elegante Emailarbeit, die er sonst betrieb. Aber ebendeshalb, um das auf diese Weise ihm gebotene Naturstudium zu nutzen, wandte er sich nach der gewonnenen Erkenntnis dem Porträtieren mit besonderem Eifer zu und suchte seine Miniaturen sorgfältiger durchzubilden. Indessen genügte ihm diese Übung allein noch lange nicht. Um die Natur immer besser reden zu hören, begann er, erstens, nach dem gestellten Modell methodisch zu zeichnen, und zweitens die sich selbst und zufällig stellenden Figuren, nämlich Menschen aller Stände, Lebensalter und Geschlechter, wie sie gerade standen, gingen oder handelten, unermüdlich zu skizzieren.

Ein besonderer Glücksfall ermöglichte ihm jene erste Übung, das Zeichnen nach dem Modell, d. h. nach dem nackten, also das Aktzeichnen. Dergleichen ließ sich auf eigene Hand nur ausnahmsweise ausführen, und an der Kunstakademie wurde es seit dem Brande, wenn nicht schon lange vor diesem, gar nicht mehr betrieben. Um nun den Berliner Künstlern die unentbehrliche Gelegenheit, den menschlichen Körper in seinen Formen, Verhältnissen und Bewegungen genau kennen zu lernen, dennoch darzubieten, richtete gerade damals der Maler Bernhard Rode, von dem noch öfter die Rede sein wird, in seinem Hause einen Aktsaal, eine Art von akademischer Privatklasse, ein. Die lernbegierigsten jungen Künstler kamen an gewissen Abenden bei ihm zusammen und zeichneten nach männlichen Modellen.[9]) Chodowiecki schloß sich ihnen an und gesteht, daß er hier zum erstenmale in seinem Leben — er war schon über dreißig Jahre alt und galt seit etwa zehn Jahren für einen guten Maler! — nach dem Nackten studiert habe. Eine ungeahnte Herrlichkeit ging ihm in diesem Anblick, diesem Studium auf; er fühlte endlich den ersehnten, festen Boden unter seinen Füßen und war bald einer von den fleißigsten Besuchern des Kursus. Auch zu den fertigsten rechnete er sich; denn wenn andere in zwei Abenden einen Akt zeichneten, so vollendete er in einem Abend ihrer zwei. Das war allerdings nur möglich, wenn er die Arbeit nicht hinreichend genau ausführte, und diese Flüchtigkeit hat sich denn auch später an ihm gerächt, so oft er der präcisen Kenntnis des menschlichen Körpers in seinen Einzelformen bedurfte. Aber im allgemeinen übte er doch dabei wenigstens das Auge und die Hand; und wenn letztere allmählich eine erstaunliche Geschicklichkeit im sauberen und weichen Schraffieren erwarb, so entwickelte sich das erstere in höchst charakteristischer, bedeutungsvoller Weise. Es begann nämlich auf seine eigene Art zu sehen, und diese Art war, in einer idealistisch-manierierten Zeit und Umgebung, eine merkwürdig realistische.

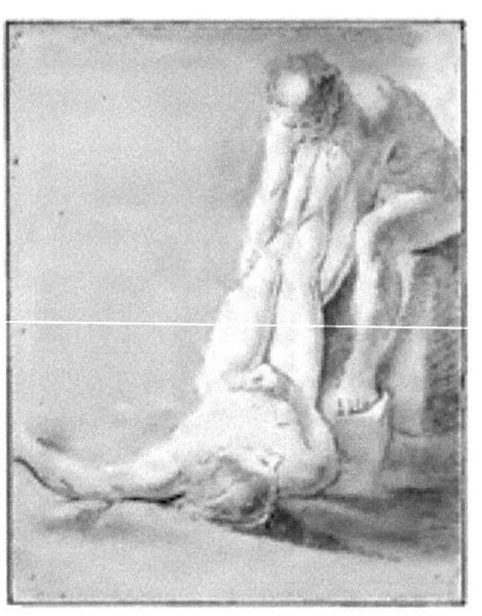

Aktfiguren.
Kreidezeichnung in schwarz, rot und weiß.

Chodowiecki hatte beobachtet, daß die meisten Berliner Künstler zwischen Ideal und Manier nicht richtig zu unterscheiden wußten. Er sah, daß viele, die aus Italien zurückkehrten und dort ausschließlich die Antike studiert hatten, zu Hause statt lebendiger, handelnder Figuren nur leblose und gleichsam steinerne zuwege brachten. Ihre Weiber wurden alle nach der Mediceerin, ihre Männer nach dem belvederischen Apoll oder dem Antinous geformt; und wirkte dergleichen gelegentlich ganz gut, so wurde es abgeschmackt, wenn in ein und demselben Bilde der nämliche Typus ein Dutzend Male wiederkehrte. Nicht viel anders erging es denen, die, ohne Italien zu kennen, daheim allzu emsig nach Gips zeichneten: auch sie übersetzten im Aktsaale das lebendige Fleisch in Stein, und alle Modelle wurden unter ihren Händen zu derselben stereotypen Figur. Das Schlimmste dabei schien aber, daß ihre Abweichungen von der Natur keine glücklichen, sondern fehlerhafte waren. Die jungen Leute bemerkten, daß ihr Lehrer das Modell ganz anders abzeichnete, als es sich gewachsen zeigte; da sie bereits viel von einem anzunehmenden Ideale reden gehört hatten, so hielten sie nun die schlechte Manier, die hier vor ihren Augen geübt wurde, für Idealisieren. Idealisieren heißt aber doch eine Form so wiedergeben, daß sie von Zufälligkeiten befreit in der ihr natürlichen, in der Idee beschiedenen Vollendung erscheint; während eine manierierte Darstellung die gegebene Form nicht als eine individuelle behandelt, sondern sie in einen willkürlich angenommenen Typus, also etwa in den schematisch und oberflächlich erfaßten der Antike, auflöst und verflacht. Rode, als vielbeschäftigter Schnellmaler, hatte sich längst eine ausgebildete Manier geschaffen, und diese hatte sich, wie das zu geschehen pflegt, durch ihre weitgehende Abnutzung immer mehr verschlechtert. So verführte er die Mehrzahl seiner Schüler zu konventioneller Unselbständigkeit im Banne eines bedenklichen Vorbildes, und es muß Chodowiecki hoch angerechnet werden, daß er die Gefahr, der er ausgesetzt war, erkannte und bekämpfte.[10]

Zwar entging ihm nicht, daß eigentlich kein Künstler ganz ohne Manier ist; denn eine gewisse Manier begleitet nun einmal jedes menschliche Schaffen. Schon der Umstand, daß alle Erscheinungen in der Welt, um überhaupt von einem Menschen aufgefaßt zu werden, durch das einheitliche Medium seiner persönlich gefärbten Empfindung hindurchgehen müssen, bedingt, daß sie sich in jedem Kopfe nur auf dessen eigentümliche Weise, also gewissermaßen alle in demselben und zwar nicht ganz treuen Spiegel abbilden, so daß sie dadurch sämtlich mit den nämlichen Abweichungen von ihrem eigentlichen Wesen behaftet werden. Das ist nun nichts anderes als die alte Erfahrung, daß wir weder das Ding noch die Dinge an sich wirklich kennen; sollen dann aber die Erscheinungen wiedergegeben, von Künstlerhand dargestellt werden, so zeigt sich erst recht, wie wenig man von absolutem Realismus reden darf. Zu jener einheitlichen Färbung der Dinge bei ihrer Aufnahme in das Bewußtsein des Menschen tritt nämlich noch der bei allen Künstlern vorhandene Mangel an der Fähigkeit, eine wahrhaft realistische, d. h. vollkommen genaue Nachbildung zu liefern, hinzu, sowie, was das Idealisieren betrifft, die ebenfalls nicht zu überwindende Unmöglichkeit, die ideale Erscheinung eines jeden Gegenstandes wirklich zu kennen. Aus diesen beiden Mängeln ergiebt sich für den Künstler der Zwang, sich bei seinen Schöpfungen mit einer gewissen Allgemeinheit des Ausdruckes zu begnügen, die er ihnen seinerseits giebt und die der notwendige Ersatz dafür ist, daß er ihnen nicht durchaus gerecht werden kann. Die Form nun, die er dieser Allgemeinheit verleiht, ist die ihm eigentümliche, durch seine beschränkte Natur als Mensch ihm auferlegte Manier; und es kommt dann weiter auf seine sonstigen Fähigkeiten, seine Einsicht und seinen Fleiß an, diese Manier originell und künstlerisch wertvoll zu gestalten oder sie durch armselige Nachahmung anderer aus den Händen zu verlieren.

Chodowiecki hatte also Einsicht genug, um sich durch Rodes Manier nicht bestechen zu lassen und um die natürliche Schönheit des Modells als etwas

Der zeichnende Künstler.
(S. 14.)

über jede Manier Erhabenes zu empfinden. Er suchte nun für sich selbst eine möglichst wenig auffallende Manier zu erlangen, d. h. er war beim Zeichnen immer bestrebt, das Modell möglichst getreu nachzubilden, ohne den Charakter seines Umrisses oder seiner Plastik verbessern zu wollen. Auf diese Weise hoffte er mit Recht, verhältnismäßig original zu bleiben und zugleich am leichtesten alle verschiedenen Charaktere samt ihren Modifikationen ausdrücken zu lernen. Auf einer lichten Tafel, sagt er einmal, könne man am besten alle möglichen Tinten und Nuancen auftragen; so sei es auch mit einer „originalen Manier".[11] Übrigens fügt er hinzu, man solle zu gründlicherer Übung sich stets recht verschiedenartige Modelle wählen, immerhin aber solche vermeiden, denen Mißbildungen anhaften. Er wollte also (was manche neuerdings nicht wollen) das an sich Häßliche, Verunstaltete von dem künstlerischen Studium ausgeschlossen wissen, wenn er es auch weder in seinen Skizzen, noch in seinen Kompositionen vermied, falls es ihm notwendig und charakteristisch vorkam.

Dieses eifrige Aktzeichnen eines Dosenmalers und Porträtisten in Miniatur wurde von minder Verständigen für überflüssig erklärt, da man die Leute ja nicht nackt abbilde und für das übrige Vorlagen vorhanden seien. Chodowiecki wußte solche Tadler durch den Hinweis darauf abzufertigen, daß die ganze Kunst und im besonderen die Porträtmalerei eben auch im argen liege. Da arbeite ein manierierter Künstler so lange an einem weiblichen Bildnisse herum, bis eine Venus herauskommt, aber nicht die Person, die sich zum Besten ihrer Familie wollte verewigen lassen! Da sehe man, selbst auf Brustbildern, nur zu oft Köpfe, die so gestellt sind, daß sie zu den darunter befindlichen Schultern nicht zu gehören scheinen! Und noch schlimmer werde es, wenn es sich um eine halbe Figur oder gar um ein Kniestück handelte: hier gerate der kenntnislose Maler in Verlegenheiten, aus denen es für ihn keinen Ausweg giebt. Um eben diese Mißstände so gründlich wie möglich zu überwinden, begnügte sich Chodowiecki aber auch nicht mit dem Aktstudium, sondern er suchte, wie schon erwähnt, sich gleichermaßen in die natürlichen, nicht angegebenen Bewegungen und Stellungen des Menschen zu vertiefen. Er gedachte, „die Welt zuweilen so zu malen, wie sie ist", um sich dadurch für das Fach der historischen Malerei, die ihm als die höchste vorschwebte, vorzubereiten; deswegen glaubte er alles, gelegentlich auch das Unbedeutende, brauchen zu können, und versah sich, aber in wie anderem Sinne als der gute Geßner, mit Bleistift und Skizzenbuch zum Gebrauch in jedem Augenblick. Auf welche Weise er nun seine Figuren erhaschte, mag er jetzt selbst erzählen: er thut dies mit so naiver Anmut, daß sein Biograph ihm das Wort mit Vergnügen abtritt.

„Ich zeichnete nebenher. War ich in Gesellschaft, so setzte ich mich so, daß ich die Gesellschaft, oder eine Gruppe aus derselben, oder auch nur eine einzige Figur übersehen konnte, und zeichnete sie so geschwind, oder auch mit so vielem Fleiß, als es die Zeit oder die Stätigkeit der Personen erlaubte. Bat niemals um Erlaubnis, sondern suchte es so verstohlen wie möglich zu machen; denn wenn ein Frauenzimmer (und auch zuweilen Mannespersonen) weiß, daß man's zeichnen will, so will es sich angenehm stellen und verdirbt alles, die Stellung wird gezwungen. Ich ließ es mich nicht verdrießen, wenn man mir auch, wenn ich halb fertig war, davonlief; es war doch so viel gewonnen. Was habe ich da zuweilen für herrliche Gruppen mit Licht und Schatten, mit allen den Vorzügen, die die Natur, wenn sie sich selber überlassen ist, vor allen den so gerühmten Idealen hat, in mein Taschenbuch eingetragen! Auch des Abends bei Licht habe ich das oft gethan; kein besseres Studium, um große Partien, Licht und Schatten hervorzubringen. Ich habe stehend, gehend, reitend gezeichnet;[12] ich habe Mädchen im Bette in allerliebsten, sich selbst überlassenen Stellungen durchs Schlüsselloch gezeichnet.... Ich habe nach Gemälden wenig, nach Gips etwas, viel mehr nach der Natur gezeichnet. Bei ihr fand ich die meiste Befriedigung, den meisten Nutzen; sie ist meine einzige Lehrerin, meine einzige Führerin, meine Wohlthäterin. Wo ich sie finde, werfe ich ihr einen Kuß, wenn es auch nur in Gedanken ist, zu: dem reizenden Mädchen, dem prächtigen Pferde, der herrlichen Eiche, dem Strauche, dem Bauernhause, dem Palaste, der Abendsonne und dem Mondlicht alles ist mir willkommen und mein Herz und Griffel hüpfen ihm entgegen. Aber wie sehr werde ich betrübt, wenn mit aller Mühe und Sorgfalt ich das nicht zu erreichen vermag, was sie mir vorzeigt. Dann entschuldige ich mich mit dem so richtigen Ausspruche: All unser Wollen, all unser Streben ist Stückwerk. Und das Bild, das ich mit meinem in sich selbst gekehrten Auge an der inneren Kugel meiner Hirnschale sehe, ist ganz anders als das, was meine schwache Hand durch den unvollkommenen Griffel aufs Papier bringt."

Dieses unverhüllte Bekenntnis ist das eines echten, aber bescheidenen Realisten im modernen Sinne. In ihm steckt die Bedeutung und die wahre Größe Chodowieckis. Denn war es ihm auch nicht vergönnt, sich in der That zu einem kräftigen, farben- und formgerechten Realisten und also über die eigene Zeit hinaus zu erheben, ja, mußte er sogar auf den Ruhm eines großen Malers verzichten lernen, so erreichte er doch, was er sonst an Schönem und Gutem schuf, vorzüglich durch diese fest eingewurzelte Liebe zur Natur und zu ihrer Wahrheit.

Bleistiftzeichnung. Oktober 1758.

Viertes Kapitel.

Der Miniaturist als Ölmaler.

Die Berliner Künstler während des siebenjährigen Krieges. — Chodowiecki als Porträtmaler in Miniatur. — Seine Bleistiftskizzen. — „L'École des Maris." — Chodowieckis Bericht über seine Ölmalerei. — Sein ältestes bekanntes Ölbild. — Der verlorene „Elieser". — Ölbilder in der Richtung Watteaus. — Die realistische Staffage. — Wiederum Nachahmer der Franzosen. — „Die Zelten." — Häusliche Scenen. — Familienporträts in Öl. — Andere Porträts in Öl. — Zusammenfassung. — „Les Adieux de Calas."

Zehn Jahre eines gesegneten Friedens waren Preußen beschieden, um sich von den schlesischen Feldzügen zu erholen und unter dem Scepter seines nicht nur in Schlachten glücklichen Herrschers an der energisch begonnenen Entwickelung des Staates fortzuarbeiten. Dann brach aufs neue, und wilder als zuvor, ein Krieg los, der in jähen Wechseln das Volk bald mit Siegesfanfaren berauschte, bald durch Augenblicke höchster Gefahr seinen politischen Bestand überhaupt in Frage stellte. Während jedoch die königlichen Heere zunächst fern von der Hauptstadt, in Sachsen, Böhmen und Schlesien, einfielen und kämpften, durften die Berliner Bürger in leidlicher Ruhe ihren Beschäftigungen nachgehen, und selbst dann, als auch die Mark Brandenburg bedroht und Berlin zweimal von den Feinden besetzt wurde, trat keine wesentliche Unterbrechung ihres fleißigen Werktagslebens ein. Bei allen Aufregungen, die mit dem Eintreffen guter oder böser Nachrichten vom Kriegsschauplatz die Gemüter bewegten, bei allem Getriebe der Truppendurchzüge und Gefangenentransporte und erst recht bei der häufigen Belastung durch Kontributionen und drückende Auflagen, versäumte man das nahrhafte Gewerbe nicht, und sogar die Künstler fanden, während der Waffenlärm doch sonst jedes anmutige Getöne der Musen verstummen und ihre Gewerbe stocken macht, in diesen schweren Zeiten besondere Gelegenheiten zum Verdienst. Denn Berlin bot damals vielen wohlhabenden Familien aus den gefährdeten Landesteilen einen Zufluchtsort, an dem sie die Ereignisse in Ruhe abwarten und inzwischen ein erwünschtes Residenzleben führen konnten. Auch manche adlige Damen, deren Gatten und Söhne im Kriege als Offiziere dienten, hatten sich, des männlichen Schutzes zeitweilig beraubt, von den Landgütern in die Stadt verzogen. Diese vornehme Gesellschaft saß nun müßig und zerstreuungslustig beisammen: da fand man denn leichter als sonst einen hinreichenden Grund, die Seinigen und sich selber zeichnen und malen zu lassen oder sich auf andere Art, etwa ein wenig dilettierend oder Bilder sammelnd, den Künsten geneigt zu erweisen.

Zu den Miniaturisten, die von diesen Umständen Nutzen zogen, gehörte in erster Linie unser Chodowiecki. Allerdings nur schwer verstand er sich dazu, im Porträtieren über den nachsichtigen Kreis seiner Angehörigen und Freunde, sowie über die unpersönlichen Kopien nach sozusagen stummen und wehrlosen Fürstenbildnissen hinauszugehen. Er fürchtete, und keineswegs mit Unrecht, die ihm noch ungewohnte verschärfte Kritik und Krittelei eines größeren Publikums, das ja gerade da die lebhaftesten Ausstellungen zu machen pflegt, wo seine Auffassung, durch starke persönliche Interessen und Vorurteile beeinflußt, am wenigsten unbefangen ist. Indessen ging die Sache doch glücklicher von statten, als er in seiner bescheidenen Zaghaftigkeit angenommen hatte. Das erste Porträt eines vornehmen Kunden, eines Herrn von Burgsdorff, gelang ihm nach Wunsch und veranlaßte weitere Bestellungen. Denn dieser Herr erfreute sich einer handfesten Physiognomie und einer tüchtigen Farbe; der Künstler vertiefte sich mit Lust in das ihm sympathische Modell und brachte Leben und Ausdruck in sein Werk; dergleichen seltene Eigenschaften fielen aber dem Publikum nachgerade doch auf und fanden Anklang. Chodowiecki befriedigte auch die folgenden Besteller, und da er sie trotz seiner sorgfältigen Behandlung der Bilder nicht lange bemühte, sondern mit immer gesteigerter Auffassungsgabe das Charakteristische der verschiedenen Persönlichkeiten in wenigen Sitzungen festhielt, so verfügte er bald über eine recht ansehnliche Anzahl von Abnehmern. Dies war ihm besonders deswegen erwünscht, weil die Mode schon seit einigen Jahren die billigeren Emaillen, von deren Verfertigung er ja zum Teil leben mußte, in Verruf zu erklären begann. Sie waren in so ungeheurer Menge und schließlich in so geringer Qualität auf den Markt gebracht worden, daß jedermann ihrer mit Recht überdrüssig wurde. Außerdem aber zog den Künstler, wie wir im vorigen Kapitel vernahmen, bei dem Porträtmalen die künstlerische Aufgabe, die Lösung eines stets aufs neue aufgeworfenen Problems, nämlich die Enträtselung und Darstellung einer Individualität und eines lebendigen Organismus, an. Er betrieb bei seinen Miniaturbildnissen praktische Psychologie und zugleich ein gesundes Naturstudium im Hinblick auf eine weitere Ausbildung seines Talentes.

Freilich entfremdete er sich allmählich wieder einen großen und immer größeren Teil seiner Kundschaft durch die hohen Preise, die er im Gegensatze zu den meisten anderen Berliner Malern zu fordern pflegte. Er wollte durchaus nicht „trotzig" auftreten wie jener Künstler in Gellerts „Selinde", der diese Eigenschaft für seine Berufsgenossen in Anspruch nimmt; aber wenn er von sich selbst verlangte, daß er so male, daß ein jeder ihn gern und gut bezahle, so meinte er auch andererseits, daß, wer eine gute Malerei nicht gut bezahlen wolle, nicht wert sei, daß ein guter Maler für ihn male. Die Kunst solle keineswegs nach Brot gehen,[1] sagt er gelegentlich bei einer Erwähnung dieses Punktes und versetzt dem braven Conti in Lessings „Emilia Galotti" einige kräftige Seitenhiebe nicht nur für sein „pedantisches Geschwätz", sondern auch nebenbei für das Sinnberückende seines „Studiums der weiblichen Schönheit", das in niederträchtiger Weise dem Prinzen Kupplerdienste leiste.

Die unfreiwillige Muße, die ihm der Ausfall von Bestellungen verschaffte, verwendete Chodowiecki aber auf die beste Art. Er benutzte seine größere Freiheit zu desto fleißigeren Forschungen nach dem Wege zur Historienmalerei. Jene Skizzierübungen[2] zunächst, die ihn neben dem Akt- und dem Porträtzeichnen der Natur näher bringen sollten, betrieb er vorzüglich in den Jahren 1758 bis 1762 mit dem größten Eifer und Erfolge. Sie sind die Illustrationen und Belege zu dem angeführten Berichte über seine leidenschaftliche Jagd nach natürlich bewegten, harmlos und charakteristisch sich darstellenden Figuren. Mit zarten, aber doch bestimmten Bleistiftstrichen fixieren sie auf kleinen weißen Blättchen die beobachtete Gestalt oder Gruppe; einige breite Schraffierungen geben die wesentlichsten Schattenpartien an und heben die Studie ein wenig vom Hintergrunde ab; leichte „Drucker", den „Touches" der französischen Technik entsprechend, betonen pikante Einbiegungen, sei es in den Gewandfalten, sei es in der Muskulatur der Personen. Diese einfachen Mittel zaubern uns nun eine entsprechende Welt vor die Augen! Es ist allerdings nur eine kleine, sehr kleine Welt, nämlich der Kreis von Menschen, die sich täglich im Hause des Künstlers, im Garten und auf der Straße, etwa vor seinem Fenster zeigten — aber sie ist wirklich erfaßt und in ihrer ganzen schlichten Art und Anmut wiedergegeben. Und sie gesteht so anspruchslos, auf welche Weise, zu welchem Zwecke sie hier abgebildet wurde! Verstohlen, flüchtig und zunächst nur um sie sich einzuprägen und aufzubewahren, erhaschte Chodowiecki diese Motive. Oft sind es Halbfiguren — natürlich, denn in den engen,

Bleistiftzeichnung. 1758.

unzulänglich beleuchteten Stuben drängen sich die Bewohner gern an den Fenstern zusammen und ihre untere Hälfte verliert sich dann im Schatten: oder sie gruppieren sich abends um einen Tisch, an dem die kärgliche Beleuchtung ebenfalls nur für ihre oberen Hälften ausreicht. Meist sind es auch nur weibliche Figuren und Kinder — die Männer gehen ja tagsüber gewöhnlich ihren auswärtigen Geschäften nach und erscheinen in den Wohnstuben nur zu den Mahlzeiten, zu Visiten oder am Abend zu gemütlicher Unterhaltung. Die Gestalten von der Straße aber sind größtenteils einzelne Spaziergänger, ferner Bettler, Arbeiter, Soldaten und Marktfrauen, wie sie sich in allenfalls ruhigem Zustande beobachten lassen. So mußten diese Proletarier ihre eckigen und plumpen Bewegungen, ihre groben Gesichter, ihre oft zerlumpten Gewänder, ihre ganze Stumpfheit oder ihre Gutmütigkeit dem Künstler nicht minder ausliefern, als seine Freunde, seine Gattin und ihre Freundinnen ihrerseits ihre Gewohnheiten und kleinen Eigentümlichkeiten ihm preiszugeben hatten. Nicht immer angenehm überrascht wird Frau Jeanne Chodowiecka sich gefühlt haben, wenn der Gemahl ihr lachend vorwies, in wie selbstvergessenen Stellungen sie in ihrem Lehnstuhl einzunicken pflegte oder wenn er sie ihre Säuglinge stillend aufs Korn nahm oder sie im Negligé zeigte. Aber um so liebenswürdiger mag sie sich erschienen sein, wenn sie wohlgeschmückt, in reichbesetzter französischer Tüllhaube, in hohem, garniertem Corsage und ansehnlichen Pöschen, das umfangreiche Schönpflästerchen auf der Schläfe, sich in Gesellschaft erblickte. Dann saß sie mit ihrer leichten Handarbeit bei der Unterhaltung, oder sie begleitete sich zum Gesange auf der Guitarre oder las auch aus irgend einem neuesten Buche vor. Die greisen Eltern Barez waren etwa zugegen, vielleicht auch die unvermählt gebliebene Schwester oder die Schwägerin Marie. Die Hausfreundinnen kamen, drei Demoisellen Quantin und eine Jungfer Lecoq, auch die Cousinen Rollet; und daß es nie an Stoff zu gemeinsamer Beschäftigung fehlte, sehen wir aus eben unseren Skizzen, die uns diese Personen in den mannigfaltigsten Gruppierungen immer wieder vorführen. Am gemütlichsten wirken ihre abendlichen Sitzungen rings um den Familientisch: da rücken denn auch die Männer in den Kreis ein, der Bruder Gottfried oder dieser und jener gute Bekannte, und das geliebte l'Hombre tritt in seine Rechte, während der Künstler, hinter irgend einer Stuhllehne oder hinter einem breiten Rücken verschanzt, die eifrigen Spieler mit der Gelassenheit und der Unerbittlichkeit eines Momentphotographen, aber meistens mit bedeutend mehr Geist als der launenhafte Augenblick zu spenden pflegt, aufnimmt. (Siehe S. 60.)

Bleistiftzeichnung. 1758.

Diese unscheinbaren Skizzen sind für die Beurteilung Chodowieckis von schwerwiegender Bedeutung. Sie charakterisieren seine kräftigen Anläufe zur Befreiung aus der Routine und der Konvention und lassen doch dabei seine Beschränkung durch mancherlei Verhältnisse erkennen. Wie selbständig trotz ähnlicher französischer Zeichnungen[3]) der Zeit und wie wertvoll durch die geschilderten Vorzüge sie auch erscheinen, so leiden sie doch zugleich — eine nie überwundene Folge seiner ganzen künstlerischen Vergangenheit! — an einer Unsicherheit in der Durchbildung, über die keine Grazie uns völlig hinwegtäuscht. Und zweitens: wie vielgestaltig sie auch innerhalb ihres Kreises sind, so ist dieser Kreis doch eben in der That recht eng, und er begreift für Jahre hinaus fast den ganzen Horizont des Künstlers, sofern sich dieser seinen Studien und Versuchen außerhalb der Berufsmalerei überläßt. Das weist uns zwar auf den geborenen Meister des Genres hin, der seiner Natur folgend sich schon von Anfang an auf dem Gebiete tummelt, das er später seinen Hauptbesitz nennen wird; aber wir fühlen doch an diesen Blättern, daß in entscheidenden Jahren der Drang des Lebens und die allzu kurzen Augenblicke der Freiheit und des Aufatmens vom Geschäftswesen den Sinn und Geschmack Chodowieckis sich ziemlich einseitig, im Grunde nur für seine nähere Umgebung entwickeln ließen, und daß jetzt, bei größerer Selbständigkeit und Muße, die Herrlichkeit der weiteren Schöpfung ihm zwar aufging, jedoch keinen anderen Widerhall mehr in ihm zu erwecken vermochte als eine begeisterte Aufnahme alles Schönen.

Denn eine Wiedergabe des Erschauten, eine künstlerische, selbständig und eigentümlich empfundene, war ihm, fürs erste wenigstens, nur innerhalb jener ausgesprochenen Begrenzung ein Bedürfnis. Endlich drittens: das realistische Skizzieren, wie leidenschaftlich und hingebend er es auch betrieb, war doch nicht imstande, ihm die alte Formenwelt so gründlich zu verleiden, als es wünschenswert gewesen wäre. Miniaturen und Emaillen mußte er ja noch immer in dem allerdings bereits verfeinerten Geschmacke des Berliner Marktes anfertigen; aber er fand doch Lust, die von ihm selbst als unwahr erkannten und deshalb verworfenen Formen gelegentlich auch ohne Zwang zu verwenden und zu seinem und anderer Vergnügen sich in ganz französisch stilisierten Figuren zu ergehen.

Feder- und Bleistiftzeichnung zu Molières „École des Maris“.

Als er z. B. für Cathérine Fromery, eine Dame der Kolonie, 1756 einen Cyklus von Illustrationen[1]) zu Molières „École des Maris“ ausführte, entnahm er die auftretenden Personen geraden Weges dem französischen Theater oder vielmehr, er schuf sie im Sinne der französischen Porzellan- und sonstigen Miniaturmalereien, die sich gern an die Komödie anlehnen. Über die Realistik des Lokales setzte er sich dabei auf eine scheinbar korrekte Weise hinweg: er wahrte der Scene die geforderte Einheit, aber freilich nur so, daß er sie bloß in einer sehr allgemeinen Gestalt andeutete. Mit einigen schraffierenden Bleistiftstrichen kennzeichnete er einen Erdboden, mit etwas lockerem Baumschlag ein paar Büsche. Nur auf dreien der Blätter erscheint dazu links die Fassade eines ländlichen Hauses — alles übrigens Motive, die Molières Vorschrift einer „place publique à Paris“ durchaus widersprechen. Das Interesse sollte sich auf den Personen sammeln. Mit den leichtesten Bleistiftstrichen sind sie hingestellt, die Hauptlinien werden dann mit der Feder nachgezogen, und die nötigen Touchen vollenden den Eindruck. Mit besonderer Sicherheit sind diese Drucker bei den Gesichtern angewendet, die eigentlich nur aus einigen meisterhaft gesetzten Punkten bestehen. Aber sie leben eben trotzdem: sie leben in demselben leichten Sinn, wie es die anmutigen, kleinköpfigen Damen und die schlanken Herren bei Lancret und Pater thun. Sie tragen, mit Ausnahme Sganarelles, das elegante, verhältnismäßig schlichte Kostüm der Zeit und beobachten, wo es am Platze ist, jene unnachahmlich adrette, elastische Haltung, die auf der französischen Bühne den jugendlichen Liebhabern und den Frauen zukommt. Sie zeigen aber auch ebenso glücklich das vorherrschende Wesen der Bonhomie im Gebaren der Väter und Vormünder, das erst durch die hinzutretenden

Feder- und Bleistiftzeichnung zu Molières „École des Maris".

Züge des Lächerlichen, Thörichten, Verständigen u. s. f. des weiteren charakterisiert wird, und wissen nicht minder jene diskrete Allgemeinheit der Erscheinung einzuhalten, durch welche die Nebenrollen sich zu kennzeichnen pflegen. Wie vornehm und „comme il faut" steht Ariste da (Acte premier, Scène 1re), während Sganarelle ihn haranguiert; wie sticht Valère, in der achten Scene des zweiten Aktes, gegen den etwas bäuerischen Diener Ergaste ab, der ihm den Brief Isabellens übergeben hat und nun, die Hände und den Hut auf dem Rücken, dem Vorlesen lauscht! Mit wie würdevoller Schalkhaftigkeit läßt sich die kluge Isabelle von den zwei Liebhabern zugleich die Hände küssen! Und wie unterscheiden sich dabei der junge Valère und der alte, etwas zudringlich-täppische Sganarelle voneinander!

Wir können diesen zierlichen Franzosen nicht gram sein, obgleich gerade ihre Existenz darauf hinweist, daß Chodowiecki sich für den Realismus keineswegs so radikal entschieden hatte, als er selbst es glaubte und aussprach. Um so gespannter werden wir aber die Versuche in der Ölmalerei beobachten, die er nicht lange darauf, nämlich um 1757, zu entwickeln begann. Schon viel früher hatte er sich, mit welchen Hoffnungen und Erhebungen! Palette und Ölfarben angeschafft und damit zu pinseln begonnen. Aber an einem trüben Abend überfiel ihn dann „wie ein Fieber" der Trieb, nunmehr ordentlich in Öl zu malen. „Ich setzte meine Palette auf und malte denselben Abend noch eines alten Mannes Kopf: wie groß war meine Freude, da ich sah, ich würde die Abende können in Ölfarben malen, bei Tage war es anderer Geschäfte halber unmöglich. — Darauf ging ich weiter: ich legte ein Stück Leinwand gerade horizontal auf den Tisch vor mich, setzte eine Lampe vor mich hin, fing die Strahlen des Lichtes durch ein convexes Glas auf und führte sie auf meine Leinwand, wohin ich sie brauchte. Das beleuchtete mir sehr die Arbeit und ich malte, so lange mir der Schlaf Frieden ließ. Nun mahlte ich einen Alten, der bei einer alten Frau um ihre Tochter anhält, auf dieses folgte die Geschichte Eliezers, der von Laban geführt dem Bethuel den Antrag machte, seine Rebecca dem Isaac zu geben: nachher habe ich verschiedene Wochenstuben gemacht. Eines Abends, als ich zu Herrn Rode in die Academie kam, sah ich das Modell noch angekleidet neben einem eisernen Ofen sitzen; es war wenig anderes Licht im Zimmer als das Feuer im Ofen, das machte einen herrlichen Rembrandt'schen Effect. Ich zeichnete es sogleich,[5] und da ich nach beendeter Academie nach Hause kam, setzte ich nach dem Abendessen noch die Palette auf und malte denselben Abend bis drei Uhr in die Nacht das Bild fertig. Als der Sommer kam, setzte ich alle Woche einen Tag zur Ölmalerei an, konnte auf diese Art nur wenig vor mich bringen, habe auch nur einige Portraits sowie Studien und Historien gemahlt."

Dieser kurze Bericht enthält alles, was Chodowiecki in dem mehrfach benutzten autobiographischen Fragmente über seine Ölmalerei zu sagen hat. Er schildert mit dürren Worten und offenbar ganz wahrheitsgemäß den Verlauf seiner Beschäftigung mit ihr. Aber wie beredt und ergreifend liest sich das, was zwischen diesen Zeilen steht! Denn es ist doch nichts anderes, als eine stille und dabei völlige Resignation des Künstlers, der seine hochfliegendsten Pläne als gescheitert betrachten mußte, wenn er von den Endergebnissen seiner Lieblingsbestrebungen so gar nichts rühmen konnte.

Als der Knabe Chodowiecki in Danzig die unzähligen malerischen und anregenden Motive, die die Stadt ihm entgegenhielt, mit gierigen Augen beobachtend in sich aufnahm, als er die Gemälde in den Kirchen anstaunte und klopfenden Herzens zu memorieren trachtete, da gewann ihn die Kunst zu ihrem Jünger. Immer entschiedener läßt sie ihn im Laufe der Jahre die Hindernisse erkennen, die ihn von jeder wirklichen Kunstübung trennen, und

Das Blindekuhspiel.

Oelgemälde aus dem Jahre 1768.

immer fester bildet sich in ihm der Vorsatz, ein echter und großer Maler zu werden. Schritt für Schritt drängt er sich nun diesem Ziele näher. Zu einer halben Freiheit gelangt, giebt er sich, als in einem entscheidenden Momente, ehrliche Rechenschaft von seinem Können und Nichtkönnen, um darauf hin mit glücklich gefaßten Entschlüssen wie von vorn zu beginnen. Jeder Nachahmung im Grunde abhold [6]) — nur durch den Beruf seit Jahrzehnten zu ihr gezwungen und schließlich durch Gewohnheit doch auch freiwillig in ihren Banden — erblickt er in dem herrschenden Manierismus eine widerwärtige Grimasse und gedenkt, sich als ein unabhängig, selbständig entwickelter Meister allein an die Natur zu halten. Auf das Studium der Natur wirft er sich also mit allen Kräften, sofern die Geschäftsmalerei ihm dazu Zeit läßt. Jetzt aber zeigt sich leider, daß es in Bezug auf seinen eigentlichen Zweck für ihn zu spät geworden ist. Der Dreißigjährige ist der Jüngling nicht mehr, der rücksichtslos zerstört und ebenso rücksichtslos aufbaut. Er kann die Schwächen und Eigentümlichkeiten der Miniaturmalerei nicht ganz vergessen; aber er kann auch nicht ersetzen, was er sonst versäumt hat. Der gute Wille im Naturstudium reicht für eine Vorbereitung zur großen Historienmalerei ohne Manier nicht aus. Sein Aktzeichnen bringt ihm zwar mancherlei Nutzen, aber die Akte bewahren die gewisse Allgemeinheit und die saubere Flüchtigkeit, den mangelnden Sinn für Präzision in den Einzelformen seiner früheren und der marktmäßigen Arbeiten. Auch das Skizzieren nach der Natur verschafft ihm zwar den Vorteil einer immer größeren Sicherheit im Charakterisieren der ruhig beschäftigten, bürgerlichen Welt, es lehrt ihn die feinsten Abstimmungen des Ausdrucks in Gesicht und Gebärde begreifen und übt ihm das Auge im Erfassen von Gruppen und Bildern — aber wir hörten schon, daß seine Studien auf die Menschen seiner Umgebung beschränkt bleiben und daß er, mochten Herz und Griffel noch so freudig „dem Baum und dem Strauch, dem Palast und der Hütte, dem prächtigen Pferde“ u. s. w. „entgegenhüpfen“, sich doch fast niemals mit dem Studium von Landschaften, Architekturen und Tieren abgiebt. Er glaubt offenbar von seinen einseitigen Alltagsmotiven durch Übertragung der Eindrücke ohne weiteres zu einer Formengebung im Stil einer Historienmalerei gelangen zu können. Wie naiv klang es z. B., als er uns erzählte, wie er des Abends in seiner Stube [7]) die Licht- und Schattenwirkungen studiert und an ihnen zum besten die Lichtführung für „große Parthien“ hervorzubringen gelernt habe! Erinnert sein armes Talglicht oder Öllämpchen nicht an jenen Stein, der in Salomon Geßners Atelier oder, Jahrhunderte vor diesem, auf dem Zeichentische Cennino Cenninis ein Gebirge „hervorbringen“ mußte? — Und zuletzt also wendet er sich, Autodidakt wie immer, zur Palette und zur Leinwand, um durch Übungen in der ausgiebigsten Technik, in der Ölmalerei, die weiteren Stufen zu ersteigen, die ihn zum ersehnten Kampfplatze gegen den Manierismus, zu einer Malerei in großen und freien Formen führen sollen — und was sehen wir ihn beginnen! Er malt nachts, mit übermüdeten Augen, wie ein Schuster seine Arbeit durch die unruhigen Lichtkreise einer Linie beleuchtend — wie konnte da ein wahres oder auch nur reizvolles Kolorit entstehen, das seinen an den idealisierten Farben der Miniaturen verwöhnten Sinn gekräftigt und erzogen hätte? Er malt dann gleich, und zwar nach einer Zeichnung, also so gut wie aus dem Gedächtnis, ein Rembrandtsches Beleuchtungsstück, malt auch alsbald mehrfigurige Bilder — aber sollten diese mindestens teilweise improvisierten Werke, ohne gründliche Vorbereitung, ohne ernsthafte und praktische Farbenstudien, ihn wesentlich gefördert haben? Und wenn er endlich, im folgenden Sommer, einen Tag in jeder Woche für die Ölmalerei erobert, was will dieser eine Tag bedeuten im Verhältnis zu der jahrelangen Mühe, die jedem wirklichen Maler seine Ausbildung in der Technik, vorzüglich in der Behandlung der Farbe, zu kosten pflegt? „Konnte auf diese Art nur wenig vor mich bringen.“ Gewiß, und es war von den Versuchen mit der Palette unter den obwaltenden Verhältnissen auch nicht viel mehr zu erwarten gewesen.

Aber dennoch setzte Chodowiecki den Kampf von Jahr zu Jahr fort: er griff bald so, bald so die Sache an, um das Geheimnis zu entdecken, um für erhabene Gedanken und Gefühle einen reinen, wahren Ausdruck zu finden. Dadurch gelangte er zwar keineswegs zu dem historischen Stile, den er erstrebte, jedoch zu anderen Ergebnissen, die seiner Begabung besser entsprachen und ihm schließlich sogar einen nicht unansehnlichen Platz unter den Ölmalern der Zeit sicherten.

Sein zweites Ölbild freilich — das älteste, das uns von ihm erhalten ist — jener alte Freiwerber, darf keinen Anspruch auf besonderes Lob erheben. Es ist eine naive kleine Arbeit, welche neben den Vorzügen einer Improvisation auch deren Schwächen trägt. Auf Leinwand gemalt,[1]) etwa 11:15 cm groß, unbezeichnet, aber durch eine nicht anfechtbare Tradition als echt bezeugt, stellt es mit Anschaulichkeit eine bürgerliche Genrescene dar. Wir befinden uns in einem Gemache, das allerdings nur durch seine Requisiten, einen grünbehangenen Tisch und einen Stuhl, als solches kenntlich ist: denn der einförmige, graue Hintergrund deutet weder Decke noch Wand noch Fußboden an. Die handelnden Personen schweben also eigentlich in der Luft, indessen bekümmert das sie und den Künstler durchaus nicht. Vielmehr sitzt die alte, würdige Dame bequem genug in ihrem Lehnstuhle links hinter jenem Tische und erhebt erstaunt beide Hände vor den Ankömmlingen, auf die das artige junge Mädchen an ihrer Seite diskret hinweist. Auch der Hausherr, im geblümten Schlafrock, wendet sich von dem Kontobuche auf dem Tische weg und greift grüßend nach seiner Schlafmütze. Von rechts aber hat ein zierliches Herrchen einen breitschulterigen, ältlichen Reisenden eingeführt, der lebhaft in das Zimmer hereinschreitet, während ihm ein Diener, das Gepäck tragend, folgt. Ohne Zweifel, das ist eine gemalte Novelle! Der Vater hat dem alten, bewährten Geschäftsfreunde die Tochter zugesagt; nun kommt der Ehrenmann, auf der Treppe von einem jungen Angestellten des Hauses empfangen, um sich das Jawort auch von der Mutter zu holen: diese jedoch ist von der massiven Erscheinung des Freiers nicht eben erbaut, und gewiß hat das Töchterchen bei ihr schon längst gegen den gefürchteten und für den erwünschten Gatten, natürlich für jenen schmucken Commis, seine Intriguen angesponnen. Mit feinem Humor ist die dankbare, dramatisch bewegte Situation behandelt und die Mitspielenden sind scharf und glücklich charakterisiert: besonders beredt wirken die Hände mit ihrer vorzüglichen Empfindung. Aber die Komposition ist locker und nachlässig, die Farbe hart und reizlos, und Schatten fehlen dem Bilde fast ganz. Der Gegenstand also hat den Künstler in erster Linie beschäftigt, und seine Gestaltung zum formalen Kunstwerke kam dabei weniger in Betracht. Aus irgend welchen Erinnerungen und Beobachtungen mag er sich entwickelt haben und dann in einem Zuge gleichsam niedergeschrieben worden sein.

Auf dieses Bild läßt Chodowiecki in seinem Berichte die „Werbung Eliesers um Rebecca" folgen, also einen Vorgang aus der biblischen Geschichte, der damals füglich nicht anders als in einer gewissen feierlichen Stilisierung dargestellt werden durfte. Ein kühnes Unternehmen, das nach allem, was wir bisher vernahmen, nicht recht vorbereitet sein konnte. Leider ist das Werk verloren oder verborgen; es müßte uns zeigen, auf welche Weise der Künstler sich mit einem solchen Probleme abzufinden suchte. Er, der die Schwächen der Historienmaler seiner Zeit mit scharfer Kritik erkannte und mit ebenso scharfen Worten aufzudecken pflegte, er hat doch ohne Zweifel seinen eigenen Ansichten bei dieser Gelegenheit Ausdruck zu geben unternommen. Auch malte er ja das Bild zunächst für sich selbst: da durfte er ganz unbefangen ein Werk schaffen, aus dem man vielleicht, bei aller notwendigen Unvollkommenheit in der Ausführung, sein Ideal wenigstens erraten hätte. Wie verkörperte er nun wohl in jenem „Elieser" seine Ideen, und befriedigte wohl ihn selbst, was er dabei, als einen ersten und weiter zu entwickelnden Anfang, geleistet hatte? Vergebliches Fragen, auf das eine Antwort höchstens durch Umwege zu erreichen ist! Aus Schlußfolgerungen können wir nämlich allenfalls entnehmen, daß das Bild ihm nicht genügte, und daß er überhaupt recht daran that, zunächst nicht wieder an den idealen Stil heranzugehen. Denn was er von sich verlangte, war im Grunde nichts anderes als die Schöpfung einer selbständigen, geschlossenen Formenwelt. Eine solche glückt aber nur einem großen Talente, das aus dem Vollen schafft und kräftig erfaßte künstlerische Gedanken mit Hilfe geschulter Fähigkeiten anschaulich, glaubhaft verkörpert. Die nötige Schulung fehlte jedoch, wie wir hörten, dem spät und unberaten beginnenden Künstler und sein Talent, so originell es auch war, entsprach mit seiner Eigenart durchaus nicht dem, was er selbst vor der Hand noch für seine specielle Begabung hielt. Er wollte das Pathos heroischer Menschendarstellung erreichen, während er sich bisher nur im Aufnehmen und Wiedergeben von künstlerischen Eindrücken bestimmter kleinerer Gattungen bewährt hatte. Sein „Eliezer“ wird es daher über ein unsicheres Tasten nicht hinausgebracht haben, und einem offenen und ehrlichen Kopie, wie er einer war, konnte diese Unzulänglichkeit nicht entgehen — eine Erkenntnis, die ihn um so tiefer erschüttern mußte, je eifriger er auf die Historienmalerei losgearbeitet hatte.

Indessen ließ ihn seine zähe Natur nicht im Stiche. Er versuchte nunmehr, bedächtiger, vorsichtiger und zwar auf einem ihm gewohnten Wege vorwärts zu dringen. Er begann, die Motive seiner Bleistiftskizzen und selbst die seiner Emailmalereien und Miniaturen, also Familiengestalten und -scenen, und andererseits Gesellschaftsstücke in der Art Watteaus und Lancrets in Ölfarben zu übersetzen. Offenbar hatte er dabei im Sinne, zunächst überhaupt nur in der Ölfarbentechnik weiterzukommen. Er wollte sich in einen wenigstens etwas größeren Maßstab einleben, und da dieser eine viel genauere Durchbildung aller Formen und eine gewissenhaftere Behandlung der Farbe erforderte als selbst die Bildnisse in Miniatur, so fand er schon an ihm allein genug Schwierigkeiten. Statt nun, wie es heute geschehen würde, mit dem Malen von lebensgroßen Studien nach der Natur beginnend diesem Schaden zu begegnen, glaubte er am besten zu verfahren, wenn er jene Motive, deren Komposition und Stilisierung ihm geläufig war, einfach vergrößerte. Hätte er darin Sicherheit erlangt, so würde sich, mochte er hoffen, mit Hilfe seiner vertieften Kenntnis und Auffassung der Natur, die Erfindung und Behandlung idealer Gestalten, wie sie ihm unklar vorschwebten, schon besser ergeben. Sehen wir zu, ob er darin richtig dachte und wie weit er seine Absichten erreichte.

Er begann mit den französischen „Conversationen“, also mit Gruppen von jungen oder trotz ihres Alters jugendlichen Herren und Damen, die in festlich heiteren, an das arkadische Theater erinnernden Gewändern sich allerlei munteren Unterhaltungen, gewöhnlich im Freien, hingeben. Hier waren nun, selbst für das kleinste Ölbild, nicht nur die Figuren über den geläufigen Maßstab der Miniaturen und selbst der Bleistiftskizzen hinaus zu vergrößern, sondern auch die Beleuchtung war natürlicher, d. h. korrekter, durchzuführen als auf den Dosen und Medaillons. Ersteres mußte dem Künstler auch schon deswegen schwer fallen, weil er bei der Vergrößerung dieser Figuren ohne persönlichen, vielmehr von einem allgemeinen Charakter in die Gefahr kam, sie leer und unwahr zu gestalten, da ihm für das Idealisieren im guten Geschmacke noch nicht die lebendigen Einzelheiten zu Gebote standen, aus denen Typen voll

Laune und Frische allenfalls hervorgegangen wären: andererseits war von richtiger Lichtführung bei seinen Miniaturen nie die Rede gewesen und er hatte also hier, gegenüber der Aufgabe, landschaftliche Lokale von einiger Größe zu beleuchten, zum erstenmale seine Licht- und Schattenstudien auf ihre Brauchbarkeit hin zu erproben.

Zwei Ölbildchen können uns seine allerersten Versuche in dieser Gattung vergegenwärtigen.[9]) Das eine stellt eine „Musik im Garten" vor. In einem Parke haben sich zwei Herren und zwei Damen im Schatten eines großen Baumes zusammengefunden. Man hat sich an Wein erquickt, wie das Geräte auf der Balustrade neben der Büste eines verdrießlichen Fauns beweist: jetzt giebt der eine Herr, auf einem Taburett sitzend, ein Flötensolo zum besten. Aufmerksam hören ihm der andere Herr und die eine Dame zu, die nebeneinander, er stehend, sie sitzend, am Baume lehnen: die zweite Dame aber wandelt mit aufgespanntem Sonnenschirme auf und nieder und wird gewiß von dem Kunstgenusse abgezogen, denn ein Hündchen bellt sie mit Leidenschaft an. Das zweite Bild zeigt uns ein „Frühstück", ebenfalls in einem Parke, und ebenfalls unter einem großen Baume und bei einer Balustrade, die aber diesmal mit einer Vase und einer von hinten gesehenen Gruppe der Venus mit Amor geschmückt ist. Auf einem moosigen Steine sitzen zwei Damen Arm in Arm und lassen sich von einem Herren mit Wein und kleinen Kuchen bedienen; eine dritte lustwandelt in der Ferne bei der Ruine eines gemauerten Bogens. — Beide Gemälde sind etwas ungleichmäßig gearbeitet. So ist im „Flötensolo" die spazierende Dame unvergleichlich feiner durchgebildet als die übrigen Figuren, und überhaupt finden sich neben sauberen Partien manche recht unkorrekte. Die Beleuchtung ist eine lediglich konventionelle, charakterlose; die Farbenwirkung bleibt unscheinbar, obgleich die einzelnen Lokaltöne ziemlich grell aufgesetzt sind. Die Kostüme der Damen sind ganz französisch à la Louis XV., und weichen also von den einfachen Berliner bürgerlichen Frisuren und Gewändern im Schnitt und in der Zusammensetzung der Farben ab. So trägt eine Dame zu einem auffallend roten Oberkleide ein gelbes Unterkleid, eine andere zu einem weißen Oberkleide einen blauen Seidenrock, dazu ein Schultertuch von schwarzen Spitzen mit blauen Schleifen und an der niedrigen, gepuderten Frisur blaue Blumen; eine dritte teilt sich gar ganz zwischen Rot und Blau. Auf dem „Frühstück" haben die Damen schwarzes Haar und flache, weiße Spitzenhäubchen mit an den Seiten herabhängenden, garnierten Klappen. Die Gesichter sind rund, sehr rot, also wohl geschminkt, und haben große schwarze Augen; jener Mund des achtzehnten Jahrhunderts mit dem fatalen, abgestandenen Lächeln in den heraufgezogenen Winkeln verleiht allen etwas Geistloses und Unpersönliches. Wir würden Chodowiecki, auf dessen Namen die Bilder ohne sichere Urkunde gehen, als ihren Maler kaum ansprechen dürfen, erinnerten nicht einzelne Arrangements und Personen an ihn, besonders der flötenspielende Herr, den man vom Rücken sieht, und jener andere, der, die eine Hand in die Weste geschoben, die andere auf die Schulter der Nachbarin gelegt, ihm zuhört und seinen Hut an den Baum gehängt hat. Überdies aber passen die Gemälde mit ihren unfeinen Farben und gleichsam gelähmten Mo-

Kreidezeichnung zu Geßners Idyllen. E. 69. 1771.
(Vergrößert.)

tiven durchaus zu der Vorstellung, die des Künstlers Verfahren im Jahre 1756 von seinem Schaffen in uns erweckt haben muß.

Jedoch dauerte es nicht lange, und Chodowiecki hatte sich schon leidlich gut in dieses Genre hineingefunden. Ohne Zweifel war er bald auf den Gedanken gekommen, die entsprechenden ihm erreichbaren französischen Originalgemälde, statt der Kupferstiche nach ihnen, fleißiger als bisher und zwar auf ihre Farben hin, zu studieren; dann hatte er auch in der Überwindung des größeren Maßstabes Fortschritte gemacht, und endlich war ihm jene Wendung gelungen, die sich an glücklicher Originalität mit seinen Bleistiftstudien vergleichen läßt: er benutzte, wie oben angedeutet wurde, diese Studien selbst und versetzte die Gesellschaften aus ihrem idealen französischen Parke in den Berliner Tiergarten. Das heißt, er streifte von ihnen das Schulmäßige und Exotische ab, gab ihnen eine bestimmte Zeit und einen bekannten Ort und ließ sie sich mit dem beschäftigen, was er selbst mit den Seinigen und seinen Freunden unter Bäumen zu treiben pflegte. Er zeigte sie in den Trachten und Farben, die er täglich vor Augen hatte, und verlieh ihnen die Gesichtszüge derer, die ihm schon so oft, wenn er zeichnete, zum Modell hatten dienen müssen. Dadurch wich er den stilisierten, von ihm nicht lebendig nachempfundenen Typen aus und fühlte sich nun vollkommen heimisch auf seinem Gebiete. So entstand, um 1760, sein „Tableau du Parc . . . dans lequel se trouve la statue du Dieu Pan“, wie er das übrigens unbezeichnete Gemälde in seinem Testament nennt.[10]) Wiederum haben wir, wie auf beiden Dessauer Bildern, einen großen Baum in der Mitte der Komposition und unter ihm eine Statue in Verbindung mit einer Balustrade. Hier ist es ein flötender Pan, der auf dem hohen Postament steht und einen Teil der Gesellschaft, drei Damen und drei Herren, um sich versammelt. Da sehen wir zwei der Damen auf Stühlen bei einander; die eine, im zimmetbraunen Kleide, hager, unschön, ganz individuell und uns aus den Skizzen den Zügen nach wohlbekannt, redet mit leicht erhobener Hand zu der anderen, die in hellblau und gelbem Gewande von dünnem Stoffe neben ihr sitzt, ihrem behaglichen Embonpoint entsprechend ganz sacht zuhört und in der Linken eine silberne Tabatsdose hält. Die dritte Dame, vielleicht Frau Chodowiecka selbst, abermals braun gekleidet, unterhält sich stehend über die Balustrade weg mit einem blauen Herrn, der einen Sonnenschirm aufgespannt trägt; ein anderer, den Hut auf dem Kopf, den Degen an der Seite und gestiefelt, lehnt mit dem rechten Ellenbogen auf der Balustrade und stemmt den linken Arm resolut in die Seite, da er sich lebhaft am Diskurse beteiligt; der letzte Herr dieser Gruppe sitzt, fast von hinten gesehen, am Boden. Links aber ergänzt im Mittelgrunde des Bildes ein stiller Kanal, an dem diesseits ein friedlich abgesondertes Paar sich ausruht und jenseits fünf Damen in einer Reihe im Grase Handarbeiten machen; ein allerliebster, heiterer Anblick, der sich durch Spiegelung im Wasser noch dazu verdoppelt. — Wie ungezwungen erscheint diese Komposition, und wie erfreulich wirkt sie! Nichts Hohles, nichts Affektiertes stört uns; und liegt dem Ganzen auch ein französischer Gedanke zu Grunde, wie denn der erste Eindruck des Gemäldes überhaupt etwas Französisches an sich hat, und tauchen sich auch die vielleicht überzarten Farben in einen konventionellen, silbergrauen Gesamtton, so klingt doch daraus so gut wie im Grunde aus dem ganzen deutschen achtzehnten Jahrhunderte eine immerhin heimatliche, kräftige Eigenart hervor. Gewiß entstand dieses Bild nicht bei Nacht, sondern an jenen seltenen, gesegneten Sommertagen.

Ungefähr gleichzeitig mit diesem sympathischen Werke glückte dem Künstler ein ganz ähnliches und zwar noch gelungeneres, der „Federball".[11] Auch hier bestimmt eine Statue, ein lebensgroßer, nackter Heros, an dessen Postament eine Balustrade nach rechts sich anschließt, den Charakter des Lokales, das durch mehrere Baumgruppen mit alleeartigen Durchschlägen vervollständigt wird; auch hier sitzt ein Teil der Gesellschaft an dieser Balustrade, während rechts im Vordergrunde zwei Paare am Boden ruhend Galanterien treiben und einige Damen im Hintergrunde spazieren. Aber in diesem Bilde fesselt den Beschauer als etwas Eigentümliches zunächst der einzelne, in der Komposition geschickt hervorgehobene Vorgang: das Federballspiel eines Herrn, der eben zum Schlage ausholt, und einer Dame, die mit lässiger Grazie ihm gegenübersteht und die Raquette abwartend in die Höhe hält. Die Spielerin ist niemand anderes als die Gattin des Künstlers, und er selbst sitzt am Postamente der Statue, den Spazierstock vor sich eingestemmt, beide Hände auf dessen Knopf und den Kopf auf die Hände gelegt; so unterhält er lachend seine anmutige, ebenfalls porträtähnliche Nachbarin zur Rechten, weshalb denn die augenblicklich vernachlässigte Dame an seiner Linken über die Brüstung in den Park hineinschaut und der Gesellschaft die zierliche Watteaufalte ihres Kleides, d. h. also ihren Rücken, zeigt — ein reizend ausgebildetes Motiv, dessen Chodowiecki sich übrigens noch mehr als einmal bedient hat. Wir sehen also auch hier, und zwar durchweg, die Bleistiftskizzen und ihre bekannten Modelle benutzt und empfinden das ganze Behagen, mit dem diese bereits meisterhaft beherrschten Gruppen geschaffen wurden. Etwas oft und vergnüglich Beobachtetes, etwas zwanglos und doch mit Aufmerksamkeit Genossenes spricht sich mit voller Sicherheit in der ihm angemessenen künstlerischen Form aus. Weil alles Gespreizte, Anspruchsvolle und durch auffallende Manier Störende gleichsam wie von selbst vermieden wurde, geriet der Ausdruck der Stimmung so harmonisch, und eben dieser Umstand beweist uns, daß unser Künstler sich des Wirksamen und Malerischen in seiner Umgebung zu dieser Zeit bereits völlig bewußt geworden war. Er ist dabei auch technisch so weit gekommen, daß er selbst bei dem größeren Maßstabe die Proportionen und Verkürzungen der Figuren in der Gewalt behält und ihren Bewegungen auch wirklich alle Eleganz zu verleihen weiß, die sein Auge aufgefaßt hat. So geriet ihm denn diese Schöpfung aufs beste; wobei wir freilich nicht übersehen dürfen, daß die eintönige Färbung des Bildes (Camayeu) ihm wesentliche und gerade ihm besonders gefährliche Schwierigkeiten ersparte und daß die Grundlage der Komposition, die Anordnung des Lokals, ihm bereits von mehreren Gemälden und vermutlich auch von unzähligen Miniaturen her geläufig war.

Wie benutzte nun Chodowiecki die erworbene Fertigkeit in diesem Genre? Unzweifelhaft nicht so, wie er es ursprünglich beabsichtigte und wie wir es, wenigstens zum Versuch, erwarten durften. Er dachte jetzt nicht mehr daran, sich von neuem der Historienmalerei zu nähern und ihr abzugewinnen, wonach er so lange getrachtet hatte. Er muß sich, trotz der Erfolge mit den Gesellschaftsbildern, der Grenzen seiner Begabung inzwischen bewußt geworden sein, und zwar mit solcher Entschiedenheit, daß er auch die weitere Ausbildung des Konversationsstückes im Freien mit realistischer Staffage aufgab. Sie hätte ihn, selbst bei mittelmäßiger Technik, zu etwas in der deutschen Ölmalerei ganz Neuem geführt, und der Ruhm eines Bahnbrechers, den er sich später auf einem anderen Gebiete erwarb, wäre ihm auch auf diesem nicht entgangen. So aber hielt er, besonders im Drange von bestellten Arbeiten und von Geschäften, die ihn in den sechziger Jahren zu überladen begannen, die Malerei größerer Opfer an Zeit und Mühe überhaupt nicht mehr für wert. Erst im Jahre 1768 sehen wir ihn wieder an ähnliche Themata, und diesmal wahrscheinlich nur auf Bestellung, herangehen: und welche Veränderung überrascht uns da! In dem „Hahnenschlag“ und dem „Blindekuhspiel“ haben wir wieder den ehemaligen Nachahmer der Franzosen vor uns. Aber je vollkommener, was die Zeichnung und die Bewegung der Personen betrifft, seine Technik unterdessen geworden ist, je selbständiger sich in ihm der realistische Meister mit seinen Eigenheiten zu entwickeln begonnen hat, desto unerquicklicher erscheint er in der beabsichtigten und ihm doch so inkongruenten Unfreiheit. Denn er sucht, jetzt nicht mehr naiv, jedoch leider gleichgültig gegen die besonderen Vorzüge seines Vermögens, mit Originalen zu wetteifern, deren Wesen von dem seinigen grundverschieden ist und denen er, ähnlich wie ein Kopist, nur in Äußerlichkeiten gleichkommen kann. Beide Bilder [12]) stellen die genannten Spiele im Kreise phantastisch gekleideter und konventionell gehaltener Französlinge dar. Das bunte Herrenkostüm mit Barett, spanischem Radmäntelchen, gekraustem Kragen, Rosetten auf den Schuhen, die Dosenallüren der Damen drängen sich auf; da findet sich zwar manches Anmutige und Erfreuliche im einzelnen, aber das Ganze erinnert zu sehr an die berühmten Muster, als daß es nicht denjenigen verstimmen sollte, der mit Bedauern ein Talent in die Irre gehen sieht. Und außerdem ist die Nachahmung nicht einmal durchweg gelungen. Das Kolorit spielt unangenehm ins Gelbliche, und den figurenreichen Gruppen fehlt die pikante, unvergleichlich üppige Lebendigkeit, die den bestrickenden Reiz der guten französischen Kompositionen dieser Gattung ausmacht.

Nur einmal noch setzte Chodowiecki an, um ein größeres Ölbild zu malen. Er versuchte diesmal eine Vedute oder einen Prospekt mit entsprechender, realistischer Staffage. Wiederum wählte er aber ein Parkmotiv, und zwar den Platz „bei den Zelten“ im Berliner Tiergarten — denselben Platz, der auch Philipp

Hackert eine Reihe von Jahren vorher zu einer ähnlichen Studie veranlaßt hatte. Aber wenn Hackert eine schlichte, ziemlich derb empfundene Ansicht ohne Figuren lieferte, so behandelte Chodowiecki den Gegenstand feiner und ausführlicher. Für ihn waren die Gruppen der Spaziergänger auf dieser beliebtesten Promenade der Stadt von weit höherem Interesse als die wenigen, beschnittenen Taxusbäume oder Cypressen, die im Kreise verteilt sind und mit der Statue der Diana oder Flora, die in der Mitte steht, den einzigen Schmuck des „Zirkels" ausmachen. Freilich ziehen sich am Ufer der Spree allerlei lustige Lauberhütten, ferner ein niedriges Wirtshaus, sowie ein weißes Zelt hin, und von jenseits des Wassers her bildet ein Baumdickicht den Abschluß, jedoch sind diese Teile mehr angedeutet als ausgeführt: wie denn der Baumschlag und die Gebäude bei unserem Künstler gewöhnlich nur untergeordnet erscheinen und mit einigen charakterlosen Formen abgefertigt werden. Der freie Platz dient eben auch im Bilde hauptsächlich dazu, die Berliner und Berlinerinnen einander zu zeigen, und da die wöchentlich hier konzertierende Musik an dem dargestellten Tage die Menge nicht um sich her versammelt, so sieht man keinen besonderen, einheitlichen Vorgang sich abspielen, sondern nur die Gruppen der Promenierenden, der Reiter und Karossen aneinander vorüberziehen, bei einander stehen bleiben oder von Bettlern angesprochen werden. Im Vordergrunde unterhalten sich, wie auf fast allen besprochenen Konversationsstücken Chodowieckis, einige Paare am Boden sitzend — eine Gepflogenheit, die sowohl im arkadischen Stile heimisch war, als sich überall da findet, wo der öffentliche Rasen nicht ängstlich geschont wird. Manche der stehenden oder ruhenden Personen werden nur von hinten gesehen — ebenfalls ein Lieblingsmotiv des Künstlers, den es reizen mochte, dadurch Abwechselung, Bewegung und Natürlichkeit in die Komposition zu bringen und die Aufmerksamkeit des Beschauers auf die Grazie der damals geforderten, sehr aufrechten Körperhaltung zu lenken.[13]

So hatte denn Chodowiecki bei seinem Bestreben, Gesellschaftsstücke im Sinne der Franzosen zu malen, zwar einiges erreicht, jedoch erkennen müssen, daß sein Talent sich nicht über einen ganz bestimmten Umfang hinaus steigern ließ. Denn er leistete offenbar das verhältnismäßig Beste dort, wo er unter Verzicht auf die Farbe, für die seine Begabung gering oder durch langen Mißbrauch verdorben war, solche Menschen darstellte, zu denen er durchaus vertraut und nahe stand und für die er den Ausdruck wirklich in sich selbst fand. Dieser letztere Vorteil begünstigte ihn natürlich von Anbeginn da, wo er nicht ursprünglich französische Motive, sondern die eigentlichen Gegenstände seiner Bleistiftskizzen, mithin die Gestalten seiner Familienglieder und Freunde und die Scenen des häuslichen Lebens, in Öl zu malen versuchte. Und dies hatte er fast gleichzeitig mit jenen allerersten Ölbildern im französischen

Geschmacke gethan. Zwar zeigen sich auch hier weder sein Kolorit erfreulich, noch seine malerische Technik irgendwie interessant, aber alle diese anspruchslosen Interieurs atmen ein solches Behagen, einen solchen Frieden, daß wir immer von neuem inne werden, wie eng verbunden das Talent unseres Künstlers mit seiner warmen, menschlichen Empfindung ist. — Da haben wir zunächst zwei als Gegenstücke gedachte Bildchen, von denen das eine — „Musik und Kartenspiel" — mit: „D. Chodowiecki f. 1757" bezeichnet ist und also das andere, unbezeichnete, „Das Vorlesen", zugleich mitdatiert: beide sind auf Leinwand gemalt und nur 17:23 cm groß.[14] Welch ein Gegensatz zwischen ihnen und jenen Dessauer Bildern! Dort alles fremd und gezwungen, hier alles so getreu und gleichsam selbstverständlich und harmonisch! Das ist das schlichte Wohnzimmer der Familie mit seinem großen Fenster und seinen wenigen hochlehnigen Stühlen und kleinen Tischen; das ist die Gesellschaft, die sich fast täglich sieht und daher ihre Interessen gemeinsam verfolgt; das sind, wie auf dem „Federball", die richtigen, bürgerlichen Trachten der Damen mit ihren einfachen Farben und faltenreichen, leichten Stoffen, verziert mit ein paar Falbeln und Volants an den halblangen Ärmeln und den Röcken, mit kleidsamen Schultertüchern und vor allem mit jenen zierlichen französischen Tüllhauben, die aus allerlei Rüschen und Bändern zwei weiße, gesteifte Seitenflügel herausstrecken: das ist endlich die echte Stimmung fleißiger und gesammelter Menschen, die sich in das vertiefen, womit sie beschäftigt sind, sei es nun eine Handarbeit, sei es das Hören auf die Musik oder die Lektüre, sei es — was den Damen erreichbar sein soll — dies beides zugleich, oder sei es die einzige hier erlaubte kleine Leidenschaft, das Kartenspiel. Auch die wenigen Herren ordnen sich in das wohlanständige Wesen ein: im ganzen aber scheint der Künstler den Frauen mehr Aufmerksamkeit geschenkt zu haben als ihnen. — Den erwähnten zwei Bildern stellen sich andere, ähnliche an die Seite: z. B. eine überaus fein und liebevoll ausgeführte Scene bei Licht: „Das Charpiezupfen",[15] das mit großer Emsigkeit von mehreren Damen getrieben wird, während eine andere vorliest; oder „Der Winterabend", wo Frau Chodowiecka, ein junges Mädchen, das vor ihr steht, leicht um die Schultern fassend, sich den Rücken am Kachelofen wärmt und der übrigen Gesellschaft zuschaut, die um den Kartentisch versammelt ist. Noch intimer als alle diese anziehenden Einblicke in das häusliche Treiben guter Menschen von „vor hundert Jahren" muten uns jedoch die „Wochenstuben" an, die Chodowiecki zunächst bei seinem Bruder und später im eigenen Hause studieren konnte. Das Stillen des Neugeborenen, das Wickeln, die gebräuchlichen Besuche der Freundinnen, die die vereinsamte Wöchnerin durch Bewunderung des Kindes vergnügen und sie auf dem Laufenden der neuesten Ereignisse erhalten, das glückselige, ruhige Beisammensein der Familie um die Wiege oder das Bett —

alles faßte er gemütvoll auf und zeigte es in jener webenden Dämmerung, die den Wochenstuben, besonders für das Herz der beteiligten Väter, eine eigentümliche Weihe verleiht.

Im Grunde genommen, sind alle diese Gemälde nur künstlerisch verhüllte Porträtgruppen und künstlerisch ausgedrückte Tagebuchblätter: also Werke, die der Künstler nicht eigentlich für den Verkauf, sondern zunächst nur den Seinigen zur Freude und vor allem sich selbst zum Studium geschaffen haben kann.

Jeannette, Tochter des Künstlers.
Ölgemälde 1762/1763.

Natürlich noch privater und zugleich weniger kunstvoll behandelt sind diejenigen Einzelbildnisse und Gruppenporträts, die keinen anderen Zweck haben, als die verschiedenen Personen seiner Familie möglichst klar und charakteristisch zu präsentieren. Mit solchen scheint Chodowiecki, dem die Zeit immer knapp war, sich aber im ganzen nicht häufig befaßt zu haben: wir kennen ihrer nur drei in Ölfarben ausgeführte. Sehr anziehend ist unter diesen das Bild seiner Tochter Jeannette; er stellte sie etwa zweijährig, Ende 1762 oder Anfang 1763, in ganzer Gestalt dar, wie sie an einem Taburett stehend auf die Spielsachen weist, die darauf liegen.[16]) So konventionell die Handbewegung der Kleinen ist, so gut ist doch die Unsicherheit im Stehen ausgedrückt: das Gängelband hängt dem Kinde auf der Schulter und man sieht, daß es noch wenig gewohnt ist, der Führung zu entraten. Um so selbständiger und schalkhafter blicken die großen Augen aus dem frischen Gesichtchen und lächelt der feine kleine Mund trotz seiner Verzeichnung. Lustig genug hebt sich auch die ganze Figur in dem grün-rosa schillernden langen Kleide mit weißer Ärmelschürze und weißem Häubchen vom dunkeln Hintergrunde und dem grünen Vorhange ab; und mögen die breiten, gelben Lichter auf den Fleischteilen etwas zu schwer aufgesetzt sein, wie denn der Farbenauftrag hier überhaupt ein merkwürdig dicker ist, so bleibt der Gesamteindruck der technischen Leistung doch ein recht günstiger.

Dieses Bildchen war für die alte Frau Barez bestimmt und bezieht sich auf einen Familienscherz. Auf die Rückseite der Tafel ist nämlich ein Brief von Chodowieckis Hand geklebt, der in der Person der Kleinen die Großmutter folgendermaßen anredet: „Ma tres chere Grand' Maman. Vous n' aves pas reconnu par les traits de mon visage la famille a laquelle j' apartiens. j' ay l'honneur de Vous dire que je m' apelle Jeanette Chodowiecki Votre tres humble Servante, et je prends la liberté de (Vous faire) ma reverence et de Vous demander une place dans Votre apartement. étant persuadée d' en occuper une dans Votre coeur. Je Vous promets par contre etc.“. Wie diese artige Aufmerksamkeit uns in ein erfreuliches Verhältnis zwischen Schwiegersohn und Schwiegermutter blicken läßt, so zeigt es uns auch, übrigens bei künstlerischer Minderwertigkeit, das große Familienbild von 1766,[17]) auf dem Chodowiecki seine Schwiegereltern, seine Schwägerin Barez, seine Frau mit drei Kindern, eine Cousine Rollet und schließlich sich selbst, im Hintergrunde an der Staffelei sitzend, darstellte. Den Mittelpunkt der Komposition soll der alte Barez bilden, der aus einem Buche, wohl der Bibel, vorliest; aber bloß die Schwägerin hört ihm wirklich zu, die übrigen Personen stehen zu dem Grundmotiv nur in losem Zusammenhange. Wir merken wohl, daß eine einmütige Familie hier versammelt sitzt, jedoch die rechte Stimmung fehlt dem Bilde, weil es nicht sorgfältig durchgearbeitet, nicht recht in sich zusammengefaßt ist. — Ähnliches gilt von dem letzten Familienbilde in Öl, aus dem Herbste des Jahres 1772.[18]) Es ist zwar unvollendet, aber auch in vollständiger Ausführung würde weder die ganz verunglückte, steife Aufstellung der fünf Kinder, die fast in einer Reihe vor den sitzenden Eltern stehen, noch das allzu üppig vorhandene Grün in den verschiedenen Anzügen verbessert worden sein. Das Gelungenste an der Gruppe ist der Ausdruck der einzelnen Köpfe, vorzüglich des Künstlers selbst, der sich in genau derselben Stellung abbildete, wie auf dem „Federball“, nämlich Haupt und Hände auf den Stockknopf gelegt.

Zeugen diese Familienbildnisse in Öl von einer entschiedenen Flüchtigkeit Chodowieckis, der seine Ursachen haben mochte, die einträglichen Arbeiten über dergleichen zeitraubenden Nebendingen nicht zu versäumen, so wird man den wenigen Ölporträts von seiner Hand, die wir sonst noch kennen, nicht denselben Vorwurf machen. Sie sind alle fleißig und sauber ausgepinselt: bei ihrer kleinlichen und trockenen Behandlung fragen wir uns jedoch immer, warum sie nicht lieber gezeichnet oder in Miniatur ausgeführt wurden: das hätte die inzwischen voll entwickelte Meisterhand des Künstlers bewundernswürdig schön zu leisten vermocht! So aber können diese Medaillonporträts der Weltreisenden Joseph Banks und Daniel Solander [19] oder das etwa ebenso große Bildnis der Kaiserin Katharina von Rußland im Krönungsornate, in ganzer Gestalt, eine Kopie aus dem Jahre 1772 nach dem Gemälde von Titelbach, oder die Porträts Friedrichs des Großen zu Pferde, [20] deren Chodowiecki mehrere in Öl ausführte, und manche andere ähnliche Werke nur dafür als Beweise dienen, daß der Farbensinn unseres Künstlers immer mehr verödete und daß er sich in diesen späteren, nämlich den siebziger Jahren des Jahrhunderts, in die jene Bildnisse gehören, der Ölmalerei nur noch gleichsam zufällig, ohne tiefere Absichten, bediente. Das hieß aber eben sie bereits aufgegeben haben: denn kein wahrhaft künstlerisch empfindender Künstler greift wahllos, ohne innere Notwendigkeit, nach einer Technik: eine jede liegt ihm in ihrer Eigenart am Herzen, da sie ja nichts anderes als sein Sprachorgan, das Ausdrucksmittel seiner subtilsten Anschauungen ist.

Was bleibt nun also das Ergebnis von Chodowieckis Bemühungen um die Ölmalerei? Was war sein Lohn dafür, daß er von Jugend auf so schwärmerisch um sie warb, daß er sich so eifrig mit der Theorie der schönen Künste, mit den Fragen nach Idealismus und Realismus, nach Antike und Manier befaßte und eine Stellung zu ihnen zu nehmen suchte? In welchem Verhältnis stand schließlich seine Einsicht zu seinem Können, nachdem er auf jede ihm mögliche Weise gelernt und nach Kenntnissen und Fertigkeiten im Sinne eines die Natur respektierenden Realismus gestrebt hatte? Eine Zusammenfassung des bisher Ausgeführten giebt die kurze Antwort, die im Verlaufe unserer Darstellung schon mehrfach vorbereitet wurde: seine Einsicht drang allmählich durch, er erkannte seinen Mangel an Fähigkeiten und Fertigkeiten für die Ölmalerei und verzichtete endgültig auf den Lorbeer, den er dem Schicksal hatte abtrotzen wollen. Der Lohn seiner gewissenhaften und ehrlichen Arbeit aber — wie denn nichts Positives ohne Folgen bleibt — war neben den größten Errungenschaften auf einem angrenzenden Kunstgebiete, dem der Radierung, das Verdienst, auch der arg darniederliegenden Ölmalerei einige Werke geschenkt zu haben, die als Vorboten neuerer Zeiten aufklärend und anregend gewirkt hätten, wären sie in der Technik ansehnlicher gewesen und im übrigen weniger vereinzelt und verborgen geblieben.

Der Abschied des Jean Calas von seiner Familie.

Oelgemälde aus dem Jahre 1767.

Gegen 1765, nach etwa zehnjährigem Kampfe, ist es gewesen, daß Chodowiecki aufhörte, die schönen Träume seiner Jugend zu Wahrheiten machen zu wollen, und nur mehr noch gelegentlich an sie zu denken schien.[21]

Indessen sollte ihm doch, gleichsam zum Troste, gerade aus der geliebten und verunglückten Ölmalerei der äußere Anstoß zu der im günstigen Sinne entscheidenden Lebenswendung zu teil werden. Nicht nur sollten seine Studien für die Malerei, wie eben erwähnt wurde und wie im nächsten Kapitel ausführlich dargelegt werden wird, hauptsächlich zu Gunsten der Ätzkunst ausfallen, sondern eines seiner Ölbilder wurde auch die Ursache, daß er bei dem großen Publikum als — Zeichner und Radierer berühmt geworden ist. Dieses Bild war: „Der Abschied des Jean Calas von seiner Familie."

Chodowiecki hatte sich 1765 versucht gefühlt, noch einmal nach der „Werbung Eliezers" eine ernsthafte, und diesmal sogar eine tragisch-pathetische Komposition, aber freilich in der modern-bürgerlichen, nicht mehr in einer idealen Sphäre, zu wagen. Die Veranlassung zu diesem Unternehmen, das mit dem Studiengange des Künstlers in keinem Zusammenhange steht, war folgende. Im Jahre 1762 hatte bekanntlich das Parlament von Toulouse den durch Fanatismus und frivole Fahrlässigkeit zu erklärenden Justizmord an dem gänzlich unschuldigen calvinistischen Kaufmanne Jean Calas begangen. Der ehrwürdige, stets unbescholtene Greis war gerädert worden, weil man ihn beschuldigte, seinen im Verdachte eines beabsichtigten Abfalls vom Protestantismus stehenden, ältesten Sohn ermordet zu haben, um diesen Abfall zu verhindern. Die Schandthat seines Gerichtes hatte der König 1765, so gut es noch anging, gesühnt, nachdem Voltaire, besonders auch durch seine Schrift „Sur la Tolérance", mit der ganzen Glut seines Hasses gegen die französische Priesterschaft und mit der ganzen Schärfe seiner Feder die Sache so energisch in die Öffentlichkeit gezogen hatte, daß sie sich nicht mehr übersehen ließ. Aber allenthalben beschäftigte sich die reformierte Welt mit dem Martyrium eines der Ihren; viele Schriften und Bilder hatten von Anfang an den Gegenstand ausgebeutet, und so erschien auch 1765 ein Kupferstich von Delafosse, nach der Zeichnung von L. C. de Carmontelle, der die Befreiung der „malheureuse famille Calas", welche natürlich mit dem Vater hatte leiden müssen, aus dem Gefängnis zeigte. Er drang bis in die Kolonistenkreise von Berlin, die ja mit ganz besonders schmerzlicher Teilnahme die Verfolgungen ihrer Glaubensgenossen in Frankreich begleiteten; aber man fand ihn zu kalt in der Auffassung und zu steif in der Ausführung. Auch uns scheint heute, von der groben Arbeit abgesehen, die Anordnung der sechs Personen unwahrscheinlich und ihr Ausdruck so gleichgültig, daß wir den Vorgang ohne eine Erklärung gar nicht verstehen würden. Die Frau Calas sitzt scheinbar ganz gelassen auf einem Stuhle, neben ihr ebenso ruhig die ältere Tochter; hinter den Stühlen dieser Gruppen steht rechts die jüngere Tochter und neben ihnen links die alte, treue Dienerin des Hauses, Jeanne Viguière, mit gefalteten Händen. Auf der anderen Seite des Bildes befindet sich bei einem Tische der Sohn, der auf einem Stuhle halb kniet und seinem das Befreiungsedikt vorlesenden Freunde Lavaysse über die Schulter blickt. Der Raum, in dem sich diese, gleichsam nur als Porträts zur Schau gestellten Personen befinden, ist durch Quadermauern, eine Kette u. s. f. als Gefängnis charakterisiert. — Chodowiecki war nicht der Meinung seiner Freunde, die den Stich tadelten, und suchte sie wenigstens von seinem Werte hinsichtlich der Behandlung des Gegenstandes, und zwar dadurch zu überzeugen, daß er das Blatt in Öl kopierte: diese Kopie, behauptet er, versöhnte die Gegner mit dem Stiche, da sie die Wahrheit seiner Empfindung hervorhob. Trotzdem fühlte Chodowiecki selbst, daß die an rührenden Momenten nur zu reiche Geschichte dem Maler viel günstigere Augenblicke darbieten müsse; und nach eingehendem Studium der betreffenden Litteratur beschloß er, als Gegenstück zum französischen Stiche eine Scene zu komponieren, die dem deutschen Publikum, bei dessen Interesse für den Helden selbst, so recht ans Herz griffe. Er wählte den Aufbruch des Verurteilten zum letzten Gange — „Les Adieux de Calas à sa famille". In der Mitte seines Gefängnisses hat der Unglückliche auf einer Pritsche geruht; jetzt mußte er sich aufrichten, da der Kerkermeister erschienen ist und zu verhängnisvoller Freiheit ihm die Ketten von den Füßen zu schließen begonnen hat. Während dies geschieht, drängen sich die drei Kinder Abschied nehmend um den Vater. Weinend kniet die jüngste Tochter links neben ihm und sucht ihn zu umfassen; der Sohn küßt, tief niedergebeugt, ihm die rechte Hand, und die ältere Tochter, die sich flehend an ihn anschmiegt, blickt aufschluchzend in die Höhe. Zu ihr wendet der Greis das von weißen Locken umrahmte Antlitz mit gefaßtem, aber bittendem Ausdruck und weist mit der linken Hand auf die Mutter hin, die von nun an der Pflege der Kinder erst recht bedürfen wird. Der Gram hat sie gebrochen, das Leid dieser Stunde überwältigte sie; durch den Eintritt des Schließers wurde sie aus der Lektüre der Bibel aufgeschreckt und ist ohnmächtig in ihrem Korbsessel zusammengesunken. Lavaysse und die alte Magd bemühen sich, sie mit stärkenden Essenzen wieder zu sich zu bringen; durch die Thür aber, vom Doppelposten eingelassen, kommen zwei ungebetene Mönche, die mit schlecht verhehlter Befriedigung über den Sieg ihres Pöbels das Opfer durch ein schmählich gemißbrauchtes Kreuzeszeichen begrüßen.

Technisch geriet dieses Bild unserem Künstler nicht eben besser als seine übrigen Ölgemälde.[**] Es ist zwar sehr sorgfältig durchgearbeitet, aber die emailklaren Farben sind unerfreulich hart und die Komposition schließt sich, allen Bestrebungen nach Selbständigkeit zum Trotz, im wesentlichen den Franzosen, besonders etwa der Manier des Jean Baptiste Greuze, an, dessen rührende Bauernieenen gerade damals ein großes Publikum fanden und durch zahllose Kupferstiche verbreitet wurden. Durch seine Auffassung jedoch lernen wir Chodowiecki jetzt wie mit einem Schlage in seiner ganzen Bedeutung kennen. Was keines seiner Werke bisher in solchem Umfange verriet, ergreift uns vor dieser so tief, so rein und so menschlich empfundenen Schöpfung mit überzeugender Gewalt: ihr Maler ist ein Seelenmaler geworden, wie die Deutschen seit langem keinen besessen hatten! Und weil er so reich an Menschenliebe und Menschenkenntnis ist, so wird ihm innerhalb seiner Empfindungswelt eine wahre und echte Menschendarstellung auch ferner über den Kreis seiner Nächsten und seiner eigensten Erlebnisse hinaus gelingen, sobald er die seiner Begabung entsprechende, richtige Technik gefunden hat. Diese Technik konnte nicht, wie wir sahen, die Ölmalerei sein, noch weniger dürfen wir sie in einer weiteren Ausbildung der Miniatur- und Emailmalerei suchen: sie offenbarte sich ihm aber, als er den Zeichenstift und die Radiernadel zu meistern begann.

Rotstiftstudie zu Hermes „Prediger Gros", 1776.
Original im königl. Kupferstichkabinet zu Berlin.

Russische Gefangene in Berlin.
(E. 12.)

Fünftes Kapitel.

Des Malers Anfänge als Radierer.

Chodowieckis Aussichten nach seinem Verzichte auf die Ölmalerei. — Erster Versuch im Radieren. — Zunehmende Sicherheit darin. — „Der König zu Pferde," 1758. — Der erste Auftrag. — „Der Friede bringt den König wieder," 1763. — Fortschritt im Jahre 1764. — Die Gelegenheitsblätter von 1767. — Der „große" Calas. — Chodowiecki als Mitglied der Berliner Kunstakademie. — Die Mitglieder der Akademie zwischen 1764 und 1770. — Chodowieckis Verhältnis zu ihnen. — Die außerakademischen Maler Berlins. — Die Kupferstecher.

—

Beneidenswert um ihre freie Stirn, die Sorgen noch nicht furchten, aber kraftvolle Empfindungen im Auflodern stolz zusammenziehen, fühlt eine glückliche Jugend sich klar und sicher in allem, was sie unternimmt. Allein „in unsres Lebensweges Mitte" erblickt wohl der erwachte Mann auf einmal rings um sich her jenen finsteren Wald und muß nun, ach wie tief, an sich und seinem Wähnen irre werden. So manches, das als unzweifelhafte Wahrheit dem Jüngling leuchtet, verblaßte für ihn, und wessen er bedarf, das scheint ihm jetzt vor allem ein sicherer Führer. Da ergreift er denn endlich, wenn anders er weise ist, was er früher verschmähte, und es gereicht ihm zum Heil, es wird ihm ein Kompaß, der über Berge und durch Thäler ihn mit geheimnisvoll offenbarer Tugend geleitet. Resignation, Ergebung in das Schicksal, das die Natur uns zudachte, Erkenntnis und Anerkennung unserer Aufgabe in der uns umgebenden Welt, so nennen wir diesen Kompaß, und wem er dient, der mag getrost es selbst mit dem Ocean eines Lebens voll Plagen aufnehmen. Er wird sein Segel nur um so besser richten, je ferner vor seinen Augen das trügerische Lockschiff anmutiger Illusionen dahingleitet.

Resignation, Entsagung nach langem Ringen, war ja auch der Entschluß, mit dem Daniel Chodowiecki die Illusionen von sich wies, die ihm den Ruhm eines Malers vorgetäuscht hatten. Er that es in der Absicht, genügsam bei dem Gewerbe zu bleiben, das ihn bis dahin ernährte und dessen Vervollkommnung ihm immerhin noch hinreichend viele Probleme stellen konnte. Er durfte ja nur, und sei es auch bloß im Wetteifer mit den Franzosen und auf deren Art, die Zeichnung, das Kolorit und die Gegenstände seiner Emaillen mit stets gesteigerter Wahrheit und Sorgfalt behandeln: er mochte sich auch etwa der nach privaten Anfängen unter königlichem Schutze aufstrebenden Berliner Porzellanmalerei annehmen, und im übrigen die Miniaturbildnisse — für die er allmählich trotz seiner hohen Preise wieder sehr in Aufnahme kam — immer lebendiger gestalten und feiner charakterisieren. Das alles konnte ihn schließlich befriedigen, besonders da neben dem Künstler ein genau rechnender Kaufmann in ihm steckte und da wir Menschen im Grunde schon dankbar und froh sind, wenn eine Arbeit nur unsere gesamten Kräfte in Anspruch nimmt — vorausgesetzt, daß sie weder eines guten Sinnes noch eines gewissen Erfolges bar ist.

Indessen sollte es ihm anders kommen. Seine Resignation sollte sich schöner belohnen als durch die Ruhe der Selbstbeschränkung. Es wurde bereits angedeutet, daß die Bemühungen um die Malerei ihm eigentlich für eine andere Kunst, nämlich für die Radierung, fruchtbar geworden waren: es wurde das scheinbare Paradoxon aufgestellt, das Ölbild „Jean Calas“ habe ihn nicht als Maler, sondern als Zeichner und Radierer berühmt gemacht. Und in der That wurde die Folge jener Ausstellung, daß die Verleger und das Publikum ihn zwangen, sich immer eifriger der Ätzkunst hinzugeben, bis er zuletzt die Miniaturen und das Emaillieren zu ihren Gunsten vernachlässigte und aufgab. Beobachteten wir mit teilnehmendem Bedauern seine doch ziemlich fruchtlosen Versuche in der Ölmalerei, so wird uns diese überraschende Entwickelung zu verfolgen doppelt erfreulich sein. Allerdings müssen wir dazu um ein ganzes Jahrzehnt zurückgreifen. Denn schon in der Periode des lebhaften Skizzierens nach der Natur, 1757 oder 1758, war Chodowiecki fast zufällig, wahrscheinlich übrigens durch das Beispiel Johann Wilhelm Meils — von dem weiter unten die Rede sein wird — auch zum Radieren angeregt worden. Als seine erste Arbeit darin bezeichnet er selbst den „Würfelspieler" (E. 1), ein in mehreren Beziehungen sehr charakteristisches Blatt.[1])

Zunächst handelt es sich nämlich dabei wieder um eine Vedute, um die Darstellung von etwas Beobachtetem. Die krummbeinige und zwerghafte Gestalt eines heruntergekommenen Kolonisten, des Knopfstempelmachers Nicolas Fonvielle, hatte mit ihrem grotesken Gebaren das Auge des Künstlers auf sich gezogen. Fonvielle, der durch die Anmaßung, sich als Künstler aufzuspielen, sein Vermögen eingebüßt hatte, trieb sich als Spaßmacher und jovialer Parasit in den Berliner Tabagien herum; man pflegte mit ihm zur Unterhaltung zu würfeln, wobei er das ausgeietzte Bier in keinem Falle bezahlte. Diesen Gnomen sah Chodowiecki einmal, wie er im Scheine eines Talglichtes den eben gethanen Glückswurf voll närrischer Freude überzählte — und sofort entstand „in seiner Hirnschale ein schönes Bild im Rembrandtschen Geschmack". Im Rembrandtschen Geschmacke malte und radierte damals alle Welt; unser Künstler selbst hatte ja jenes Modell neben Rodes eisernem Ofen à la Rembrandt in Öl gemalt — jetzt trieb es ihn an, den Würfler ebenso effektvoll darzustellen und zwar in Radierung, da denn auch Rembrandt dergleichen Beleuchtungen zu radieren liebte. Also frisch gewagt! Bald war die Figur, und zwar von vorn, aus dem Gedächtnis auf die gefirnißte Kupferplatte gezeichnet und das Werk wurde geätzt; aber bei seiner mangelhaften Kenntnis der Technik, in der er wiederum nur Autodidakt war und sich höchstens einmal von dem alten Kupferstecher Berger beraten ließ, verfehlte Chodowiecki die richtige Dauer der Ätzung im Scheidewasser, und der erste Abdruck wurde so schwach, daß die Platte verworfen werden mußte. Eine zweite, auf der man die Gestalt Fonvielles mit unheimlicher Lebendigkeit im Profil sieht, geriet nur wenig besser und bedurfte zahlreicher Korrekturen. Um diese mit Sicherheit aufsetzen zu können, hatte der Künstler den Einfall, die ganze Platte von neuem zu firnissen, und zwar mit einem durchsichtigen Bernsteinfirniß, der jeden Strich der ersten Aufzeichnung erkennen ließ und also ermöglichte, die Schatten an den richtigen Stellen noch einmal zu schraffieren und zu ätzen. Jetzt gerieten die Abdrücke „ganz herrlich", und die Radierer Berlins, wie Falbe, Berger und andere, regten sich darüber auf, daß ein Anfänger geradeswegs auf ihr Kunstgeheimnis verfallen sei — ein Geheimnis, das übrigens bereits im siebzehnten Jahrhundert ausgebeutet wurde. So freute sich denn Chodowiecki seines Erfolges und setzte im Übermut die berühmte Adresse von Huquier in Paris auf sein Blatt, das uns freilich keineswegs „ganz herrlich" vorkommt. Es ist recht schlecht gezeichnet und macht in der technischen Behandlung — was uns kaum Wunder nehmen wird — einen unbedeutenden und überaus gequälten Eindruck.

Also gleich bei seiner ersten Radierung verwendet der Künstler einen halbwegs realistisch gefaßten Gegenstand und ihm glückt, da wir seinem Berichte doch wohl Glauben schenken dürfen, eine wichtige technische Erfindung: haftet ihm dabei auch jene dilettantische Neigung zu Rembrandtschen Virtuosenkünsten und eine gewisse Kritiklosigkeit an, so verspricht dieser Anfang doch unvergleichlich mehr, als seine Versuche in der Ölmalerei es thaten, da diesen zunächst die Farbe und der größere Maßstab verhängnisvoll wurden.

Chodowiecki fuhr nun fort, nebenher und lediglich zu seinem Vergnügen zu radieren. Ohne sich zu eigentlichen Nachahmungen verleiten zu lassen, tastete er dabei zuerst noch unselbständig und ungeschickt in verschiedenen Manieren, aber immer in herkömmlichen und untergeordneten, herum, und ebensowenig einheitlich ist er anfangs in der Wahl seiner Stoffe. Einmal gefiel ihm z. B., einen karikierten alten Mannskopf (E. 2) und als Gegenstück dazu einen ebensolchen Weiberkopf (E. 3) darzustellen, die aus großen Heften „Bauerngespräche“ [2]) und auf französisch verfaßte Kriegslieder vortragen — Blätter, die er mit seinem Namen bezeichnete und die doch bei ihrer unverstandenen, unkorrekten und uninteressanten Behandlung lediglich zu dem internationalen Gemeingut des Schlechten gehören. Ein anderes Mal wagte er sich an eine heitere Anekdote aus dem Kriege und zeigte, wie braunschweigische Husaren die „antifritzisch“ gesinnten Mönche des Klosters Marienfelde zwingen, auf das Wohl des Königs ihre Weinfässer zu leeren (E. 4).

Die beiden Demoiselles Quantin.
Bleistiftstudie zu der Radierung E. 10.

Hier geriet die Anordnung der bewegten Scene im allgemeinen klar und glücklich, aber die Ausführung, die diesmal allerdings weniger kleinlich gestrichelt und mehr zeichnerisch gehalten ist, blieb doch unbeholfen und roh. Wohl aus politischen Rücksichten schickte der Künstler dieses Blatt unter falschem Namen in die Welt, indem er es von „P. B.“ in Marienfelde, wie von einem Augenzeugen, gezeichnet und von „J. Vogel“ in Augsburg radiert sein ließ; und wirklich schließt es sich auch in Aussehen den zahllosen, populären Kupferstichen an, mit denen die Bilderfabriken der „A. V.“ den Markt überschwemmten.

Sehr bald indessen nähert sich Chodowiecki seinem richtigen Kurse, und zwar zuerst durch die glücklichere Wahl seiner Gegenstände. Wie er mit dem

„Würfelspieler“ von der Natur ausgegangen war, so hielt er sich immer wieder mit Vorliebe an diese seine „Wohlthäterin“. Da zeichnete er etwa die älteste der drei Demoiselles Quantin im Negligé an einem Gartenthore lehnend (E. 5) und brachte über dieses ihm geläufige Thema eine ganz leidliche Radierung von gleichmäßigem, silberigem Ton zustande, bei der nur wieder die ungewohnte Größe — die Figur ist 15 cm hoch — seine schlimmen Zeichenfehler aufdeckt; so faßte er, ebenfalls mit einem gelungenen Impromptu, die beiden Schwestern dieses Fräuleins auf, wie sie, aneinander geschmiegt, in freudiger Erregung über eine soeben eingetroffene Siegesbotschaft, vielleicht der Schlacht von Zorndorf, vor ihm standen (E. 10); oder er machte sich an malerisch zerlumpte Betteljungen (E. 6—8), die ihm eigens als Modell still hielten und an denen er mit mehr Ruhe und Aufmerksamkeit auf das Einzelne studierte, so daß sie in der Zeichnung besser als ihre Vorgänger wurden, wie er denn an ihnen auch die Handhabung der Nadel immer mehr beherrschen lernte. Jetzt kommen ihm allmählich die Fortschritte zu gute, die er zu derselben Zeit der Malerei zuliebe machte: die plötzlich gesteigerte Fähigkeit im scharfen Charakterisieren dessen, was er energisch empfunden hat, läßt ihn z. B. die selbst erlebte Scene der „Russischen Gefangenen in Berlin“ (E. 12), besonders im Vergleiche mit jenem doch etwas flachen Husarenstreiche, zu einer größeren Wirkung bringen, und seine Fertigkeit im Darstellen anmutiger, natürlicher Gruppen lenkt ihm die Hand auf immer lieblichere Mädchen- und Frauengestalten.

Demoiselle Quantin.
(E. 5. Verkleinert.)

Sobald er sich aber etwas an die Behandlung dieser Dinge auf der Platte gewöhnt hat, sucht er seine Technik weiter auszubilden und zu bereichern. Er berücksichtigt mehr als bisher die kalte Nadel,[3]) er tönt einzelne Stellen im Drucken und auch mit Aquatinta ab, er macht mehrere Blätter völlig in der Aquatintamanier, wobei er den Eindruck der Arbeiten französischer Meister, wie des Le Prince,[4]) St. Non und Charpentier zu erzielen beabsichtigte; und ein Blatt, eine Dame mit einem Muff (E. 20), bringt er sogar in der ziemlich seltenen und schwierigen Schwarzkunst zustande. Wirklich gelingt es ihm denn auch öfters, nicht allein durch den Gegenstand, sondern in gleichem Maße durch die graphische Darstellung zu interessieren: und somit hat er hier erreicht, was ihm sonst noch auf keinem Kunstgebiete geglückt war. Seine Begabung hat endlich auch für ihre Ausdrucksmittel den eigenen Boden gefunden. Hier gefährdet ihn nicht mehr die Farbe, für die er einen nur unzulänglichen Sinn besitzt, hier kann seine geschickte und am Kleinen genugsam geübte Hand ihre ganze Feinheit zeigen: hier wird sich ihm bald tausendfach die Gelegenheit bieten, in anspruchsloser, leicht beherrschter Form unter das Volk zu bringen, was er ihm aus dem Schatze seines Beobachteten und Empfundenen zu spenden hat — und dies zwar zu einer Zeit, wo solche Gaben des Herzens nur zu selten von der Kunst gereicht wurden.

Natürlich war Chodowiecki sich solcher Vorteile zunächst keineswegs bewußt. Er betrachtete das Radieren eben hauptsächlich als eine künstlerische Zerstreuung, wenn er es auch gelegentlich, wie etwa das flotte „Studienblatt von achtzehn Figuren“ (E. 16) beweist, unmittelbar zum Skizzieren, ohne Hilfe einer Zeichnung, benutzte. Er dachte deswegen auch noch nicht daran, sich wie so viele andere radierende Maler mit strengerer Methode darin auszubilden, und machte sich daher, wenn es ihm einfiel, an gar zu schwere Aufgaben, die er deswegen besser nicht unternommen hätte. Zu solchen dürfen wir wohl die beiden Kopien in Aquatinta- und Crayonmanier nach Rembrandtschen Zeichnungen, einer schlafenden Venus und einer Landschaft bei Abendlicht (E. 17 und 18) rechnen, da sie beide hauptsächlich von mangelnder Kongenialität zum Altmeister zeugen, und ferner das erste für den Verkauf in Masse berechnete Blatt „Fridericus Magnus Rex Borussiae“ (E. 9).[5])

Diese Arbeit hat dem Künstler sichtlich, und übrigens auch nach seinem eigenen Geständnis, viele Mühe bereitet. Schon die Größe der Platte (31,7 : 21,5 cm) brachte nicht geringe Schwierigkeiten mit sich: wie sollte ein Anfänger, der bei Opus 9 stand, eine solche Fläche im Tone zusammenhalten! Und noch dazu bei einem so komplizierten Gegenstande. Der König sprengt mit gezogenem Degen aus dem Bilde heraus, doch zugleich ein wenig nach links, während er sich nach der Front der im Hintergrunde aufmarschierten Küraßiere nach rechts so umwendet, daß sein Kopf im scharfen Profil zu sehen ist. Erscheint nun schon die Verkürzung des unwahrscheinlich springenden Pferdes etwas bedenklich, so ermangelt die Front der Soldaten, die drei Glieder stark ist, durchaus jeder Tiefe, und diese Mißverhältnisse werden durch verunglückte, vordringliche Wolken — die beliebte Zuflucht der um die Ausfüllung des Raumes verlegenen Künstler — noch weiter gesteigert. Daß die Pferde dabei unsäglich hölzern und überdies verzeichnet sind, wird uns weniger auffallen, denn Chodowiecki konnte sich kaum veranlaßt dünken, sie ad vivum zu studieren, da er ihrer fast niemals bedurfte und übrigens kein deutscher Meister, die Tiermaler ausgenommen, sich zu jener Zeit eine solche Mühe nahm. Dagegen werden wir uns wohl dadurch überrascht fühlen, daß das Blatt trotz alledem einen entschiedenen Eindruck macht. Zum Teil wirkt wohl die Wucht der heftigen Bewegung in der dominierenden Hauptfigur, mehr jedoch das Gebietende in Friedrichs wohlgetroffenem Kopfe; und aus dem Ganzen spricht die Wärme und Weihe des Selbsterlebten. Aber um so schärfer müssen wir betonen, daß der Unterschied zwischen Anschauung und Ausführung hier doch größer ist, als der Künstler, wenn er es ganz gewissenhaft mit sich nahm, hätte zulassen dürfen.

Immerhin lenkten solche Arbeiten schon die Aufmerksamkeit des Publikums auch auf diese Thätigkeit Chodowieckis. Ja, er war noch nicht lange mit dem „König zu Pferde" und den anderen, übrigens nur wenig verbreiteten Blättern hervorgetreten, als ihm das französische Konsistorium in Berlin den ersten Auftrag auf eine Radierung erteilte. So wurde aus einem freien Spiele seiner Phantasie auf einmal der Ernst des Geschäftes, und leider war der Gegenstand des geistlichen Wunsches dabei nur zu geeignet, den Künstler von neuem in die Fesseln der Manier zu schlagen, die ihm freilich weniger fühlbar waren, als wir es in seinem Interesse hoffen möchten. Er sollte für das französische Psalmenbuch[6] der „Compagnie du Consistoire", das 1759 in erster Auflage gedruckt wurde, ein Titelkupfer mit dem König David liefern, dessen Gottesverehrung durch Gesang allen Völkern zum Vorbilde dient. Dadurch wurde er genötigt, sich wieder in Regionen zu versteigen, in denen seine natürliche Einbildungskraft so gar nicht heimisch war: es galt zu stilisieren und durch konstruierte Erhabenheit zu rühren. Und sofort zeigt sich der Zwiespalt in der Vorstellung des Künstlers, den er selbst naiverweise nicht einmal bemerkte (wie er denn diese Komposition für spätere Auflagen des Buches noch wiederholt, und zwar wenig verändert, benutzte): neben den angelernten Ausdrucksmitteln für das Großartige und Heilige schafft sich seine verständige, realistische Phantasie ganz unbefangen ihr Recht. Mit zurückgeworfenem Haupte, die Harfe schlagend, kniet der langbärtige, königliche Greis wie in Verzückung; zu seinen Füßen liegen Krone und Scepter, und über ihm wölben sich Wolken, in denen das Zeichen der Trinität (!), von Engelsköpfen umgeben, erscheint — aber auf einem Pulte stehen die betreffenden Notenhefte aufgeschlagen und ein gemächlicher Lehnsessel in Rokokoformen, den der König eben erst verlassen, weist auf eine anständig bequeme Einrichtung der Burg Zion hin. Ohne Zweifel finden sich solche

Trivialitäten nur zu häufig auf mangelhaft stilisierten Bildern aller Art, aber bei Chodowiecki verdienen sie deswegen hervorgehoben zu werden, weil sie uns so energisch den Unterschied zwischen seinem Wollen und seinem Vollbringen illustrieren: sie zeigen uns wieder einmal den Mann, der, mit Einsicht und Gaben ausgerüstet, von der barocken Formenpracht loskommen will und doch noch so fest in ihren Banden liegt, daß er ihre konventionellen Unschönheiten immer von neuem ohne Bedenken, ja mit Behagen nachbildet, während er doch zu gleicher Zeit bereits als der legitime Beherrscher einer entgegengesetzten und eigenen, wenngleich noch kleinen Gestaltenwelt dasteht.

In demselben Jahre 1759 begann die Miniaturmalerei von neuem unseren Meister so sehr in Anspruch zu nehmen, daß er das umständliche und zeitraubende Radieren bis auf weiteres liegen ließ, um wenigstens sein Skizzieren und die Versuche in der Ölmalerei fortsetzen zu können. In der That war jene Periode angebrochen, die nach den ersten Erfolgen im Emaillieren seinen Namen in weiteren Kreisen bekannt machte: seine Kundschaft für die Bildnisse wurde immer vornehmer, und mochte auch, wie wir hörten, die Zahl seiner Abnehmer auf- und niederschwanken, so gewann er doch an mehreren prinzlichen Höfen dauernde oder mindestens wiederholte Beschäftigung. Durch diesen vorteilhaften Umstand, sowie durch seine befriedigenden Lieferungen von feinen Emailledosen für den König unterstützt, durfte er dann auch allmählich daran denken, sich dem letzteren selbst zu nähern. Die Gelegenheit dazu ließ sich finden und veranlaßte zugleich seine zeitweilige Rückkehr zum Radieren.

Der siebenjährige Krieg ging zu Ende, und da das Bewußtsein, an großen Ereignissen wenigstens als Zeuge teilgenommen zu haben, das Publikum nach Erinnerungszeichen und billigen Siegestrophäen begierig zu machen pflegt, so rüsteten sich allenthalben die Verfasser von geeigneten Liedern und sonstigen Flugschriften und die Zeichner und Stecher von entsprechenden Flugblättern, um solche Bedürfnisse zu eigenem Vorteile zu decken. Auch Chodowiecki beteiligte sich mit einem Unternehmen an diesem friedlichen Beutezuge. Er wollte mit einer allegorischen Darstellung sich nicht nur den Dank des Königs, sondern auch den des Publikums erwerben und griff daher, Anfang 1763, wieder einmal zur Radiernadel.

„Fréderic, Victorieux et Pacificateur, rend le repos à l'Allemagne, le bonheur à Ses Peuples, l'Allégresse à Sa Capitale. Voilà le Modele que doivent Suivre tous les Rois", so lautet die pomphafte Unterschrift des Blattes (E. 21), das er so recht eigentlich als „pièce de circonstance" seiner Muse verdankte oder vielmehr ihr abquälte. Denn welche Pein muß es diese schlichte und ehrliche Göttin gekostet haben, eine so auserlesene Gesellschaft von Personifikationen in Gestalten zu bringen, wie sie Chodowiecki hier dem öffentlichen Geschmacke zugesteht! Er hatte sich gewiß am Einzugstage des Königs im volkstümlich festlichen Getümmel der Waffen befunden, hatte mit Tausenden von Gleichgestimmten in dankbarer Erregung des Helden geharrt, um schließlich enttäuscht, aber doch vielleicht mit bewundernder Anerkennung zu erfahren, daß der Erwartete auf alle Huldigungen verzichtet habe und dem von Prüfungen überlasteten Herzen Sammlung und Ruhe gönnen wolle: wie viele warme, große Eindrücke mochten seiner Künstlerseele dabei zu teil geworden sein! Und doch wagte er nicht, was er an sich wohl gut vermocht hätte, ihnen bei so feierlicher Gelegenheit eine schlichte, freie Aussprache zu gestatten, und fügte sich den Ansprüchen der ästhetischen Etikette auf die Mitwirkung aller denkbaren Himmels- und Zwischenreichsmächte, wenn er das Verhältnis des Fürsten zum Volke darstellte. „Der Friede bringt den König wieder“, heißt die Komposition mit abgekürztem Titel. Da führt denn eine Pax den als Imperator verkleideten „alten Fritz“ und sein ebenfalls romanisiertes Gefolge im Triumph der Berolina zu, die beglückt am Boden kniet — eine Stellung, die ihr abenteuerliches Wappenbärlein auf das devoteste nachahmt; da strahlt in den Wolken der Tempel des Ruhmes, da posaunt die aufgeregte Fama, da spendet die heidnische Viktoria neben christlichen Engeln ihre Kränze, und der Wohlstand schüttet Segen aus seinem Füllhorn, da schreibt Klio das Bemerkenswerte in ein Buch, das ihr die Zeit hält, und über dem ganzen Charivari von unkanonischen Gewalten schwebt, sie alle legitimierend, das Auge Gottes. — Der Urheber dieses Werkes erhielt die Erlaubnis, dem Könige seine Arbeit persönlich zu überreichen. Es wird erzählt, die Audienz sei insofern glücklich abgelaufen, als Chodowiecki mit seinem gewählten Französisch einen guten Eindruck hervorbrachte; an der dargebotenen Radierung jedoch fand Friedrich so wenig Gefallen, daß er ihre Veröffentlichung durch Vernichtung der Platte zu verhindern befahl. Er soll mit Bezug auf die ihm zugemutete Maskerade geäußert haben: „Ce costume n'est que pour les héros du théâtre“ — ein Urteil, das für ihn trotz seiner Vorliebe für den Stil Louis' XV. charakteristisch wäre, auch wenn es etwa nicht wirklich von ihm gefällt worden ist. Vermutlich kam ihm überhaupt die ganze Ausführung, verglichen mit den Kupferstichen, die unter der Ägide der französischen Könige zu erscheinen pflegten, zu unwürdig vor, als daß er die Widmung einer solchen Gabe hätte annehmen und also sanktionieren dürfen. Wie dem auch sei, das Blatt existiert nur in ganz wenigen Exemplaren und gehört deshalb, seiner Unerquicklichkeit ungeachtet, zu den bestbezahlten Objekten des deutschen Sammlerspleens.[7])

Das Gute an dieser verfehlten Spekulation war indessen, daß Chodowiecki wieder an sein Radieren erinnert worden war; und da ihm 1763, und besonders in dem Jahre 1764, die Miniaturen etwas mehr Ruhe ließen, so gab er sich mit wachsendem Glück und Interesse der Arbeit hin, die er jetzt, bei richtigem Ansatz, schon äußerst reizvoll durchzuführen wußte.

FRIDERICUS MAGNUS
REX BORUSSIÆ.

(E. 9.)

Es ist als ob er das Skizzieren mit Bleistift nunmehr auf die Nadel übertragen hätte. Jene entzückenden Blättchen der Skizzenbücher werden seltener, und es mehren sich die Radierungen ähnlicher und anderer Gegenstände. Diese Radierungen werden von ihm entweder unmittelbar auf die Platte improvisiert — und schon das erfordert eine beträchtliche Übung, weil die Verkehrung von rechts und links auf den Abdrücken gleich im Entwurf zu berücksichtigen ist — oder er arbeitet sie, wie es sonst geschieht, nach flüchtigen Zeichnungen, die er im Gegensinne kopiert oder auch durchpaust und dann auf der Platte sorgfältiger ausführt. In allen Fällen beobachtet er jetzt eine Vortragsweise,

Der Knabe beim Bratwender.
(E. 38.)

die bei großer Schlichtheit seine Absichten aufs beste zum Ausdruck bringt. Es kommt ihm bei fast allen diesen kleinen und kleinsten Blättern wie bisher darauf an, eine einzelne Figur oder eine einfache, wenig bewegte Gruppe mit scharfer Charakteristik darzustellen. Darum sieht er womöglich von jedem Lokale ab, läßt den Hintergrund weiß und zeichnet seine Gestalten wie mit einer spitzen Feder, wobei er an passenden Stellen den Strich verstärkt und nur wenig, eigentlich bloß in den notwendigsten Schattenpartien, schraffiert. Vom Grabstichel macht er kaum jemals Gebrauch, hier und da hilft er mit Aquatinta nach; sehr gern jedoch, und mit vorzüglicher Wirkung, läßt er nachträglich die kalte Nadel arbeiten. Da entdecken wir, welche Leichtigkeit seine Hand bei dem Miniaturmalen sich angeeignet hat und wie gefügig sie jedem Impulse gehorcht! Zugleich aber hat sich sein Auge entwickelt: es weiß jetzt, nach so langer, angestrengter Schulung, die feineren Unterschiede aufzufassen, die farbigen, plastischen Formen in die schwarz-weiß modellierte Fläche zu übersetzen und wenigstens im kleinen Maßstabe für jeden ihrer Werte den richtigen Ausdruck in der Stärke der Linie, in der Anlage der Schraffierung zu finden. Beide jedoch, Auge und Hand, werden von einer künstlerischen Gesinnung gelenkt, die nachgerade nicht nur in Berlin, sondern wohl auch im ganzen damaligen Deutschland bei deutschen Künstlern ihresgleichen suchte. Wie wir an den ersten Miniaturporträts, dann an den Skizzen, endlich, um 1760, an jenen Ölbildern mit realistischer Staffage den ausgesprochenen Sinn unseres Meisters für eine ehrliche und phrasenlose Wahrheit erkannten, so finden wir jetzt diesen Sinn wieder, beobachten jedoch zugleich einen gewissen Zuwachs an Aufnahmefähigkeit und Vertiefung. Wenn wir damals eine mehr unbewußte als bewußte Einförmigkeit seiner Schöpfungen bemerkten und daraus den Schluß zogen, es sei für ihn zu spät geworden, um das Schöne der Welt in so reicher, mannigfaltiger Fülle, wie es die Historienmalerei verlangte, wiederzugeben, so erscheint er uns in diesen etwas späteren Jahren und bei der ihm gut liegenden Beschäftigung mit der Radiernadel wie verjüngt und durchaus zu neuen Hoffnungen berechtigend. Doch nicht eigentlich seine Phantasie hat sich erweitert, aber seine Freudigkeit und Fertigkeit im Reproduzieren haben sich gesteigert. Er fährt fort, in diesen freien Arbeiten bloß darzustellen, was er sieht oder wessen er sich erinnert,*) nur die Bilder ruhiger Zustände zu entwerfen und mit Behagen psychologische Analysen zu unternehmen — indessen haben sich die Gattungen der Gegenstände, die er aufsucht und bevorzugt, vermehrt und sein forschender Blick dringt unvergleichlich schärfer als früher in das Wesen dieser Dinge. Seinen Figuren fehlt nunmehr, wenn es sein muß, selbst jener französische Esprit, der die anmutigen Stellungen der Damen auf den Skizzen noch graziöser erscheinen ließ, als sie in Wirklichkeit sein mochten; und an seine Stelle ist ein echterer Realismus getreten, der freilich fürs erste vielleicht nicht nach dem Geschmacke des großen Publikums gewesen sein dürfte. Indessen waren die Blätter, um die es sich handelt, eben auch nicht eigentlich für das Publikum bestimmt und spielten also in der Frage des Fortkommens oder Nichtfortkommens des Künstlers nicht dieselbe Rolle wie jene Bleistiftskizzen, die durch Verbindung des Naturstudiums mit einem gefälligen Wesen ihm den Weg zur Malerei erleichtern sollten.

Unwillkürlich fühlen wir uns an den Einfluß Danzigs und an die Jugend Chodowieckis erinnert, wenn wir nun inne werden, wie gern er jetzt neben seinen Veduten aus der Gesellschaft und der Kinderstube auch das Fremde und Eigenartige zu schätzen und aufzunehmen weiß, das sich ihm hier und da in Berlin bietet. In Danzig hatte die prachtvolle und ehrwürdige Stadt, hatte das bedeutende Leben und Treiben des Hafens ihn gelehrt und gewöhnt, sein Auge am Merkwürdigen zu erfreuen und sein Gedächtnis dafür zu üben: das war die goldene Zeit für seine Phantasie gewesen! Dann kamen die Jahre in dem öden Berlin, wo so wenig Anregendes zu finden war und wo auch alle jene engen Verhältnisse seine Aufmerksamkeit auf die tägliche Handarbeit bannten. Nunmehr, nach den letzten Fortschritten, wurde ihm wieder besser; und wie manches er auch an Vielseitigkeit und Frische mochte eingebüßt haben — er blickte noch aus den alten, hellen Augen, wenn es galt, eine besondere Erscheinung aus ihrem Grunde zu erfassen. So waren ihm 1758 die „Russischen Gefangenen“ in ihrem elenden Aufzuge, mit ihren wilden Gesichtern aufgefallen und gelungen; so interessierten ihn jetzt vor allem die Türken, welche 1763 mit dem Gesandten Achmet nach Berlin gekommen waren, um sich von dem König die Astrologen zu erbitten, denen er seine Siege verdanken sollte. Sie hielten sich den Winter über und bis zum Mai 1764 in der Stadt auf und ließen sich häufig, spazierend oder hausierend, auf den Straßen sehen; aber während sie dadurch so volkstümlich wurden, daß nur die Polizei einige Dämchen verhindern konnte, mit ihnen in den fernen Osten auszuwandern, war Chodowiecki doch der einzige Künstler, der den offenen Geist hatte, sich ihre malerischen Typen und Trachten wirklich zu nutze zu machen. In einer Anzahl von Radierungen beschäftigt er sich ausschließlich mit ihnen, und zwar behandelt er sie dabei keineswegs als Theatertürken und -mohren, wie die Historienmaler sie bei manchen Gelegenheiten ins Feld führten, sondern er giebt ethnographisch vollkommen treue Bilder ihrer Gestalten und ihres Wesens. Ein Türke „die Statue equestre auf der Langen Brücke ansehend“ (E. 42), steht mit herabgezogenen Brauen, mehr mißtrauisch und mißbilligend als bewundernd, da; andere tummeln ihre schönen Rosse, wieder andere, diesmal untergeordnete Individuen, sitzen — „in der Poststraße nach der Natur gezeichnet“ — mißmutig bei ihrem Korbe voll Datteln und Nüssen, die sie auf Rechnung ihres Effendi verkaufen sollen. Dabei ist erstaunlich, wie genau der Künstler die verschiedenen Nationalitäten unter ihnen aus-

Der Türke.
(E. 42.)

einander zu halten weiß und z. B. gegenüber einigen Halbslaven die mongolischen Baschkiren charakterisiert, gewiß ohne alle anthropologischen Kenntnisse, aber eben infolge richtiger Beobachtung so treffend, daß diese Darstellungen noch lange nachher eines ganz besonderen Rufes genossen."

Und da denn das Jahr 1764, in das diese Blätter fallen, unserem Freunde ein vorzüglich gesegnetes sein sollte, so gelangen ihm in jenem Sommer noch einige andere Radierungen, die von einem behaglichen Stadium im etwas weiteren Umkreise zeugen. „Vor dem Podsdammer Thor nach der Natur gezeichnet", brachte er zwei kleine Landschaften (E. 29, 30) auf die Platte, die, ohne jede Staffage, nur um ihrer selbst willen existieren und von irgendwelcher tendenziösen Stilisierung keine Spur aufweisen. Ein Strohdach, ein hölzerner Giebel, ein paar Büsche, ein zerfallener Plankenzaun — ein Plankenzaun, ein paar Büsche, ein geöffnetes Bretterthor, das ist alles, und es steht so ruhig und selbstgenügsam da, so ganz ohne arkadische Velleität, und ebenso frei von der unbescheidenen Bescheidenheit und preziösen Ärmlichkeit moderner Kunstkoketterie! Es sind eben originelle Eindrücke, die zu guter Stunde empfangen und wiedergegeben wurden. Aber freilich sollten sie nicht viele Nachfolger finden, da Chodowiecki die Landschaft ja nur selten eingehender berücksichtigt hat. Er fuhr vielmehr fort, wo er ihrer für Kompositionen bedurfte, sie in herkömmlicher, parkartiger Weise zu halten, und zwar ohne in die Überladung und die italienisch-romantischen Affektationen zu verfallen, die er doch an anderen, z. B. an Christian Dietrich, bewunderte. Von diesem radierte er denn auch, fast gleichzeitig mit jenen eigenen kleinen Landschaften, „ein sehr schönes Gemählde", nämlich eine sehr komponierte italienische Landschaft mit Vieh- und Menschenstaffage (E. 26), und vertauschte bei dieser mühsamen Arbeit seine eben erst ausgebildete einfache Manier mit einer komplizierteren, mehr malerischen, in der er es nicht über die Unfreiheit hinauszubringen wußte.

Nach der regen Produktion des Jahres 1764 ließ Chodowiecki abermals eine zweijährige Pause im Radieren eintreten, und abermals ist es dann ein großes Gelegenheitsstück, das ihn wieder von der Miniatur ab- und zur Radierung zurückzieht. Er hatte die Prinzessin Friederike Sophie Wilhelmine, eine Nichte des Königs, nach der Natur in Miniatur gemalt, und radierte nun, vielleicht auf Bestellung des Hofes, dieses Brustbild in beträchtlicher Größe (E. 45), als die Prinzessin 1767 mit Wilhelm von Oranien, dem Erbstatthalter der Generalstaaten, vermählt wurde. Das Porträt versetzte er als Medaillon geformt in einen reichen radierten Rahmen, dessen Blumenguirlande, wie auch die Rosen und Orangenblüten zwischen den Spitzen an der Brust der Dame, ganz ausgezeichnet herausgearbeitet ist. Zu dieser schönen, lebendigen Darstellung alles Beiwerkes steht nur leider der in punktierter Manier gegebene Kopf, trotz der Grazie seiner Stellung, in unvorteilhaftem Gegensatze: seine Züge und der Ausdruck sind so konventionell gehalten, daß er dem Originale ganz ebenso unähnlich war, wie seine künstlerische Behandlung unbedeutend

Vermählung der Prinzessin Friederike Sophie Wilhelmine v. Preußen mit Wilhelm v. Oranien. (E. 46.)

ist.[10]) — Trotzdem fand das Blatt, in Amsterdam wenigstens, eine große Verbreitung, und Chodowiecki ließ ihm sofort noch zwei Spekulationen auf dieselbe Gelegenheit folgen: eine große frostige, im Reliefstil komponierte Allegorie auf den Trauakt des prinzlichen Paares (E. 46), die er am 12. Oktober des Jahres dem Hofe überreichte, und ein winziges Titelblatt (E. 47) zu Formeys Miniaturalmanach „Bouquet de Maximes“, den der Buchhändler Bourdeaux, als Breloque gefaßt, dem Erbstatthalter widmete — Arbeiten, deren anmutige Einzelheiten und technische Vorzüge wenigstens uns für mancherlei Mißlungenes nicht entschädigen, während sie damals doch reichen Beifall ernteten.

Nach solchen und so vielseitigen Erfolgen seiner Technik fehlte es Chodowiecki nur noch einer besonders durchschlagenden Arbeit, die das Publikum endgültig an die Bewunderung seiner Nadel gewöhnte. Der Anlaß dazu ließ ließ sich nicht lange mehr erwarten und war kein anderer, als die Vollendung des „Jean Calas“. 1767 entstand ja, wie im vorigen Kapitel berichtet wurde, das Gemälde, dessen meisterhaft ausgesprochener Gehalt an Empfindungen einen jeden zu Mitleid und Zorn hinriß, der es mit Rücksicht auf den dargestellten Vorgang, auf die Charaktere der handelnden Personen und auf die rührenden Einzelheiten betrachtete. Nur waren nicht eben viele in der Lage, es zu genießen, da öffentliche Ausstellungen zu jener Zeit noch nicht veranstaltet wurden und der Künstler, der keinen Käufer dafür fand, es bloß in seinem Hause konnte sehen lassen. Er war daher leicht zu bereden, sein Werk dem Publikum selbst in die Hand zu geben, indem er es, unverändert und fast in der Originalgröße, radierte. Die Schwierigkeiten dieser Arbeit waren wegen eines solchen Umfanges und wegen der Beleuchtung auf dem Gemälde, die einen tiefen Raum im Dämmerlicht erscheinen läßt und nur die Hauptgruppe hell hervorhebt, keine geringen. Eine zweimal geätzte Platte mißlang denn auch so gründlich, daß sie abgeschliffen werden mußte: erst die Wiederholung der ganzen Anlage brachte glücklichen Fortgang, und endlich, 1768, verließ das berühmte Blatt, der „große Calas“ (E. 48, im Gegensatze zum „kleinen“,[11]) dem Titelblatte zu Christian Felix Weißes Trauerspiel „Jean Calas“, E. 353), die Presse, um durch den Selbstverlag seines Urhebers bald in alle Kunstsammlungen und, was mehr bedeutet, in zahlreiche bürgerliche Wohnstuben zu gelangen. Der „bekannte“ Chodowiecki wurde dadurch, man kann sagen: über Nacht, der „berühmte“, und zwar nicht der berühmte Maler, sondern eben der „graveur célèbre“ oder auch „très-renommé“, wie seine Briefadressen seitdem gelegentlich lauten. Er erlebte einen großen und entschiedenen Triumph. Die deutschen Kunstfreunde empfanden sofort und voll Dankbarkeit, daß sie an ihm einen Künstler besaßen, der fast deutsch zu ihnen redete und mit fremden Zungen wenigstens nicht renommierte, der in einer schon leise gärenden Zeit sein kräftiges Wort zu sagen wußte und seine Kunst nicht bloß zu Deklamationen mißbrauchte, der endlich der herrschenden Gefühlsseligkeit zu Thränen verhalf, ohne sie durch Affektation zu vergiften. Auf „Jean Calas“ wurden Gedichte gemacht: er diente zu physiognomischen Betrachtungen;[12]) ein braver Mann liebte ihn dermaßen, daß er das Blatt stets in seiner Nähe haben mußte, es auf Reisen mit sich führte und, als er in Unglück geriet, es allein von allen seinen Besitztümern nicht verkaufte. Dabei dauerte diese Anerkennung jahrzehntelang: immer wieder mußte Chodowiecki die Platte retouchieren und abdrucken lassen, obgleich allmählich fünf bis sechs Kopien anderer Stecher ihr Konkurrenz machten. Es war eben eine Thatsache, er hatte der deutschen Kunst ein Werk von unzweifelhafter Bedeutung geschaffen. — Und doch, so

Die vier Temperamente vor dem Bilde „Der Abschied des Jean Calas“.
Nach einer Zeichnung Chodowieckis gestochen von Joh. H. Lips.

ganz verdient war sein Triumph am Ende nicht. Nur zu recht sprach jener französische Kavalier, der beim Anblick des Ölbildes „Calas“ und in Unkenntnis über den Verfertiger der Radierung, dem Künstler ins Gesicht sagte: „Vous avez été bien mal gravé.“ Die Radierung ist als solche wirklich nicht eben hervorragend.[13] Sie leidet, gerade wie das Originalgemälde, an der ungenügenden Lösung der „Rembrandtschen“ Beleuchtungsaufgabe. Waren auf dem Gemälde die hellen Töne hart und kalt, die dunklen schwer, so umgiebt auf der Radierung eine ziemlich einförmige und trübe, jedenfalls ohne Geschick und Interesse behandelte Dunkelheit die übrigens klar und doch weich herausgearbeitete Hauptgruppe, und auch den Mangel an künstlerischer Nerve und Schneidigkeit kann uns kein Fleiß ersetzen. Aber wir haben hier eben ein klassisches Beispiel dafür, daß dem Publikum — und wer möchte es, da niemand seinen Kunstverstand erzog, deswegen schelten? — an einem Kunstwerke vor allem die Auffassung des Gegenstandes das Wesentliche ist, und daß die technischen Eigenschaften der Ausführung, bekanntlich ein Hauptaugenmerk betrachtender und kritisierender Künstler, von den meisten übersehen und von den wenigsten nach Gebühr gewürdigt werden.

Zugleich besitzen wir aber in der Beliebtheit des Blattes einen deutlichen Hinweis darauf, was das Publikum jener Tage noch an Formen verlangte, wenn es sich in der Auffassung eines Künstlers zurecht finden sollte. „Calas' Abschied" wäre nicht allgemein verständlich und sympathisch gewesen, hätte Chodowiecki den Vorgang so realistisch, so ganz auf die reine und große Wirkung der keusch begriffenen Naturwahrheit berechnet, genommen, wie er, zu eigener Genugthuung, etwa seine Gattin, ihr Kind säugend, in einer Radierung dargestellt hatte. Zu einer Zeit, wo die bürgerliche Gesellschaft einen freien, natürlichen Anstand selbst im täglichen Leben noch kaum kannte und nun vollends jede irgendwie gesteigerte Gelegenheit sich nicht ohne Etikette, Pose und schmuckvoll übertreibende Phrase vorzustellen wußte, da durfte eine so chargierte Katastrophe, wie der Untergang der lautersten Tugend durch die Fallstricke heuchlerischer Frömmigkeit eine war, nicht anders als mit dem gewissen Aufwande an Arrangement und „schöner" Geste ausgestattet werden, den Chodowiecki sich auch wirklich für sein Gemälde von den Franzosen geborgt hatte. Er war eben selbst noch zu wenig Realist, um in einerlei Stil schaffen zu müssen, er hatte noch selbst die „verzopften" Anschauungen über einen nicht zu beleidigenden ästhetischen Anstand — er war eben ein Vorläufer von Realisten reineren Wassers, im übrigen jedoch der in den meisten Beziehungen noch gleichartige Genosse aller besseren Künstler seiner Umgebung.

Wer waren nun damals solche Künstler in Berlin? Denn jetzt, wo nach dem Erfolge des „Calas" die Bestellungen auch auf andere Blätter, auf Illustrationen und auf Vignetten, den Meister immer entschiedener aus den Reihen der Emailleurs und der Miniaturisten hinaus und in die Kreise anderer bildender Künstler drängen, jetzt dürfte es wohl am Platze sein, einen Blick auf seine neuen Kollegen und sein Verhältnis zu ihnen zu werfen.[11]

Dies erscheint um so berechtigter, als Chodowiecki bereits seit einigen Jahren, nämlich seit dem 25. November 1764, der königlichen Akademie der Künste als Mitglied angehörte und dadurch offiziell zu den privilegierten Künstlern des preußischen Staates gezählt wurde. Das war freilich zunächst auch die einzige Bedeutung seiner Ernennung, die ihm vielleicht infolge jener

Audienz beim Könige oder für seine prinzlichen Porträts zu teil geworden war: denn weder weitere Rechte noch irgendwelche Pflichten verbanden sich vor der Hand mit seinem Titel eines Mitgliedes der Akademie. Diese Anstalt befand sich ja (vergl. das zweite Kapitel) seit mehr als einem halben Jahrhundert in dem Zustande einer fast völligen Lethargie. Blaise Lesueur, ihr Direktor seit 1751, war minder thätig und opferwillig als sein Vorgänger, der alte Weydemann, und ließ alles auf sich beruhen, was akademischen Einrichtungen ähnlich gesehen hätte. Weder setzte er durch, daß der Lehrplan den Statuten entsprechend die methodische Ausbildung der jungen Künstler in sich schloß, noch hielt er im öffentlichen Interesse mit seinen wenigen Kollegen Sitzungen ab, noch führte er Rechnungen, noch that er, von dem Zeichenunterricht abgesehen, den er übrigens mit Sorgfalt erteilte, für die Anstalt etwas anderes, als daß er von Zeit zu Zeit, aber meistens erfolglos, um ihre Unterstützung durch Geldmittel petitionierte. Er war von Hause aus Historienmaler der französischen Schule, konnte jedoch auch Landschaften zustande bringen und arbeitete gelegentlich für eine Tapetenfabrik als Entwerfer von Gobelinkartons. Bei seiner ausgesprochenen Trägheit vollendete er aber nur selten ein Gemälde, und keines von ihnen scheint sich uns erhalten zu haben. Seine Zeitgenossen rühmen ihm wenig und erkennen eigentlich nur die Aktzeichnungen, besonders die weiblichen, an, die er später bei einer zeitweiligen Eröffnung des Aktsaales auf Pränumeration als Vorlegeblätter anfertigte.

Neben Lesueur wirkten um die Zeit von Chodowieckis Eintritt in die Akademie, wie unter Friedrich Wilhelm I., nur noch drei Lehrer, von denen einer die mathematischen Wissenschaften vortrug, während die beiden anderen, wie der Direktor, im Zeichnen unterrichteten. Es waren die Professoren Wagner, Robert und Krüger — dunkle Ehrenmänner, von denen nur der letzte sich eines gewissen Rufes erfreute. Dennoch zählte das Institut als ergiebige Quelle von Titeln, mit denen er kostenlos belohnen konnte, dem Könige ganz genehm, außer den oben genannten vier Männern deren noch zwölf, die allerdings weder Gehalte bezogen, noch sich irgendwie eingreifend erweisen konnten und also der Akademie nur in den Augen Verblendeter Glanz verliehen. Da prangten zunächst die vier Titularrektoren: der berühmte Kupferstecher Georg Friedrich Schmidt, einer der wenigen „Zöglinge“ der Akademie selbst, der einzige deutsche Künstler, den Friedrich der Große neben Johann Georg Wille gelten ließ — wahrscheinlich, weil beide durch eine ganz französische Ausbildung die Spuren ihrer deutschen Anfänge verwischt hatten —; ferner Augustin Dubuisson aus Neapel, der geschickte Blumenmaler, und die beiden alten Hofmaler Thomas Huber und Sigisbert. Auf sie folgten dann die acht „Mitglieder der Akademie“ ohne weiteren Titel. Chodowiecki erscheint unter ihnen als Miniaturmaler; neben ihm zieht zunächst Christian Bernhard Rode unseren Blick auf sich.

Rode, geboren 1725, war ein Berliner Kind, ein Goldschmiedsohn. Ausgesprochenes Talent, vor allem eine große Leichtigkeit der Aneignung und Produktion, ließen ihn die Malerei als Beruf wählen; er lernte bei Müller aus Hermannstadt, dann bei Antoine Pesne, wie man die Sache am vorteilhaftesten anfaßte. Mit so vielen Handgriffen und Fertigkeiten ausgerüstet, daß er neue, tiefere Eindrücke aufnehmen weder mehr konnte noch wollte, ging er zu Carle Vanloo und Restout nach Paris und von da nach Italien — er kehrte aber in die Heimat zurück als der, der er von Natur war: ein modischer Schnellmaler von der üppigsten Blüte. Unerschöpflich in Kompositionen, die er al fresco oder in Öl malte, die er zeichnete, radierte und stach, wußte er seine Figuren in immer gefälligen Gruppen anzuordnen und seinen Bildern den „schönen Charakter" zu verleihen, den man, für ein lockeres Künstlergewissen recht billig, durch klugen Anschluß an die großen Plafondmaler, durch eine routinierte Manier und durch Verzicht auf Natur, Wahrheit und korrekte Durcharbeitung sich erlaufen konnte. Ein solcher Künstler, international, schnell bei der Hand, nie verlegen, war gerade jetzt in Berlin an seinem Platze, wo der alternde Pesne (er starb 1757) die hohen Gerüste nicht mehr bestieg und der König gesonnen war, auch einheimischen Meistern, vorausgesetzt, daß sie französisch malen konnten, Arbeiten zuzuweisen. Rode entfaltete eine erstaunliche Thätigkeit und hat im Laufe der Jahre das Alte wie das Neue Testament, die alte wie die neue Geschichte, die Mythologie und die Litteratur, sowohl in den herkömmlichen Momenten als auch in geschickt gewählten, selteneren Vorwürfen behandelt. Er stattete Kirchen und Schlösser aus, genoß die allgemeine Achtung der Berliner, sollte es dereinst zum Akademiedirektor bringen und fühlte sich — welch ein Gegensatz zum zunächst ringenden, grübelnden, gewissenhaften Chodowiecki, dem er mit seinen Arbeiten meistens doch imponierte! — in seinem flotten Laufe äußerst wohl. Dabei suchte er auch Schule zu machen und richtete jene „Aktakademie" ein, von der wir bereits hörten: aber hier vermochte sich seine Unfähigkeit, ordentlich zu zeichnen, nicht zu verbergen, die Besucher der Abende begriffen ihren Nutzen nicht, und nur Chodowiecki harrte noch lange aus, indem er von seinem Meister und Kollegen lernte, wie man es nicht machen soll.

Neben einem Sterne dieser Größe und Leuchtkraft konnte der Hoftheatermaler Karl Friedrich Fechhelm nur als ein bescheidenes Licht der Akademie und der Residenz gelten: er befaßte sich, von seinen Coulissen abgesehen, hauptsächlich mit dem Anfertigen von Gemälden, deren vornehmster Gegenstand architektonische Perspektiven waren, wie man sie etwa in Treppenhäusern und in Gartenhallen anzubringen liebte. Höhere Ansprüche als dieser Kompilator durfte der zweite Dubuisson, Emanuel, der geachtete Porträtmaler, ein Bruder des Blumenmalers, erheben, und ihm schloß sich Friedrich Reclam an, der Sohn eines englischen Juweliers in Magdeburg, geboren 1734, der sich zuerst bei Pesne, dann in Paris bei Pierre und 1755 bis 1762 in Italien ausgebildet hatte. Seine Landschaften, besonders die gezeichneten, sollen vorzüglich gewesen sein: sein eigentliches Gebiet war jedoch die Porträtmalerei, die er vielfach im Dienste der Berliner Höfe betrieb. So radierte er z. B. das Profil derselben Prinzessin Friederike Sophie Wilhelmine, die Chodowiecki zu gleicher Zeit malte und en face darstellte (E. 45), und zeichnete das Bildnis Kaiser Josephs II. Übrigens gehörte er zur französischen Kolonie und zu dem näheren Verkehr Chodowieckis, der auch gelegentlich nach einer Vorlage von ihm radierte (nämlich das Porträt Christian Dietrichs, E. 118), und hinterließ, als er am 4. April 1774 zu früh für seine Freunde starb, den Ruf eines guten Mannes und tüchtigen Künstlers. — Als dritter Porträtmaler unter den Akademikern erscheint Johann Gottlieb Glume aus Berlin, geboren 1711, ein Schüler Johann Harpers und, wie fast alle übrigen, Antoine Pesnes. Auch er malte neben den Bildnissen, an denen er die Hände mit besonderem Geschicke ausführte, mit Vorliebe Landschaften, wagte sich jedoch nicht minder an Altarblätter und an Plafonds. Außerdem radierte er; und angesichts dieser anspruchslosen, in schlichter Technik ausgeführten Blätter werden wir an die Grundsätze Chodowieckis bei seinen Studien erinnert: so charaktervoll und realistisch muten uns die bildnisartigen Einzelfiguren an, die er in mäßig großem Formate darzustellen liebt. — Ihm nahe und ähnlich in Alter, Schicksal und Thätigkeit ist dann der letzte Porträtmaler an der Akademie, Joachim Martin Falbe, geboren 1709, ebenfalls ein Berliner, ebenfalls Schüler von Harper und, seit 1733, von Pesne und ebenfalls Radierer. Als solcher arbeitete er im „Rembrandtschen" Geschmacke, durch den er sich uns nicht eben empfiehlt; als Maler war er von Pesne sehr geschätzt, der ihn seine sämtlichen angefangenen Gemälde vollenden ließ, als es mit ihm zum Sterben ging. Jedoch stand er bei manchen, besonders bei den Damen, im Verruf, er mache die Köpfe auf seinen Bildnissen zu groß. Dies ist nun wohl kein ganz gerechtfertigter Vorwurf, aber veranlaßt hat er ihn immerhin, und zwar dadurch, daß er seine Modelle genau in Lebensgröße auf die Leinwand zu bringen pflegte, während man sie sonst etwas kleiner, als sie sind, zu nehmen gewohnt war. Im Rahmen eingeengt, erschienen sie nämlich wieder naturgroß, seine Figuren jedoch wachsen durch die Umrahmung noch scheinbar über die Lebensgröße hinaus und wirken deswegen etwas schwer. Auch in der Anordnung der Bilder, in den Stellungen und dem Beiwerke fehlt ihm das feinere Geschick und die Grazie; dafür entschädigt er durch gutes Kolorit und sorgfältige Ausführung, sowie durch eine gewisse unfranzösische Ehrlichkeit in der Auffassung, die z. B. seinen Bildnissen Friedrichs des Großen etwas Naives und Überzeugendes verleiht. Er gehört zu denen, die Chodowiecki persönlich lieb und als Künstler sympathisch waren, und schon das läßt vielleicht darauf schließen, daß auch in ihm und in seiner Kunst ein Stück deutschen Wesens lebte und zur Erhaltung dieser Art beitrug. — Den Schluß der Liste der damaligen Akademiemitglieder bildete Johann Wilhelm Meil der Jüngere. Im Gegensatze zu der besprochenen Plejade ist er der einzige, der nicht malt, und auch der einzige, der wie Chodowiecki sich ganz autodidaktisch entwickelt hatte. Zwar war sein Vater, Johann Christoph, der geachtete Hofbildhauer in Altenburg; aber da er früh starb, so übte er weder auf dieses, noch auf seines älteren Sohnes Johann Heinrich künstlerische Ausbildung irgendwelchen Einfluß. Vielmehr gingen beide Brüder erst allmählich von humanistischen Studien, und jeder auf seine Weise, zur Kunst über. Johann Wilhelm, geboren 1732, kam 1752 nach Berlin und wurde dort mit der Zeit der sehr geschätzte Zeichner und Radierer, als welcher er den 9. September 1766 den Titel eines Akademikers empfing. Sein Ruhm und seine Specialität waren neben Entwürfen zu Vasen, Statuen, Zimmerdekorationen, Goldschmiede- und Stickereivorlagen und Theaterkostümen die graziösen, dekorativen Vignetten, mit denen er als einer der ersten in Deutschland die Titelblätter und Kapitelköpfe sowie -schlüsse der eleganteren Litteratur auf das sauberste verzierte. Besonders die Almanachs und Taschenkalender verdankten ihm allerlei sinnreiche, korrekt gezeichnete und radierte Kompositionen, die die enthaltenen Beziehungen und Anspielungen in teilweise originellen Ausdrucksformen spielend zur Darstellung bringen. Doch ist dieses Gebiet, sowie die dafür geeignete Technik immerhin beschränkt, und da Meil bei anspruchsvolleren Werken genrehaften und psychologischen Inhaltes nicht über eine gewisse Einförmigkeit und eine gewisse flotte, allgemeine Charak-

J. W. Meil.
Lebensgroße Rotstiftzeichnung Chodowieckis.

teristik hinauskam, so konnte er zwar mit seiner geistreichen Leichtigkeit auf Chodowiecki einen Eindruck machen und ihn zum Radieren anregen, mußte ihm jedoch das Feld lassen, sobald jener ernsthaft davon Besitz ergreifen wollte.[15]) — Johann Heinrich Meil, der Ältere, geboren 1729, schlug sich mühselig als dilettierender Student durch und kam erst 1774 als Zeichner und Medailleur nach Berlin, wo er dann später (1783) auch in die Akademie gelangte, ohne irgendwelche Verdienste um die Kunst zu besitzen.[16])

Wenn, wie man sagt, in Paris das Institut de France seinen Mitgliedern die Unsterblichkeit sichert, so kann das Gleiche von der Berliner Akademie der Künste nicht behauptet werden. Wie viele der soeben genannten Namen sind noch in ihrer Heimat oder gar im weiteren Umkreise bekannt? Wie wenige sind nicht gänzlich verschollen! Und stoßen wir einmal auf ein Werk dieser Akademiker, etwa auf Rodes „Kreuzesabnahme" in der Berliner Marienkirche, wie peinlich ist der Eindruck des Abgelebten, Unoriginellen, den wir davon empfangen! Denn wir müssen uns sagen, daß solche Bilder des Beifalls ganzer Perioden für würdig gehalten wurden und daß ihre Maler Anspruch darauf hatten, zu den besten unter ihresgleichen gerechnet zu werden: daraus schließen wir denn mit Recht auf die Armseligkeit der übrigen und des allgemeinen Zustandes der Kunst, und diese uns zwar längst vertraute Thatsache erregt durch die soeben erblickte Illustration von neuem und nur desto lebhafter unseren Unwillen. Indessen fragt es sich, ob wir nicht gut thäten, uns unter einem anderen Gesichtspunkte für das Andenken jener Männer zu erwärmen. Wer weiß denn nicht, daß die meisten gepriesenen Künstler unserer Tage eben auch nur für den Tag berühmt sind! und doch sehen wir sie, unter Anspannung imponierender Kräfte, zur klar empfundenen, dankbaren Genugthuung ihrer Zeitgenossen sich abarbeiten und durch ihr Schaffen nicht nur auf den Geschmack und die Phantasie des Publikums einwirken, sondern auch in noch andere Verhältnisse des Kulturlebens eingreifen: ihre Mühen sind gewiß nicht verloren, sollte auch der Glanz ihrer Namen verbleichen und von kommenden Geschlechtern hochmütig bespöttelt werden. Genau ebenso steht es

Rotstiftstudie zu einer Allegorie.

mit jenen braven Meistern, aus denen Friedrich II. sich gefiel, den zum größeren Teile deutschen Kreis seiner Kunstakademie zu bilden. Und scheuen wir uns nicht, uns in sie hineinzudenken, an ihren offenbaren oder vermeintlichen Irrtümern und Schwächen vorbei zu einem Überblick ihrer Leistung zu gelangen, so belohnt uns die keineswegs unfruchtbare, sondern erfrischende Erkenntnis, daß die Kunst in ihren Händen am Ende gar nicht so übel aufgehoben war. Sie hatten die Aufgabe, die Verbesserung der gänzlich verrotteten deutschen Kunstzustände, wie das siebzehnte und der Anfang des achtzehnten Jahrhunderts sie mußten entstehen lassen, einzuleiten; und sie erreichten ihr Ziel, indem sie sich der internationalen Kunstrichtung anschlossen und, fast alle mit gleicher Vorbildung und gleichen Anschauungen ausgerüstet, der vaterländischen Kunst zu Erleichterung und Anregung an technischen Vorteilen und ästhetischen Errungenschaften zuführten, was sie den vorangeschrittenen Völkern absahen. Gewiß ist die Bestimmung, hauptsächlich für solche Handreichungen zu Gunsten künftiger Originalgenies dagewesen zu sein, in den Augen der Nachkommen eine bescheidene: die mangelnde Originalität drückt ihr einen Stempel auf, der besonders jetzt, wo eine wirklich oder nur angeblich vorhandene Originalität über alles, und oft schon an halbreifen Jünglingen geschätzt wird, geradezu entehrend erscheint. Aber bescheidener Fleiß leistet das Seinige nur desto nachhaltiger, und so gut wie die Männer, die unter Friedrichs Regierung die verschiedenen Zweige des Kunstgewerbes zur Blüte brachten, ihren Dank von der Geschichte beanspruchen dürfen, so gut werden auch die Künstler, ohne deren vorbereitende, vermittelnde, verbindende Thätigkeit der Aufschwung der deutschen Kunst in unserem Jahrhundert nicht möglich gewesen wäre, als nützliche Diener einer idealen Sache anerkannt werden müssen.

Selbst Chodowiecki, der von allen Akademikern weitaus der originellste war, ist, soweit wir ihn bisher begleiteten, nur in glücklichen Augenblicken auf seine verheißungsvolle Eigenart verfallen. Aber auch in dieser ist er ein nur so bedingter Neuerer, daß man ihm Unrecht thut, wenn man ihn seinem Jahrhundert entrückt und dem nächsten zuspricht, dessen Schwelle er kaum betreten sollte. Immerhin jedoch ragt er, vom modernen Standpunkte aus betrachtet, in wesentlichen Beziehungen über seine Umgebung hinaus. Er selbst mag es bei seiner großen Bescheidenheit nicht klar empfunden haben, obgleich er eine gelegentlich recht scharfe Kritik an den Werken seiner Kollegen zu üben pflegte. Aber trotz aller Kollegialität hielt er eben eine gewisse Grenze genau ein: er ließ sich bald von diesem, bald von jenem in Einzelheiten Rat erteilen, hütete sich jedoch stets davor, sich unter irgendwessen Einfluß zu begeben und sein Nachahmer zu werden.

An wen hätte er sich auch fest anschließen können? Antoine Pesne, den er einmal besucht hat, starb in dem Augenblicke, da er ihm nützlich werden konnte. Die Akademiker, mit geringen Unterschieden einander ähnlich wie die Menächmen, arbeiteten fast alle gerade in der Manier, von der er, wenn auch ohne dabei radikal zu verfahren, eben loszukommen strebte. Unter den übrigen Künstlern Berlins waren nun erst recht wenige, mit denen er in Berührung kam, geschweige denn von denen er lernen mochte. Am ehesten konnte dies noch der Fall mit Johann Christoph Frisch sein, dem Historien- und Porträtmaler, der erst später, 1770, sein Kollege an der Akademie werden sollte. Frisch, geboren 1738, war ein Schüler von Rode und hatte unter dessen Anleitung eine glückliche Carriere gemacht. Es war ihm gestattet worden in der Galerie von Sanssouci nach guten Meistern zu kopieren; der Marquis d'Argens bereiste mit ihm die Provence, dann durfte er in Paris und Rom studieren. Zu seinem Vorteile nutzte er diese Gelegenheiten besser als mancher andere und schloß sich mehr an Raffael und an die Antike als an die späteren Manieristen an. Trotzdem war ihm der König gewogen, nahm ihn in Sold und beschäftigte ihn jahrelang in seinen Schlössern, besonders an den Plafonds des Neuen Palais in Potsdam. Seine Arbeiten daselbst erscheinen neben denen von Rode steif und trübe, wurden ihnen jedoch auch manchmal vorgezogen; er unterschied sich von seinem ehemaligen Lehrer durch solideren Geschmack und bessere Kenntnisse. Mit Chodowiecki verkehrte er lebhaft und freundschaftlich, wie er ihn denn auch einmal (1780) in Öl porträtiert hat.

Wollte unser angehender Kupferstecher sich aber nach eigentlichen Fachgenossen umthun, so fand er in Berlin, außer dem großen Georg Friedrich Schmidt und vielleicht dem Kollegen Meil, nicht einen, der ihm das Wasser reichen durfte. Wenn er unter den Emailleurs und Miniaturisten allenfalls den Hofmaler Friedrich König und Johann Daniel Laurenz oder den jüngeren Diemar neben sich mußte gelten lassen, so stand er, wie unter den zahlreichen radierenden Malern, so unter den Radierern und Stechern von Beruf ganz eigentümlich da. Mit Schmidt,[17]) zu dem er merkwürdigerweise in kein näheres persönliches Verhältnis kam, läßt er sich überhaupt nicht vergleichen; schon ihre künstlerische Erziehung und ihre Gebiete sind zu verschieden, als daß er mit dem Meister, dessen Blätter er bewunderte und eifrig sammelte, hätte irgendwie wetteifern dürfen. Wilhelm Meil wußte bei manchen Berührungspunkten ihm gegenüber seine Originalität zu wahren; aber alle übrigen jüngeren Kupferstecher, die sich bald nach seinem Auftreten in Berlin selbst oder in Beziehungen dazu zahlreich hervorthaten, die Berger, die Glasbach, Penzel, Schellenberg und wie sie sonst heißen, geraten unter seinen Einfluß. Ohne daß er jemals einen eigentlichen Schüler gehabt und ausgebildet hätte, übertrug er allmählich seine Formengebung mit ihren Vorzügen und Schwächen auf die ganze Schar, die sie nach Kräften weiter verbreitete — Beweis genug dafür, daß ein starker und der Zeit willkommener Geist von ihm auf die graphische

Kunst überging. Und mochte er sich auch zunächst noch gegen diese neue Berufung einigermaßen sträuben, mochte er nur ungern das lieb gewonnene Porträtmalen aufgeben — er muß doch mit der Zeit eine tiefe und gerechte Befriedigung empfunden haben in dem Bewußtsein, daß der dunkle Drang seiner Jugend und seiner mißbrauchten Lehrjahre sich endlich in ein ruhiges Wollen verwandelte, und daß die harte Arbeit an sich selbst ihm statt thöricht begehrter, auf einmal ganz andere, unverhofft, aber köstlich gereifte Früchte eintrug.

(F. 29.)

Türken.
Aquarellierte Studie zu E. 25.

Sechstes Kapitel.

Der Sieg des Griffels über den Pinsel.

Der Übergang vom Maler zum Radierer. — Chodowieckis erste Thätigkeit für den Berliner Genealogischen Kalender. — Das Kalenderwesen. — „Minna von Barnhelm" und die folgenden Kalenderkupfer. — Das Basedowsche „Elementarwerk". — Spekulationen. — Der Baron von Labes als Gönner. — Aufträge der Berliner Verleger. — Friedrich Nicolai.

Nichts pflegt den denkenden Menschen unvorbereitet zu treffen; nur das, was wir in der Beschränktheit unserer Erkenntnis den Zufall nennen, vermag uns zu überraschen und aufzuregen. Gegen seine Brutalität sind wir zunächst wehrlos, und andererseits stimmt uns seine Gunst gewiß nicht zu echter Dankbarkeit. Schon daraus ergiebt sich, daß, wer sein Leben schätzt, d. h. es mit Sinn und Tiefe behandelt, sich dem Zufall zu entziehen trachtet und bewußt oder halbbewußt einem großen Teile seiner Schicksalswendungen selbst vorarbeitet. Er schafft sich also gesunde Zustände durch thätigen Übergang, und der beobachtende Menschenfreund genießt das schöne Schauspiel, daß der Tüchtige seine strebelustigen Kräfte, an sich schon sittlich wie sie sind, in dergleichen bedeutenden Perioden zu immer größerer Energie, zu immer höherer Ergiebigkeit steigert.

Diese Betrachtung bliebe ein Gemeinplatz, fände sie nicht in Chodowiecki, dem zu Ehren sie hier eingefügt wurde, ihren Beleg. Denn seit dem Anwachsen seiner Aufgaben nach den Erfolgen, die ihm einzelne seiner radierten Blätter, besonders jenes Bildnis der Prinzessin Friederike Wilhelmine Sophie und der „Abschied des Jean Calas", eintrugen, verdoppelte sich geradezu seine Leistungsfähigkeit, und sein auf das äußerste angespannter Fleiß arbeitete darauf hin, den notwendigen und immer noch nicht ganz freiwilligen Übergang vom Maler zum Radierer zu vollziehen.[1] Am Abschlusse dieser Wandlung, im Jahre 1775 etwa (wenn anders ein so genaues Datieren bei ineinander fließenden Zuständen erlaubt ist), steht dann der Künstler als das da, wozu ihn nicht nur seine natürliche Begabung berufen, sondern auch seine stets gewissenhafte und also auch stets charakteristische und zum immer reineren Ausdruck seiner Person führende Arbeit, sofern sie eine wahrhaft künstlerische und keine konventionelle war, geschaffen hatte.

Zu den Bestellungen auf Porträts in Miniatur, von deren Überzahl das nächste Kapitel einen Begriff geben wird, kommen seit 1768 jene Aufträge von Verlegern und Unternehmern, welche die Phantasie des Künstlers in ausgiebigster und mannigfaltigster Weise beschäftigen sollten. Und zwar beziehen sie sich, der Wirkung des „Calas" entsprechend, die mehr auf der ansprechenden Auffassung des Gegenstandes als auf der Technik seiner Darstellung beruhte, zunächst in gleichem Maße, wenn nicht häufiger, auf Zeichnungen für den Stich durch andere wie auf eigene Radierungen.[2] Man hatte eben in Chodowiecki einen Mann entdeckt, dessen menschliche und sittliche Eigenschaften gerade die moralischen Werke verhießen, für die das Publikum gewisser Kreise ein lebhaftes Bedürfnis empfand; diese außerkünstlerischen Eigenschaften, über die der Meister selbst sich vielleicht noch kaum im klaren war, da denn das Eigentümlichste unseres Wesens uns stets das Verhüllteste bleibt, gedachte man in erster Linie an ihm auszunutzen — um dann freilich bald zu erkennen, daß auch die ausgebildeten, rein künstlerischen Vorzüge des Mannes den inzwischen ebenfalls an Augen und Verständnis gereiften Kunstfreunden wertvoll waren. Er seinerseits aber ging schließlich auf alle die neuen Zumutungen ein, weil seine Selbsterkenntnis ihm eine Nachgiebigkeit in diesem Punkte als zu dem eigenen Besten dienend empfahl.

Sehr günstig schickte es sich, daß Chodowieckis neue Thätigkeit alsbald auf den Berliner Genealogischen Kalender gelenkt wurde.[3] Die königliche Akademie der Wissenschaften, die schon lange, schon damals, als sie sich (vor 1745) noch eine „Societät" nannte, ihre wesentlichsten Einkünfte aus dem Privileg der Kalenderapprobation und -abstempelung zog, gewann ihn 1768 für die Ausstattung dieses vornehmsten der Berliner Taschenkalender, indem sie ihm für den Jahrgang 1769 die Verkleinerung und Zeichnung der von Bernhard Rode erfundenen zwölf Monatskupfer, die Schleuen zu radieren bekam, übertrug. Zwar ging die Arbeit auf diese Weise ohne seinen Namen, ja nicht einmal in seinen eigenen Formen in die Welt, denn die Kompositionen aus der Hohenzollerngeschichte, die den Gegenstand der Kupfer bilden, sind natürlich ganz in Rodes geschicktem, etwas theatralisch gefärbtem Stile gehalten, und ihre Ausführung durch die ziemlich schwere Hand des bloß routinierten, nur mittelmäßig gebildeten Stechers Schleuen ist nicht eben besser gelungen als die vieler anderer, ähnlicher Blätter; aber die Leiter der Kalenderredaktion, in erster Linie der einflußreiche Sulzer und der Hofrat Gravius, wußten wohl, wem es zu verdanken sei, daß die Figuren dieser Abbildungen im Vergleiche zu den früheren um so viel feiner und reicher charakterisiert waren, daß die vorzeichnende Feder die nachschaffende Nadel so sicher leitete, und daß so sinnvoll und zweckentsprechend nicht nur von den geläufigen Kunstgriffen Gebrauch gemacht war, sondern auch das Schmuckwerk der Medaillons, die die Bilder einrahmen, so passend angeordnet erschien. Die Folge davon war glücklicherweise, daß man sich eine solche Kraft für die nächsten Kalender nicht entgehen ließ, und seit dem Jahre 1770 wurde Chodowieckis Name in Auflagen, die nach Tausenden zählten, ruhmreich verbreitet.

(E. 355 c.)

Die Bedeutung dieser Thatsache läßt sich ermessen, wenn wir uns der großen kulturhistorischen Wichtigkeit des Kalenderwesens erinnern, das von Jahrhundert zu Jahrhundert anwachsend, im achtzehnten, als die Taschenbücher Mode geworden waren, eine Art von Höhepunkt erreichte. Was war nicht alles aus den einfachen, mittelalterlichen Kalendertafeln hervorgegangen! Ursprünglich nur dazu bestimmt, über die Zeitpunkte der beweglichen und der stehenden Festtage zu unterrichten und deren Beobachtung und das gebräuchliche Datieren unter Beziehung auf sie dadurch zu ermöglichen (denn erst gegen

Ende des fünfzehnten Jahrhunderts begann man allgemeiner, auf unsere Art nach den Wochen- und Monatstagen zu rechnen¹), hatten die Kalender sich im Laufe der Jahrhunderte mit mannigfaltiger, astrologischer und praktischer Weisheit ausgestattet und sich denen unentbehrlich gemacht, die durch Kenntnis des Lesens ihre Ratschläge in Angelegenheiten des Feld- und Gartenbaues, der Viehzucht und der Hygiene oder ihre mehr als kühnen Prophezeiungen aus den Gestirnen für sich oder andere zu verwerten wußten. Noch heute finden wir ja als einen Rest solcher Lehren in vielen Kalendern das Wetter für das ganze Jahr und auf jeden Tag vorherbestimmt; aber während jetzt fast ein jeder selbst etwas Meteorologie treibt und die Autorität des Kalendermannes auf diesem Gebiete dadurch viel von ihrem Gewichte eingebüßt hat, galten in buchstabengläubigeren Zeiten dergleichen Orakel alles und trugen dazu bei, das Bedürfnis nach jährlichen oder angeblich ewigen Kalendern immerwährend und über das Verlangen nach dem richtigen Datum der Feste hinaus lebendig zu erhalten. Als nun die Buchdruckerkunst sich entwickelte, nahm deshalb, mit ihrer Hilfe, auch die Kalenderverfertigung einen großen Aufschwung. In Form von Wandtafeln der verschiedensten Größe, die also auf einem Blatte den ganzen Text vereinigten, sowie in Form von Heften entstanden seit der Mitte des fünfzehnten Jahrhunderts zahllose „Almanachs“ und wirkten, vielfach mit mehr oder weniger drastischen Bildern geschmückt, durch das, was sie außer den eigentlichen Kalendarien brachten, unter Umständen wie bedeutende Flugblätter, besonders wenn sie aus den Sonnen- und Mondfinsternissen oder aus der Erscheinung von Kometen und anderen Wundern Krieg und Pestilenz voraussagten oder in aufgeregten Zeitläuften als Parteigänger von volkstümlichen Ideen die Gegner mit Spott, Satire und Karikaturen verfolgten. Natürlich wurden sie wegen des allgemeinen Interesses, das sie begleitete, und wegen ihres nie ausbleibenden Absatzes auf Messen und Märkten ein Lieblingsunternehmen der Holzschneider und Kupferstecher; vorzüglich in Holland und in Frankreich, allmählich aber, bei einiger Entwickelung der graphischen Kunst, auch in Deutschland, machte man sie zu Trägern und Verbreitern von immer größeren und zahlreicheren Abbildungen, die oft um so gelungener ausfielen, je lebhafter ihr Schöpfer sich seiner engen Verbindung mit einem großen und empfänglichen Publikum bewußt war. Der absolute Kunstwert solcher Kalenderbilder richtete sich allerdings hauptsächlich nach dem Geschmacke der breiteren Volksschichten und nach der Grundbedingung, daß sie billig seien; neben dergleichen populären Darstellungen, deren Inhalt übrigens von besonderer Bedeutung für die Sittengeschichte zu sein pflegt, finden sich zu allen Zeiten Kalender, die für eine anspruchsvollere Gesellschaft bestimmt sind und sich mit deren Neigungen befassen. Im achtzehnten Jahrhundert war diese Gesellschaft bereits eine sehr zahlreiche; sie bestand ja nicht mehr wie im Mittelalter ausschließlich aus der

Lotte, dem Bedienten Werthers die Pistolen reichend.

Rötelstudie zu einer größeren Komposition, im Besitze der Frau Dr. Ewald.

Geistlichkeit oder aus den anderen vornehmen Trägern der Bildung, den Adligen und den Patriziern, für die man ehemals die kostbarsten Kalendarien mit Miniaturen und in Prachteinbänden verfertigt hatte, sondern schon der ganze Bürgerstand bis zum kleinen Handwerker hinab, der etwas auf einen gebildeten Diskurs hielt, verlangte nach einiger Belehrung und Unterhaltung wissenschaftlicher und ästhetischer Art und hieß sie selbst im Kalender willkommen. Deshalb beginnen um diese Zeit in den überhaupt mehr städtischen als ländlichen Kalendern in Buchform, also in den Taschenbüchern, jene lächerlichen Mirabilien und astrologischen überlebten Lügen, bald auch die Monatsbeschäftigungen und Gesundheitsregeln zu fehlen; selbst das Wetter wird nicht mehr immer angekündigt, und an die Stelle aller dieser Dinge treten neben den notwendigen Kalendernachrichten und neben praktischen Notizen über den Verkehr (wie Ankunft und Abgang der Posten, Abhaltung von Märkten, Vergleichung von Münzen, Maßen, Gewichten und Entfernungen) allerlei Artikel über Naturkunde, über Geschichte und „curieuse" Erfindungen, denen sich vielfach, zum Gebrauch der Höfe und sonstiger Interessenten, eine Genealogie der vaterländischen Fürstenhäuser anschließt. War aber der Kalender in Buchform erst so weit gekommen, daß er sich mit gelehrten Dingen befaßte, die weder mit Astronomie noch mit Astrologie zusammenhängen, so bedurfte es nur noch eines Schrittes, um ihn auch mit der sogenannten schönen und lediglich unterhaltenden Litteratur in Verbindung zu bringen. Einen Übergang zu dieser bildeten dabei die Monatskupfer. Die Buchform des Kalenders war ihnen weit günstiger als die Tafelform; denn obgleich ihr Format in den Taschenbüchern gewöhnlich auf das Duodez verringert wurde, wirkte jede Darstellung, weil sie einzeln und nicht mehr bloß als Teil eines größeren Tableaus erschien, unvergleichlich besser, und die Illustration konnte überhaupt freier gestaltet werden. Man benutzte diesen Vorteil bald genug, verließ die herkömmlichen Wiederholungen der Monatsbeschäftigungen, der Jahreszeiten, der Elemente und einiger Tugenden und begann etwa um 1720 die von den Monaten entnommene Zahl zwölf im allgemeinen beibehaltend und allenfalls auch die zwölf Zeichen des Tierkreises noch mitaufnehmend, beliebige Bilder, meist mit erklärenden Unterschriften, an ihre Stelle zu setzen. Solche Bilder und Verse sind zunächst gewöhnlich moralisierenden oder humoristischen Charakters, stehen untereinander in keiner oder nur in lockerer Verbindung und haben, als die einzige leichtere, auch Damen erwünschte Zugabe, die oft besser gemeinte als erfüllte Bestimmung, dem Kalender Anmut und Reiz zu verleihen, bis sie darin, nach 1750, von den mancherlei schöngeistigen Beiträgen, von Gedichten und Novellen, unterstützt werden, zu deren Illustration sie dann auch gelegentlich dienen. Als aber der Kalender in dieser Zusammensetzung aus praktischen, gelehrten und ergötzlichen Elementen ein ebenso vielseitiges als notwendiges Buch geworden war und außerdem geschickt und diplomatisch den besonderen Interessen der Damen, z. B. auch durch Modenberichte, entgegenkam, da hatten die Kalendermacher gewonnenes Spiel. Sie bestürmten förmlich das immer kauflustige, ja zeitweise mit den Almanachs einen Sport treibende Publikum mit immer neuen Taschenbüchern aller Art; sie überboten einander in der Erfindung neuer Formate, im Glanz der Ausstattung, in pikanten Titeln und im Reichtum des Inhaltes. Vom Duodez kamen sie auf der Jagd nach dem Originellen zum Sedez, zu den noch kleineren Etuiskalendern und gelegentlich sogar zu den Breloquen; sie richteten die Bändchen zu Notizbüchern mit leeren Blättern zwischen den Monatskolonnen oder mit Pergamenttäfelchen ein, von denen die Bleistiftschrift wieder weggelöscht werden konnte. An den mehr oder minder kostbaren, oft seidenen und vergoldeten oder versilberten Einbanddecken wurden Spiegel oder Täschchen mit kleinen Necessaires angebracht; auch wußte man feine und dauerhafte Parfüms über sie zu verbreiten und ihnen dadurch etwas Intimes, Persönliches zu verleihen. Ein so zierlicher und eleganter Gegenstand wurde selbstverständlich sofort ein Gegenstand der Galanterie, und ebensowenig kann uns wundern, daß dies vor allem in Frankreich der Fall war. Dort kennzeichnete sich auch alsbald eine ganze Abart des Kalenders durch ihre unzweideutig frivole Erscheinung als in die Boudoirs gehörig, in denen gewagte Scherze und verhüllte Lüsternheiten heimisch sind, und die kaum zu übersehende Zahl von dergleichen Damenalmanachs und „Etrennes“ läßt auf ihre große Beliebtheit schließen. Andere Salonkalender, und im allgemeinen die deutschen überhaupt, hielten sich ernster; indessen ist kaum zu leugnen, daß eine leichte und geistreiche Art der Illustration, von der die Kleinkunst auch strengerer Richtungen nur lernen konnte, in erster Linie gerade von jenen artigen Erzeugnissen der Lascivität gefördert wurde. In Frankreich, wo freilich schon Männer wie Lepautre und Audran an den stattlichen Wandkalendern unter Ludwig XIV. gearbeitet hatten, nahmen sich eben die berühmtesten Zeichner und Stecher des Jahrhunderts, die Gravelot, Cochin, Duverdo, Dorgez, Moreau und Freudenberg der Almanachs, und zwar gerade der begehrtesten, nämlich der frivolen, an und schufen für sie mit der ganzen Grazie ihres Talentes wirklich vorbildliche, entzückend feine Blätter, die dann in Deutschland eingeführt und wohl oder übel nachgeahmt wurden.

Kein Wunder, daß auch der deutsche Kalender unter solchen Umständen wirklich eine Bedeutung für die einheimische Kunst gewann. Zwar nur sehr langsam, aber doch sichtlich und mit der Bildung seines Publikums in steter Wechselbeziehung, entwickelte er sich innerhalb der oben angedeuteten Formen so weit, daß er schließlich in seinen besten Ausgaben nicht nur erfolgreich mit den Franzosen wetteiferte, sondern auch wie diese die angesehensten Künstler beschäftigen konnte, die ihre Aufgaben immer selbständiger lösen lernten, bis sie es zu einem wirklich nationalen Ausdrucke auf diesem Gebiete brachten. Waren aber erst die Kalenderkupfer mit Sorgfalt und Geschmack ausgeführt und mit Recht beliebt, so erregten sie, bei ihrer Verbreitung, im Publikum den weiteren Anspruch auf eine künstlerisch wertvollere Illustration auch anderer Bücher. Es war also keineswegs gleichgültig, wem sie bei maßgebenden Taschenbüchern anvertraut wurden; selbst den Besten konnten sie jedoch ihrerseits für jede aufgewandte Mühe belohnen, indem sie ihm zu einem großen und entschiedenen Wirken auch auf anderen, vielleicht erwünschteren Gebieten die Wege bahnten.

Von einer solchen Bedeutung der Kalender war allerdings in Berlin, vor Chodowieckis Auftreten, noch nicht die Rede gewesen.[4]) Dort hielt sich ihre Ausstattung bis nach 1760 in ziemlich bescheidenen Grenzen. Zwar hatte schon am Anfang des Jahrhunderts ein königlicher Kupferstecher, Constantin Friedrich Blesendorff, „unter Approbation der Societät der Wissenschaften", einen „Schreibcalender vor den Königlichen Preußischen Hoff" mit durchaus gestochener Schrift und in zweckmäßiger Fassung mehrere Jahre hindurch (z. B. 1711 und 1712) herausgegeben, aber dieser Kalender war nicht illustriert; und als das Unternehmen etwa ein Jahrzehnt später durch königliches Privileg auf den Hofgraveur Johann Georg Wolffgang überging, machte es auch nicht methodische, sondern mehr sprunghafte Fortschritte. Jetzt stellten sich nämlich zwar prunkvoll angeordnete, mit Figuren geschmückte Titelblätter und als Titelkupfer Fürstenbildnisse ein; unter diesen fanden sich auch hier und da sehr fein ausgeführte, wie z. B. das von Wolffgang selbst verfertigte Brustbild der Prinzessin Luise Ulrike, oder 1740 das des Prinzen August Ferdinand von Preußen, die Monatskupfer jedoch ließen noch immer viel zu wünschen übrig. Sie scheinen ebenfalls meistens von Wolffgang zu sein und verraten eine für Ornamente originelle Phantasie; aber die schweren und reichen Kartuschen (im französischen Barockstil), die in der Regel jedes Blatt verzieren, umschließen nur die armseligsten Allegorien, die reizlos gestochen sind und Erklärungen von einer solchen Plattheit mit sich führen, daß wir über den Geschmack des Hofes, für den der Kalender bestimmt war, wohl erstaunen dürfen. Neben diesem Wolffgangschen Taschenbuche kam vor vielen ähnlichen der „Genealogische Schreib- und Post-Calender" empor, der 1737, um die wesentliche Zugabe des Postverzeichnisses vermehrt, bei Michaelis, 1738 bei Christian Ludewig Kunst gedruckt wurde, und allmählich, besonders nachdem der Wolffgangsche Hofkalender sich (1740?) mit ihm vereinigt hatte, sich zum besten und gesuchtesten Berliner Almanach herausbildete, dessen Redaktion von der Akademie der Wissenschaften selbst geleitet wurde. Er erschien in dem üblichen Duodezformat, mit dem herkömmlichen Inhalte des Kalendariums nebst astronomischem Zubehör, den Verkehrsnotizen, den fürstlichen Genealogien und den wissenschaftlichen Artikeln; er wurde, wie viele andere Kalender des Jahrhunderts, gleichzeitig in einer deutschen und in einer sonst identischen französischen Ausgabe hergestellt, und konnte mit oder ohne Titelbild, Monatskupfern und Landkarte, auf besserem oder gröberem Papier, einfach oder luxuriös gebunden, im gewöhnlichen oder im Etuiformat für einen Preis, der zwischen achtzehn und drei Groschen schwankte, von den „Facteurs“ der Akademie, von dem dirigierenden Kommissär (Köhler, seit 1767 Gravius), von verschiedenen Vertrauenspersonen, sowie von einzelnen Buchhandlungen bezogen werden. Seine Ausstattung mit Kupfern — sie sind vielfach anonym — wurde wahrscheinlich zuerst von Wolffgang, dann seit den fünfziger Jahren von seinen Erben, die mit den Augsburger Kupferstichoffizinen in Verbindung standen, und zwar konventionell und grob genug besorgt: um 1760 tauchen auch Blätter von J. E. Gericke und von Georg Schleuen auf, die jedoch ebensowenig über die allegorischen Phrasen, über moralisierende Genrescenen und über eine schwerfällige, primitive Technik herauskommen. Erst mit dem Rode-Chodowieckischen Kalender von 1769, vollends aber mit dem ganz Chodowieckischen für 1770, brach eine Periode höheren und hohen Kunstwertes für den Kalender an, die nur mit dem Leben ihres größten Illustrators erlöschen sollte.

Dieser Kalender von 1770 giebt uns nun wiederum Veranlassung, den Meister bei der Wahl seines Stoffes zu beobachten. Man ließ ihm hier vollkommen freie Hand für die zwölf Monatskupfer — das Titelbild, ein Porträt Wilhelms V. von Oranien, stach nach seiner Zeichnung der junge Daniel Berger — und er verfiel, mit wohlbedachter Wendung, auf Darstellungen zu Lessings „Minna von Barnhelm“.[5]) Er hätte sich nicht passender entscheiden können. Schon die Illustration eines Theaterstückes mochte an sich etwas Neues, Unerwartetes und Reizvolles sein; „Minna von Barnhelm“ war jedoch ein Gegenstand, der auf die Berliner eine ganz besonders starke Anziehungskraft ausüben mußte. War doch dieses Schauspiel erst vor kurzem das litterarische Ereignis des Tages gewesen, das alt und jung und alle Stände wie kaum ein Stück vor ihm begeisterte und aufregte. Karl Theodor Döbbelin, der kluge Theaterdirektor und hyperpathetische Heldenspieler, hatte es am 21. März 1768 zum ersten- und in den folgenden Wochen noch vielemale über die Bühne des Schuchschen deutschen Komödienhauses in der Behrenstraße gehen lassen, und das aktuelle Interesse der Handlung nach kaum beendigtem siebenjährigem Kriege, der freimütige Sinn, mit dem so nahe liegende Verhältnisse dargestellt waren, endlich die ästhetischen Vorzüge der Dichtung hatten ihm stets runde Einnahmen und dem Publikum vielfache Anregung gebracht. Sicherlich war Chodowiecki, der das Theater nicht selten besuchte, bei mehreren Aufführungen zugegen gewesen und hatte freinen Herzens aufgenommen, was ihm, dem Freunde eines flinken Gedankenspieles und graziösen Geistes, von Lessings glücklichster Schöpferkraft durch gute Künstler vorgesetzt wurde. So konnten sich denn in seiner Phantasie, die ja stets, wenn sie frei war, nach klaren und wahren Bildern strebte, konkrete Eindrücke gestalten, die in angemessene Formen zu kleiden, er nun auf einmal ein kaum geahntes Genie entwickelte. Als ob nicht seine Jahre und Jahrzehnte mühevollen Suchens und Irrens, sondern als ob die geordneten Studien eines frischen und entschiedenen Talentes hinter ihr ständen, so sicher und vollendet mutet uns seine Arbeit (E. 51—52) an. In ovalen Medaillons, die auf dunkelschraffierten, mit einer Rosenguirlande geschmückten Gründen wie in Rahmen sitzen, stellte er zwölf wesentliche Auftritte des Stückes dar, deren Vorgänge er sich ebenso genau durchgedacht, wie er sich in die Individualitäten der Personen vertieft und eingelebt hatte. Gewiß im Anschluß an die Dekorationen der Schaubühne, nimmt er treu und ohne Umstände das Lokal, den Vorplatz des Gasthofes und das Zimmer des Fräuleins von Barnhelm, als einfache, kleine Räume an, deren auf den verschiedenen Blättern wiederkehrende Teile durchaus zusammenpassen und in denen die Personen, trotz aller Enge, sich zwanglos bewegen und in klaren und geschickten Gruppen, die ebenfalls der Aufführung abgesehen sein mögen, sich zu einander stellen. Bei einer so weisen Inscenierung ergiebt sich wie von selbst, daß alle Handlungen und Gesten natürlich und mit dem rechten Anstande erfolgen können; ein Vorzug, welchen sich nicht entgehen zu lassen es jedoch eines Künstlers bedurfte, dessen Augenmerk nicht sowohl auf die Pose, als auf eine mit Anmut ausdrucksvolle Darstellung gerichtet war. Und eben dieses zeigte sich jetzt wieder als Chodowieckis Grundsatz. Mochte er auch hierin durch die Erinnerung an die Schauspieler, die sehr wohl den französischen Tragödienstil von dem Stile des Konversationsstückes zu unterscheiden wußten, begünstigt werden:[6]) er wäre doch unmöglich imstande gewesen, so viel detaillierteste Charakteristik der verschiedenen Personen und ihrer verschiedenen Stimmungen bloß aus zweiter Hand zu bieten. Nein, er trug das in sich, was leider nur

Illustration zu „Minna von Barnhelm“.
(E. 52[12].)

zu oft den Künstlern mangelt: die Freude an dem Gegenstande selbst, die seiner Eigenart gerecht werden will, und die Achtung vor ihm, die weder eine Mühe scheut, um ihn zu ergründen, noch das eitle, selbstgefällige Aufgehen des Künstlers in glänzender Technik duldet. Bei aller Vorzüglichkeit der Radierung, bei aller Durcharbeitung dieser Blätter kommt doch nie der Eindruck auf, als sei in ihnen auch nur das Geringste der Virtuosität des Meisters zuliebe angeordnet worden; aber andererseits hat auch die so weit getriebene Charakterisierung der Personen bei ihm nirgends — was heute so beliebt ist! — eine Vernachlässigung der übrigen Elemente der Darstellung, des Kostümes und des Lokales, zur Folge gehabt. Vielmehr zeigt Chodowiecki hier wie noch öfters, daß es möglich sei, ein richtiges Verhältnis zwischen Wichtigem und minder Wichtigem im Bilde zu finden und, ohne irgendwelche Langeweile zu verbreiten, ein schönes Gleichgewicht zu erzielen.

Studie zu E. 346, Titelkupfer der „Geschichte eines Genies“. 17[illegible].

Die wunderbare Zartheit der Kupfer zu „Minna von Barnhelm“ war aber leider durch eine besondere Empfindlichkeit der Platte erkauft worden. Nicht nur mußte der Künstler für die zweite, die deutsche Ausgabe des Kalenders eine ganz neue, übrigens wenig abweichende Arbeit liefern, sondern es wurde, weil auch diese nicht genug Abdrücke hergab, gleichzeitig mit ihr eine Kopie von Daniel Berger in Umlauf gesetzt und sogar eine Anzahl von Exemplaren des Kalenders mit ganz anderen Illustrationen, nämlich mit allegorischen Kompositionen von Wilhelm Meil, ausgestattet. Immerhin lassen diese Veranstaltungen erkennen, daß der Absatz des Taschenbuchs ein beträchtlicher geworden war; und auch das spricht für die Beliebtheit der Chodowieckischen Blätter, daß die königliche Porzellanfabrik zu Berlin gelegentlich (1771) nach ihnen ein Service bemalte.[7] Die Akademie der Wissenschaften beschloß daher, den Kalender auf der erreichten Höhe zu erhalten, und verpflichtete den Hofrat

Gravius, fortan nur Chodowiecki oder Meil die Kupfer zu übertragen, sowie nur die besten Kopisten und Kupferdrucker, im Einverständnis mit den genannten Künstlern, zu beschäftigen. Eine solche Erklärung der auf diesem Gebiete maßgeblichen Behörde war eine wichtige Errungenschaft, besonders für Chodowiecki, der von nun an bis 1801 fast ununterbrochen bald die deutsche, bald die französische Ausgabe des Kalenders illustrierte und infolgedessen mit der Zeit für eine weitere Anzahl der angesehensten, ähnlichen Taschenbücher gewonnen wurde.

Solche Arbeiten boten ihm nun die mannigfaltigsten Aufgaben und stellten seine nicht eben schwungvolle Phantasie nicht selten auf harte Proben. Die Gegenstände der Kupfer wollten so gewählt sein, daß das Publikum jedes Jahr etwas anderes, Erwünschtes oder womöglich Seltsames erhielt, und der Künstler hatte überdies in vielen Fällen nur anzunehmen, was man ihm zur Behandlung vorschlug. Da galt es denn, sich ohne langes Besinnen und ohne gründlichere Vorbereitung in entlegene Stoffe zu finden und sich mit Geistesgegenwart, so gut es ging, aus der Sache zu ziehen. So war für den Kalender von 1771 der Don Quixote gewählt worden: und da diesen Kupfern als Titelbild zufällig das Porträt Kaiser Josephs II. beigegeben war, der bei vielen im Rufe einer gewissen Donquixoterie stand, und da die österreichischen Behörden in dieser Zusammenstellung eine brandenburgische Satire witterten, so hatte König Friedrich befohlen, den nächsten Kalender (also den für 1772) mit seinem eigenen Bildnisse und mit einer noch abenteuerlicheren Geschichte zu zieren. Als solche fand sich denn Ariosts „Rasender Roland“, und Chodowiecki, der sich bekanntlich bisher nur in französisch-griechischer Miniaturmythologie und in realistischem Bürgertum zu Hause gefühlt, hatte nicht nur ein groteskes, spanisches Ritterwesen, sondern auch die unerhörten Thaten eines Wahnsinnigen zu verkörpern. Aber er ging unverzagt und mit der ganzen Naivetät des guten Willens, der eben sein Bestes leistet, daran. Er las zunächst den Don Quixote, und wirklich bewies Cervantes' plastische Schilderung und lebensprühende Sprache auch an ihm ihre unsterbliche Macht: sie packte den deutschen Philister, und der traurige Ritter, sein platter Diener, die schnöden Dulcineen, die rohen Wirte und Knechte — sie alle erhielten eine glaubhafte, im wahren Sinne humoristische Gestalt. Kein Gebildeter legt den Don Quixote ohne eine lächelnde Rührung aus der Hand: auch unseres Künstlers Nachschöpfungen erwecken dieses Gefühl. Einige Verstöße gegen das historische Kostüm stören uns dabei nicht, da das Exzentrische der Hauptfigur und die vielfachen Maskeraden in der Erzählung uns ohnehin an Wunderliches gewöhnen, und es überwiegt die Empfindung, die sinnreichen Thaten des Helden aus der Mancha möchten recht wohl so ausgeführt worden sein, wie wir sie hier ganz sachlich, mit dem heiligen Ernste des Ritters und mit dem als

Gegensatz dazu so wirksamen und alles kommentierenden Chor der Spötter dargestellt sehen (E. 58, 1770).[8]) Dagegen mutete Ariost seinem Illustrator unstreitig zu viel zu. Wie hätte dieser Wackere dem Dichter auf so romantischem Fluge folgen und ihn auf dem Gipfel der Phantastik erreichen sollen! Dem höfischen Italiener war ritterliches, hochfahrendes Wesen vertraut: zauberische Feste hatten ihn in Hülle und Fülle alle mythischen und mythologischen Wesen wandelnd sehen und ihm die unerhörtesten Fabeln zu flüchtigen Wirklichkeiten werden lassen, und sein Gedicht verflocht solche Eindrücke mit den Betrachtungen und Einfällen eines allseitig gebildeten Weltmannes, der zugleich ein sinnberückend beredter Künstler der Erzählung war. Ihm durfte nur ein kongenialer Genius die Wage halten wollen, und Chodowieckis schlanke Ritter, die meist wie Opernstatisten oder, bestenfalls, wie Reitknechte um das Jahr 1700 geartet sind, bemühen sich in ungelenker Biederkeit umsonst, uns ihre Lebensfähigkeit glaubhaft zu machen. Sie erscheinen, was bei dieser Dichtung schlechterdings unerträglich ist, steif und nüchtern, und nur einzelne glückliche Motive, wie Astolf als fröhlicher Riesenbezwinger (E. 74, 5) oder der nackte Roland, der einem vlämisch dreinschauenden, märkischen Bauern seine tote Stute verhandeln will (E. 74, 10), bilden mit ihrem Anfluge von Humor ein Gegengewicht gegen das Mißlungene.[9])

Illustration zum „Rasenden Roland“.
(E. 74⁵.)

Übrigens empfanden weder die Berliner, die ja selber keine Arioste waren, noch auch der Künstler, der sich in diesem Falle freiwillig an das Thema gewagt hatte, die Unzulänglichkeiten, die uns an Doré's dekorative Phantasiestücke oder aber an die nazarenischen Fresken aus der Villa Bartoldi Gewöhnten auffallen; aber sicherlich war dem Meister wohler zu Mute, als er für den Kalender 1773 die Idyllen von Salomon Geßner bearbeitete (E. 69). Hier trat er mit dem zartsinnigen Dichter und stets dilettantenhaften Radierer in eine pikante Konkurrenz und ging durchaus als Sieger aus ihr hervor. Denn obgleich Geßner sich selbst illustrierte, blieb er doch mit den konventionellen und eintönigen Kompositionen an der Oberfläche seiner zwar gezierten, aber immerhin mit Gefühl und Laune ausgebildeten, poetischen Erfindungen haften; ihm mangelte es an plastischer, formaler Anschauung, während Chodowiecki nicht nur über eine respektable Routine in der Darstellung idyllischer Gegenstände verfügte, sondern auch hinreichende Spannkraft besaß, um sich die Geßnerschen Hirten und Hirtinnen bald als wirkliche Bauern in aller Natürlichkeit, bald als die herkömmlichen Arkadier, jedoch in ganz zurechnungsfähiger, gleichsam schlicht-menschlicher Verfassung vorzustellen und mit allen ihren ehemals entzückenden Minauderien (vgl. z. B.: „Ich liebe dich mehr als die Schafe den Klee") behaglich hinzuzeichnen. Ganz in seinem Elemente fand er sich jedoch, als er 1773, für den Kalender des darauf folgenden Jahres, keine Illustration eines fremden Werkes, sondern eine frei erdachte Folge von psychologischen Studien, „Das Leben eines Lüderlichen" oder „Ein Cursus von Erfahrung-Sammlungen" (wie er die Blätter, E. 90, auch nennt) radierte. Solche Themata lagen ja damals, wo die Suiten von Hogarth zugleich mit den moralisch-satirischen Schriften der englischen Humoristen allenthalben wirkten, wo aber auch in Deutschland selbst die Philanthropie und die Pädagogik blühten, gleichsam in der Luft; doch ließ sich Chodowiecki hierbei von niemandem ins Schlepptau nehmen, sondern schilderte auf seine schlichte und nur durch ihre innere Wahrhaftigkeit beredte Weise, was er nur zu oft an reichen Bürgerkindern Berlins beobachtet hatte. Eine vergnügungssüchtige junge Mutter wendet ihrem Säugling den Rücken und alsbald karessiert ein wüster Soldat die willige Amme; zwar werden dem Knaben, wie es Brauch ist, seinerzeit Informatoren gehalten, aber sie reden, leeres Stroh dreschend, vor tauben Ohren und der Zögling sucht seine Bildung in der Reitbahn. Auf der Universität pflegt er erst recht nur noble und unnoble Passionen, bis Schulden und eine geschädigte Gesundheit den früh gebrochenen Unweisen in — den Hafen der Ehe treiben. Da beginnt dann das Elend auf andere Art: das Hauswesen kracht in allen Fugen, ein notdürftiges Kind erweist sich als mit Erbübeln belastet, und völliger Ruin, sowie ein jammervolles Ende machen den Schluß. Also ein altes Lied, das die moralischen Kalender schon oft, aber nur in einzelnen Blättern, warnend und wehleidig vorgetragen hatten, ohne jemals die sonore Tiefe und die überzeugende Reinheit des Chodowieckischen Tones zu treffen.

Ob freilich unser Held durch die Moralität dieser Bilder so viele sittlich Gefährdete bekehrte als er leselustige und kalenderfreundliche Zeitgenossen mit ihren fesselnden Darstellungskünsten unterhielt, wird billig bezweifelt. Und doch war es ihm um solche stumme Predigten nicht weniger ernst, als bei dem großen pädagogischen Unternehmen, für das ihn Basedow, der bekannte Agitator für „naturgemäße" Erziehung, gleich nach dem Erscheinen des „Calas" mit Beschlag belegt hatte, und auf das er mit dem Eifer eines Mannes einging, der sich freut, in wichtigen gemeinnützigen Angelegenheiten endlich einmal zu nachhaltigeren Worten zu kommen.

Fast gleichzeitig mit Basedows erster Ankündigung seines vielversprechenden „Elementarwerkes" begann Chodowiecki seine Arbeiten dafür. Und diese stellten nicht geringe Anforderungen an seinen Fleiß wie an seinen guten Willen. Es sollte ein „ABC-Buch der realen und nominalen menschlichen Erkenntniß" geschaffen werden, d. h. ein Bilderatlas, der die Grundlagen von allen Dingen enthielte, die ein Kind im Laufe seiner Schuljahre zu begreifen hat — freilich solcher Schuljahre, wie die Philanthropen sie einrichten wollten und die im wesentlichen als durch belehrende, vor allem zum selbständigen Denken anregende Unterhaltungen zwischen dem Lehrer und den Schülern ausgefüllt gedacht wurden. Solche Unterhaltungen waren übrigens außer in der deutschen noch in lateinischer und französischer Sprache zu führen, um den Begriff eines neuerkannten Gegenstandes nicht allzu eng mit einem bestimmten Wortklange zu verbinden, und sollten immer an Demonstrationen aller Art anknüpfen; da jedoch ein dazu ausreichender Mikrokosmus nicht wohl allenthalben zur Hand sein konnte, so hatten einstweilen die Bildertafeln des „Elementarwerkes" für ihn einzutreten. Sie mußten daher den ganzen, komplizierten Lehrstoff enthalten und entfalten, und zwar übersichtlich und nach einem genauen Programme geordnet, so daß die zu den Unterhaltungen anleitende „Beschreibung" sich mit ihrer ausgeklügelten Methodik zwanglos an sie anzuschließen vermochte. Man begann also mit dem Nächstliegenden, nämlich mit den Nahrungsmitteln, der Bekleidung und der Behausung der modernen Menschen; nach der Darstellung der Kinderspiele und der Erholungen Erwachsener ging man dann über zu den Eigentümlichkeiten der Tiere und zu ihren Beziehungen zum Menschen, worauf dieser selbst nach seiner Anatomie und einzelnen moralischen Eigenschaften vorgeführt wurde; seine Bearbeitung und Ausnutzung der Erde, seine Bethätigung in den Handwerken fanden dabei ihre Erwähnung. Nun folgte in einer großen Zahl von Bildern ein Gemälde von löblichen und von beklagenswerten Zuständen und Kulturerscheinungen, die, von einigen geographischen Karten unterbrochen, über die ziemlich summarische Abfertigung der Künste hinweg, im Kriegswesen zu Wasser und zu Lande ihren Abschluß erreichten; und endlich gaben die Schilderungen wichtiger historischer Ereignisse den Gedanken eine Richtung auf erbauliche Betrachtungen, die merkwürdigerweise bei der antiken Mythologie abbrechen statt in der Apotheose des Christentums zu gipfeln.[10]) Es war also ein vollständiger Orbis pictus, den Chodowiecki zu illustrieren hatte; denn seine Aufgabe bestand darin, die Vorlagen für fast sämtliche Darstellungen zu entwerfen und sie mit aller Sorgfalt auszuführen, so daß andere sie stechen konnten, sofern er nicht auch dieses selbst übernehmen wollte. Da nun die Zahl der Tafeln auf nur hundert festgesetzt war und eine jede von ihnen höchstens in vier Abteilungen zerfallen durfte, so mußte jedes einzelne Bild mit großer Umsicht komponiert werden, um möglichst viele Motive zu enthalten, ohne doch durch Häufungen in Unklarheit zu verfallen.

Aber so mannigfaltig die Schwierigkeiten des Werkes waren, so unverdrossen griff unser Meister die Sache an. Im allgemeinen fielen ja die zu behandelnden Stoffe in sein eigenstes Gebiet; und was konnte ihm willkommener sein, als zum Besten von alt und jung, und insbesondere für die lieben Kinder, seine Phantasie nach Herzenslust bilden zu lassen, womit sie sich ohnehin am häufigsten beschäftigte? Das trauliche Leben der Familien innerhalb ihrer vier Wände, die moralische Atmosphäre und das tüchtige, pflichtgetreue Schaffen aller arbeitsamen Stände reizten ihn vorzüglich zu ihrer Verherrlichung: der Darstellung des Mutterglückes, der Kinderlust und des harmlosen Lebensgenusses widmete er sich als ein in seiner Art lebensfroher Mann mit einer so warmen und innigen Begeisterung, daß die entsprechenden Gruppen zu dem Schönsten zählen, das ihm je geglückt ist. Auch fand er gerade für diese Gegenstände schon mancherlei zierliche und gemütvolle Skizzen in seinen Kollektaneen oder er nahm auch aus seinen Ölbildern und Radierungen diese oder jene passenden Figuren herüber, die ihm selbst etwa besonders gut gefielen, so daß der Kenner seiner Werke sich auch in dem Atlas bald genug heimisch fühlt. Mit größter Gewissenhaftigkeit ergänzte er aber auch seine Anschauungen und Kenntnisse für die Gegenstände, die er minder beherrschte. Er besuchte die Werkstätten der verschiedenen Handwerker und studierte ihre Gerätschaften und die charakteristischen Stellungen und Griffe der Arbeitenden; er orientierte sich bei einem Orgelbauer und anderen Musikern über ihre Instrumente; über militärische Dinge mußten Offiziere ihm Auskunft erteilen: Kaufläden, Gerichtssäle, öffentliche Gärten und Promenaden nutzte er zu Specialbeobachtungen aus — und allenthalben sah er mit klugen Augen und bewahrte in treuestem Gedächtnis, was ihm zu scharfer und lebendiger Wiedergabe der vielgestaltigen Dinge und vielgeschäftigen Menschen dienen konnte. Wenn aber das selbständige Studium der Natur unmöglich war, so nahm er Kupferstiche und Bücher zu Hilfe, die er von wohlwollenden, wissenschaftlichen Beratern, wie Sulzer, oder von seinen gelehrten Freunden, etwa den französischen Pastoren, sich borgte. Auf diese Weise schuf er ein Bilderbuch, das weit besser als die pedantische, von Basedows Mitarbeiter Christian Heinrich Wolke dazu verfaßte „Beschreibung“ seine Zeitgenossen unterrichtete und moralisierte,[11] während es uns von großem kulturhistorischen Werte ist und außerdem uns so recht eigentlich und eindringlich in des Künstlers ehrlichen und anspruchslosen Realismus, in seine genügsame und dabei künstlerisch feinfühlige Reproduktion und Charakterisierung alles Darzustellenden einführt.

Schon 1769, noch während Basedow sich bemühte, die Gönner der Pädagogik für philanthropische Ideen zu begeistern und die Mittel zur Gründung einer Mustererziehungsanstalt und zur Herausgabe des „Elementarwerkes“ zusammenzubringen, lieferte Chodowiecki eine Anzahl von Zeichnungen dafür, von denen er zwei, Nr. XVIII und Nr. XXII (E. 54 und 57) auch eigenhändig radierte; im folgenden Jahre radierte er sogar ihrer drei (Nr. XXXIV,

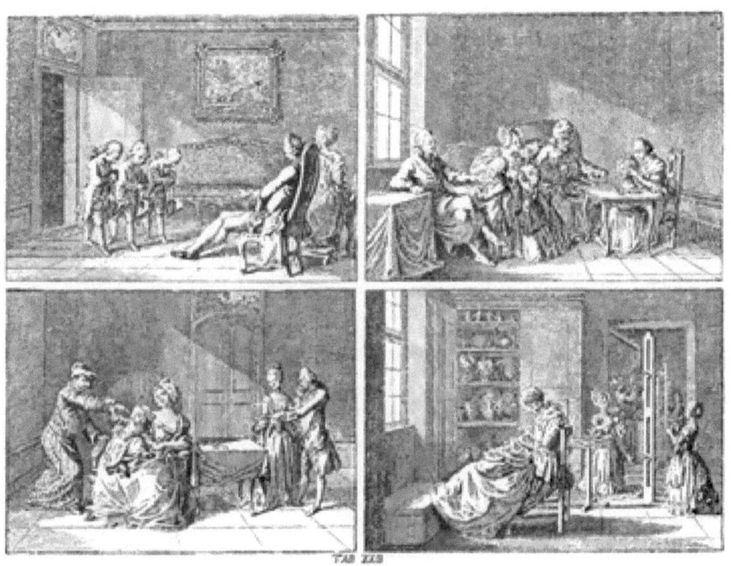

Aus Basedows „Elementarwerk“.
(E. 57.)

XLVIII und XLIX, E. 63, 62, 61) und zeigte sich überhaupt so umsichtig, thätig und energisch, daß das Werk, an dessen Zustandekommen man oft hatte zweifeln müssen, 1774 bei Leberecht Crusius in Leipzig wirklich erschien. Denn in der That ruhte die Last und Verantwortung für das Ganze im Grunde auf seinen Schultern. Basedows unruhiger, abspringender Geist erschwerte die Arbeit außerordentlich. Man verhandelte brieflich oder durch den Agenten Gillet über das Notwendige; kam aber der originelle Prophet selbst einmal nach Berlin, so hatte er an dem Abgemachten gewiß wieder zu ändern und ließ bald diesen, bald jenen Gedanken aufs neue ausführen, oder er zeigte sich auch wohl völlig gleichgültig gegen das Unternehmen — wie er denn sogar das Dessauer Philanthropin, die ebenfalls 1774 nach langen Mühen gegründete Musteranstalt, schon 1776 im Stiche ließ, um sein unstätes und ungebundenes Leben an verschiedenen Orten fortzusetzen. Da war es immer wieder Chodowiecki, dessen Geduld und Zähigkeit den Fortschritt der Arbeit im Geleise erhielt. Er sorgte dafür, daß die Tafeln, die er nicht selbst entwerfen konnte, nämlich die lediglich auf die fremden Tiere bezüglichen, ferner die geographischen, die übrigen naturwissenschaftlichen und einige Kopenhagener Ansichten (die zu Ehren des freigebigen Königs von Dänemark eingefügt werden sollten) von anderen Zeichnern, besonders von Wolke und dem Schweizer Johann Roderich Schellenberg, geliefert wurden. Er trieb die Stecher an, die er glaubte verwenden zu können, verteilte unter sie die Platten, kontrolierte ihre Leistungen, hatte unendlichen Ärger mit Säumigen und Widerspenstigen und mochte wohl erleichtert aufatmen, als er selbst noch eine der letzten Tafeln, Nr. XCIV (E. 117) radiert hatte.

Dafür durfte er sich auch eingestehen, daß er durch solche Bemühungen nicht nur der Philanthropie, sondern vielleicht mehr noch der deutschen Kupferstecherei nützlich geworden war. Denn ein ganzer Stab von Radierern hatte unter seiner Leitung gearbeitet und war auf diese Weise von ihm günstig beeinflußt worden. Vor allen die Berliner, die zum Teil schon zu der Illustration des genealogischen Kalenders und für die Kopien der Chodowieckischen Platten in demselben herangezogen waren: Schleuen, Schuster, Daniel und Johann Friedrich Berger, J. C. Krüger und Gottfried Chodowiecki. Letzterem wurden besonders solche Platten zugewiesen, auf denen Pferde vorkamen, denn sein mit Vorliebe getriebenes Studium derselben, sei es nach der Natur, sei es nach den Kupfern des Rugendas, hatte ihm den Anschein eines Pferdemalers verliehen; indessen ist seine Arbeit nicht eben erfreulich, da ihm der Strich meist härter und rauher als den anderen, nicht schmiegsam und anmutig gerät. Schleuen ist ein geübter Stecher ohne Feinheit und ohne Grazie; er verdirbt die zarten Vorlagen von Chodowieckis Hand durch seinen Mangel an Schwung und Empfindung, aber er interpretiert doch wenigstens deutlich und ohne Ziererei. Von den übrigen ist Daniel Berger der glücklichste; doch auch er reicht nicht an den Meister heran, dessen sechs Blätter durch ihre koloristische Wirkung und ihre unvergleichlich geistreiche Durcharbeitung schon beim Durchblättern des Buches in die Augen fallen. Den Berliner Stechern steht dann eine Gruppe von Leipzigern gegenüber, die für das Werk gewonnen wurden, als einzelne von jenen ausgetreten waren: so kommt die thätige Stecherin Joh. Dorothee Philipp, geborene Sysang, mit ihrer Präcision und Anspruchslosigkeit zur Geltung, während neben ihr C. W. Bock und Endner ebenfalls ganz leidlich sich erweisen. Endlich wurden noch, zum

Teil wohl aus politischen Rücksichten, die Dänen H. F. Schlegel und P. Haas, sowie ein hamburgischer Schreibkünstler, J. A. von Hostrup, beschäftigt.

Alles in allem haben diese Leute im Laufe von etwa fünf Jahren ein Bilderwerk hergestellt, das in Deutschland schwerlich einen gleichwertigen Vorgänger besaß und überhaupt zu den ersten Publikationen dieser Art gehörte.[12]) Sie illustrierten den Grundsatz, daß zur Belehrung der Kinder das Beste eben gut genug sei, und gaben den Kleinen Kupferstiche in die Hand, die gehaltvoll genug waren, um auch Erwachsenen zu nützen. Damit ließ sich manches für die edle Sache gewinnen! Denn mochte es auch noch lange, ja bis tief in unser Jahrhundert hinein, in vielen Kreisen herkömmlich bleiben, einen geschickten Kammerdiener oder Bereiter weit höher zu achten und zu besolden als den Hauslehrer, so fehlte es doch andererseits nicht an gebildeten Leuten aus einflußreichen Ständen, die im Sinne der Philanthropen agitierten und deren Bemühungen um die Verbesserung der Schule durch ein allgemeiner verbreitetes Interesse des Publikums an diesen Dingen wirksam zu unterstützen waren. In Preußen gelangten die Kämpfe des Freiherrn von Rochow-Rekahn um geordnete Volksschulen erst zu dauernden Erfolgen, nachdem durch nachhaltige Agitation eine größere Partei für ihn geschaffen worden war; für Basedow fand sich vorzüglich im Fürsten Friedrich Franz Leopold von Anhalt-Dessau der energische Beschützer und Förderer.[13]) Dieser schöngeistige Herr war ein warmer Freund der Aufklärung, und die Fürstin sowohl als der Hof teilten seine in hohen Wogen gehende Liebhaberei für Philanthropie und Humanität. Rousseau stand bei ihm in nicht geringem Ansehen; das männerwürdige, ungezwungene englische Kostüm, das er bei sich einführte, und Basedows Erziehungsanstalt, die er gründen half, legten nach außen hin davon Zeugnis ab. Und da er sich eifrig mit den Einzelheiten der Verwirklichung Basedowscher Gedanken beschäftigte, so wandte er auch Chodowiecki, als dem vielgepriesenen Bearbeiter des „Elementarwerkes", seine Gunst zu. Im Mai des Jahres 1772 veranlaßte er z. B. den Künstler zu einer Reise nach Dessau[14]) und benutzte seine Anwesenheit, um ihn kennen zu lernen und ihm einige Arbeiten anzutragen. Der Meister seinerseits nahm eifrig und in erster Linie die Gelegenheit wahr, um mit Basedow, da er ihn endlich einmal fassen konnte, über das gemeinsame Werk auf das gründlichste zu verhandeln und um ihm bessere Begriffe von Kunst und Kunstausdrücken beizubringen. Zu diesem Zwecke disputierte er mit ihm über Perspektive; auch lasen sie zusammen einen Traktat über die Malerei von Tischbein und das Dictionnaire von Pernetti — Übungen, von denen wir mit nur geringer Zuversicht hoffen können, daß sie bei dem wenig ästhetischen Pädagogen auf fruchtbaren Boden gefallen sein mögen.

Allerdings war der gescheite Mann noch hinreichend kunstverständig, um einen Chodowiecki nicht nur für sein „Elementarwerk“ zu entdecken, sondern ihn auch festzuhalten und gleich ein zweites Buch, den „Agathokrator“, von ihm illustrieren zu lassen. Der „Agathokrator“, eine Anleitung zur Erziehung künftiger Regenten, erschien bereits 1771 und erhielt drei Radierungen (E. 71 bis 73), die für den Anschauungsunterricht und für das zu errichtende Philanthropin plaidieren halfen — und dies zwar mit entschiedenem Erfolge, da die Dessauer Gründungen zum Teil auf jene Schrift werden zurückzuführen sein.

Überhaupt sollte unser Künstler noch öfter[15]) für solche und ähnliche pädagogische Werke in Anspruch genommen werden; zunächst jedoch hatte er sich mit den mannigfaltigsten Anforderungen anderer Art abzufinden. Ein Mann, der als Celebrität gilt, muß eine Proteusnatur bewähren, will er nicht in die behagliche Verborgenheit zurückkehren, aus der er aufgetaucht ist. So trat denn unter anderen Verlockungen auch die Verführung zu politisch-kunsthändlerischen Spekulationen an Chodowiecki heran, und er nahm keinen Anstand, ihr zu folgen, obgleich sie ihm einigermaßen bedenkliche, nämlich seinem Wesen wenig entsprechende Aufgaben zuwies. Die Türkenkriege der Kaiserin Katharina setzten um 1770, da deutsche Heldenthaten nicht mehr zu feiern waren, die Leiern und die Griffel der Berliner Dichter und Künstler in Bewegung. Man versah sich, von Friedrich dem Großen nicht eben verwöhnt, wahrhaft asiatischer Belohnungen, wenn es gelang, durch eine eindringliche Ode oder eine pomphafte Schilderei das Ohr und das Auge der Zarin selbst oder ihrer Günstlinge zu ergötzen; erfüllte Hoffnungen eiferten zu Wiederholung der Versuche und zu Nachfolge an, und es entwickelte sich eine wunderliche, auf den Export berechnete Industrie, die nur zu oft den Adel der beteiligten Künste auf das schmählichste erniedrigte.

Chodowiecki freilich vermochte sich in der Regel mit der ihm eigenen Grazie aus der Sache zu ziehen. Als der Buchhändler Mylius, für den er auch sonst arbeitete (E. 59), ihm eine Verherrlichung des Sieges von Choczim (den 18. September 1769) übertrug, da wählte er eine Episode aus dieser Schlacht, die er ebenso decent und anmutig darzustellen wußte, als sie pikant war (E. 55). Der Fürst Gallitzin, an einer erbeuteten Trophäe von Roßschweifen stehend, befiehlt mit der rechten Hand energisch die Verfolgung des türkischen Heeres; es löst sich soeben, nach schrecklichen Verlusten, in wilder Flucht auf. Aus der eroberten Stadt sind aber die reizendsten Orientalinnen herbeigebracht worden, und mit gnädigem Coup d'oeuil und mit charmanter Bewegung seiner Linken ladet der Feldherr, zur grinsenden Freude aller Kosaken, die artigen Gefangenen ein — d'aller „peupler ses états“. Dies wird denn auch wohl, und zwar unter überirdischer Leitung, geschehen sein: denn während Mars die Türken schlagen hilft, lächelt aus den Wolken Venus mit Amor auf die Damen herab, die sich völlig gelassen in ihr Schicksal ergeben.

Das ungemein gelungene Blatt gefiel, und alsbald entschloß sich der Geheimrat Baron von Labes, ein märkischer Gutsbesitzer mit künstlerischen Interessen, zu einer ähnlichen Huldigung. Er ließ Chodowiecki eine Medaille auf dieselbe Schlacht ausführen, d. h. den bildmäßigen Entwurf zu den beiden Seiten einer solchen (E. 56) nach seinen Angaben radieren und mit lateinischen

(E. 55.)

und einer griechischen Inschrift ausstatten.[16] Indessen blieben die erhofften Folgen dieser Spekulation aus. Ob einige in die Augen fallende Verzeichnungen die Schuld daran trugen, mag ununtersucht bleiben; jedenfalls verlor jedoch der Künstler selbst weder den Mut noch den Geschmack an solchen Arbeiten und unternahm bald darauf eine ähnliche Darstellung auf eigene Rechnung. Er begeisterte sich für den Sieg des Grafen Romanzoff[17] über den türkischen Großvezier am Kahul (den 1. August 1770) und lieferte ein in jeder Beziehung konventionelles und mittelmäßiges Blatt (E. 68) mit dem einhersprengenden Befehlshaber im Vordergrunde und dem obligaten Kriegsgetümmel im Hintergrunde. Diesmal hatte er aber Erfolg und zwar einen glänzenden: Katharina befahl ihm eine größere Anzahl von Exemplaren abzunehmen und ein Geschenk von hundert Dukaten auszuzahlen, nachdem sie schon die Komposition der Schlacht bei Choczim in der Akademie von St. Petersburg in einer vergrößerten Kopie hatte aufhängen lassen. Außerdem ging der Verkauf der Radierung auch in Deutschland sehr flott von statten — ein Beweis mehr dafür, wie mühelos das Herkömmliche sich vor dem Originellen zur Geltung bringt.

Die Gleichheit aller Stände.

(E. 60.)

Übrigens war des Barons von Labes dem Künstler günstige Gesinnung durch den Mißerfolg der Medaille nicht erschüttert worden. Noch zweimal nahm er die Hilfe des gern Helfenden in Anspruch, und schalt er auch gelegentlich über dessen ihm allzu hoch dünkenden Honorarforderungen, so schickte er dann doch wieder seiner Gattin allerlei erwünschte Viktualien in die Küche. Er hatte offenbar eine Neigung zur Empfindsamkeit und zur Illustration seiner Gefühle; von Chodowiecki mochte er sich verstanden wissen und vertraute deshalb gerade ihm vor anderen den Ausdruck seiner Gedanken an. Als seine

Schwiegermutter, die reiche Wittwe Daum, gestorben war und Pastor Porrées Leichenrede auf sie gedruckt wurde, mußte der Freund die rührenden Vignetten dazu, und sicher wieder nach den Angaben des Bestellers, ausführen (E. 60, 64—66). Gewissenhaft zeigt eine symbolisch verzierte Uhr die Sterbestunde der Verblichenen an, mit pathetischem Nachdruck wird auf die Eitelkeit der menschlichen Dinge hingewiesen; die Freundschaft weint, die Hoffnung tröstet, und in dem Hauptbilde wird uns wieder einmal klargemacht, daß sämtliche Stände und Lebensalter unfehlbar dem Tode entgegenwandern. Nichts kann naiver erdacht sein als diese letzte Darstellung: in einem Park das Monument des triumphierenden Todes; von ihm gehen auf dem flachen Boden nach allen Seiten radiale Striche aus und auf diesen ziehen Gruppen und Einzelfiguren von Menschen aller Art dem fatalen Mittelpunkte zu! Aber selten sind dem Zeichner so viele glücklich bewegte und scharf charakterisierte Gestalten auf Einem Blatte gelungen wie hier: es ist, als hätte er für diese Generalrevue das Beste aus seinen Mappen und Erinnerungen hervorgesucht. Ganz prachtvoll schreitet der Großtürke, behaglich rauchend, mit umständlichem Gefolge einher;[18] der Arzt befördert berufsmäßig seinen kläglichen Patienten; der Geizhals schleppt mühsam seine Geldkiste mit sich; Tagelöhner und Bauern, Bürger, Krüppel, Juden, Mönche, Narren und Gelehrte — alle gehen ruhig ihres Weges, nicht ahnend, ob oder wie nahe sie bereits am Ziele sind. „Quot quot distant" — „Soweit sie auch abstehen," lautet die aphoristische Inschrift am Sockel des allgemeinen Epitaphes. — Das andere Mal hatte Chodowiecki Herrn von Labes eine minder melancholische Komposition zu liefern. Hier war dem Baron eingefallen, seine eigene kultivierende Thätigkeit auf dem Lande zu verherrlichen. Er ließ sich deshalb in ganzer, stattlicher Gestalt abbilden, wie er das Fortwälzen von erratischen Blöcken aus einem Acker überwacht, und versichert durch ein lateinisches Citat aus dem Plinius, daß in echten, alten Zeiten selbst die Kaiser eigenhändig geackert hätten. Auch hier wieder der belehrende Widerspruch zwischen dem pedantischen Gedanken und seiner lebendigen, gleichsam nach Befreiung ringenden Ausführung! Die Bauern, mit ihren langen Hebestangen, greifen tüchtig und praktisch an, der Herr, in derbem Regenmantel und Wasserstiefeln, den Stock in der Hand, blickt verständig drein und erteilt ruhig und sachlich weitere Befehle: aber hinter dieser Gruppe erhebt sich eine lächerliche Trophäe aus ländlichen Gerätschaften und Kleidungsstücken und bringt den gesunden Realismus der Darstellung ins Wanken und zu Fall. — Auf Atlas gedruckt und als Zierdeckchen für kleine Arbeitstische hergerichtet, pflegte Labes diese Radierung zu galanten Geschenken zu verwenden. Die damit bedachten Damen waren sicher erbaut von der so hervorgehobenen aufgeklärten und humanen Gesinnung ihres Freundes.[19]

Und Chodowiecki seinerseits litt wohl schwerlich unter dem ihm zugemuteten Widersinn. Seine Gewöhnung an die Geschmacklosigkeit des Publikums, die eigene Unvollkommenheit in stilistischen Dingen, vielleicht auch ein allzu gefügiges Temperament erleichterten ihm die Aufgabe, der Illustrator der verschiedensten Richtungen zu sein. Was mußte er nicht alles, bei dem immer hitzigeren Wettlaufe der Berliner Verleger um seine Mitarbeiterschaft, in sich aufnehmen, nachempfinden und reproduzieren![20] Joachim Pauli hatte Buffons Naturgeschichte der Tiere ins Deutsche übersetzen lassen und verlangte dafür Titelkupfer und Vignetten mit Allegorien und allen möglichen Kreaturen (E. 70, 88, 89); gleichzeitig brauchte er aber auch für Krünitz' „Ökonomische Encyklopädie" eine Darstellung der „Ökonomie" (!)[21] und eine Reihe von Bildnissen verdienter Männer (E. 70a, 91, 97, 106). Weidmanns Erben wünschten für Sulzers „Allgemeine Theorie der schönen Künste" als Titelkupfer „die durch die Grazien bekleidete Wahrheit" (E. 76) und außerdem eine große perspektivische Konstruktion (E. 109); Haude & Spener kamen mit einer Schrift des Quintus Icilius über Julius Cäsar (E. 99), Christian Voß mit einem Auftrage der Akademie der Wissenschaften, für deren „Nouveaux Mémoires" Chodowiecki die bekannte Vignette mit dem über Berlin zu den Sternen auffahrenden Adler (E. 84) anfertigte; sie diente, immer wieder durch Kopien ersetzt, diesen Publikationen bis 1811. Die interessanteste buchhändlerische Verbindung dieser Zeit jedoch schloß der Künstler mit Friedrich Nicolai.

Das Verhältnis wurde 1771 eingeleitet durch die Bestellung eines allegorischen Titelkupfers zu Thomas Abbts, des Mitarbeiters an den „Briefen, die neueste Litteratur betreffend", Schrift „Vom Verdienste": des „durch die Tugend zum Tempel des Verdienstes geführten Hercules", wie Chodowiecki das Blatt E. 77 nennt. Enger wurden die Beziehungen dann durch persönlichen Verkehr, durch die Illustration des „Sebaldus Nothanker" (E. 92 u. a.) und durch die Teilnahme des Meisters an der „Allgemeinen Deutschen Bibliothek", die von ihrem einundzwanzigsten Bande an nicht selten Bildnisse von seiner Hand bringt — von anderen illustrierten Werken aus dem Nicolaischen Verlage zunächst zu schweigen. Es ist unmöglich auf die Persönlichkeit Nicolais, des merkwürdigsten der Berliner Verleger aus jener Zeit, an dieser Stelle näher einzugehen. Andere haben ausführlich über ihn gehandelt und gezeigt, daß der vielgeschmähte Apostel der platten Aufklärung und der pedantische Feind aller phantastischen, dichterisch-kraftvollen und jugendlich, volkstümlich empfundenen Bestrebungen auch seine Berechtigung und sogar seine litterarischen Verdienste hatte; daß er ein unschätzbares Talent für praktische Unternehmungen besaß und, bei aller abstoßenden Suffisance, nach verschiedenen Seiten hin kräftig und günstig gewirkt hat. Uns beschäftigt hier nur seine persönliche

Stellung zu Chodowiecki. Die beiden waren in manchen Beziehungen einander entschieden seelenverwandt. Beide betrachteten die Welt mit einer gewissen Nüchternheit, mit scharfer Auffassung und mit sachlichem Interesse an den Erscheinungen, ohne übrigens irgendwo mit wahrhaft gründlicher Philosophie in ihre Tiefen einzudringen. Beide hatten den lebhaftesten Drang nach Thätigkeit und waren deshalb, ein jeder auf seinem Gebiete, weit ausgreifende, vieles umfassende Naturen. Diese Gebiete deckten sich zum Teil, nämlich in Bezug auf die Darstellung von modernen Menschen und Zuständen, und so begegneten die beiden sich häufig mit vollem gegenseitigen Verständnisse. Eines jedoch trennte sie. Während Nicolai dem frommen Chodowiecki seine Religiosität unangefochten hingehen ließ, mußte dieser immer wieder mit einem gewissen Grauen gegen die Freigeisterei des anderen ankämpfen. Er suchte ihn mit warmen Worten zu widerlegen, durch Anführung der Bibel zu warnen und zu beschwichtigen: da dies nicht verfing, so entzog er wenigstens sich selbst der Zumutung, allzu spötterische Schriften zu illustrieren. Und dennoch fühlte er sich im Grunde an den Mann gefesselt, da er mit ihm so manches Wesentliche gemein hatte, und übernahm sogar trotz allem die Ausstattung seines bedeutendsten Aufklärungsbuches, eben des 1773 erschienenen Romans: „Leben und Meinungen des Herrn Magisters Sebaldus Nothanker.“ Ja er widmete sich dieser Arbeit mit ganz besonderem Nachdrucke, obgleich die Theologen und Pastoren, die Orthodoxen und Pietisten in dem Werke allesamt schlecht genug wegkommen und obgleich sein eigenes Gewissen dabei gelegentlich beunruhigt wurde. Aber die meisten der handelnden Personen waren ihm eben sympathisch: vor allen der gute Sebaldus selbst mit seiner vernünftigen Frömmigkeit und seinen rührenden Schicksalen; dann Mariane,

Die Absetzung des Sebaldus Nothanker.
(E. 92.)

die tugendhafte Tochter, und Herr von Säugling, der unbeholfene, gutartige Liebhaber mit dem biederen Vater; ferner der derbe, ehrliche Major, der brave Bauer. Und im Gegensatze zu diesen konnten die wütige Frau von Hohenauf, das kokette Fräulein von Ehrenkolb, der rohe Monsieur Rambold seine Lust am derberen Charakterisieren reizen, während nun gar die Pastoren Puddewustius, Wulkenkragenius, Buhkadderius, der niederträchtige Stanzius und überhaupt die Kategorien der verschiedenen Geistlichen ihm die beste Gelegenheit zu den feinsten physiognomischen Studien boten. Man sieht an jedem der Blätter für den „Sebaldus" (es sind ihrer im ganzen sechzehn) den Eifer und die Sorgfalt des Illustrators. Er bereitete sie, was er keineswegs immer that, durch Zeichnungen nach der Natur, durch mehrfache Skizzierung der Kompositionen vor und führte die einzelnen Charaktere mit fester Hand und beständiger Teilnahme durch ihre verschiedenen Situationen in der Erzählung. Auch brachte er, wo es ihm nötig schien, eingehende Verbesserungen an, als der große Erfolg des Buches die Wiederholung einzelner Platten verlangte.[22])

Bei der Präcision und künstlerischen Durchbildung aller seiner Radierungen in dieser Periode scheint es schlechterdings unbegreiflich, woher Chodowiecki die Zeit und Spannkraft nahm, um so vieles und so viel zu leisten. Welche Mannigfaltigkeit der gegebenen Themata von den Kalendern bis zum Romane und den Allegorien! Wie unbehaglich und störend die Notwendigkeit, sich bald in die konventionelle Formenwelt der abstrakten Personen zu versetzen, bald den eigenen, gesunden Augen ihr Recht zu lassen! Dazu noch freiwillige Spiele der Phantasie in Gestalt von kleinen scherzhaften oder satirischen Radierungen — Einfällen, um das Scheidewasser zu probieren oder um Plattenränder und -reste auszunutzen — und selbst noch größere Arbeiten, wie z. B. das Prachtblatt „die Zelten" (E. 83) und die Stiftung eines Gedenkblattes auf das Jubiläum der Berliner französischen Kolonie (E. 85)! Überdies die ganze Thätigkeit als Radierer doch nur in Konkurrenz mit seiner immer noch und zu Zeiten sogar lebhaft betriebenen Porträtmalerei in Miniatur und Email und mit den langwierigen Zeichnungen für Basedow und ferner in Konkurrenz mit allem dem übrigen, das ihm vom Leben und dessen Bedürfnissen angesonnen wurde! Einen Aufschluß über die Möglichkeit so rätselhafter Produktivität und Leistungsfähigkeit gab uns der Gedanke, daß die Kräfte des Menschen sich steigern, wenn es etwas als notwendig Erkanntes zu erringen gilt. Einen weiteren Aufschluß werden wir aber suchen, um die Fortdauer dieser Ergiebigkeit auch nach Chodowieckis Entscheidung für den Beruf als Radierer zu erklären. Wir werden ihn erhalten, wenn wir nunmehr einen Blick auf sein Hauswesen werfen. Er selbst hat uns im „Cabinet d'un Peintre" (E. 75) die Seinigen vorgestellt, wie sie ihm in jenen Jahren umgaben, und wir empfinden, daß die Grundzüge dieser Familie: Zufriedenheit, Fleiß und Ordnungsliebe auch ihn zu seinem Tagewerke stärkten. Am häuslichen Glücke und an diesen Tugenden nährten sich die Wurzeln seiner Kraft und sie verliehen ihm auch die ruhige Sicherheit, die ihn allein befähigen konnte, neben den tausend sonst noch mit dem Berufe verknüpften Anforderungen seine künstlerischen Bestrebungen in unbeirrter Treue zu fördern.

Studie zu E. 677, der Titelvignette von Diderots „Jakob und sein Herr“.

Frau Chodowiecka.
Miniatur auf Elfenbein (ca. 1765).

Siebentes Kapitel.

Der Künstler als Familienvater, Bürger und Geschäftsmann.

Die Familie des Künstlers. — Le Cabinet d'un Peintre. — Bürgerpflichten. — Geschäfte als Kunsthändler und Sammler. — Chodowiecki als Taxator. — Die vornehme Kundschaft. — Atelierbesuche. — Vertrieb der Radierungen. — Miniaturen und Emaillen. — Porträtzeichnungen. — Ölmalerei und Handzeichnungen. — Das Radieren. — Lektüre.

Was preisen wir an den Künstlern, welcher Kunst sie auch dienen mögen, als die Gabe ihres eigentümlichen, eben des künstlerischen Schaffens? Doch wohl die Fähigkeit, selbständig existierende, gleichsam wesenhaft wirkende Formen zu bilden für Empfindungen, Gedanken, Vorgänge und Gegenstände, die, wenn man sie nichtkünstlerisch erfaßt und darstellt, nur sozusagen mechanisch wiedergegeben werden oder, auf sachliche, schmucklose Weise ausgedrückt, wie abstrakte Begriffe nur eben den Verstand befriedigen. Eine so schöpferische Fähigkeit adelt den Menschen, vorzüglich den, dem sie reichlich genug zu teil wurde, um seinem Leben eine eigene Richtung zu verleihen. Denn sie privilegiert ihn, sie macht ihn zu einem Geistesgewaltigen gegenüber den Zahllosen, denen Sinn und Gemüt in den Schranken engerer, einförmiger Anschauung befangen bleiben. Aber weil sie ihn erhebt, entrückt sie ihn zugleich der Umgebung von bedächtig Nüchternen und diese wiederum bestrafen seine frohe Eigenart mit jenem verhaltenen Neide, der aus Bewunderung entspringt. — Als Zeus die Güter der Erde den Menschen preisgab, da fand sich niemand, der aus brüderlicher Gutmütigkeit den in Verzückung abweienden Dichter daran erinnert hätte, sich auch seinerseits der Gelegenheit zu bedienen: man ließ ihn höhnend im Stiche und er ging der irdischen Schätze enterbt von dannen. Auch den bildenden Künstlern ist von jeher manche Unbill widerfahren, die sich schlechterdings nur aus dem inneren Gegensatze ihrer Nebenmenschen zu ihnen, aus einem gewissen esprit railleur gegen sie erklären läßt. Zu solchen Unbilden rechnen wir mit Entschiedenheit, daß seit dem Altertume so vielen Künstlern arge Wunderlichkeiten und dazu traurige Verhältnisse und insbesondere die verhängnisvollsten Frauen zugeschrieben und nachgesagt werden. Was hilft es, daß Wahrheitsfreunde den Sokrates von den Untugenden der Xanthippe oder Dürern von denen seiner sparsamen Agnes freigesprochen haben? Der Anekdoten bleiben doch noch übergenug besiehen und in kunstfremderen Gegenden fährt man fort zu glauben, die Künstler seien ein absonderliches Volk, das willkürlich lebt und eigentlich dann am besten arbeitet, wenn es recht unglücklich ist und noch dazu hungert.

Wer aber die heutigen Künstler kennt, wird zugeben, daß diese Auffassung durchaus nicht zutrifft, und wer in der Kunstgeschichte Bescheid weiß, kann bestätigen, daß eine bürgerlich geordnete und sittlich durchleuchtete Lebensführung das Schaffen herrlicher Kunstwerke nie gehindert, vielmehr sie immer noch gefördert hat. Dafür zeugt auch dieses ganze Buch, dessen Held als Familienvater und Bürger geradezu vorbildlich dasteht.

Die Ehe Chodowieckis nahm einen so glücklichen Verlauf, als ihr Anfang, im Sommer 1755, ein erfreulicher gewesen war. Wir hörten von dem behaglichen Treiben im Hause der Brüderstraße, von dem Verkehr mit den Schwiegereltern Barez, mit dem Ehepaare Gottfried Chodowiecki und der ganzen, halb deutschen, halb französischen Verwandtschaft und Bekanntschaft. Fürs erste mögen zwar die notwendigen Ausgaben die Einnahmen des eben erst selbständig gewordenen Ernährers aufgewogen haben: aber bald flossen bei anhaltendem Fleiße und Fortschritt die Quellen ergiebiger; man legte zurück, man begann die aufgenommenen Kapitalien zu tilgen, man lieh allenfalls aus und konnte sich hier und da, nach gethaner Arbeit, ein Vergnügen gestatten. In der guten Jahreszeit lockte sogar ein Garten vor dem Potsdamer Thor, vermutlich ein Barezscher Besitz, zu wochenlangem Bewohnen seiner schlichten Villa; Spaziergänge durch den Tiergarten nach den Zelten, Ausflüge nach Pankow, Treptow oder Schönhausen vereinigten an Sonntagen die Freunde und gaben dem Künstler Gelegenheiten zum Skizzieren. Im Winter herrschte natürlich die gemütliche Abendunterhaltung im „poêle“ vor, in der geheizten Stube, mit Handarbeit, Lektüre, Spiel oder Musik. Auch wurde einigemal im Jahr das Theater besucht, das ja im deutschen und im französischen Komödienhause Abwechselung genug und auch künstlerische Anregung bot, und in der Fastenzeit gelang es wohl einmal, zu dem Maskenball in einem der prinzlichen Palais, zu denen Beziehungen bestanden, Zutritt zu erhalten. Vor alledem: ein tüchtiges Arbeitspensum, ein guter Humor und die nötige Dosis

Bleistiftzeichnung im königl. Kupferstichkabinet zu Berlin.
(1759.)

gelinden Ärgers sorgten für eine richtige Mischung der Lebensgenüsse und Lebensaufgaben.

Nur eines fehlte zunächst den beiden Gatten. Sie entbehrten in den ersten Jahren ihrer Ehe des Kindersegens; die Wochenstuben, die Daniel malte, konnte er vor der Hand nur im Hause seines Bruders Gottfried studieren. Diesem wurde schon 1756 ein Knabe geboren, um freilich bald wieder dahinzugehen; aber 1758 folgte ihm ein zweiter, 1760 ein dritter und 1763, 1766 und 1772 kamen noch drei Kinder, nämlich eine Tochter, ein Sohn und wieder eine Tochter, dazu. Bei Daniel traf das erste Kind, Henriette, nach fünfjährigem Warten 1760 ein; aber es brachte nur Kummer und Enttäuschung, da es nach wenigen Wochen starb. Endlich im folgenden Jahre begründete sich das Familienglück fester: 1761 wurde Jeannette geboren, die mit Susette, einer um zwei Jahre jüngeren Schwester, ein erstes Pärchen bildete. Als zweites Paar kamen dann zwei Söhne: Ludwig Wilhelm geboren 1765, und Heinrich Isaak 1767. Im Jahre 1769 erschien abermals ein Sohn, Jean, der jedoch nicht länger lebte als jenes erste Kind Henriette. Als einen Ersatz für diese beiden durfte sich aber Sophie Henriette betrachten, die 1770 den endgültigen Beschluß der Kinderreihe machte und dementsprechend als Nesthäkchen aufgezogen wurde.

Sophie Henriette Chodowiecka. (1774.)
Lebensgroße Rötelzeichnung.

Wie von den Frauen, so kann man auch von den Kindern sagen, daß die glücklichsten die seien, von denen am wenigsten zu erzählen ist. Das Außergewöhnliche reizt das Interesse und fordert zu Schilderungen und Epigrammen heraus: aber für die Wohlfahrt eines Hauswesens taugt am ehesten jene Gewöhnung an schlichte Erfüllung der Pflichten und jene Gleichförmigkeit des Lebens, welche dem jugendlichen Menschen die sicherste Anwartschaft auf eine günstige Fortentwickelung verleiht, auch wenn sie zunächst die Ausbildung früher Originalität hemmen sollte. Die Chodowieckischen Kinder wuchsen unter den Augen einer wirtschaftlichen Mutter, eines strengen, auf das Einfache gerichteten Vaters und unter den Segnungen eines nie getrübten häuslichen Friedens heran. Sie erlebten, was Kinder zu erleben pflegen, die in gleicher Weise vor Überfluß wie vor Mangel bewahrt sind, und das einzige, das etwa an ihnen auffallen konnte, war die künstlerische Begabung, die die drei ältesten von ihnen zeigten. Diese Talente auszubilden ließ der Vater sich nicht entgehen, ohne übrigens größeren Nachdruck auf sie zu legen. Weit entfernt von der Gesinnung eines Ismael Mengs, beschränkte er sich zunächst darauf, seine Kinder mit Zeichen- und Tuschmaterial vom „Bildermanne" zu versehen, ihnen gute Vorlagen in die Hand zu geben und, da er selbst zu methodischem Unterrichte keine Muße fand, ihnen zeitweilig einen Zeichenmeister zu halten.[1]) Doch wird er ohne Zweifel die häufigen Spaziergänge, die er besonders mit seinem Sohne Wilhelm unternahm, auch zu eigener mündlicher Unterweisung benutzt haben. Er wählte dabei mit Vorliebe ein lehrhaftes Ziel: ein Raritätenkabinett oder eine der herumziehenden Menagerien oder den Exerzierplatz, auf dem man die Reiter beobachten und Uniformen studieren konnte; oder er zeichnete auch draußen vor den Thoren der Stadt mit dem Knaben um die Wette, was sich dem Auge an Sehenswertem gerade darbot. So hat er denn mit Recht, als seine Mutter ihn um Bilder der Seinigen bat, ihr im „Cabinet d'un peintre“ die Vorstellung einer echten Malerfamilie gegeben.[2]) (Siehe das Titelbild.)

Mit großer Sorgfalt, mit zahlreichen Einzelstudien bereitete er dieses Blatt vor, das er 1771 radierte und im Bewußtsein, ein Meisterwerk geschaffen zu haben, der Mutter widmete. Er rechtfertigte dadurch in ihren Augen seine eifrige Hingabe an die Radiernadel, vor der die besorgte Greisin ihn mit rührender Ängstlichkeit und aus ihrer naiven Anschauung heraus gewarnt hatte. Beschäftige dich nicht zu nachhaltig damit, schrieb sie ihm einmal: „car cet ouvrage amusant qui Vous rend célèbre, consume le plus clair de Votre substance, l'humeur cristaline, et pourroit Vous causer de grands inconveniens.“ Jetzt konnte sie sich davon überzeugen, daß der Sohn aus der amüsanten Arbeit einen ernsthaften Beruf gemacht hatte, und zwar ohne deswegen an der Gesundheit zu leiden. Denn er sitzt, im Hintergrunde des Bildes, ganz wohlgemut an seinem Maltischchen und blickt mit scharfen, klaren Augen über die zwölfzollige Brille weg nach den Seinigen, von denen er eines in Miniatur zu porträtieren beschäftigt scheint; die Darstellung der wohlbeleuchteten Gruppe von Mutter und Kindern ist aber in Komposition und technischer Wiedergabe so köstlich gelungen, so fleißig durchgeführt und so durchaus sicher und solide in ihrer anspruchslosen Auffassung, daß schon dieses Blatt allein seinen Urheber als einen Künstler erkennen ließe, der sich mit der bescheidenen und einer realistischen Richtung zugleich so förderlichen Radierkunst in der für ihn einzig geeigneten Technik bewegt. An dem großen, runden Familientische sitzt links Jeannette, die älteste Tochter des Hauses, in der artigsten Haltung und betrachtet aufmerksam ein schönes Bilderbuch; ihr gegenüber ist Wilhelm mit dem Zeichnen eines Reiters beschäftigt und der an den Augen leidende Isaak Heinrich sieht ihm, Kopf und Arme auf den Tisch gelegt, dabei zu. In dem mächtigen Sessel in der Mitte aber hat man Jette, das Kleinste, untergebracht; sie wurde der Obhut Susettens anvertraut, die soeben von demselben Sessel aufgestanden ist und zu der danebenstehenden, glückstrahlenden Mutter aufschaut. Die Rückwand des Zimmers ist, Rahmen an Rahmen, mit

Ölgemälden behängt. Sie sind zum Teil als Werke des Besitzers selbst, zum Teil als Bestandteile seiner Sammlung kenntlich; zwischen ihnen finden nur noch einige Gipsstatuetten auf Konsolen Platz, wie denn auch auf dem Spiegeltische rechts, zwischen den Fenstern, die kauernde Venus und der schlafende Hermaphrodit, sowie am Boden stehend eine antike Büste zu sehen sind. Zahlreiche, gewichtige Kupferstichmappen, die an der Wand lehnen, vervollständigen den Eindruck einer durchaus malerhaften Atmosphäre.

Es mag allerdings nicht jedes Berliner Atelier jener Zeit gleich sauber und wohnlich ausgesehen haben. Um es so zu gestalten, bedurfte es neben einer tüchtigen Hausfrau des ordnungsliebendsten Hausherrn, bedurfte es überdies einer ganz besonders gleichmäßigen und besonnenen Lebensführung. An seinem Stile erkennt man ja den Menschen: und so fern von jeder Extravaganz Chodowiecki sich ausnahmslos in allen seinen Schöpfungen hielt, so geregelt und verständig nutzte er seine Tage aus. Wir würden ihn einen liebenswürdigen Philister nennen können, schwebte nicht über der Eintönigkeit seines Treibens ein stets wacher, lebhaft sich bethätigender, fröhlich und willig aufnehmender Geist und wäre sie nicht als eine Folge seines angeborenen Fleißes eben notwendig gewesen. Dieser Thätigkeitstrieb beherrschte ihn allerdings vollkommen. Ein arbeitsamer, außerdem ein genau und gern rechnender Familienvater, wie er war, übernahm er bereitwillig alle Bestellungen, die ihm auf den verschiedenen Gebieten seiner Kunstfertigkeit in wachsender Fülle übertragen wurden; und um ihnen gerecht zu werden, konnte er seinen Morgen nicht früh genug anheben, seinen Abend nicht hinreichend spät endigen lassen. Dies wäre freilich, da er ganz erstaunlich schnell zu arbeiten lernte, auf die Dauer eine überflüssige Anstrengung geworden; indessen mehrten sich auch von Jahr zu Jahr die Pflichten, denen er als Bürger nachzukommen hatte, und die Geschäfte, die mit dem Gewerbe eines Malers verbunden waren und die er mit großer Regelmäßigkeit abzuwickeln pflegte.

Jene Bürgerpflichten erwuchsen ihm hauptsächlich aus der Verfassung der französischen Kolonie. Sie bedurfte zur Verwaltung ihrer Schulen und wohlthätigen Anstalten der unbesoldeten Arbeit ihrer zuverlässigsten und angesehensten Mitglieder. Chodowiecki, bekannt als ein urteilsfähiger und warmherziger Mann, wurde schon bald nach seinem Anschluß an die Genossenschaft zur Gemeinde- und Armenpflege herangezogen und bekleidete längere Zeit hindurch die Ämter des Caissier de la Boulangerie, des Receveur und eines Diacre. Als Kassenhalter hatte er für die Rechnungen der Brotverteilungskommission einzustehen, als Receveur und Diakon[3] fiel ihm die Ausgabe von Holzanweisungen und der Stiftungsgelder an die Bedürftigen zu. Da er selbst den Armen in der Stille viel Gutes that, so war er zu solchen Werken geübt und geschickt; wenn er jedoch außerdem noch an den Geschäften des

Hôpital Français, der Charité, der École de Charité und des Orphélinat mitzuarbeiten hatte, so mochte es ihm wohl häufig fast zu viel der Aufopferung werden. Es kam vor, daß er in einem Monate an siebzehn Tagen mit irgend einer Leistung für diese Anstalten in Anspruch genommen wurde. Und damit noch nicht genug: auch das Consistoire rief ihn um Hilfe an. Da galt es nicht nur zu Neujahr als Repräsentant der Kolonie den Ministern zu gratulieren, sondern etwa auch langwierige Testamentsexekutionen, Vormundschafts-

Die von der Brandstätte heimkehrende Löschkolonne der Charitédirektion.
Aquarellierte Federzeichnung.
Der letzte in der Reihe ist Chodowiecki selbst.

sachen und Prozeßangelegenheiten zu erledigen. Hatte er aber die Woche über an der Verwaltung der Kolonie seinen redlichen Anteil genommen, so besuchte er noch Sonntags als Gemeindevorstand womöglich zweimal die französischen Kirchen, hörte nicht ohne Kritik die Predigten an, die er dann gewöhnlich zu Hause in Kürze aufzeichnete, und hielt endlich, wenn die Reihe an ihn kam oder die übrigen Diacres die Kirche versäumt hatten, die Sammelbüchse an der Kirchenthür. Wie oft mag dabei sein durchdringender Blick auf die Hände und Gesichter, die Herzen der willig oder unwillig, demütig oder prahlerisch Spendenden geprüft und erkannt haben! Überhaupt bewahrte diese angestrengte

Thätigkeit inmitten der verschiedenartigsten Menschen ihm einen gesunden Zusammenhang mit der Quelle seiner Kunst, der lebendigen Volksseele; er hätte sich bei einem eingezogeneren Leben in seinen vier Wänden der tiefen und vielseitigen Beobachtungen entwöhnen müssen, durch die er seinen Werken ihren eigentlichen Wert verlieh und sich selbst aus der Mittelmäßigkeit herausrettete. Von solcher Erkenntnis angefeuert, gewiß aber auch aus reinem Pflichtgefühl, füllte er mit Eifer und unverfälschter Hingabe an die gemeinsame Sache seinen Platz aus; von der Achtung der Mitbürger getragen, opferte er ihr mit freudigem Stolze die Zeit, die er seinen künstlerischen Arbeiten entzog, und behandelte selbst den Verlust der Nachtruhe voll Humor, wenn ein begründeter oder falscher Feuerlärm ihn zur Hilfeleistung aus den Federn aufgeschreckt hatte.

Allerdings sorgten auch andere, nämlich seine privaten Geschäfte dafür, daß er nicht vor den Jahren zum Einsiedler wurde. Eine Anzahl leidiger Rechtsstreite in Vermögensfragen und wegen Schädigung durch Nachdruck hielt ihn im Atem, und als er gar im Oktober 1772 infolge einer Schuldforderung wider seinen Willen Besitzer eines Hauses in der Großen Frankfurterstraße geworden war, begann für ihn das ärgerlichste Treiben mit unzuverlässigen Vicewirten und ausbesserungssüchtigen, zänkischen oder zahlungsunfähigen Mietern. Wenden wir uns aber von diesen profanen Allotrien ab und zu seinen eigentlichen Berufsangelegenheiten, so finden wir ihn auch hier auf das mannigfaltigste beansprucht und durch Stadt und Menschen hin und her getrieben.

Der Berliner Kunsthandel kleineren Stiles und die Beschaffung der Malutensilien lag damals fast ganz in den Händen der Künstler selbst. Zwar gab es Buchbinderläden wie den der Witwe Sauerbrey, die das Nötigste lieferten; zwar verkauften auch Buchhändler wie Schropp, Kirchmeyer und Broichwitz gelegentlich Kunstblätter und Bilder; zwar traten Holländer und Italiener von Zeit zu Zeit mit fliegenden Magazinen von besseren Sachen auf, aber wer genau wußte, was er wollte, der mußte es sich selbst aus dem Auslande oder unmittelbar aus den deutschen Fabriken oder durch glücklich erspähte und erfaßte Gelegenheiten zugänglich machen. Chodowiecki, der strenger als andere auf tadellose Arbeit und daher auch auf das beste Material hielt, hatte sich lange zu plagen, bis er in der Schweiz und in Holland ein völlig geeignetes Papier,[1] in Paris genügende Farben und Stifte auftrieb, wieder irgendwoher gutes Elfenbein und Pergament für Miniaturen, aus aller Welt geprüfte Rezepte für Ätzwässer und Firnisse nebst deren Bestandteilen zusammenbrachte und bis er alle diese Dinge der umständlichen Post und der habgierigen Zollbehörde abgerungen hatte. Gefällig, wie er war, mußte er dann auch für manche Kollegen entsprechende Besorgungen übernehmen und dabei die Prüfungen über sich ergehen lassen, die dem Präcisen im Geschäftsverkehr mit den Unpräcisen nun einmal beschieden sind.

Auch die neuesten Erscheinungen auf den Gebieten graphischer Kunst bezog er oft als der erste aus Kopenhagen, Amsterdam, London und Paris: dann begann ein lebhafter Verkehr mit den Liebhabern, deren Sammlungen er als Agent zu versorgen pflegte, und mit den Kaufleuten, die der Blätter zum Wiederverkauf bedurften. Denn es hatte sich ja geradezu von selbst ergeben, daß er wie die meisten seinesgleichen mit der Zeit als Händler auftrat, da er längst zum Sammler und infolgedessen auch zum „Troqueur" geworden war. Bei dem Mangel an öffentlichen Kunststätten, die Anregungen und Vorbilder geboten hätten, mußte schließlich jeder Künstler, der es irgend vermochte, auf die Anlage eines für ihn geeigneten Apparates von Lehrmitteln bedacht sein; konnte doch in jener klassischen Periode der Unselbständigkeit, des Respektes vor der Mode und der unbedingten Anerkennung bestimmter Auffassungen fast niemand der Muster entraten, an die er sich in allen Fällen zu halten gewöhnt war. Chodowiecki selbst hatte bekanntlich seine ganze künstlerische Entwickelung bis zur Periode seines Naturstudiums und darüber hinaus ausschließlich unter dem Einflusse von Franzosen wie Leclerc, Cochin, Picart und Gravelot gestaltet; er sammelte aber damals außer jenen noch Watteau, Lancret und Boucher. Seitdem hatte sein Blick sich erweitert und seine Interessen hatten sich auch Meistern zugewendet, die er um ihrer selbst willen und also mit weniger Eigennutz schätzen lernte. So war ihm im Laufe der Jahre eine stattliche Sammlung von Kupferstichen und Zeichnungen alter und neuer Künstler entstanden; sie füllte um 1770 bereits gegen dreißig Mappen und verlangte, um sich vom Guten fortwährend zum Besseren zu entwickeln, eine umsichtige und sorgsame Pflege. Chodowieckis Streben war dabei nicht auf Vollständigkeit in Bezug auf die Gruppen der Stecher und der Werke jedes einzelnen, sondern auf die Vorzüglichkeit der Abdrücke und auf die Auswahl der Blätter gerichtet. Besonders auf letztere legte er viel Gewicht; denn er sammelte nicht nur Originalstecher, also Peintre-graveurs, wie Callot, Rembrandt und er selbst welche waren, sondern er suchte auch und zwar hauptsächlich Nachbildungen von bestimmten, berühmten Gemälden zusammenzutragen, die ihm einen Begriff von dem Stile der ihn interessierenden Maler beibringen konnten. Zu diesem mittelbaren Genusse durch Reproduktionen trat ferner der Reiz der Handzeichnungen, deren Betrachtung im allgemeinen noch anregender ist als selbst die von Originalradierungen oder -stichen. Die Handzeichnungen, oft ja nur flüchtigste Skizzen, die ersten Einfälle einer erregten Phantasie und der Ausdruck ihrer unmittelbarsten Empfindungen, übertreffen an Frische und Naivetät alle minder mühelos hergestellten Kunstwerke; und müssen sie auch an Korrektheit und Durchführung — es sei denn, daß sie in ihrer Technik bis zur miniatur- oder kupferstichmäßigen Vollendung ausgearbeitet sind — hinter jenen anderen zurückstehen, so entschädigen sie doch durch die tiefen Blicke, die sie in die geheime Werkstätte, in die Natur der Künstler thun lassen. Deshalb wurde ihnen auch in der Sammlung Chodowieckis eine umfassende Abteilung angewiesen, in der sie, nach Schulen und Meistern wohlgeordnet, den Gruppen der Kupferstiche ungefähr entsprachen, ohne sie freilich in der Zahl der Blätter zu erreichen.

Am vollständigsten waren, wie leicht zu begreifen ist, in beiden Kunstgattungen die Franzosen vertreten, und unter diesen wurden außer den oben genannten in erster Linie Lebrun, Callot, Coypel, Poussin, Josephe Vernet und Rigaud berücksichtigt: also fast ausschließlich die Meister des siebzehnten bis achtzehnten Jahrhunderts, welche die moderne Modemalerei entwickelt hatten. Nach ihnen kamen die klassischen Italiener mit besonders vielen und guten Stichen nach Raphael. Auch Handzeichnungen von Raphael, von Michelangelo und anderen Heroen glaubte Chodowiecki zu besitzen — mit jenem Übermaße harmloser Gewißheit, das heutzutage, da wir unter dem Zeichen der Kritik leben, nur noch den gänzlich Unberatenen oder nicht zu Beratenden gegönnt wird.[5] Unter den Niederländern und Holländern standen Rubens, van Dyck, Berghem, Wouwermann und natürlich Rembrandt voran. Bei den deutschen befanden sich zwar einige Blätter von Dürer, den Behaims und Cranach, sonst aber hauptsächlich die modernsten Meister, und es kann uns nicht wundern, daß der Eklektiker Christian Dieterich unter ihnen offenbar als der Beliebteste und Gesuchteste galt. Sehr reichhaltig war allerdings auch die Gruppe der nächsten Berliner Kollegen ausgestattet: und sie hauptsächlich ist durch das unablässige Tauschen und gegenseitige Dedizieren der eigenen Werke gebildet worden. Besonders mit Meil, Reclam, Glume und Falbe wurde dieses Geschäft auf das lebhafteste und nicht ohne energisches Auf- und Niederbieten betrieben; auch mit auswärtigen Fachgenossen wie den Leipzigern Bause und Geyser oder dem Dresdener Adrian Zingg stand Chodowiecki auf dem Tauschfuß.

(E. 357[1].)

Um aber ältere Blätter zu erwerben, mußte man hauptsächlich die öffentlichen Kupferstichauktionen mit Sorgfalt verfolgen. Hier gelang es öfters, aus den Nachlässen von Malern oder von dilettantischen Sammlern zu Spottpreisen Gutes zu erhalten; und war man klug, so kaufte man dabei eilig zugreifend Blätter, von denen bekannt war, daß ein anderer sie sehnlichst begehrte: daher sich dann Gelegenheiten zu günstigen Geschäften nach Wunsch und Bedürfnis herbeiführen ließen.

Auf solchen „encans“ erschienen auch häufig genug die Bestandteile der wenigen Gemäldesammlungen Berlins und seiner Umgegend. Solange sie sich in privatem Besitze befinden, werden ja einem eisernen Gesetze folgend die meisten Kunstwerke immer wieder auf den Markt gebracht, um ihren Herrn zu wechseln. Gewöhnlich waren es damals niederländische, seltener italienische Bilder des siebzehnten Jahrhunderts, Werke von Meistern zweiten und dritten Ranges, die der größere, vornehme Kunsthandel einmal als Ballast mitexportiert und allmählich in die Regionen der bescheideneren Liebhaber hinausgestoßen hatte — Schulgut, das sich aber nur zu oft mit großen Namen zu decken suchte und bei der Versteigerung doch nicht über unwürdige Preise hinauskam. Denn meistens schärft sich der kritische Sinn der Enthusiasten und selbst der Kenner, wenn ihm zugemutet wird, mit seinem Zeugnisse für die Berechtigung barer Auslagen einzustehen und die Käufer bei diesen öffentlichen Ausgeboten mußten als Wiederverkäufer, die sie doch in der Regel waren, ihren Vor- und Nachteil sofort ins Auge fassen. So konnte man unter Umständen einen „Rubens“ für elf oder zwölf Thaler erstehen oder einen „Rembrandt“ im Stiche lassen, wenn er sich etwas höher hinauftreiben ließ; indessen hielten sich auch echte und dabei leidliche Bilder minder weltberühmter Meister in recht bescheidenen Preislagen. Maler wie Lingelbach, Vertanghen, du Jardin, Stoklade konnte sich selbst ein so vorsichtiger Sammler wie Chodowiecki anschaffen: sie und ähnliche Künstler, dazu auch einige Franzosen und Italiener bildeten den Grundstock der kleinen, allmählich wechselnden Kollektionen, die die Wände seiner beiden Wohnzimmer zierten und wohl ohne Ausnahme zu gelegentlichem Weiterverkaufe bereit standen.[*])

Im Handel um und mit solchen Kunstwerken muß Chodowiecki sich eine gewisse Kennerschaft angeeignet haben. Daß er über Kupferstiche sehr früh guten Bescheid wußte, kann nicht auffallen, da er sich schon von jeher mit ihrer Technik und mit ihrem Inhalte hatte beschäftigen müssen; daß er jedoch auch als Sachverständiger für Handzeichnungen und Ölgemälde auftreten durfte, erklärt sich eben nur daraus, daß seine ganze Umgebung, die gesamte Malerschaft der Stadt, sich zu Handelszwecken mit dem Beurteilen und Benennen von allen Arten von Kunstwerken abgab und also eine gewisse Routine darin sich bei jedem ihrer Mitglieder wie von selbst entwickelte. Auf Grund welcher

Kriterien man hierbei verfuhr, läßt sich leicht vermuten: man schloß von den wenigen, nicht anfechtbaren Originalen, die man kannte, ohne viel Bedenken auf die Zugehörigkeit der übrigen Bilder zu bestimmten Meistern und Schulen: an Bezeichnungen, wenn sie günstig lauteten, wurde nicht gezweifelt und im allgemeinen wird man überhaupt mit ziemlich leichtem Gewissen gepriesen oder verworfen haben, was einem vorkam. Wir unsererseits verlangen heute, wo das Kennertum mit allen möglichen Hilfsmitteln zu einer sogar specialisierten Specialwissenschaft ausgebildet ist, von soliden Sachverständigen und Taxatoren die eingehendsten Kenntnisse und die positivsten Belege für ihre Ansichten: Chodowiecki aber, übrigens gewiß einer der ehrlichsten Maler seiner Zeit, taxierte auf Grund seiner beiläufig und aus beschränktestem Materiale erworbenen Anschauungen, was man von ihm verlangte. Vereidigt oder unvereidigt, gegen ein Honorar von fünf Thalern oder unter Umständen für einige Flaschen Wein taufte und schätzte er ganze Kabinette voll der verschiedensten Meister und schreckte selbst nicht vor so schwierigen Aufgaben zurück, wie die vom bekannten Kaufmann Gotzkowski ihm einmal gestellte war. Gotzkowski veranlaßte ihn nämlich im Dezember 1772, unter seinem Eide Gemälde zu taxieren, die 1761 an einen Herrn Izig verkauft worden waren, und zwar sollte er dabei die Preise zu Grunde legen, die damals

(E. 257.)

als Marktwert solcher Bilder allenfalls gegolten hätten, jedoch in den Geldwert von 1772 umgesetzt. Obgleich nun die Sammlung Gemälde von Berghem, Pesne, Ricci, de Heem, Eckhout, Pieter van Laar, Lancret, Rubens, Ruysdael, Pynacker, Dubois, Moucheron, Wyck, Ostade, van Dyck, Maratta, Zingarolo, Bianchi, Poussin, Roos, Solimena, Frans Hals, Everdingen u. a. in buntester Zusammensetzung enthielt, übernahm Chodowiecki die Abschätzung und soll sie mit Genauigkeit ausgeführt haben.

Nicht immer einträglicher, jedoch vermutlich meistens zeitraubender und mühsamer als dergleichen Geschäfte des Sammlers, Kenners und Händlers war die notwendige Pflege, die man einer vornehmen und oft schwer zu behandelnden Kundschaft mußte angedeihen lassen. Zu einer solchen gehörten etwa die Reisenden, die auf ihrer europäischen Rundfahrt begriffen in Berlin einige Wochen oder Monate zubrachten, um dort, zuerst vielleicht von Lohndienern, bald aber von neugewonnenen, interessierten Bekannten geleitet, die Sehenswürdigkeiten der Stadt in Augenschein zu nehmen. Sie besuchten dabei mit Vorliebe die Bibliotheken hervorragender Büchersammler, die Kabinette der Kunstfreunde und die Werkstätten berühmter Künstler. War ihnen dann von diesen ein Endchen Konversation geboten sowie an Kunstwerken vorgezeigt worden, was es zu sehen gab, so verlangte der Anstand, daß sie sich zum Danke ein Andenken erwarben: und nun galt es, bei dem Verkaufe einer Kleinigkeit mit Feinheit und Geschick die Formulierung größerer Bestellungen zu veranlassen und sich womöglich als „artistischer Berater“ dem Hofstaate des Fremden unentbehrlich zu machen. In Rom war kein Geringerer als der gelehrte Winckelmann darauf angewiesen, gegen Honorar den Cicerone zu spielen: in Berlin brachten gegen Vergütung in irgend einer Form angesehene Maler und Akademiker ihre Touristen zu den Potsdamer Herrlichkeiten oder in andere, gerade zugängliche Schlösser. Auch Chodowiecki treffen wir gelegentlich auf solchen Touren. Im Oktober 1771 z. B. fuhr er mit einem Kaufmannssohne, Herrn Ryhiner, auf drei Tage nach Potsdam. Dieser junge Schweizer hatte — wie man sich in Berlin mit Befriedigung erzählte — nicht weniger als dreißigtausend blanke Thaler für seine Bildungsreise aufzuwenden: kein Wunder, daß man da bereits bei der Ankunft im Potsdamer Gasthofe den Inspektor der königlichen Galerien, den Maler Oesterreich mit einem Kataloge in der Hand wartend antraf, um dem liebenswürdigen Nabob seine Dienste anzubieten. Herr Ryhiner nahm sie denn auch an, besichtigte in Begleitung des Berliner und des einheimischen Kundigen sowie einiger anderer Herren die verschiedenen Paläste, hielt die ganze Gesellschaft frei und legte auf alle Skizzen Beschlag, die Chodowiecki während dieser Tage anfertigte; außerdem ließ er sich und seine Begleiterin von ihm porträtieren. Freilich war er es auch, der plötzlich von Berlin abreisend einige Reliefs und Gemälde, die er dort bestellt hatte, nicht bezahlte und bald darauf in Dresden auf Requisition seines Vaters verhaftet wurde. — Andere Fremde täuschten die Erwartungen der Künstler auf andere Weise, indem sie sich einzelne Kunstwerke zur Ansicht in ihre Absteigequartiere schicken ließen, um sie dort, aus der genierenden Gegenwart ihrer Urheber entrückt, viel zu teuer zu finden und sie mit einem bedauernden Komplimente zurückzugeben. Dasselbe ärgerliche Mißgeschick begegnete einem auch überraschend häufig bei den Lieferungen, die von diesem oder jenem der in Berlin residierenden Höfe veranlaßt worden waren. Bei solchen Ansichtsendungen vermittelten Agenten und in entscheidenden Momenten nur zu oft die Kammerzofen und Diener den Ankauf. Ihnen war man also in gewissem Sinne überantwortet; aber hatte jemand auch das Glück einer unmittelbaren Audienz, so verfehlte er bei einer etwaigen Zerstreutheit, Unentschlossenheit oder augenblicklich minder günstigen Stimmung der fürstlichen Person leicht genug seine Ziele. Auch die Porträtsitzungen, die Chodowiecki nicht selten von den Prinzen und Prinzessinnen gewährt wurden, waren nicht immer ohne Schwierigkeiten, ohne Störung durch angreifende Unterhaltungen oder das Dazwischentreten unbeteiligter Respektspersonen durchzuführen. Andererseits aber zeigte sich der Bedarf der Höfe an Miniatur- und Emailbildnissen so beträchtlich, es wurden nach einem einmal gebilligten Originale so viele Kopien, Vergrößerungen oder Verkleinerungen nachbestellt, daß jeder die unvermeidlichen Beschwerden gern auf sich nahm, wenn er nur von den Hoflieferanten, den Herren Jordan, Reclam, Gillet oder Bandesson, berücksichtigt wurde.

Zu allen bisher erwähnten Geschäften, die wie jeden strebsamen Künstler Alt-Berlins auch Chodowiecki immer wieder aus dem Hause führten, gehörte ferner der regelmäßige Atelierbesuch bei den Fachgenossen, ein Verkehr, der in erster Linie der Orientierung über die neuentstandenen Kunstwerke und der Aufrechterhaltung von Handelsbeziehungen und dergleichen diente. Unser Meister scheint es sich zur Pflicht gemacht zu haben, in bestimmten Zwischenräumen zu beobachten, was seine Kollegen von der Akademie und seine übrigen künstlerischen Freunde inzwischen an Gutem und Schlechtem vollendet hatten. Von ihnen allen mochte Bernhard Rode ihn am meisten interessieren oder wenigstens in Erstaunen setzen, weil er mit seiner kaum faßlichen Fruchtbarkeit allmonatlich neue Werke zu schaffen und aufzuweisen pflegte. Hatte er z. B. im März 1771 die fünf Sinne als Thürstücke und überdies einen Philemon mit der Baucis gemalt, so führte er im April schon eine Andromache, die ihren Sohn in das Grabmal Hektors bringt, im Mai dagegen eine Grablegung Christi und gleichzeitig zwei chinesische Panneaux, im Juli dann wieder einen antiken Gegenstand, den Raub des Hylas, vor. Darauf gab es etwa Kupferstiche, Zeichnungen und Vorarbeiten zu den Wandmalereien in Britz und Schönebeck zu zeigen — alles aber betrachtete der aufmerksame, immer lernende Besucher mit besonnener Kritik, notierte das Geschaute nebst Lob oder Tadel und ging dann weiter, vielleicht zu Frisch, um über dessen oft mißlungene Porträts und Plafonds ein Urteil zu gewinnen und ihn seinerseits über Rode räsonnieren zu hören; oder er begab sich unbefangen zu Meil, seinem nächsten Konkurrenten, der mit kaum verhehlter Eifersucht ihm manche seiner Arbeiten und Aufträge zu verheimlichen trachtete; oder er visitierte gewissenhaft die alten und jungen Kupferstecher, die zu Anfang der siebziger Jahre an den Basedowschen Tafeln stachen, nach ihm selbst kopierten und wahrscheinlich vieles mit ihm zu besprechen hatten. Mit dem Maler Reclam, dessen Bruder einer der Hofagenten für Kunstwerke und Schmucksachen war, fand er sich am häufigsten in Geschäften zusammen; die Dame Dorothea Therbusch dagegen, Lisiewskis berühmte Tochter, Mitglied der Académie Royale in Paris und der Wiener wie auch der Berliner Akademie, als Malerin von Friedrich dem Großen entschieden begünstigt, beanspruchte seine Besuche hauptsächlich, um sich ihre Bilder von ihm korrigieren zu lassen. Sie war in ihren Leistungen sehr ungleich und es fehlte ihr offenbar an einem sicheren, ruhigen Urteil: da mußte denn der Freund, wenn er soeben einige Porträts gebührend anerkannt hatte, ihr gelegentlich klar machen, ihr Pinsel sei „lourd et incertain“ und ihr Anakreon sei „mal dessiné et mal peint“. Sie wurde deswegen nicht ungeduldig, wie sie auch den Mut nicht verlor, wenn der König ihr eine bestellte Diana zurückgab „pour lui faire plus de nudité“ und bald darauf sein Porträt bei ihr bestellte, in ganzer Gestalt, in Uniform mit unbedecktem Haupte, zehn Fuß hoch im Rahmen — und dies ohne Sitzung, aus dem Kopfe zu malen! Das Bild wurde denn auch bei schlechter Attitude „fort peu ressemblant“. Chodowiecki aber konnte sich an seinem Anblicke darüber trösten, daß Friedrich ihm selbst auch niemals gesessen hatte: waren doch trotz dieses Mangels und ungeachtet ihrer unkorrekten Zeichnung und ihrer manieriert vergrößerten Augen seine Köpfe des alten Fritz von weit strengerer innerer Wahrheit und historischer Wahrscheinlichkeit als dieses herausfordernde Staatsgemälde.[7])

Bleistiftzeichnung.
Datiert: 5. Juni 59.

Von solchen nützlichen Besuchen in seine Stube zurückgekehrt, fand Chodowiecki sich gewöhnlich von neuen Ansprüchen erwartet und bedrängt. Er hatte oft durch Monate hindurch mehrere Visiten täglich zu empfangen; und da kamen nicht nur kurzgefaßte Geschäftsmänner und Leute mit bestimmten Anliegen, sondern gerade zu ihm, dessen Höflichkeit ebenso berühmt war wie seine Kunst, strömten besonders zahlreich jene Fremden, die ihm nur selten die kostbare, von banalen Gesprächen verdorbene Zeit durch eine interessante Persönlichkeit oder durch schwerwiegende Aufträge ersetzten. Er hatte ferner sehr zahlreiche Korrespondenzen zu führen, die an bestimmte Posttage gebunden immer im richtigen Augenblicke abgefertigt sein wollten. So eilig aber seine

Feder dann über das Papier glitt und so genau und sachlich er die Darstellung der geschäftlichen Angelegenheiten hielt, um die es sich meistens handelte, so verfehlte er doch selten, seinem Schreiben durch persönliche Wendungen und eingefügte willkommene Neuigkeiten eine gewisse unterhaltende Anmut zu verleihen.

Gern legte er auch den Briefen an seine Freunde als eine besondere Artigkeit einige seiner Radierungen bei: eine sehr umständliche und angreifende Arbeit aber war das geschäftsmäßige Verschicken dieser Blätter an auswärtige und vorzüglich an seine ständigen Abnehmer. In der Hauptperiode seines Radierens überstürzten sich ja förmlich die neuen Erzeugnisse seiner Nadel, und da er die meisten derselben, gelegentlich selbst solche, die von den Verlegern für Kalender und andere Bücher eigens bestellt waren, auch von sich aus verkaufte, so war schon die Ausdehnung dieses Vertriebes an sich keine geringe. Noch schwieriger wurde die Sache jedoch durch die weiteren Ansprüche der Kunden. Die einen erwarteten weitläufige Erklärungen zu den Bildern, die anderen, daß der Künstler über ihre Bestände stets Listen führe und so von selbst über ihre Bedürfnisse orientiert sei; besonders verwöhnte Liebhaber verlangten stets zuerst bedient zu werden und die Blätter womöglich in allen Zuständen zu bekommen: da konnte man nicht besonnen genug seine Abzüge zusammenhalten und verteilen. Oder das eben Erhaltene sollte wieder umgetauscht, längst vergriffene Nummern,[7] die der Künstler nicht einmal selbst mehr besaß, sollten um jeden Preis herbeigeschafft werden; auch grobe Proteste über vorgefallene Mißgriffe und Mißverständnisse liefen mitunter ein und bedurften der Berichtigung — kurz, dieser häusliche Handel war weit unbequemer als ein Kommissionsverlag es gewesen wäre, und dazu war er unverhältnismäßig anstrengend und aufreibend. Allerdings fiel ja der Profit der Zwischenhändler bei ihm fort, oder vielmehr er gelangte in die eigene Tasche, da Chodowiecki gewöhnlich zu den Preisen verkaufte, die auch die Bilderhändler unter Einrechnung des ihnen zukommenden Verdienstes ansetzten; aber eben diese Preise waren mit wenigen Ausnahmen so niedrig, daß wohl nur die ganz besonders beliebten Platten ihm eine nennenswerte Rente abwarfen. So pflegte er im Jahre 1773 sein gesamtes radiertes Werk von Nr. 1 bis Nr. 86 mit Ausnahme der wenigen nicht mehr zu beschaffenden und der dem Vertriebe aus freier Hand entzogenen Blätter für nur dreizehn Thaler und vierzehn Groschen zu verkaufen.[8] Die meisten Vignetten und kleineren Einzelblätter kosteten bei ihm dritthalb, drei und vier Groschen; der große „König zu Pferde“ (E. 9) und das herrliche „Cabinet d'un Peintre“ gingen für acht, das Porträt der Prinzessin Friederike Sophie (E. 45) für sechzehn, ihre „Vermählung“ (E. 46) für zwölf Groschen fort, und wenn er den „Abschied des Calas“ und „die Zelten“, zwei seiner umfangreichsten Stiche von der Größe eines ganzen Bogens, mit je einem Thaler berechnete, so ist auch das nicht teuer zu nennen. Nur ganz allmählich, im Laufe der letzten beiden Jahrzehnte seines Lebens, steigerte er die Forderungen für die Kupfer, jedoch bloß um ein Geringes. Dafür entschädigte er sich an den bestellten Platten, für die er sich später mit dem Doppelten, Dreifachen, ja Fünffachen seiner ursprünglichen Sätze honorieren ließ. Und doch hatten der Baron von Labes für seine „Ökonomische Trophäe" (E. 67) schon fünfzig und der Buchhändler Mylius für die Platte der „Action près de Choczim" (E. 55) nebst 1000 Abzügen davon hundert Thaler zahlen müssen. Diese Summen erscheinen uns, die wir einen geringeren Geldwert und weit höhere Künstlerhonorare haben, niedrig genug: zu jener Zeit jedoch nannte man sie bereits beträchtlich und gestand sie nicht immer ohne Murren dem berühmten Manne zu, dessen feine Nadel man aber nicht zu entbehren vermochte, wenn man die Konkurrenz besiegen wollte.

Daß Chodowieckis Preise für seine Miniaturen und Emaillen ebenfalls als außergewöhnliche galten, wurde bereits durch das Auf- und Niederschwanken seiner Kundschaft verraten. Sie betrugen ja auch, solange er sich von der Zeit seines Austrittes aus dem Ayrerschen Laden (1754) an gerechnet mit dem Malen von dergleichen Sachen befaßte, etwa fünfzehn bis fünfzig, gewöhnlich fünfundzwanzig oder dreißig Thaler für das Stück. Ein Unterschied zwischen Kopien und Originalen wurde dabei kaum gemacht; es kam mehr auf die Größe des Objektes an, die natürlich ihrerseits von seiner Bestimmung abhing: und wenn ein portrait en bague oder en breloque für drei Louisdor zu haben war, so kostete ein Einsatz in die Tabaksdose deren mindestens sechs, für ein Armband acht und ein noch grösseres Blättchen kam auf ihrer zehn. Dabei wurden die Emaillen merkwürdigerweise nur selten höher berechnet als die Miniaturen; die Arbeit an ihnen war doch mühevoller und durch das Brennen gefährdet, so muß ihre Ausführung flüchtiger gewesen oder ihr Wert durch die Überfüllung des Marktes gedrückt worden sein. Einem polnischen Prinzen z. B. bot der Künstler 1771 die sechs Emailtafeln seiner „Passion" von 1757 für je zwanzig Thaler, emaillierte Köpfe des Königs und des Herzogs von Braunschweig zu zwanzig und fünfzehn, noch andere Köpfe sogar für nur zehn Thaler an — und dies zwar umsonst; sie wurden ihm zurückgegeben und selbst der geschickte Kaufmann Fromery konnte sie nicht einmal mit zehn Prozent Rabatt losschlagen. Kostbarer blieben nur auch jetzt noch die Emailtabatièren auf Gold: doch mußte Chodowiecki, als er im Dezember 1772 dem Juwelier Jordan eine solche mit 250 Thalern ansetzte, sich über den Preis zu einigen Erklärungen bequemen. Aus solchen Verhältnissen lernen wir verstehen, warum er die so undankbare Technik im ganzen nur selten und nach 1775 überhaupt nur noch ausnahmsweise ausübte[10]) und weshalb er, was ihm etwa an gleichgültigen Bestellungen darin noch zugemutet wurde, seinen häufig arbeitlosen Bruder malen und in dem Ofen der Witwe Bär brennen ließ.

Um so eifriger betrieb er das Miniaturmalen, das bekanntlich bei ihm gleichsam zwei verschiedenen Meistern anvertraut war. Der eine von ihnen setzte fort, was er seit 1743 gelernt und fabrikmäßig geleistet hatte. Er verfertigte jahraus jahrein Wiederholungen und freiere Kopien nach Fürstenbildnissen und wagte sich dazwischen immer wieder an eine „diseuse de bonne aventure“ im Geschmacke Dietrichs oder an eine arkadische Nymphe nach Art der Franzosen. Solche Arbeiten gingen rasch von der Hand und schafften ihm lange Zeit hindurch eine monatliche Einnahme von mehr als hundert Thalern. Im August 1765 z. B. wies sein Hauptbuch an vierteljährlichen Rechnungen unter anderen folgende Posten auf: Prinz Heinrich, der Bruder des Königs, hatte für sechs seiner Porträts 170, die Prinzessin von Preußen für ihrer fünf 155, die Königin für zwei vierzig Thaler zu zahlen; im Oktober 1766 betrug die Summe, die er für die Fürstenbildnisse des letzten Quartals beanspruchte, sogar 575 Thaler. Noch in den Jahren 1770—1773, in einer Zeit also, wo die Radierung schon stärkere Anforderungen an ihn erhob, bestellten die Hofagenten halbdutzendweise die Bildnisse des Prinzen von Preußen, der Prinzen Heinrich und Ferdinand, des Prinzen von Mecklenburg, der Königin von Schweden und vorzüglich Friedrichs des Großen; dieser wurde en face und en profil, mit und ohne Hut, bald nach Pesne, bald nach Vanloo, auch nach Reclam, Sabler und anderen geliefert. Ferner mit Katharina von Rußland etwa nach Tischbach oder Rotari wurden gute Geschäfte gemacht; doch fanden kundige Russen, daß diese Kaiserinnen allesamt zu jung und zu geschmeichelt gerieten. — Solche Arbeiten waren ja nun der anderen Meisterseele in Chodowiecki eigentlich ein Greuel. Seine künstlerische Hälfte freute sich, wie wir früher bereits hörten, am Porträtieren nach der Natur; doch auch hierbei ließ sich ein ansehnlicher Gewinn verzeichnen. Denn seit dem Bildnisse jenes Herrn von Burgsdorff hatte die zunächst größtenteils adelige Kundschaft, ein General von Ferſen, die Herren von Stoß, von Kleist, von Kamcke, die Gräfin Schmettau, die Frau von Bielefeld und viele andere, sich beeilt, den neuentdeckten Porträtmaler zu erproben und ihm dieselben guten Preise wie die fürstlichen Personen zu zahlen. Gegen 1770, als die unmittelbare Beschäftigung durch die Höfe wieder zurückgetreten war,[11] zog sich auch der Adel ein wenig von Chodowiecki zurück und bürgerliche Besteller, besonders aus der französischen Kolonie, teilten sich mit ihm in den Platz. Von solchen Miniaturbildnissen nach dem Leben wird Chodowiecki in den Jahren 1765—1775 durchschnittlich etwa zwei Dutzend jährlich gemalt haben; also bedeutend weniger als von jenen fürstlichen Kopien. Immerhin ist ihre Anzahl beträchtlich, wenn wir bedenken, daß er seine Leute möglichst tief und individuell zu fassen pflegte und daß er die Durchführung oft bis zu mikroskopischer Genauigkeit trieb. Arbeitete er doch vielfach mit Hilfe der Lupe und suchte etwas darin, daß kein anderer es ihm an Feinheit verbunden mit Lebendigkeit des Ausdrucks zuvorthat.

Länger als diese kleinen Wunderwerke, deren Anfertigung er wegen Überhäufung mit Kupferbestellungen seit 1775 sehr einschränkte, beschäftigten ihn die lebensgroßen Porträtzeichnungen in Rötel oder schwarzer Kreide. Sie scheinen gegen 1770 aufgekommen zu sein und treten noch bis zum Ende der achtziger Jahre auf. Sie nahmen aber nicht viel Zeit in Anspruch, und ihre Ausführung war so leicht, daß er sie sogar als eine Art Erholung betrachten durfte. Denn es waren in den seltensten Fällen Bildnisse, die en face oder in einer Dreiviertelwendung des Kopfes erschienen, sondern gewöhnlich handelte es sich um Profile, die nach dem Schattenrisse, also annähernd in Lebensgröße, gezeichnet und dann mit breiten, lockeren Schraffierungen modelliert sowie mit den nötigen Einzelheiten ausgestattet wurden.[12] Diese Köpfe überschritten nun weitaus die Maße, die Chodowiecki zu beherrschen imstande war, und deshalb sind viele von ihnen auch etwas flau, kleinlich und geistlos behandelt, selbst wenn ein energischer Umriß ihnen zu Hilfe kommt: aber sie hatten den Vorteil, einen ganz stattlichen Wandschmuck zu bilden und überdies ziemlich wohlfeil zu sein. Sie wurden mit drei bis fünf Thalern bezahlt, wenn sie nicht wegen besonders sorgfältiger Nachbildung der in jener Zeit geradezu phänomenalen Damencoiffuren diesen Satz überschritten. Wer übrigens kein bogengroßes Bildnis gebrauchen konnte, für den verkleinerte Chodowiecki die nach dem Schatten gewonnene Silhouette vermittelst eines Storchschnabels auf etwa ein Drittel der natürlichen Größe und umgab das dann oft viel gelungenere Porträt mit einem gezeichneten Rahmen, in dem es wie in einem Medaillon, oval oder rund, erschien. Gewöhnlich machte er auch von der eben vollendeten, noch ganz frischen Arbeit einen Gegendruck, indem er das Blatt mit einem angefeuchteten Bogen Papier bedeckte und beide durch die Kupferpresse gehen ließ. Die so entstandene Contreépreuve war natürlich etwas

Wilhelm Chodowiecki, Sohn des Künstlers.
Rötelzeichnung.

blasser als das Original, aber sie erschien auch um so viel weicher und eleganter: so daß die Besteller sie sich wohl statt jenes ausbaten, wenn der Künstler sie mit leichter Hand retouchirt und ihnen die Wahl gestattet hatte. Das übriggelassene Exemplar fügte er dann seiner eigenen Sammlung bei, die auf diese Weise auch ein wahrer Freundschaftstempel und ein Familienarchiv wurde. Denn da er öfters die Seinigen zu zeichnen ein Verlangen empfand und besonders in lustiger Gesellschaft, etwa nach einem Abendessen, mit seiner Kunst nicht kargte, so griff er zur Befriedigung solcher Wünsche natürlich meistens zu der Technik, die ihn am wenigsten Zeit und Material kostete. War er doch sogar sparsam genug, um die Gegendrucke, die er zu behalten gedachte, auf den Rückseiten von schon einmal benutzten Bogen anzufertigen. Daher sieht man so viele seiner „roten Köpfe" auf ihrem Revers mit halbverwischten Aktzeichnungen versehen. Diese stammen zum größten Teile aus den früher erwähnten, bis gegen die sechziger Jahre fortgesetzten Abendstudien bei Bernhard Rode und zeugen wiederum von dem Fleiße und der vielseitigen Thätigkeit ihres Meisters.[13])

Aber soviel von dieser bereits berichtet wurde, es bleibt noch immer manches zu sagen übrig. Nur im Vorbeigehen sei wieder an seine Ölmalerei erinnert. Sie brachte ja außer jenen Versuchen, zu einem festen Stil zu gelangen, und außer den Familienbildnissen, die wir nannten, auch einige Porträts auf Bestellung und vorzüglich eine Anzahl von fürstlichen, besonders von Königsporträts in verschiedenen Größen auf Spekulation hervor, die sich mit wenigen Ausnahmen allmählich verloren haben und schwerlich jemals auf eine besondere Beachtung Ansprüche erhoben. Auch legte ihnen der Maler selbst keinen höheren Wert bei, da er sie sich nicht teurer bezahlen ließ als die Miniaturen. Weit interessanter und künstlerisch bedeutender sind dagegen die verschiedenen Gattungen seiner Handzeichnungen aus dieser Periode. Jene entzückenden Bleistiftstudien aus der ersten Zeit seines Erwachens zum eigenen Schauen kehren allerdings nicht wieder. An ihre Stelle treten aber seit dem Beginn des lebhafteren Radierens, d. h. seit ungefähr 1765, die Rötelstudien als Vorbereitung zu bestimmten Kompositionen. In etwas größerem Format, mit etwas größerer Breite der Behandlung zeigen sie gewöhnlich die ersten Entwürfe und ferner die einzelnen Figuren in den Stellungen, die sie in der Komposition innerhalb der Gruppen werden einzunehmen haben. Sehr häufig ist dabei zu erkennen, daß die Frau des Künstlers, die Kinder oder gewisse Freunde und Freundinnen als Modelle standen. Oft kam es da nur auf die Bewegung im allgemeinen, auf eine passende, charakteristische Geste oder auf den richtigen Faltenwurf an: je mehr die Arbeit dem Zeichner am Herzen lag, desto mannigfaltiger und sorgfältiger sind die Studien für sie. Und waren dann die Figuren eine jede für sich gehörig durchgebildet, so folgte ihre

Zusammenfügung zur Gruppe und zur vollständigen Komposition; für Radierungen wurde auch diese, meistens mit Tinte und Feder als Umriß in der endgültigen Größe ausgeführt und dann mit Bleistift schraffiert, noch wiederholt geändert. Selbst in der letzten Überzeichnung mit Bister, welcher die Entwürfe auf die Platte zu übertragen hat, finden sich aber oft noch wesentliche Korrekturen. Nicht alle Blätter jedoch wurden so peinlich genau vorbereitet. Die mehr als dreihundert Gegenstände für Basedows Elementarwerk z. B. wurden verhältnismäßig rasch abgethan. Zum Teil erforderten allerdings gerade sie mancherlei Überlegung und den Erwerb zahlreicher Specialkenntnisse, im allgemeinen jedoch ließen ihre Kompositionen sich gefügiger, zwangloser anordnen. Übrigens erschienen sie dadurch nur desto runder und vollendeter, wenn sie schließlich, mit Feder und Tusche ausgeführt, die mechanischen Wirkungen des Stiches in allen Abstufungen von Licht und Schatten im voraus angaben. Auch andere Illustrationen, die Chodowiecki für den Stich oder die Radierung durch fremde Künstler den Verlegern lieferte und die vorzüglich in Leipzig, leider oft schlecht genug, ausgeführt wurden, bemühten ihn nicht besonders.

Rotstiftstudie zu „Sebaldus Nothanker“, nach den Söhnen des Künstlers.

Gewiß noch leichter gingen ihm die Zeichnungen [14]) von der Hand, die sonst gelegentlich von ihm gefordert wurden. Einige Embleme für den Titel von Müllers Karte von Polen oder von Reclams Plan des Schlosses Rheinsberg zu entwerfen, konnte ihm ebensowenig schwer fallen wie etwa die Maskenkostüme, die er für seine Cousinen Rollet komponieren, oder die Fechterstellungen, die er nach Modellen für das Fechtbuch von Ronisch zeichnen sollte. Anmutig und einträglich zugleich waren die Malereien, mit denen er die ihm präsentierten Stammbücher zu schmücken pflegte. Handelte es sich nicht um das Souvenir eines Kollegen, der Gutes mit Gutem vergelten konnte, oder um dasjenige eines näheren Bekannten, so nahm der Künstler seine zwei Dukaten oder sogar zwei Louisdors für irgend eine artige Allegorie oder eine lustwandelnde Dame oder ein paar Husaren, die er mit der Feder und leichter Aufhöhung mit Aquarellfarben auf ein solches Blatt setzte; und es gab schon damals Autographensammler genug, die den Besitz der Handschrift eines Berühmten mit einer Probe seiner Kunstfertigkeit und nur zu gern auch mit dem Scheine seiner persönlichen Bekanntschaft zu verbinden trachteten. Minder einträglich und zugleich meist minder anmutig waren dagegen die wunderlichen

Leistungen, die man sonst noch manchmal ihm abquälte. Da sollte er für Herrn Fromery ein Ladenschild mit einem Neger komponieren, für Herrn Baudouin eine Eremitage als Wandmalerei am Ende einer Galerie anbringen; beides that er denn auch und zeichnete sogar für den Kollegen Meil ein en face-Porträt Peters des Großen in einen Profilkopf um. Doch hatte selbst seine Geduld ihre Grenzen, und wir können ihm nur Recht geben, wenn er sich standhaft weigerte, die Staffage zu einem Gemälde zu liefern, dessen verschiedene Teile durch Uhrwerke bewegt wurden, oder ein zehn Jahre altes Porträt durch Retouche in ein den inzwischen eingetretenen Veränderungen des Gesichtes entsprechendes zu verwandeln oder einen Attaché der russischen Botschaft durch schlüpfrige Boudoirscenen zu erfreuen oder nach Anweisung eines Mißgünstigen ein Porträt des Königs zu verzerren. Für Karikaturen übrigens, so gern er zu Scherz und Spott ihrer ausführte, nahm er niemals Geld und ließ sich nur selten darauf ein, sie auf Wunsch von minder bekannten Bestellern zu zeichnen.

Und in dieses freilich geordnete Durcheinander seiner Beschäftigungen war nun noch mit jährlich kräftigerem Vorstoß die Radierung gedrungen. Seit 1767 pausierte seine Nadel nicht wieder. Was brachte ihm aber ihre Arbeit für Neuerungen ins Haus! Des umständlichen Vertreibens und der Verschickung der Kupfer wurde bereits gedacht; nicht weniger umständlich war jedoch das ganze Verfahren ihrer Herstellung. Erst im Mai 1771 kaufte sich Chodowiecki eine eigene Presse;[15] bis dahin mußte jeder Probedruck bei dem alten Dionys Berger, bei Schleuen oder der Witwe Glasbach angefertigt werden. Vor und zwischen den Probedrucken lag ferner das Ätzen, das anfangs so oft mißriet und immer eine sehr langwierige und aufmerksame Beobachtung der Platten erforderte, wenn sie im Scheidewasser lagen. Das Radieren selbst ging zwar leicht und flott von der Hand; dagegen wollten wiederum die Platten mit größter Sorgfalt geputzt, geschliffen, unter Umständen sogar gehämmert und für den Druck gefärbt und getönt sein. War dann endlich das Werk so weit vollendet, so brachte die Gravierung der Unterschrift, die immer von anderen Stechern, gewöhnlich von Schuster oder Berger, besorgt wurde, noch häufig Ärger und Aufenthalt. Es gehört zu Chodowieckis Verdiensten, daß er seine Aufmerksamkeit diesen Unterschriften zuwandte und nicht nur ein schöneres Alphabet, sondern auch eine korrektere Orthographie für sie durchsetzte, als man sie vor seiner Zeit in Berlin gewöhnt war.

Wer so vieles in Kopf und Hand zu halten und zu bewegen hat wie unser Künstler und alles dies mit so viel Pflichttreue und Ergiebigkeit leistet wie er, der erschöpft eigentlich, sollten wir meinen, durch des Tages Arbeit seine Aufnahmefähigkeit und bedarf des Abends einer ganz harmlosen, still geselligen, vielleicht gastlichen Erholung. Chodowiecki kannte zwar nach sauren

Wochen hier und da ein frohes Fest; aber die meisten seiner Feierabende muß er mit der Lektüre ernster Bücher verbracht haben. Denn er kaufte sich auf den Versteigerungen oder bei augenblicklichem Bedarfe ihrer viele, meist Werke von kunsttheoretischem, historischem, naturwissenschaftlichem oder erbaulichem Inhalte. Sollte aber ein Skeptiker gegen diese Schlußfolgerung einwenden, daß man keineswegs alle Bücher liest, die man besitzt, so steht doch andererseits fest, daß man diejenigen ausnutzt, die man sich leiht: und er lieh sich auch so oft von Sulzer und anderen gelehrten Freunden, was ihn im Zusammenhange mit seinen Illustrationen interessierte oder worauf ihn ein Gespräch vielleicht geführt hatte, daß wir ihn uns stets mit der Abrundung seines Wissens, mit der Ausfüllung von Lücken seiner Erkenntnis beschäftigt denken dürfen. Daher saß er denn wohl gewöhnlich des Abends in dem gemütlichen Kreise seiner Lieben, für die er mit ganzem Herzen lebte und arbeitete, an einem guten Buche; und schrieb er dann, vor dem späten Zubettgehen das Tagewerk überschauend, die kurzen Notizen seines Journals, so mochte er sich dankbar bewußt werden, wieviel von dem Reichtume und der stillen Heiterkeit seiner Künstlerseele er dem Einflusse dieser ruhigen Heimstätte und der sittlichen Wechselwirkung der Familienmitglieder aufeinander schuldig sei. Denn in stetiger, hingebender und zugleich empfangender Bethätigung unseres eigensten Wesens besitzen wir den Schlüssel zum Glück.

Rotstiftzeichnung.

Die Karawane.
(E. 50.)

Achtes Kapitel.

Nach Danzig und nach Dresden: 1773.

Antoine und Gottfried Chodowiecki. — Veranlassung der Reise nach Danzig. — Der Ritt von Berlin bis Danzig. — Ankunft und Begrüßung der Heimat. — Danziger Kunstfreunde und Künstler. — Chodowiecki als Porträtmaler in Mode. — Der Hof des Fürsten Primas. — Befreundete Häuser. — Rückkehr nach Berlin. — Reise nach Sabor und Dresden. — Dresdener Künstler. — Aufenthalt in Leipzig. — Spätere Reisen.

Von seiner Jugend, und wäre sie noch so lange von ihm gewichen, kann kein Mensch sich scheiden: was sie ihm brachte, haftet ihm an fürs ganze Leben. So vergaß denn Chodowiecki über der Familie, die er sich gegründet, niemals der Treue gegen seine angestammten Verwandten. Den beiden Brüdern, die ihm in Berlin lebten, zeigte er sich immer als ein guter Bruder. Zum Unterhalte des schwachsinnigen Antoine trug er das meiste bei und sorgte dafür, daß es dem Armen nicht an Zuspruch und Teilnahme fehle. Er besuchte ihn häufig und ließ auch seine Frau und die Kinder ihn besuchen und beschenken; er nahm ihn in Schutz, wenn er Ungehöriges angestellt hatte, und als sein Zustand es gestattete, brachte er ihn für eine Zeitlang bei einem Gärtner in die Kost, wo er eine leichte und gesunde Arbeit fand.

Mehr Unmuße als dieser gutmütige Kranke, in dessen Schicksal man sich wohl längst gefunden hatte, bereitete ihm vermutlich der energielose Gottfried. Dieser besaß jetzt zwar auch ein eigenes Haus, aber seine Einnahmen gingen in demselben Verhältnis zurück, als sein Reichtum an Kindern wuchs. Er war als Maler ungefähr auf dem Standpunkt von 1755 stehen geblieben, fabrizierte Emaillen und verlor, als sie aus der Mode kamen, einen großen Teil seines Verdienstes. Umsonst trat Daniel ihm manche seiner eigenen Bestellungen ab — er mußte sich daneben stets nach weiteren Erwerbszweigen ansehen. Da er sich auch mit Zeichnen, Miniaturmalen und Radieren befaßte, so hätte ihm ja mehr als eine Gelegenheit blühen können, aber er war wankelmütig und unlustig und blieb selten bei dem einmal Begonnenen. Immer wieder griff der berühmte Bruder für ihn ein und verschaffte ihm durch seinen Einfluß bald die Kopie einer Platte für den Genealogischen Kalender, bald die Radierung und Illuminierung einiger Tafeln von Basedows „Elementarwerk" oder ähnliche Aufträge. Endlich gelang es ihm, bei der Königlichen Porzellanmanufaktur unterzukommen, wo er für Böhme, mit dem Daniel häufig zusammentraf, gewisse Figuren in Kupferstich nachbilden sollte. Auch diese Freude dauerte nicht lange: er wollte zu Hause und nicht auf der Fabrik arbeiten, er glaubte zu wenig zu verdienen — wie er behauptete: nur sieben bis zehn Thaler monatlich — man war auf der anderen Seite auch mit ihm nicht zufrieden — kurz, wir sehen ihn sich bald von neuem um Neues, etwa um Zeichenstunden zu zehn Groschen bemühen oder um eine Stelle bei der Königlichen Seidenfabrik, die er nicht erhielt, oder schließlich um das Perpetuum mobile, das er nicht erfand. Eine einzige Sache trieb er mit Ernst: das Studium von Pferden und Soldaten. Er beobachtete sie in ihren Bewegungen, modellierte sie in Wachs, zeichnete nach diesen Modellen und stach ganze Reihenfolgen der Stellungen, die ein Pferd im Laufen und Springen, Fallen und Wälzen, oder die ein Mann im Exerzieren einnimmt. Auch komponierte er Schlachtenbilder und führte sie mit Fleiß und Sauberkeit in Miniatur aus. Zwei von ihnen sind erhalten: sie stammen beide aus dem Jahre 1772 (in Gouachefarben gemalt, 27 : 77 cm), und stellen Reiterkämpfe zwischen Russen und Türken vor. Wahrscheinlich waren sie zur Verherrlichung der Siege Katharinas bestimmt, aber fanden keine Gnade vor den Augen des russischen Agenten Formey, so daß sie im Hause des abermals in seinen Hoffnungen betrogenen Gottfried blieben. Er scheint ihrer denn auch nicht mehr gemalt zu haben, obgleich die Blätter von Rugendas und Riedinger, die er mit Leidenschaft und über seine Mittel hinaus sammelte, ihm wohl zu ähnlichen Nachschöpfungen locken mochten. Bei

Zeichnung Gottfried Chodowieckis.
Momentstudien von Fechtern.

alledem muß er ein braver und nicht ganz unbekannter Mann gewesen sein, denn er wurde im Jahre 1771 zum Diacre der französischen Gemeinde gewählt. Er schlug jedoch das Ehrenamt aus, weil er zu derselben Zeit auf die Anstellung an der Porzellanmanufaktur rechnete, die er mit jenem nicht vereinigen durfte.[1]

War die Erscheinung Gottfrieds einigermaßen trübselig, so mochte Daniel bei dem Gedanken an die Seinigen in Danzig desto mehr Freude empfinden. Er war mit ihnen in beständigem Briefwechsel geblieben und wußte, daß die Mutter, obgleich gealtert und kränkelnd, sich doch heiter und teilnehmend erhalten habe, daß die beiden Schwestern an ihrer Kinderschule eine befriedigende Arbeit und eine allenfalls ausreichende Erwerbsquelle besaßen und daß, bei ihnen wohnend, die Tanten Concordia und Justine Ayrer wie seit langem ihr stilles Wesen trieben: die erste bereits verfallen und pflegebedürftig, die andere noch immer unterrichtend und malend. War sie es doch gewesen, die ihrem Neffen die Anfangsgründe einer dilettantischen Miniaturmalerei hatte beibringen helfen; inzwischen war sie, dem Zuge der Zeit folgend, auch an das Emaillieren geraten.

Im Laufe der Jahrzehnte hatte man wiederholt die Frage einer Vereinigung aller Familienglieder erörtert. Als im siebenjährigen Kriege Berlin aufs ärgste bedroht schien, sollte Daniel die Seinigen nach Danzig schaffen und womöglich ganz dahin übersiedeln. Er unterließ es, weil die Gefahr sich rechtzeitig wandte und weil er sich von dem Aufenthalte in der Heimat nur wenig Arbeit versprechen durfte. Andererseits zögerte die Mutter, nach Berlin auszuwandern, da sie ihre gewohnten Verhältnisse nicht aufgeben und überdies in Danzig einige zu erwartende Erbschaften einziehen wollte. Immerhin wuchs ihre Sehnsucht nach den Söhnen, und als 1772 die Kriegsunruhen, die mit der ersten Teilung Polens zusammenhingen, sie höchlichst aufgeregt und ihrer Gesundheit einen schweren Stoß versetzt hatten, da gelang es ihr, wenigstens ihren Ältesten zu einem Besuche bei ihr zu bewegen. Sie wollte ihn, der vor dreißig Jahren als ein Siebzehnjähriger sie verlassen hatte, noch einmal sehen und an dem sich freuen, was er geworden war; außerdem gedachte sie mit ihm ihre Vermögensangelegenheiten zu ordnen und die künftige Lage seiner Schwestern zu besprechen.

So entschloß sich denn Daniel im Frühling 1773 zu dem Wagnis einer Reise nach dem eben erst annektierten und kaum beruhigten Westpreußen und nach dem immer noch bedrohten, von Friedrichs neuen Grenzen aufs engste umzogenen Danzig. Niemand konnte schon wissen, ob die Stadt ihre Freiheit wirklich werde zu behaupten vermögen und ob an ihre vielleicht noch erfolgende Wegnahme durch den „Nachbar Flink“ sich nicht weitere schwere Verwickelungen knüpfen würden. Aber selbst ohne solche politische Bedenken war die Reise ein Wagnis zu nennen. Chodowiecki, der das Fahren nicht vertrug, mußte sie zu Pferde unternehmen, und mochte er sich auch auf der allenfalls sicheren Postroute halten, so durfte er immerhin auf manchen unheimlich einsamen Ritt, auf manchen bodenlosen Weg und auf die unzulänglichste Verpflegung gefaßt sein. Dann aber, was verlangte das Unternehmen für Vorkehrungen! Für den Anfang Juni war die Abreise festgesetzt und schon Ende April begann die Umschau nach einem tauglichen Gaule. Innerhalb der nächsten Wochen bot man dem Künstler, der doch kein Kavallerist war, ihrer dreißig bis vierzig an, und mit Hilfe Gottfrieds und uninteressierter Hufschmiede oder Unteroffiziere be-

Getuschte Zeichnung Gottfried Chodowieckis im Geschmack des Rugendas.

mühte er sich nun, zu untersuchen, wo ihre verheimlichten Fehler und Untugenden steckten. Einmal hatte er sich bereits für einen stattlichen Polacken mit guten Gängen und erfreulicher Parade entschieden, aber nach vier Tagen gab er ihn zurück, weil er sich als schwindsüchtig und am Herzschlag leidend erwies. Nun wurden wieder andere Pferde probiert, bis ihm endlich ein Adjutant für acht Louisdor einen anderen Polacken verkaufte, falb, „de bonne mine“ und von anständigem Gange. Dieser wurde nun wirklich behalten, obgleich er stolperte und schlecht fraß, und bildete zunächst den Stolz der Familie, besonders Gottfrieds, der nicht verfehlte, für seine Behandlung alle möglichen Ratschläge zu erteilen. Darüber kam der Juni heran: ein Felleisen war längst geliehen, ein Regenmantel, eine Reithose, ein Hut, mit Wachstuch überzogen, eine neue

Perücke waren gekauft worden; noch wurde der Reisende um den nötigen Paß von Pontius zu Pilatus geschickt, aber schließlich konnte er doch zu den leiblichen Vorbereitungen aller Art noch die geistlichen fügen, indem er kommunizierte, und am dritten des Monats morgens sieben Uhr Berlin verlassen, nicht ohne bis zum letzten Augenblicke noch allerlei Geschäfte erledigt zu haben.[2])

Er wählte statt des Weges über Küstrin, Landsberg und durch die ganze Länge von Westpreußen, wo er, wie man ihm sagte, besonders billig hätte leben können, die um sechs Meilen kürzere Poststraße durch Hinterpommern und Pommerellen, also über Freienwalde, Stargard, Köslin und Stolp. In

Der Abschied von der Familie.
Aus der „Danziger Reise“.

seinen Mantel gehüllt, den Degen an der Seite, das Felleisen hinter sich am Sattel, zog er wohlgemut auf seinem hochbeinigen, langhalsigen Falben in die Welt hinein, mit Fröhlichkeit entschlossen, die Unbilden der nächsten Tage zu überwinden und aus jedem Erlebnis, jeder Beobachtung einen kleinen Nutzen zu ziehen. Wirklich ließ er seinen Augen und seinem Gedächtnis nicht das geringste entgehen: so oft er es vermochte, skizzierte er mit leichten Bleistiftstrichen die Menschen, die Vorgänge und sogar einzelne Landschaften, die ihn fesselten, und vergaß nie, sich für das Tagebuch die Ortschaften, die er passierte, ihre Entfernungen voneinander, die Dauer seines Aufenthalts, den Speisezettel des Pferdes und seiner eigenen Person sowie die Rechnungen in den Gasthöfen und alle wesentlichen Eindrücke zu merken. War er dann abends irgendwo eingekehrt, hatte das Pferd mit Hafer, Brot und Bier gefüttert und sich selbst etwa an Käse, Brot und Suppe, Kaffee oder Zuckerwasser gestärkt, so schrieb er noch das gewohnte Journal mit mehr oder weniger Ausführlichkeit nieder und bildete wohl auch schon einzelne seiner flüchtigen Veduten und Skizzen etwas weiter durch. Am nächsten Morgen ging es dann wieder um fünf Uhr und unter Umständen mit nüchternem Magen weiter, von Stadt zu Dorf, von Dorf zu Stadt, mit Rasten, die nur nach dem Befinden des Falben, nicht nach seiner eigenen Müdigkeit bemessen waren. Denn er war abgehärtet und standhaft, kümmerte sich auch wenig um den Mangel an Bequemlichkeit, den er in den meisten Nachtquartieren antraf. Zu Freienwalde zwar, wo er die erste Nacht blieb, wurde er von französischen Kolonisten, den Eheleuten Jordan, bei einem Apotheker einlogiert; aber am zweiten Abend fand er in Rohrdorf, zwischen Bahn und Stargard, nur eine Bauernhütte und am dritten im Wirtshause von Massow das Abenteuer, daß, während er und ein fieberkranker polnischer Bettler auf Stroh schliefen, ein ihm dem Namen nach bekannter Accise-inspektor Ude mit einem Militärarzt und drei Musikanten mitten in der Nacht in die Stube stürmte, um zu singen, zu tanzen, zu trinken und Possen zu treiben. Die Wirtin, eine Witwe, war gewohnt, daß man bei ihr that, was man wollte: so konnte sie nicht hindern, daß der Reisende aufgerüttelt wurde, obgleich er sich schlafend zu stellen suchte, um erst in Frieden gelassen zu werden, als er erklärte, ein Berliner zu sein. Denn die Berliner seien brave Leute. Vermutlich schrieb sich dieses günstige Vorurteil von der Nähe des Königs her, der an demselben Tage, auf einer Reise nach Westpreußen begriffen, die Gegend passiert hatte. Er war in Stargard gewesen, wo das Regiment von Billerbeck sich bei der Revue so schlecht präsentierte, daß der General, wie man sich erzählte, sofort seinen Abschied erhielt. Von dieser Revue kamen auch die vielen Soldaten, die gruppenweise in ihre Garnisonen zurückkehrten oder in Urlaub gingen und Chodowiecki gelegentlich Gesellschaft leisteten. Er beobachtete sie mit Vergnügen. Besonders zog ihn ein herrlich gewachsener junger Kerl an, der ein gebräuntes regelmäßiges Gesicht von prächtigem Ausdruck und entschiedener Hoheit besaß. Natürlich suchte unser dilettantischer Philosoph in diesem Körper eine schöne Seele, fand aber, daß der Mann denselben pommerschen Dialekt und dieselben Armseligkeiten sprach wie seine Kameraden. Nur eines rettete die Doktrin: der Adonis mochte kein Kommißbrot.

Der vierte Reisetag, ein Sonntag, brachte zunächst eine ernstliche Gefahr mit sich, indem Roß und Reiter, von der Straße abgewichen, in einem Sumpfe stecken blieben, aus dem sie sich nur mit äußerster Vorsicht und Anstrengung befreien konnten; dann aber gab es in der kleinen Stadt Plate eine besondere Erquickung. Eine Wassermühle, unter mächtigen Bäumen gelegen, entzückte mit ihrem Rauschen und dem Spiele der Gewässer über dem Wehr und seinen Felsblöcken, und die Romantik dieses Ortes wurde gesteigert durch ein verlassenes und zerfallenes Schloß, eine Burg mit Wall und Graben und gewaltigen Gewölben in Wohnhaus und Turm. Chodowiecki entdeckte in einem ihrer Räume noch einen schweren Kamin und in diesem stehend einen Sarg. Minder märchenhaft erschien ihm das moderne, schmucklose Schloß des Herrn von Osten; er kehrte deshalb in sein Wirtshaus zurück und beschloß, sich zu Ehren des Feiertages eine Güte anzuthun. Sein unschuldiger Exzeß bestand darin, daß er mehr Zucker als gewöhnlich, außerdem aber den Saft einer ganzen Citrone in sein Wasser that und sich sechs Eier kochen ließ. Da es jedoch Puteneier waren, so aß er ihrer nur vier, und selbst diese ließen ihn in der Nacht allerlei Gespenster sehen.

Mit behaglicher Gewissenhaftigkeit notierte das Journal solche harmlose Einzelheiten. Der reisende Künstler war eben kein gelehrter Reisender, wie Nicolai oder Bernoulli welche waren, die auf Merkwürdigkeiten fahndeten und zugleich Statistik und Nationalökonomie trieben; er betrachtete vielmehr seinen Ritt als ein notwendiges Übel, dem sich aber doch manches abgewinnen ließ, da es wenigstens genug Abwechselung mit sich brachte. Schon die verschiedenen Begegnungen und zeitweiligen Reisegefährten konnten den Menschenkenner unterhalten. Bald gesellte er sich zu einem Postillon, bald zu einem Offiziersburschen, mit denen er auf ihre Weise redete; in Puritz dagegen begrüßte er den General von Belling und seine Tochter, die er beide gemalt hatte, voll höfischer Courtoisie; mit den Wirten in den verschiedenen Orten wurde natürlich von Land und Leuten gesprochen, wenn nicht sein Pferd, das ehemals ein Staatsroß gewesen sein mochte, alle Aufmerksamkeit auf sich zog und Kauf- oder Tauschgelüste erregte. In einem furchtbaren Unwetter zwischen Cörlin und Köslin stießen zwei berittene Bauern zu ihm, die aus Treptow an der Rega kamen, um in Danzig Pferde zu kaufen. Der eine war rundlich, offen und gescheut, der andere lang, hager, verschlossen und von „jesuitischer Physiognomie“: von ihnen lernte er, als sie alle zusammen in einem obskuren Dorfe nächtigten, daß man am billigsten reise, wenn man des Nachts die Pferde auf irgend einer Gemeindewiese grasen lasse. In Köslin mußte er einen Bäcker Stolzenberg aufsuchen, den Vater seines Berliner Barbiers, um ihm einen Brief zu überbringen: eine Liebenswürdigkeit, die zugleich ein Schlaglicht auf die damaligen Post- und Verkehrsverhältnisse, d. h. auf das Verhalten des Publikums zu ihnen wirft.

Das nächste Nachtquartier wurde im hübschen Schlawe abgehalten. Hinter Stolpe begann dann eine äußerst ärmliche, von Kassuben bevölkerte Gegend; das Elend war so groß, daß sich im Gasthof zu Lupow nichts Eßbares und nicht einmal Pferdefutter auftreiben ließ. Zu seinem Troste traf Chodowiecki jedoch in einem anderen Dorfe, wo es wenigstens etwas Heu und auf langes Bitten auch teures Brot gab, mit einem wohlversorgten Reisenden zusammen, der sowohl ihn als einen nach St. Petersburg wandernden Metzger um seine Gesellschaft bat. Er war ein Tuchhändler aus der Gegend von Bunzlau, aber ein geborener Kopenhagener, ein kleiner, dürrer Mann in schwarzem Plüschkleide, blauem Pelzmantel und einer Nachtmütze, auf der ein grauer Filzhut saß. Ein halbverdeckter Karren mit einem schwarzen Pferdchen, von einem langen Knecht geleitet, enthielt seine Waren und diente ihm zugleich als Bett: so zog er in gelinden Tagereisen nach Königsberg. In Stolpe hatte er sich einen Lachs und Weißbrot gekauft: diese Leckerbissen teilte er mit den Reisegefährten im Kruge zu Wutzkow, während Chodowiecki eine Biersuppe

Die Ankunft vor Danzig.
(Aus der „Danziger Reise".)

und Zucker beisteuerte und der Wirt mit Mordgeschichten für die Unterhaltung sorgte.

Der folgende Tag führte die Gesellschaft durch immer ärger verwahrloste Kassubendörfer und über Donnemörse, das an der Grenze des ehemaligen Königreiches Polen und also der 1772 neugeschaffenen Provinz Westpreußen liegt, bis zu einem kleinen Orte, drei Meilen vor Danzig, und am neunten Tage endlich, am elften Juni, betrat Chodowiecki die schönen Umgebungen seiner Vaterstadt und diese selbst. Er kam durch Oliva und gelangte, Villen und Gärten zur Rechten, zur Linken aber am Horizonte das schiffreiche Meer, nach Langfuhr, wo die letzte preußische Schildwache neben dem letzten schwarzen Adler stand. Dort trennte er sich von dem Kaufmanne und folgte der langen Allee, die am Bischofs- und am Galgenberg vorüber auf das „Olivische" Thor vor Danzig geleitet: ein Stadtsoldat, „qui fait une triste figure", hielt auf ihr die Wache.

Durch das Hohe Thor zog nun der Reisende in die Stadt selbst ein, stieg zunächst in der „Einen Krone" auf dem Vorstädtischen Graben ab, stellte den Falben bei einem Dragoner in den Stall und bedachte darauf, wie er sich am schicklichsten bei den Seinigen einführe. Er hatte nämlich in Plate die Danziger Post verpaßt und trug den Brief noch bei sich, der seine Ankunft melden sollte; so wußte er sich noch nicht erwartet und fürchtete für die Mutter eine allzu heftige Überraschung. Um sie einigermaßen vorzubereiten, schickte er ihr deshalb durch den Hausknecht jenen Brief mit dem Bedeuten, daß ein Berliner Kaufmann ihn mitgebracht habe: daraus würde sie erraten, er selbst sei schon angekommen.

Nichts ist rührender als die Art, wie jetzt das Wiedersehen von Mutter und Sohn, von Schwestern und Bruder nach einer Trennung von der Dauer eines Menschenalters vor sich ging. Von beiden Seiten ein Zurückdämmen der Gefühle, Ruhe und Selbstbeherrschung. Nach Absendung des Briefes macht Chodowiecki etwas Toilette, schläft darauf anderthalb Stunden und begiebt sich gegen ein Uhr in einen Keller am Langen Markt, wo er zu Mittag speist. Er vergißt nicht zu notieren, er habe dort Rindfleisch mit Salat, drei kleine Brote mit Butter und dazu etwas Bier genossen. „Et après avoir payé je m'en allois auprès de ma mère, en passant par le Junckerhoff ... Ce fut ma soeur ainée qui me reçut d'abord, puis la cadette et enfin ma mère avec beaucoup de témoignages de tendresse, mais on me trouva fort changé. Je fus obligé de manger encore un morceau d'anguille et de boire un coup; ma tante, revenant de ses écoliers, entra, je lui fis mon compliment de meme qu' à sa soeur. Les enfans s'assemblant, je dis que j'allois faire quelques visites, promettant de me retrouver à cinq heures."

Und während nun die Schwestern ihre gewohnten Schulstunden abhaltend zwischen den beiden Reihen von Stühlen und Stühlchen auf und nieder gehen, um die Kinder zu beschäftigen, spaziert der Bruder durch die Stadt, nimmt eine genaue Beschreibung des Artushofes auf, dessen Bilder ihm jetzt etwas wenig originell vorkommen, betrachtet sich das restaurierte Rathaus und kontrolliert bei der Speicherinsel die Ansichten von Danziger Schiffen, die in Berlin verbreitet worden waren. Pünktlich um fünf Uhr fand er sich, samt seinem Gepäck, wieder bei der Mutter ein, um während der drei folgenden Tage sich ganz der Familie zu widmen. Es gab ja genug zu „babiller", da in den Briefen schließlich nur die wesentlichsten Nachrichten sich hatten mitteilen lassen — wenigstens die Damen der Familie schrieben oft mehr Komplimente und Sentimente als Thatsachen — und die Erzählungen von den Berliner Lieben wurden durch deren mitgebrachte Bildnisse glücklich ergänzt. Um anderer-

Die Begrüßung der Mutter im Schulzimmer.
(Aus der „Danziger Reise".)

seits in Berlin über die Danziger zu orientieren, begann Chodowiecki sofort mit der Porträtierung derselben in Rotstift und auch in Miniatur. War doch sein Aufenthalt in der Heimat nur auf vierzehn Tage berechnet, und sollten in dieser kurzen Frist noch so manche alte Familienfreunde wiedergesehen und teure Jugenderinnerungen — ein wehmütiges Vergnügen — aufgefrischt werden.

Die Stadt mit ihrer uralten Herrlichkeit war allerdings nicht ganz unverändert geblieben. Zwar nicht ihre Bedeutung, wohl aber der Luxus und die Ansprüche ihrer reicheren Einwohner hatten sich in den letzten Jahrzehnten gesteigert, und sie zeigten sich zunächst schon in der Erneuerung der öffentlichen Gebäude, besonders der Kirchen, und in der Anlage sowohl von ansehnlichen Palästen als von anmutigen Lusthäusern. Wenn Chodowiecki die Elisabeth- oder die Peterskirche besuchte, um dem Gottesdienst beizuwohnen, so fand er die ehedem vertrauten Emporen umgebaut, die Hallen getüncht: und suchte er dort und in den anderen Gotteshäusern nach jenen Gemälden, die er als Knabe mit so heißem Bemühen angestaunt und sich eingeprägt hatte, so waren sie nur zu oft nicht mehr vorhanden. Was er von ihnen aber wiedersah, erschien ihm freilich wie die Bilder des Artushofes bei weitem nicht mehr so herrlich wie früher. Er hatte in Berlin und durch den Verlauf seiner Entwickelung doch einen ganz anderen Maßstab zur Beurteilung und zum Genusse der Kunst sich angeeignet, und wollte er sich so recht von Herzen und wie in alter Zeit erquicken, so mußte er zu

der unwandelbaren Schönheit der Natur und zu den mit ihr verknüpften Gefühlen seine Zuflucht nehmen. Auf einsamen Spazierritten nach dem Leuchtturm von Weichselmünde und am Meeresstrande entlang erfreute er sich an dem längst entwöhnten Schauspiele der farbenschimmernden Fläche und am Wandern der Wellen; oder er wendete sich nach Oliva, um dort die endlosen Wälder zu durchstreichen. Womöglich wurde allerdings selbst bei solchen Gelegenheiten etwas Kunst mitgenommen: wie er in der Klosterkirche von Oliva, von einem über die preußischen Maßregeln mißvergnügten Cistercienser geführt, die heilige Familie van Dycks bewunderte, so suchte er in den berühmten Gärten der Witwe Schmidt zu Kleinhammer bei Langfuhr die Statuen des jung verstorbenen schwedischen Bildhauers Eggersen auf, die freilich diese Mühe nicht lohnten. Die schönsten seiner Ausflüge mochten immerhin die sein, die er mit den Seinigen auf der Treckschuyte die stillen Wasserläufe entlang nach ergötzlichen Örtern unternahm oder die er auf seinem Falben den Wagen der Damen begleitend ausführte.

Nicht minder mächtig zog ihn jedoch die Bevölkerung und die Gesellschaft der Vaterstadt an. Die eigentümlichen Menschen, die fremd gewordenen Verhältnisse interessierten den nie ermüdenden Beobachter. Die polnischen Gestalten, jene malerischen Typen der Floßknechte und anderer charakteristischer Straßenfiguren, vorzüglich aber die stolzen, stattlichen Adligen in ihrer Nationaltracht fielen ihm von neuem auf, wurden studiert und kamen mit flotten, viel feiteren Strichen als früher ins Skizzenbuch. Zu feinerer psychologischer Analyse reizten die deutsch-französischen Freunde und Bekannten, die natürlich besucht wurden und bei denen auch mancherlei Aufträge aus Berlin erledigt werden mußten. Da war die Gruppe der reformierten Prediger, die zum Teil der französischen Kolonie angehörten. Bei ihnen hatte Chodowiecki bald herausgefunden, daß sie sich auf der Kanzel einer ganz besonderen Salbung, einer entschiedenen Affektation und übermäßig feierlichen Wohlredenheit befleißigten — im Privatverkehr wußte er sie jedoch dahin zu bringen, daß sie sich ihm gegenüber in schlichter Menschlichkeit und sogar gelegentlich überraschend offen zeigten; wie denn z. B. der Pastor de la Motte ihm unumwunden gestand, er würde sein Amt wegen der darauf lastenden Mühsal und Verantwortlichkeit gern los sein und es selbst mit dem eines Lastträgers vertauschen. — Ferner erwartete ihn eine Anzahl von Kaufleuten, die mit der Kolonie oder mit Berliner Familien verschwägert waren und ihn fast als einen der Ihrigen betrachteten; unter ihnen stand Herr Gerdes ihm am nächsten. Diese praktischen Männer ließen es sich angelegen sein, die Aufmerksamkeit ihrer Kundschaft auf den Ankömmling als einen berühmten Miniatur- und Porträtmaler zu lenken und ihn so in einen lebhaften Verkehr mit den Notabeln der Stadt zu ziehen.

Die Kunstinteressen Danzigs hatten sich offenbar in der letzten Zeit um einiges gehoben. Schon der wachhabende Offizier, der Chodowiecki bei seiner

Ankunft am Schlagbaum examinierte, hatte sich als ein Liebhaber der Malerei enthüllt. Kaufleute und Beamte, deutsche sowohl als polnische, legten sich Sammlungen an;[5]) und ihre Kabinette enthielten zahlreiche gute Bilder, in erster Linie natürlich niederländische, die ja in ganz Norddeutschland verbreitet waren. Auch der Dilettantismus hatte sich weiterentwickelt und war in die vornehmen Familien eingedrungen: eine Gräfin Keyserling z. B., eine geborene Danzigerin, die als Kind in der Schule der Frau Chodowiecka gewesen war, malte in Email; und eine andere Dame, die Gräfin Czapska, spielte nicht nur meisterhaft auf dem Klavier, sondern malte auch Email, Porzellan und Miniatur, stach in Kupfer und betrieb sogar die immer noch als Geheimnis behandelte Schwarzkunst. Bei ihr erfuhr Chodowiecki zweierlei, was er noch nicht wußte: nämlich daß man in Ermangelung eines richtigen Ofens für den Porzellanbrand diese Malereien auf Porzellan allenfalls wie die der Emaillen einbrennen kann, und daß radierte Kupferplatten sich ohne Anwendung einer Presse mit dem besten Erfolge auf Gipstafeln abdrücken lassen: die so angefertigten Probedrucke der erfindungsreichen Gräfin hatten die Wirkung von feinen, weichen Zeichnungen.

Die Künstler von Beruf konnten sich in Danzig allerdings noch immer keiner glänzenden Lage rühmen; sie fühlten sich vernachlässigt und leisteten deshalb auch nicht viel. Von Kupferstechern wurden Chodowiecki nur zwei genannt: ein gewisser Donet, an dem das einzig Bemerkenswerte gewesen zu sein scheint, daß er Mennonit war, und der alte, behagliche Deisch, ein geborener Augsburger, der aus seiner Vaterstadt eine starke Routine und eine handwerksmäßige Produktivität mitgebracht hatte. Er mißhandelte die vornehme Schwarzkunst, stach fünfzig Danziger Ansichten nach dem Maler Lohrmann und versündigte sich mit derselben Plumpheit an Gemälden von Ostade und anderen Niederländern. Nicht viel günstiger urteilte Chodowiecki über den eben genannten Lohrmann selbst, der früher in Berlin gelebt hatte. Seine Specialität waren Gemälde nach Stichen. Eine Dornenkrönung des Annibale Carracci hatte er auf diesem Wege in großem und in kleinem Maßstabe bearbeitet; andere seiner Werke entnahm er Bause, Lancret und Amédée Vanloo. Mit Glück war er auf den Gedanken verfallen, das schöne und merkwürdige Danzig künstlerisch auszunutzen: aber es fehlte ihm an Auffassung und Beobachtung, außerdem an Fleiß, er ließ sich gerade die charakteristischen Formen entgehen und brach seine mißlungene Serie ab, obgleich er durch empfangene Subskription an ihre Lieferung gebunden war. Im übrigen bildeten Berliner Studien und Zeichnungen das Kapital, von dem er nun seit etwa zwanzig Jahren zehrte; hier und da wurde ihm wohl auch ein Bildnis aufgetragen, das er, wenn der Augenblick günstig war, in dem ersten Entwurf mit Energie erfaßte, um es dann in der Ausführung sicher zu verderben. Angesehener als er war der Porträtmaler Jacob Wessel, der sich in der Glanzzeit Antoine Pesnes, 1736—1739, in Berlin ausgebildet hatte; doch werden ihm die italienischen Hofmaler in Warschau eine empfindliche Konkurrenz gemacht haben, da sie sich der besonderen Gunst der Polen rühmen durften. Am meisten von allen Danziger Künstlern galt noch Friedrich Wilhelm du But, der Sohn eines Berliner Bildhauers. Er arbeitete in Wachs. Chodowiecki sah mit Bewunderung die in Relief gehaltenen Porträtbüsten, die er von Peter dem Großen (nach dessen Maske) und Peter III., von den Kaiserinnen Elisabeth und Katharina, von König August III. und von vielen anderen, auch von Privatpersonen, zum Teil in Lebensgröße, angefertigt hatte. Sie sollen mit der größten Naturwahrheit und einer unvergleichlichen Sorgfalt gearbeitet gewesen sein und bis zur Täuschung alles Beiwerk, die Spitzen, die Orden, den Schmuck u. s. w. wiedergegeben haben. Eine Muttergottes mit dem Kinde, eine Halbfigur von einem Fuß Höhe, unter Glas, ließ sich an Anmut und Farbenzauber schlechterdings nur mit — Raffael vergleichen. Wir sollten meinen, daß wenigstens dieser Meister, dem Virtuosität und eine Richtung auf die Schwächen des Publikums auch von dem Standpunkt des modernen Geschmackes aus nicht abzusprechen sind, in dem reichen Danzig auch willige Abnehmer gefunden hätte; aber man bestaunte seine Werke, ohne sie zu begehren, und nötigte den Künstler sogar, um sie nur fortzuschaffen, eine Verlosung zu veranstalten, bei der noch die Ankündigung eines obligaten Frühstücks die Zugkraft erhöhen mußte.

Unter solchen Umständen konnte Chodowiecki schwerlich darauf gefaßt sein, daß er kaum angekommen ganz wider seinen Willen aus der Verborgenheit hervorgezogen und zum Helden des Tages erklärt wurde. Sein Name war freilich bekannt genug; denn nicht nur gehörte seine Familie, wie der Bürgermeister Conradi ihn versicherte, zu den „gens les plus braves . . .“, zu den „personnes les plus pieuses et les plus équitables“, sondern man sprach auch von ihm selbst als von einem Stadtkinde, das auswärts berühmt geworden sei, und seine Radierungen fanden sich bereits in dieser oder jener Danziger Sammlung vor. Auch der damals sehr seltene Umstand, daß ein guter Künstler einen polnischen Namen führte und unzweifelhaft von Polen abstammte, trug zu einer glänzenden Aufnahme bei. Aber die eigentliche Nutzbarmachung dieses Ruhmes ist doch wohl dem Umstande zuzuschreiben, daß von mehreren Seiten zugleich ein energischer Feldzug zu seinen Gunsten eröffnet wurde. Er hatte eine Anzahl seiner besten Miniaturen mitgebracht, nämlich die Originalaufnahmen des Prinzen Heinrich, der Königin von Schweden, der Fürstin von Dessau und eine gute Kopie nach einem Bildnisse des Königs. Diese Werke zeigte er seinen Bekannten, und alsbald erbot sich der Ratsherr von Waasberghe, ein lustiger Hypochonder, sie überall zu empfehlen, der Kaufmann Grischow legte sie dem Fürsten Primas vor, und Herr Gerdes bestellte sofort für die fromme

Mutter des Starosten Ledikowski eine Miniatur nach dem wunderthätigen Marienbilde von Czenstochowa, die in einen Ring gefaßt werden sollte. Nicht ohne Skrupel nahm der streng reformierte Chodowiecki diesen katholischen Antrag auf und entschloß sich sogar erst zu ihm, nachdem der gefällige Pastor Bocquet ihm erklärt hatte, er könne das Bild, falls er gut bezahlt werde, nur kühnlich malen — thue er es nicht, so thäte es doch ein anderer. Aber noch ehe diese Arbeit vollendet war, hatten schon Porträtbestellungen begonnen, und sie drängten sich dermaßen, daß der Künstler seinen Aufenthalt immer wieder verlängern mußte, bis er zuletzt acht volle Wochen in Danzig geblieben war.

Die Gemahlin des Kaufmanns von Rottenburg war die erste, die sich malen und außerdem samt ihrem Söhnchen Jeannot in Rötel zeichnen ließ. Sie bewohnte im Sommer ein prächtiges Landhaus in Strieß, und Chodowiecki, der zu den Sitzungen hinausritt oder auch in einem „Taradei" hinausfuhr, verbrachte dort angenehme Tage in bunter Gesellschaft. Hier lernte er einen großen Teil der Personen kennen, die uns in den Illustrationen zu seinem Tagebuche so leibhaftig entgegentreten; den feingebildeten Dominikanerpater Ludwig Matthy, den Inspektor Sydow, den faden Herrn Brunatti, der ein unerträglicher Schwätzer war, und viele andere. Sie alle zeichnete er, öffentlich oder heimlich, nach der Natur oder nachträglich aus dem Gedächtnis, in sein Album und benutzte diese „petite collection", um sich in anderen Kreisen mit Grazie über sie zu äußern, unter Umständen auch zu mokieren: ein sicheres Mittel, das Interesse und die Lachlust zu erregen und zu fesseln.

Das Porträt der Frau von Rottenburg war noch in Arbeit, da wurde der Meister bereits auch von den tonangebenden polnischen Familien mit Beschlag belegt. Der Palatin von Pommerellen, Woywode Graf Przebendowski, ein weitgereister und kunstgebildeter Herr, und seine Gemahlin gingen damit voran: die dilettierende Gräfin Keyserling folgte ihnen, und nun konnte natürlich die Strasnita Czapska nicht zurückbleiben — sie hatte schon zwölfmal anderen Künstlern gesessen und war nach ihrer Behauptung noch niemals getroffen worden: jetzt sollte Chodowiecki als der dreizehnte diesen Triumph über sie davontragen. Ihr Gatte, ein auffallend schöner Mann, wollte jedoch durch ihre früheren Erfahrungen geschreckt vom Gemaltwerden nichts wissen und lehnte alle Aufmunterungen der Seinigen mit einem lakonischen „nai, nai" ab. Desto williger zeigte sich der vornehmste Kunde, der Fürst Primas. Er verlangte in einem ungewöhnlich großen Formate, nämlich auf einem Quartbogen Pergament, in Miniatur zu erscheinen, und zwar mit allen Abzeichen seiner Würde, damit Georg Friedrich Schmidt in Berlin ein Repräsentationsbild danach stechen könne. Eine so umfangreiche Arbeit mochte Chodowiecki, da er je eher je lieber abreisen wollte, nicht übernehmen, und man kam deshalb überein, er solle den Fürsten in dem gewöhnlichen Formate auf Elfenbein malen und für die Ausführung des Quartbildnisses in Berlin zunächst eine Skizze der Staatsgewänder und der Insignien anfertigen: der Stecher würde dann den Kopf nach der Miniatur auf Elfenbein vergrößert, das übrige aber nach jenem anderen Bilde auf Pergament geben. Als sich der Aufenthalt des Künstlers jedoch immer wieder verlängerte, wurde wirklich nach dem ersten kleinen ein zweites großes Porträt, 35 cm hoch und 24 breit, auf Schwanenhaut gemalt und nach genauen Studien der Einzelheiten sogar noch in Danzig vollendet.[1]

Porträtsitzung des Herrn von Rosenberg.
(Aus der „Danziger Reise".)

Diese Beschäftigung brachte Chodowiecki in nahe Beziehungen zu dem Hofe und der merkwürdigen und auffallenden Persönlichkeit des Primas selbst. Gabriel Johann Graf Podoski, Fürst Primas und Erzbischof von Gnesen, damals vierundfünfzig Jahre alt, war ein umgänglicher Herr von liberalen Ansichten, der sich mit ungemeinem Scharfsinn und diplomatischem Geschick in den schwierigen politischen Verhältnissen behauptete. So energisch er sich den Versuchen Rußlands, die römisch-katholische Kirche in Polen zu Gunsten der griechischen zu schwächen, widersetzte, so wenig war er doch intolerant oder bigott. Er pflegte — für einen Kirchenfürsten vielleicht etwas unbedachtsam — zu sagen, eine jede Religion habe ihre guten, aber auch ihre schlechten Seiten, und die beste sei offenbar die, die Gott und den Nächsten lieben lehre. Zu Friedrich dem Großen, dem neuen Landesherrn des größten Teiles seines

Sprengels, wußte er sich mit würdevoller Freiheit zu stellen. Auf die Frage des Königs, warum er statt in Gnesen, seiner eigentlichen Residenz, sich in der Stadt Danzig aufzuhalten pflege, fand er die Antwort: „Sire, ma santé exige que je respire toujours un air libre“, wie er denn auch sonst bei Gelegenheit einen leisen Vorwurf in die Form eines feinen Bonmots kleidete. Bei seiner Abreise ersuchte ihn z. B. Friedrich, er möge ihm doch durch eine Fürbitte zum Paradies verhelfen, worauf er schlagfertig entgegnete: „Depuis que Votre Majesté est en possession du Paradis, je n'y ai plus rien à dire“ — das bezog sich auf eines seiner Landgüter, das diesen Namen trug und sich in den von Preußen besetzten Landesteilen befand. — Von seiten seiner Landsleute und der Danziger erfreute sich der Primas einer großen Hochachtung, und auch Nichtkatholiken bezeugten ihm gern ihre Verehrung. Machte sich doch der reformierte Prediger Bocquet ein Vergnügen daraus, für das Chodowieckische Porträt eine charmante Unterschrift zu dichten, die gewiß der Gesinnung der meisten Danziger entsprach. Sie lautete:

„De Podoski ce brillant équipage
Vous dit, quel rang il occupe à Vos yeux;
Le rang qui lui convient dans tout cœur généreux,
Vous le lisés sur son visage.“

Die Umgebung des geistlichen Herrn bestand zunächst aus seinem Bruder und dessen Familie. Graf Podoski, ein eleganter Kavalier, Gegner eines nationalen Königtumes wegen der mit ihm verknüpften Beeinträchtigung des Adels durch Nepotismus und daher der neuen Ordnung vielleicht nicht ganz abgeneigt, lebte als politisierender Privatmann und bekümmerte sich so wenig um die auswärtigen Verhältnisse, daß er sich eigentlich nur über die inneren Angelegenheiten Polens unterrichtet zeigte. Seine Gemahlin war von niederer Herkunft und hatte sich das Sans-gêne ihres früheren Standes in hohem Grade bewahrt, ohne der Verderbtheit der französierenden Modebildung deshalb zu entgehen. Sie ließ sich von ihrem Lieblingsgesellschafter, dem Chevalier du Bouloir, bedenkliche Anekdoten vorlesen und setzte mit Vorliebe den guten Chodowiecki, als er sie wie alle übrigen Angehörigen des Primas malte, durch starke Gespräche in Verlegenheit. Sie war ihm infolgedessen sehr fatal, und es bedurfte eines ganz unleidlichen Fräuleins, das ihm gleich nach ihr saß, um den üblen Eindruck einigermaßen abzuschwächen. — Zwei Kinder des gräflichen Paares, Francuch und Maruschna, belebten ferner das Haus; sein eigentlicher Mittelpunkt aber war die entschieden dominierende Intendantin, die prächtige Madame Oehmchen. Verstand, Geist und Witz, dazu ein heiteres, ja sprühendes Temperament und die Spuren einer verwegenen Schönheit gaben der schon alternden, gebildeten Dame ein bedeutendes gesellschaftliches Übergewicht selbst über die fürstliche Schwägerin, und der Umstand, daß sie für die „amie de cœur“ des Primas galt, konnte das Regiment in ihren Händen nur befestigen. Chodowiecki stand mit ihr auf dem besten Fuße, und es mag eine amüsante Gruppe abgegeben haben, wenn der lange, hagere Mann, dem der Schalk aus den Augen blitzte, ihr die Perlenschnur an dem stattlichsten Halse befestigte oder nach einer Porträtsitzung sich von ihr mit Schokolade und gewürzten Skandalgeschichten bewirten ließ.

Überhaupt genoß der Künstler die Gunst des Hofes in hohem Maße. Er wurde häufig, zuletzt fast regelmäßig zur Tafel gezogen und mußte dann nach Tische, etwa im Garten beim Kaffee, zur Unterhaltung der ohnehin aufgeräumten Gesellschaft beitragen. Da fanden sich junge Mädchen, die für jeden Berliner als solchen schwärmten und ihm ganz besonders den Hof machten, sich von ihm moralisieren ließen und bewunderten, was er sagte. Oder man verlangte sein Urteil über die Schönheiten der Damen, kritisierte die Miniaturen, die er vollendet hatte, und vor allem, man ließ sich silhouettieren, d. h. im verdunkelten Zimmer nach dem Schattenriß zu späterer Ausführung eines Bildnisses in Rötel zeichnen. Der Primas ging dabei ab und zu, wie er auch gern die Porträtsitzungen der Hausgenossen unterbrach, um den Fortgang des Werkes zu prüfen und zu loben. Nachhaltigere Eindrücke als aus diesem leichten, ergötzlichen Treiben mag der Künstler jedoch aus anderen Beobachtungen am Hofe gewonnen haben. Katholische Gebräuche, polnische Nationalsitten, besonders das fanatische Küssen von Gesichtern, Nacken, Händen, Knieen und Kleidern, erregten seine Aufmerksamkeit um so mehr, als ja gerade der Mensch in seinen natürlichen Äußerungen wie in seinem angewöhnten Gebaren ihm von jeher der Gegenstand eines ernsten Studiums gewesen war. Außerdem aber interessierten ihn die politischen Nachrichten, die der Primas gewöhnlich zuerst erhielt und über welche die verschiedenen Parteien, die einander am Hofe offen genug gegenüberstanden, sich mit Lebhaftigkeit aussprachen. Gerade zu jener Zeit, im Juli, erklärte die Kaiserin Katharina, daß sie sich nicht für berechtigt halte, König Friedrichs Ansprüchen auf Neufahrwasser entgegenzutreten, und das erregte natürlich von neuem Besorgnis und ohnmächtigen Zorn. Man haßte den Preußen und traute ihm sowohl die ärgsten und thörichtsten Gewaltthaten als auch das unerhörteste Glück zu. So wurde behauptet, Friedrich werde demnächst alle alten Bauwerke des Landes niederreißen, denn er habe in den Mauern des Schlosses von Elbing unermeßliche Schätze an Kirchengerät und

Rotstiftzeichnung.

Juwelen, dazu Kisten gefunden, deren eine allein schon dreißig Tonnen Goldes enthielt — also Geld genug, um die halbe Welt zu kaufen oder wenigstens zu bekriegen. Dergleichen wurde ihm nicht verziehen. Man beobachtete die Stimmung des Volkes gegen ihn und notierte mit Befriedigung allerlei boshafte Geschichten. Ein Mennonit in Westpreußen, nach seinem Glauben gefragt, sollte geantwortet haben: „Jh, ick glowe, wie weren alle arme Lüde weren", und jemand, der in Hemdsärmeln einherging, habe gemeint, er sei ja ein Westpreuße, „der König von Preußen hat ons den Rock utgetrekken un man de Westen hett hei ons gelatten." An der Tafel des Primas verstieg sich der Chirurge Dr. Wolff einmal zu der bedenklichen Behauptung, lieber wolle er ein „cochon" sein als ein Unterthan des Königs von Preußen. Chodowiecki, der bei solchen Gelegenheiten sonst zu schweigen pflegte, konnte sich hierauf nicht enthalten zu bemerken, er überlasse ihm gern eine solche Liebhaberei; und als jener des weiteren auseinandersetzte, es könne in Berlin keine Genies geben, weil die Freiheit dort geknebelt werde, zählte er ihm ganz gelassen eine Anzahl von „génies brandebourgeois" her, „qui s'étoient poussé à un haut degré de perfection".

Gemütlicher als dieser enragierte Schutzpole mit dem deutschen Namen stellte sich der Starost Leditowski zu den Deutschen. Er verkehrte zwanglos und galant in den Kreisen der Familien Gerdes, Claude und Kämmerer und kam also auch in dieser Sphäre mit Chodowiecki zusammen, der ihn und die Seinigen ebenfalls malte und zeichnete. Seine Familie tritt uns als ganz besonders liebenswürdig entgegen. Die Starostin, seine Gemahlin, sprach weder deutsch noch französisch und unterhielt sich deshalb auf polnisch mit Chodowiecki, der kaum ein Wort davon verstand und ihr Unverständliches antwortete; beide aber hatten bei gegenseitiger Sympathie und gutem Willen das Gefühl, ganz geziemend miteinander auszukommen. Auch die älteste Tochter, ein überaus anmutiges junges Mädchen, gab auf zierliche Weise ihre Neigung zu dem onkelhaften Fremden zu erkennen. Er verewigte sie dafür in seinem Skizzenbuche mit entzückender Grazie.[5]

Trotz seiner polnischen Abkunft, die er nie vergaß und den Polen gegenüber, wenn es ihm gut dünkte, hervorkehrte, fühlte sich Chodowiecki doch heimischer als bei jenen Adligen in den deutsch-französischen Familien, deren Eigenart, Bildung und Bekenntnis in Danzig wie in Berlin seine ganze Erziehung bestimmt und seinem Leben die Richtung gegeben hatten. Sie verlangten nun ebenfalls von seiner Kunst zu profitieren, und er hatte genug zu thun, sie alle zu zeichnen oder zu malen. War er heute in dem Hause des Herren Grischow beschäftigt, so mußte er morgen eine Stunde für die Frau Gerdes und ihren Anhang frei machen oder sich bei dem Pastor Bocquet zuerst mit der ganzen Gesellschaft und dann auch mit dem Kinde abmühen, dessen Stillsitzen nur durch unendliche „singeries“ der Geschwister, der Eltern und Großeltern zu erreichen war. Dazwischen fielen Porträtsitzungen von Herren im mütterlichen Hause und schließlich jene oft auf Wunsch improvisierten Silhouetten und Skizzen, die später ausgeführt, aber vielleicht noch zuerst im Journal durch eine leichte Karikatur kommentiert wurden. Mademoiselle Gousseau, die Erzieherin der Starostezinka, erscheint z. B. im Porträt ganz würdevoll als Profil, im Skizzenbuche aber wie sie, die Reformierte, in übergroßer Demut einem Mönche die Hand küßt — was Chodowiecki, obgleich sie sich mit dem allgemeinen Gebrauche entschuldigte, ihr nicht verzeihen konnte. Dem Fräulein Renate Gralath, der kühnen Reiterin, die mit dem Bürgermeister Conradi um die Wette jagte (wobei er einmal Hut und Perücke, dann aber sein Herz an sie verlor und sie später als alter Mann heiratete), ging es nicht besser: sie hatte sich eine Persiflage ihrer etwas übertriebenen Seelenerhebung beim Betreten der Kirche gefallen zu lassen. Vielleicht durften sich jedoch die so Behandelten nicht einmal beklagen: denn sie erhielten auf diese Weise wenigstens einen Teil ihrer Charakteristik kräftig ausgedrückt, während die bestellten Bildnisse, wahrscheinlich oberflächlicher aufgefaßt und flüchtiger ausgeführt, als es sonst Chodowieckis Sitte war, ihnen nicht immer gerecht wurden und ihre Ecken und Eigenheiten, die im Grunde ein jeder an sich liebt, auch wenn sie ihn in etwas verunzieren, im Schimmer einer allgemeinen Schönheit verschwinden machten. Besonders die Damenbildnisse fanden die Danziger Kritiker manchmal doch zu unähnlich geraten. Besser gelangen dem Künstler die männlichen Köpfe: und bei einem derselben, nämlich dem des Herrn von Rosenberg, erlebte er den tröstlichen Triumph, daß die Miniatur von der hübschen Tochter des Gemalten auf das zärtlichste geküßt wurde.

Dame Polonaise.
Rötelzeichnung.

Unter so zahlreichen Abhaltungen durch den Beruf verflossen die Tage in der Heimat nur zu rasch und die alte Frau Chodowiecka erfuhr sattsam, daß der Ruhm von den Berühmten mindestens ebensoviel fordert, als er ihnen verleiht. Ihr Sohn Daniel wenigstens mußte seinem Verlangen nach der vertrauten Gesellschaft der Seinigen immer wieder Gewalt anthun und oft gegen seinen Wunsch sich in dem großen Getriebe, das ihn freilich auch vergnügte, bewegen. Durfte er aber einmal zu Hause bleiben, so war er desto liebevoller und unerschöpflich in zarten Aufmerksamkeiten gegen seine Damen. Auf jede Weise wußte er ihnen kleine Geschenke anzubieten, die sie ihrerseits mit altmodischen Umständlichkeiten zwar abzulehnen suchten, um sie am Ende doch zu behalten und bald zu erwidern. Selbst für die Schulstunden im Hause zeigte er Interesse. Wir hören von Johanna Schopenhauer, die sich unter jenen Kindern befand, wie er, ein ernster, aber freundlicher Herr, sich gelegentlich zu ihnen setzte, mit ihnen sprach, etwas zeichnete und hier und da ein Bildchen ausführte, das er wohl auch dem Abgebildeten mitgab.

Indessen wurden die zur Rückkehr mahnenden Briefe aus Berlin immer dringender, und so beschloß Chodowiecki, am zehnten August wirklich abzureisen. Er machte also seine Abschiedsbesuche, die ihm eine Reihe von weiteren Bestellungen, von Berliner Kommissionen, von Geschenken und, bei dem Primas, als er ihm die Hand küßte, einen gnädigen Backenkuß eintrugen, und brachte seine Geldgeschäfte in Ordnung. Die goldene Ernte, die er in Danzig eingeheimst hatte, war nicht übel ausgefallen. Sie belief sich für sechzehn Miniaturen und gegen dreißig Profile — die Zeichnungen der Freunde blieben natürlich unbezahlt — auf 254 Dukaten, also etwa 760 Thaler, wobei das große Porträt des Primas mit 100, die anderen Miniaturen mit acht und zehn Dukaten, die Profile mit je einem berechnet waren. Diese Preise entsprachen denjenigen, die er in Berlin erhielt; in Danzig fand man sie etwas hoch, aber zahlte sie doch meistens ohne Widerspruch; Versuchen, von seinen Forderungen etwas abzudingen, begegnete der Künstler freilich auch mit der kräftigen Versicherung: „Plutôt que de le faire à ce prix, j'aimerois mieux mettre un pied dans l'étrier et jetter l'autre par dessus la selle et décamper.“

Noch am Abend vor der Abreise vollendete er dann die letzte Miniatur, ja am Morgen des Reisetages selbst um sieben Uhr früh mußte er noch den Residenten von Polen Husarczewski zeichnen, und zu Mittag trennte er sich von seiner Mutter, die vor Traurigkeit erkrankt zu Bette lag und wohl ahnte, daß sie ihm auf immer Lebewohl sagte. Die Schwestern und Tanten gaben ihm zu Wagen bis Langfuhr das Geleite; dort bewirtete er sie mit Forellen und einer jungen Gans und schrieb melancholisch an die Wand des Gartenhäuschens in der Wirtschaft: „Adieu mes amis, adieu ma patrie. D. Ch[ki]. 1773 ce 10 aout.“ Gegen drei Uhr ging man unter vielen Thränen auseinander und er setzte auf dem Falben seinen Weg nach Berlin fort, indem er sich von Zeit zu Zeit umsah, um die Türme von Danzig, solange es möglich war, zu erblicken. Seinen Kummer zu beschwichtigen, malte er sich

Rotstiftzeichnung, ca. 1775.

das Wiedersehen mit der Frau und den Kindern aus und konnte es doch nicht lassen, immer von neuem das Tagebuch selbst im Reiten zu durchblättern, um sich an den schönen Erlebnissen in der Heimat noch nachträglich zu weiden.

So machte er denn, bei großer Hitze, denselben Weg zurück, den er Anfang Juni gekommen war. In der Kassubei litt er wiederum Not und geradezu Hunger; aber obgleich er an einem Tage nichts Eßbares auftrieb als etwas Pomeranzenschale, rührte er doch den halben Thorner Pfefferkuchen nicht an, den die Mutter ihm für seine Kinder eingepackt hatte. Eine echte Liebenswürdigkeit übte er auch in Köslin, indem er trotz seiner Eile zum zweitenmale den Vater seines Berliner Barbiers aufsuchte, um Grüße von ihm an den Sohn bestellen zu können. In Cörlin traf er dieselben Bauern, mit denen er sich auf dem Hinwege eine Zeitlang zusammengehalten hatte, wie sie aus der Danziger Gegend zurückkehrten und neunzig gekaufte Pferde nach Treptow schafften; und nach verschiedenen Abenteuern kam er am 18. August abends in Berlin an, wo er die Familie gesund und vergnügt vorfand. Gottfried und dessen Angehörige stellten sich alsbald zu einem fröhlichen Essen ein; und noch in derselben Nacht erinnerte ein Feuerlärm in der Pankowergasse, der ihn auf die Brandstätte rief, den ermüdeten Ankömmling daran, daß er wieder ganz Berliner sei. Die Danziger Reise blieb ihm jedoch stets in der angenehmsten Erinnerung; er vereinigte die auf sie bezüglichen, meisterhaft ausgeführten Skizzen und Veduten zu einem Album und zeigte es bis an sein Lebensende den begünstigten Besuchern mit Stolz und Rührung vor.

Die lange Abwesenheit hatte eine bedenkliche Anhäufung von Arbeit zur Folge; aber noch sollte der wackere Falbe zu einer zweiten Reise ausgenutzt werden, die Chodowiecki schon lange aufgetragen war. Gotzkowski, der trotz mancher Unglücksfälle immer noch wagelustige Unternehmer, der auch den Bilderhandel im großen betrieb, stand mit der Gräfin von Kosel auf Sabor und Güntherdorff wegen des Ankaufes ihrer Gemäldegalerie in Korrespondenz. Schon im Frühlinge hatte er gewünscht, Chodowiecki möge, um die Bilder zu taxieren, einen Aufenthalt in Sabor mit der Danziger Reise verbinden. Der beträchtliche Umweg über Schlesien war ihm damals zu lästig erschienen; jetzt aber im Herbst war er bereit, gegen ein Honorar von fünfzig Thalern einen Ausflug eigens dahin zu unternehmen, und gedachte bei dieser Gelegenheit einen

Besuch der Stadt Dresden ins Werk zu setzen. Vielleicht daß er sich nach dem sehr anstrengenden Sommer eine kleine Erholungszeit gönnen wollte, vielleicht daß er die Kunstverhältnisse in Dresden im Hinblick auf eine Übersiedelung dahin zu sondieren trachtete, am wahrscheinlichsten, um seine dortigen Freunde in ihren eigenen Kreisen und zugleich die berühmten Kunstschätze der kurfürstlichen Galerie kennen zu lernen, entschloß er sich Mitte Oktober zu dieser Erweiterung der Reise.[6])

Der Ritt, den er am 18. des Monats antrat, führte ihn über Frankfurt, Krossen und Rotenburg fortwährend durch die angenehmsten Ufergegenden der Oder nach Sabor, und er war froh, in dem Koselschen Schlosse daselbst unterzukommen, nachdem seine Verpflegung auf der ganzen Strecke noch schlechter als in Pommerellen gewesen war und er sich „wie Callot" vier Tage lang nur in Gesellschaft von Zigeunern und verdächtigem Gesindel befunden hatte. Jetzt machte ihm in Abwesenheit der Gräfin eine artige Französin die Honneurs des Hauses, und da er in ihr eine Verwandte des Berliner Freundes Fromery feststellte, so erleichterte ihm dieses behagliche Verhältnis die Aufgabe, eine für kostbar gehaltene Gemäldesammlung für ziemlich wertlos zu erklären. Diese Nachricht überbrachte er nach zwei Tagen der Besitzerin, die sich in dem nicht sehr entfernten Schlosse Günthersdorff aufhielt, und obgleich sie die Echtheit ihres Rembrandt und die Schönheit ihres Cranach tapfer verteidigte, wußte er sie doch davon zu überzeugen, daß sie im besten Falle 3900 Thaler für die ganze Galerie erwarten dürfe, aber mit 2100 auch zufrieden sein könne.

Nach Erledigung dieser Angelegenheit ging es weiter, und zwar über Sorau, Muskau und Hoyerswerda durch die Niederlausitz, bis am 24. Oktober die sächsische Hauptstadt erreicht war. Nach Danzig genoß Chodowiecki nun also Dresden! Wie mochte gegen die Schönheit dieser beiden Städte Berlin verdunkelt erscheinen! Und Dresden, die herrliche Lage und die prachtvollen Bauten auch abgerechnet, war unzweifelhaft der Ort, wo die Künstler am großartigsten begünstigt wurden, wo auf allen Gebieten, in allen Techniken der Künste Leistungen erreicht worden waren, die erfolgreich mit dem Geschick und dem Geschmacke Frankreichs wetteiferten. Ein Aufenthalt von etwa vierzehn Tagen war Chodowiecki hier vergönnt und er nutzte ihn redlich aus. Zunächst wurde Anton Graff, der Bildnismaler, besucht und als alter, guter Freund begrüßt. Graff war mit einer Tochter Sulzers vermählt und pflegte fast jedes Jahr nach Berlin zu kommen, um dort im Laufe weniger Wochen eine Anzahl lebensgroßer Porträts in seiner naturwahren, frischen Auffassung zu vollenden. Die Neigung zu eindringender Beobachtung des Menschen, die Sprödigkeit gegen den Manierismus, kurzum die künstlerische und dazu die persönliche Ehrlichkeit verbanden ihn mit dem gleichgesinnten Chodowiecki, und wie dieser in Berlin ihn öfters bewirtete und mit befreundeten Kollegen zu heiterer Geselligkeit zusammenlud, so vergalt er jenem jetzt das Gute mit Gutem. Er führte ihn in die akademischen Kreise und in die Gesellschaft der Gönner ein. Zwar Hagedorn, der Spiritus rector des gesamten Dresdener Kunstwesens der Zeit, ein Bruder des Dichters, war nicht anwesend oder wurde aus irgendwelchen Ursachen übergangen; aber der Direktor der endlich in Flor gebrachten Kunstakademie, der alternde Charles Hutin, empfing einen Atelierbesuch und zeigte freundlich seine sauberen Gemälde und Zeichnungen; Adrian Zingg, ebenfalls Akademiker und wie Graff von Berliner Reisen her befreundet, erhielt Trost und guten Rat für seine Radierungen nach Landschaften, die ihm Not bereiteten, und tauschte mit Chodowiecki Porträts aus, indem jeder den anderen zeichnete. Johann Eleazar Zeissig-Schönau, dessen Ansehen bereits ein bedeutendes schien, war soeben von Reisen zurückgekehrt und ließ gerne seine nicht immer ähnlichen Bildnisse, Genrestücke und Skulpturen bewundern; sein talentvollster Schüler Vogel versprach bereits nicht wenig und wurde für einen Teil des Jahres nach Meißen, vermutlich in die Porzellanfabrik, geschickt „pour y introduire le bon goût“. Der berühmteste unter den Dresdener Meistern jedoch, Christian Dietrich, war nur noch ein Schatten seiner selbst, wie denn auch die letzten Werke seiner Hand, die man in Dresden sah, durchaus nicht verrieten, was er ehemals vermocht hatte. Er empfing die Gäste in einem galonnierten, blauen Schlafrock, auf zwei Bediente gestützt, mit stierem Ausdruck und unter fortwährendem kindischen Lachen. Noch mehrere Künstler, der Stecher Boetius, der Modelleur Knoffer, der Landschafter Klengel, die Malerin Tinglinger, wurden pflichtschuldigst kennen gelernt; andererseits aber bemühten sich die Kunstmäcene um die Gesellschaft des seltenen Gastes. Der Minister von Fritsch zog ihn mit ausgesuchter Höflichkeit an seine Tafel; Herr von Vieth, ein eifriger Sammler, that desgleichen, und Lippert, der Besitzer und Herausgeber der Daktyliothek, ein schwerhöriger alter Herr, blieb hinter jenen nicht zurück. Ihn zeichnete Chodowiecki, wie Zingg, von dem er viel hielt, ihm etwas mit aller Anstrengung in die Ohren schreit — eine Karikatur, aus der fünfundzwanzig Jahre später eine Radierung[1]) von höchster Lebendigkeit (E. 882) entstand. — Alle Zeit, die er neben solcher Geselligkeit erübrigen konnte, verwendete der Reisende jedoch auf die Betrachtung der Dresdener Merkwürdigkeiten. Die katholische Hofkirche zog ihn mit ihren Gemälden von Mengs, die er sich genau analysierte, aber auch mit ihren herrlichen Musikaufführungen bei den Hochämtern an; die Galerie, die der Inspektor Riedel der Jüngere gegen ein Trinkgeld von einem Thaler und vier Groschen für sich und von acht Groschen für den Diener öffnete, wurde mit dem Kataloge in der Hand Bild für Bild studiert, wobei nur leider die zwar gut gemeinten, aber sehr unergiebigen Erläuterungen seitens der „Kunstkennerisch thuenden“ Begleiter störten; im Kupferstichkabinett des Zwingers gab es seltene Werke und Handzeichnungen genug zu durchmustern — und war man solcher Anstrengungen müde, so zeigte ein Gang, ein Ritt durch den Großen Garten

Lippert und Zingg.
(E. 882 B. IV.)

oder auf den Promenaden der Neustadt mit mehr Behagen noch immer genug Anregendes und Schönes.

Allerdings herrschten selbst in dieser blühendsten aller Kunststädte nicht vollkommen paradiesische Zustände, und Neid, Mißgunst und Intrigue beunruhigten auch hier das leicht verwirrte Volk der Künstler. Außerdem mochte sich keine greifbare Anknüpfung geboten haben, jedenfalls verfolgte Chodowiecki den Gedanken an eine Thätigkeit in Dresden nicht weiter, sondern verließ am 7. November die gastfreundliche Stadt.[5]) Freund Zingg begleitete ihn bis Meißen; dann aber wurde die Straße nach Leipzig eingeschlagen, wo ein mehrtägiger Aufenthalt im Interesse des Basedowschen Elementarwerkes geplant war.

Dieser Zweck erlebte freilich keine wesentliche Förderung, indem der Stecher Liebe mit Bestellungen überhäuft war und die Frau Philipp-Sysang zunächst unzulänglich schien, andere geeignete Künstler sich jedoch nicht gewinnen ließen. Dagegen sah sich Chodowiecki wiederum als Gegenstand ehrenvollster Aufnahme seitens der Kollegen. Er hatte zwar im Hotel de Bavière auf der Petersgasse Quartier genommen, aber sobald seine Anwesenheit bekannt geworden war, nahm er wenigstens keine Mahlzeit mehr im Gasthause ein. Geyser und Bause, die beiden besten Kupferstecher Leipzigs, wechselten einander in Liebenswürdigkeiten gegen ihn ab und sorgten auch dafür, daß er alles kennen lernte, was der Beachtung irgend würdig war. So wurden die beiden Winklerschen und das Richtersche Bilderkabinett betrachtet, ferner der wunderliche Kleinbildner Streithammer, der mit dem besten Erfolge in Thon, Alabaster und Bernstein arbeitete, aber nur solange er Geld brauchte, dann der Maler Mechau und der berühmte Akademiedirektor Friedrich Oeser aufgesucht. Oeser, der fast mehr entwerfend und nach allen Seiten hin anregend als eigentlich ausführend wirkte, war gerade mit dem Monumente Gellerts für den Wendlerschen Garten beschäftigt, das er in Form eines Postamentes mit einer darauf stehenden Urne und drei trauernden Kindergenien gedacht hatte und in inländischem Marmor ausführen ließ; es gefiel Chodowiecki und er radierte es einige Jahre darauf als Titelblatt des Gest Preußischen Kalenders für 1777 (E. 163).[6]) Auch mit Crusius, dem Buchhändler und älteren Bruder des Stechers, wurde eine Bekanntschaft gemacht oder erneuert, die durch den Verlag des „Elementarwerkes“ motiviert war und zu wiederholten geschäftlichen Beziehungen führte. Weiße, der dichtende Kreissteuereinnehmer, erhielt endlich ebenfalls eine Visite und machte seinem künftigen Illustrator „beaucoup d'accueil“.

So war denn auch diese zweite Reise des Jahres 1773 gründlich ausgenutzt worden, obgleich sie an Kunstwerken nur einige Porträtskizzen nach und für Freunde hervorgebracht hatte. Am 15. November zog Chodowiecki, nach einem dreitägigen Ritte, wieder in Berlin ein und verkaufte bald darauf das Pferd, da er seiner nicht mehr zu bedürfen glaubte. Und wirklich begrub er sich jetzt ganz und gar unter den Zeichenbüchern und Kupferplatten, um Versäumtes nachzuholen und vermehrte Anforderungen zu befriedigen. Erst nach sieben Jahren, Ende Juli 1780, unternahm er wieder eine Reise — sie führte ihn abermals nach Danzig, wo seine Mutter am 30. Mai 1779 gestorben war und er die traurige Pflicht erfüllen mußte, ihren Hausstand aufzulösen, das Anwesen zu verkaufen und die Schwestern nach Berlin überzuführen. Im Oktober 1781 ritt er dann nach Hamburg, um die große Kupferstichsammlung des Kaufmanns Sillem zu ordnen und zu katalogisieren,[10]) und im Sommer 1789 erlaubte er sich in lustiger Gesellschaft, nämlich mit seinem Sohne Wilhelm, seinem Schwiegersohne Papin und dem Maler Krüger, eine zweite Reise nach Dresden, Leipzig und Dessau, um die inzwischen gealterten, aber im Herzen doch noch jung und ihm treu gebliebenen Freunde daselbst einmal wiederzusehen.[11]) Außer bei diesen Gelegenheiten verließ er Berlin nur noch für kurze Besuche in der nächsten Umgebung.

Die Wanderjahre waren für ihn eben längst vorüber und er hatte zu zeigen, welchen Ausschnitt der Welt und der Menschheit er von seinem Arbeitstische aus übersah oder von früher her in der Erinnerung trug. Da beweist uns denn seine noch immer wachsende Schaffenslust, daß er wie nach dem Worte Albrecht Dürers ein jeder gute Künstler inwendig ganz voll Figuren steckte, die nach Gestaltung und nach einem Leben in Kunstformen rangen. Welch ein Leben, welche Gestalten er ihnen zu verleihen vermochte, hing aber im wesentlichen jetzt davon ab, wieviel Zeit und wieviel Freiheit ihm gegeben wurde, jeder einzelnen gerecht zu werden; denn das Publikum, das ihn nach seiner Meinung zum Radierer gemacht hatte, ließ ihn bis an sein Ende nicht mehr zu Ruhe kommen und hinderte oft durch unverständige wie durch allzu gehäufte Forderungen das Ausreifen von Werken, die er nur bei völliger Muße und Ungebundenheit zu wirklicher Vollendung bringen konnte.

Das Gehirn eines Künstlers.
(E. 696. Ib.)

Die Demoiselles Wolf und Bremer streiten sich um einen Liebhaber.
Aquarellierte Bleistiftzeichnung. 1781.

Neuntes Kapitel.

Die Zeit der Ernte.

Das Überwiegen der Radierung in Chodowieckis Thätigkeit seit 1773. — Die Arbeiten für Lavaters „Physiognomische Fragmente“. — Die Illustrationen für Bücher aller Art seit 1773. — Die Illustrationen für Kalender seit 1773. — Einzelblätter auf Bestellung und auf Spekulation seit 1773. — Frei komponierte Radierungen seit 1773. — Die „Einfälle“. — Analyse von Chodowieckis Stil in seinen realistischen Darstellungen. Das Versagen seiner Kraft.

Wohl mehr als eine Ernte allein pflegt das Jahr in seinen Spendemonaten dem Landmanne zu gewähren, der verschiedenartige Frucht gesät und seine Äcker die Zeit ausnutzend bestellt hat; aber unter allen Erträgen bleibt einer ihm doch die Haupternte. Das ist der Segen, der dem Boden am freiwilligsten, am üppigsten entsteigt und der Gegend die ausgiebigste Nahrung bietet. Nicht anders sehen wir Chodowiecki im Laufe seines Lebens die kunstfertige Hand zu mancherlei Leistungen vorbereiten und entwickeln, um sich doch vor allem durch die Werke des Griffels und der Radiernadel Verdienste und Ruhm zu schaffen. Als er sich dieser Ausnutzung seiner Gaben mit ganzer Entschiedenheit zuwendete, zählte er jedoch schon fünfzig Jahre, das heißt, er stand in einem Alter, das dem Herbste entspricht: und wie wir im Herbste nur über den Winter hinaus und für den künftigen Sommer säen und pflanzen können, so vermochte auch er nicht mehr für die eigene übrige Spanne Zeit eine neue Aussaat zu werfen und von ihr neue Garben zu bäuien. Aber die Garben seiner fleißigen Frühjahrsarbeit zu binden und zu bergen, besaß er noch volle Rüstigkeit, dazu Sorgfalt genug zu einer nachträglichen Ährenlese auf allen seinen Feldern; und das Korn dieser Ernte nährte nicht nur ihn und seine Zeitgenossen, sondern sollte auch noch künftigen Geschlechtern dienen. Seit dem Ende der siebziger Jahre, nach denen — um das Gleichnis jetzt zu verlassen — das Emaillieren und Miniaturmalen für ihn so weit zurücktritt, daß er eigentlich nur noch Zeichner und Radierer ist, hat Chodowiecki keine technischen Fortschritte mehr gemacht, keine neue Entwickelung mehr erlebt, aber noch jahrzehntelang hat er mit beneidenswerter Frische künstlerisch empfunden und gewirkt.

(E. 259*.)

Schon Ende 1773, bei seiner Rückkehr aus Dresden, erwarteten ihn viele neue Aufträge auf Zeichnungen und Radierungen, und in den folgenden Jahren vermehrten sie sich dermaßen, daß seine Arbeiten zwischen 1776 und 1782 die Zahl von durchschnittlich 96 radierten Blättern jährlich erreichten, zu denen noch außer den betreffenden Studien und durchkorrigierten Entwürfen jährlich Dutzende von Zeichnungen verschiedener Art und von Porträts kamen. Und dies zwar so, daß, je mehr Radierungen das betreffende Jahr zu liefern hatte, desto weniger Porträts und Zeichnungen angefertigt wurden. Noch 1777 z. B. beliefen sich die Radierungen auf 86, die Zeichnungen auf etwa 70, die Porträts auf etwa 45, dagegen 1778 die Radierungen auf 125, die Zeichnungen und Porträts auf etwa je 30 und 1779 die Radierungen auf 124, die Zeichnungen auf gegen 40, die Porträts auf nur 7. Diese Zahlen illustrieren deutlich das unwiderstehliche Vordringen der Radierung und das Zurückweichen der übrigen Interessen Chodowieckis; wenn aber mit 1783 der Höhepunkt seiner Produktion überschritten wird und auch die Menge der Radierungen nicht unwesentlich abnimmt, so hängt das mit der ganz leise beginnenden Abschwächung seiner Arbeitskraft und mit den Ansprüchen, die die inzwischen erwachende Akademie an ihn stellte, zusammen.

Unter denen, die im Sommer 1773 mit Ungeduld auf den abwesenden Meister warteten, befand sich als einer der feurigsten von seinen Verehrern Johann Caspar Lavater. Er war mit der Vorbereitung der „Physiognomischen Fragmente zur Beförderung der Menschenkenntnis und Nächstenliebe" beschäftigt und suchte nicht nur von allen Seiten Material an tauglichen Charakterköpfen, Händen und Gestalten, sondern auch Künstler zu beschaffen, die durch Umrisse und Schraffierungen annähernd auszudrücken imstande waren, was er mit so viel Phantasie und Feinheit in die menschlichen und tierischen Züge hineinlas. Schon verfügte er über manche seiner Landsleute, von denen Pfenninger, Cölla, Schmoll und andere für ihn zeichneten, Schellenberg, Samuel Gränicher und vorzüglich Johann Heinrich Lips, „der in wenigen Jahren ein zweiter Chodowiecki seyn wird", radierten; aber sie alle genügten ihm nicht, um die gewaltige Großquartausgabe, die von 1775 bis 1778 in vier dicken Bänden erschien, hinreichend auszustatten.[1] So wurde denn das „Künstlerauge, das freylich viele Künstler nicht haben", des „wohlbeobachtenden, fertigen, fleißigen, witzigen, fruchtbaren Zeichnergenies" Chodowiecki für das Werk gewonnen. Er sollte nicht nur Figuren und Köpfe aus seinen bereits radierten Kompositionen hergeben, sondern vor allem typische Charaktere und Gruppen nach Vorschrift, ferner historische Porträts und aus seiner Bildnissammlung besonders merkwürdige Exemplare von Köpfen, endlich auch Vignetten allegorischer und dekorativer Art liefern. Auf solche Wünsche ging er seinerseits um so lieber ein, als diese Gegenstände, vielleicht in noch höherem Maße als die Darstellungen für Basedow, ihn selbst interessierten; war doch der Ausdruck des Menschen in Bildung und Bewegung schon seit zwanzig Jahren sein Lieblingsstudium geworden. So gab er denn von 1773 an durch fünfzehn Jahre seinen besten Willen und manches Gute an Lavater. Freilich bekam er von den weit über hundert, zum Teil aquarellierten und figurenreichen Zeichnungen, die er für die erwähnte erste Ausgabe sowie für die französische (Haag 1780 ff.) und für die verkürzte Armbrustersche (sie erschien von 1783 an in vier Bänden, der letzte Band erst 1830) einschickte, nur vierzehn selbst zu radieren und mußte die übrigen teils von fremder Hand entstellt erscheinen, teils unbenutzt verschwinden sehen; aber er durfte sich trotzdem ein großes Verdienst um das Gelingen des wunderlichen, für seine Zeit so charakteristischen Unternehmens zuschreiben. Denn die Fülle seiner Kraft und Kunst brachte mehr Anschaulichkeit in die Sache als die Arbeit der übrigen: und wenn die mittelmäßigen und schlechten Kopisten seine Vorlagen entstellten, so hatten diese doch unverfälscht wenigstens den Autor begeistert, dessen Werk, obgleich es Träger des Ganzen sein sollte, eigentlich nur von den Abbildungen getragen war: die Erwartungen, die man auf ihn gesetzt hatte, wurden nicht getäuscht. Das Publikum zeigte sich aufmerksam und dankbar, und Lavater fand in ihm wirklich den Künstler, der „einer der treuesten und aufmerksamsten Schüler der Natur“ war. „Seine Zeichnungen alle, schmeicheln sich durch eine leichte, athmende Natürlichkeit jedem Auge ein. Unter so vielen bekannten Mahlern ist er beynahe der einzige, der nie blos akademische Figuren liefert, nie unhandelnde Repräsentanten handelnder Wesen. Historische Stücke, im Grunde nur eine Bildsäulengallerie, ein Cabinet von guten Statuen! Beynah ist er der einzige, der fast allen seinen Figuren die volle ungehemmte Freyheit, die dem Leben eigen ist, einzuhauchen weiß.“ Wir allerdings, die wir an eine Natürlichkeit und Lebendigkeit in der Kunst gewöhnt sind, von der Lavater sich nichts träumen ließ, werden diese Lobeserhebung etwas einschränken wollen und in den meisten der Köpfe, die Gemütsbewegungen oder grelle Eigenschaften ausdrücken, mehr stilisierte und forcierte Versuche als beobachtete Wahrheit finden; aber wir treffen doch auch auf viele Figuren, die aus dem Zusammenhange irgend einer Studie gehoben ohne offenbare Absichtlichkeit charakteristisch sind und also eben die Naivetät zeigen, die Chodowiecki vor den meisten seiner Zeitgenossen in der That voraus hatte.[2])

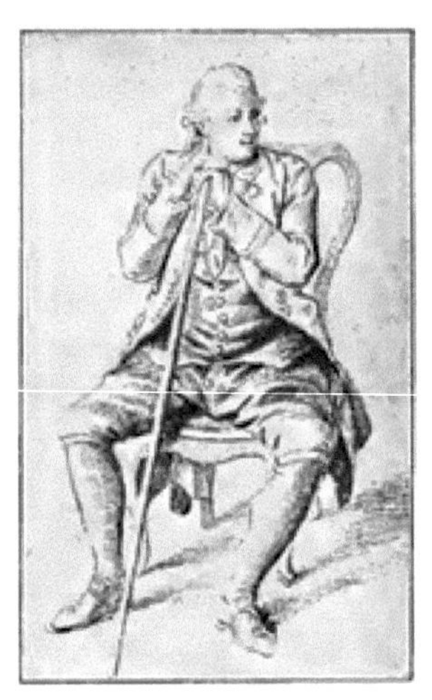

Studie zu E. 174: Schummel, Kinderspiele. Rotstiftzeichnung.

In diesem Besitze begegnete sich der alternde Mann mit einem der jüngsten Mitarbeiter an der „Physiognomik“, der sie frisch und voll „innigen Shandysmus“ förderte: mit Goethe. Haben die beiden auch sonst miteinander herzlich wenig gemein — jene herrliche Gesinnung, die Goethen alles, was Natur heißt, in sich aufnehmen, mit sich verschmelzen läßt, sie war der Künstlerseele Chodowieckis ebenfalls zu teil geworden, um freilich unter der Ungunst seines Schicksals sachte zu verkümmern, wie ein edler Keim in allzu magerem Erdreich allmählich zu Grunde gehen muß. Aber es ist dem Lieblinge der Götter allein beschieden, mit unbesieglicher Lebenskraft weit über das Vermögen und die Erkenntnis seiner Nebenmenschen hinaus den Geist der Schöpfung zu ahnen und in Schmerz und Lust ihm nachzuschaffen; es wäre ungerecht, wollten wir von unserem Künstler die nämliche Heldenstärke verlangen, da er doch die Unzulänglichkeit fast aller Sterblichen teilte. Betrachten wir lieber sein Werk, das im Vergleich zu dem seiner Vorgänger und der meisten seiner Mitstrebenden ein außerordentliches ist, und wir werden nur bewundern, wieviel von dem seltenen

Drang nach Wahrheit, verbunden mit einer verständlichen Lust an Grazie und Zierlichkeit, er vor anderen Künstlern besaß und noch bis in seine letzten Werke hineingerettet hat. Diese merkwürdige Verbindung von Realismus und Idealisierung, die seinen Stil bestimmte, machte ihn ja seit Jahren den Kunstfreunden so schätzbar und dem großen Publikum, ohne daß es ihm ganz begriff, geradezu unentbehrlich: sie war daher auch die Veranlassung, daß man nicht aufhörte, ihn für die Illustration sämtlicher Litteraturgebiete in Anspruch zu nehmen.

Germania der Flora opfernd.
Zu: Hoffmann, Deutschlands Flora. (E. 644.)

In der That ist ein Überblick über die Schriften, für die er von 1773 bis 1801 arbeitete, fast wie ein Wegweiser durch die Litteraturgeschichte dieser Periode. Er führt allerdings nur selten zu den Büchern, die heute noch gelten, aber doch meist zu solchen, die damals die Gunst des Publikums genossen oder nach der Meinung der Verleger genießen sollten; die man vornehm ausstattete, um sie zu ehren und zugleich zu empfehlen.[5])

Rein wissenschaftliche Arbeiten der exalteren Art kamen dabei natürlich weniger in Betracht, denn Chodowiecki gab nur ganz ausnahmsweise Abbildungen bloß erklärenden, nicht künstlerischen Inhaltes; aber selbst naturgeschichtliche Werke, wie die „Beiträge" von Blumenbach oder Frities „Medicinische Annalen", und Werke über die Kriegskunst, wie jene „Mémoires critiques" des Quintus Icilius, oder der „Versuch über die Verschanzungskunst" von Müller, schmückten sich gern mit einer zierlichen Vignette auf dem Titelblatte, um zu zeigen, daß auch die strengsten Disciplinen der Kunst keineswegs abhold sind, wenn ihre Bekenner Geschmack besitzen. Bei solchen Gelegenheiten fand sich der Meister gewöhnlich mit einer allegorischen oder sonstigen Allgemeinheit ab, zu der er die Idee ungefähr dem Gegenstande des Buches entnahm; war die Stunde eine glückliche, so gelang ihm eine solche freie Komposition aufs schönste und man wird dann z. B. in „Deutschlands Flora“, von Hoffmann, Band II, durch ein entzückend feines und zartes Blatt sehr angenehm überrascht.

Etwas umfangreicher ist schon die Gruppe der illustrierten Erbauungslitteratur, der Andachtsbücher, Predigtsammlungen und populären Abhandlungen über religiöse Stoffe; hauptsächlich Schriften von Johann August und Johann

Christuskopf.
Zu: Lavater, Physiogn. Fragmente. (E. 113.)

Timotheus Hermes, von Sack, Seiler, Seyffert, Woltersdorff und von den Pastoren der französischen Kolonie. Auch Schubacks Oratorium „Die Jünger zu Emaus“ und Lavaters „Jesus Messias“ können wir zu ihnen rechnen. Mit Ausnahme dieses letzteren waren sie ebenfalls nur mit Vignetten oder Titelkupfern zu versehen, aber alle brachten Chodowiecki die ihm so sehr erwünschte und meistens schwer vermißte Gelegenheit, erhabene und fromme Gegenstände darzustellen.[1]) Besonders im „Jesus Messias“, der acht Oktavblätter aus der Geschichte Christi erhielt, durfte er seinem Herzenswunsche genügen und wie zum Ersatz für die aufgegebene Historienmalerei idealische Figuren in einiger Größe radieren. Sie gerieten ihm nicht unwürdig, insofern ihr Stil die pomphafte Phrase und das aufgeregte Wesen der barocken Meister, deren Formen man nicht mehr nachempfand, wirklich vermeidet; aber dafür fehlt ihnen, im Gegensatze zu seinen eigenen Gestalten aus der profanen Welt, das Leben und das Überzeugende jeder echten künstlerischen Schöpfung. Sie sind konstruiert, und dies offenbar mühselig: zwar mit der besten Absicht, Wahres, Schlichtes und Edles hinzustellen, aber ohne die Energie einer unmittelbaren Anschauung und selbständigen Phantasie. Selbst Lavater, der doch sonst eine große Hochachtung vor der klassicistischen Formengebung besaß, an die sich jene Typen anschließen, selbst Lavater konnte sich wenigstens mit dem Christusideale seines Interpreten keineswegs befreunden. Er fand darin im ganzen viel Adel, aber nicht viel Kraft. „Stirn und Nase still und groß, das Auge fein und treu — aber schwach. Die Augenbrauen ruhig, aber keiner großen That fähig. Der Übergang von Nase zu Mund so gemein bürgerlich und kalt wie möglich. Im Munde Zartheit und Geschmack. Das Kinn ist unbestimmt und kraftlos. Das Ohr schön — aber nicht männlich genug" u. s. w. Diese Charakteristik, die übrigens uns viel verständlicher und treffender erscheinen muß als dem befangenen Publikum jener Zeit, läßt sich auch auf die anderen Figuren, männliche und weibliche, der heiligen Geschichte anwenden. Schwach, kalt, unbestimmt! So zeigen sich die Formen, die der Künstler sich abnötigte, weil er für jene Gegenstände wie für die Allegorien die Natur schlechthin verbessern zu sollen glaubte.

Wir können diesem verhängnisvollen Mißverständnisse bei ihm noch häufig begegnen; aber zum Glücke boten sich die Gelegenheiten dazu zunächst doch seltener, als er selbst es wünschen mochte. Man verlangte von ihm hauptsächlich Darstellungen aus dem profanen, und meistens aus dem modernen Leben. Das bürgerliche Genre, das er nach der allgemeinen Empfindung auch am besten beherrschte, bestimmte ja die Litteratur der siebziger und achtziger Jahre des vorigen Jahrhunderts. Diese Zeit der Aufklärung brachte in Originalwerken wie in Übersetzungen ein kaum übersehbares Material herbei, um die Gesinnungen und Ideen des dritten Standes, der in Frankreich einer politischen Revolution entgegenging und in anderen Ländern wenigstens eine Gärung durchlebte, nach jeder Richtung hin zu verbreiten. Philosophische Romane beschäftigten sich skeptisch oder seltener apologetisch mit theologischen Fragen; moralische Erzählungen, oft von erstaunlicher Länge, handelten am dünnen Faden einer unwahrscheinlichen Biographie oder einer abenteuerlichen Reise fast ausschließlich von Tugenden und Lastern, von Heldensinn und Schwächen; oder sie geißelten mit mehr oder weniger glücklicher Satire die verbesserungsbedürftigen Verhältnisse in Staat und Familie. Daneben fehlte es nicht an leichterer Ware derselben Richtungen, an Novellen, Briefen, Gedichten, die humoristische oder sentimentale

Seelengemälde zu geben suchten und auf jede denkbare Weise die Empfindungen starker, freier und schöner Geister zergliederten und Menschenliebe durch Menschenkenntnis erwecken wollten. Minder tendenziös und deshalb als Kunstwerke meist reiner und wirksamer, befaßten sich außerdem die Dramen viel häufiger als früher mit den Konflikten der bürgerlichen Welt, die sie mit Leidenschaft und Pathos zu einer tragischen oder in geistreichem Spiele zu einer versöhnlichen Lösung brachten — kurz, es war dahin gekommen, daß die Schriftsteller und ihr Publikum sich im wesentlichen mit sich selbst, mit den eigensten Zuständen, die ihnen vor allem interessant geworden waren, beschäftigten und nun von ihrem Illustrator verlangten, daß er für ihre geschriebenen Charaktere die glaubhaften Bilder finde.

Mit dieser vielbändigen Litteratur, die ihm in das Haus strömte, mußte Chodowiecki sich nun fortwährend wenigstens einigermaßen vertraut machen. Denn wurden ihm die darzustellenden Scenen nicht von den Verfassern oder Verlegern vorgeschrieben, so hatte er sich selbst so weit durch die Schriften hindurchzuarbeiten, daß ihre dankbarsten Momente ihm nicht entgingen; auf alle Fälle aber war notwendig, sich zum mindesten die geschilderten Menschen in ihren Hauptzügen anschaulich und begreiflich zu machen. Dann ging es stets sofort und unverdrossen ans Komponieren, sofern nicht Specialstudien über fremdartige Gegenstände und Typen zuvor angezeigt erschienen, und in wenigen Tagen waren die Entwürfe, vielleicht sogar die Platten, für ein Werk vollendet.[5] So weist denn der Katalog dieser Arbeiten auch eine fast unendliche Reihe von Titeln auf! Da finden sich längst verschollene Romane aller Art, wie die „Geschichte eines Genies“, wie „Philipp von Freudenthal“, „Joseph, ein Gemälde der großen Welt“, „Wilhelm von Blumenthal“ (von Schummel), „Carl Ferdiner“ (von Dusch), „Dr. Menadies Leben“ (von F. A. Weber), „Julchen Grünthal“ (von Unger), und zwischen ihnen gehaltvolle Bücher, die sich noch heute Achtung und Verehrer erwerben: Heinrich Jung-Stillings Selbstbiographie, Hippels „Lebensläufe in aufsteigender Linie“, Pestalozzis „Lienhard und Gertrud“, Campes „Robinson der Jüngere“, Jean Pauls „Unsichtbare Loge“. Übersetzungen von Romanen aus dem Französischen und Englischen schließen sich an; unter ihnen sind als die bedeutendsten zu nennen: Lesages „Gil Blas“, Voltaires „Candide“, Rousseaus „Neue Heloise“, und vor allem Richardsons „Clarissa“, die in einer französischen und einer deutschen Ausgabe mit 15 und 24 Bildern ausgestattet wurde. Gedichtsammlungen aus der Sturm- und Drangzeit, von Bürger, den Brüdern Stolberg und Gotter an bis zu Matthisson und der Romantik, Schwänke, wie die von Langbein, Märchen, unter anderen die der Kaiserin Katharina von Rußland, Novellen von Wezel, Karl Große, August Lafontaine, die Schriften des Wandsbecker Boten, die dramatischen Werke des Dänen Ewald waren zu illustrieren. Auch an den sämtlichen deutschen Klassikern des Jahrhunderts mit Ausnahme von Herder hatte der Künstler sich zu versuchen: von Wieland wurden ihm der „Idris“, von Klopstock die „Hermannsschlacht“ und der siebente Gesang des „Messias“ in einer ungarischen Übersetzung, von Lessing, wie schon erwähnt, „Minna von Barnhelm“, von Schiller „Die Räuber“ und „Kabale und Liebe“ anvertraut; von Goethe endlich mußte er für verschiedene Ausgaben, besonders für die von Goeschen 1787 und für die Himburgischen Nachdrucke, den „Werther“, „Götz von Berlichingen“, „Clavigo“, „Stella“, „Triumph der Empfindsamkeit“, „Claudine“, „Erwin und Elmire“ und zuletzt „Hermann und Dorothea“[6]) bearbeiten und teils selbst radieren, teils von anderen radieren lassen.

Die angeführten Namen und Werke, die einen Begriff von dem Wesen der gestellten Aufgaben bilden sollen, sind nur wenige von vielen; mit noch größerer Kürze sei dazu bemerkt, daß auch eine gewisse Art von Schulbüchern, z. B. Schulzes „Elementarbuch der lateinischen Sprache“, in dem die Worte durch Bilder erklärt wurden, pädagogische Schriften, wie verschiedene Arbeiten von Salzmann[7]) oder Ziegenhagens „Lehre vom richtigen Verhältniß zu den Schöpfungswerken“, und geschichtliche Darstellungen, unter denen die „Mémoires pour servir à l'Histoire des Réfugiés“ von Erman und Reclam die vornehmsten sind, zur Bearbeitung kamen. Denn eine nähere Besprechung verlangen noch manche andere Werke unseres Helden, zunächst seine Illustrationen zu den Kalendern und Taschenbüchern, die insofern eine Gruppe für sich bilden, als sie im Hinblick auf die Interessen ihrer weiten, aber doch ziemlich gleichartigen Leserkreise im ganzen einheitlich redigiert wurden und sich durch die Methode ihrer Ausstattung von anderen Werken unterscheiden.

Es sind hauptsächlich vier Kalenderunternehmungen, für die der Künstler von einem bestimmten Zeitpunkte an fast regelmäßig jahraus jahrein geschaffen hat. Von der ersten derselben, dem Berliner Genealogischen Kalender, und von den ersten Blattfolgen Chodowieckis für ihn, ist bereits in unserem sechsten Kapitel die Rede gewesen: Minna von Barnhelm hatte, Epoche machend, 1770 den Reigen eröffnet. Seit diesem Jahrgange lieferte der Meister für jeden folgenden (mit Ausnahme der Jahre 1785 und 1793) eine Reihe von 12, später auch 6 und 8 Blättern, die das gebräuchliche Format von etwa 50:70 Millimetern Bildgröße einhielten, mit Unterschriften versehen waren und zusammen eine geschlossene, auf irgend eine Dichtung oder einen Gedanken bezügliche Gruppe bildeten. Unter den Gegenständen der an „Minna“ anschließenden Kalender bis 1775 waren zwei, der „Don Quixote“ und der „Rasende Roland“, Dichtwerken des Auslandes entnommen. Für solche Stoffe entwickelte nun die Leitung des Berliner Kalenders, ohne Zweifel in Fühlung mit dem Publikum, eine entschiedene Vorliebe; denn zwischen 1776 und 1801 wurden nicht weniger als acht Jahrgänge mit Bildern zu fremder Litteratur ausgestattet. Die Auswahl, die wie bisher im Einvernehmen mit dem Künstler von der Redaktion des Kalenders, also von einem Mitgliede der Akademie der Wissenschaften oder von dem kontrollierten Pächter des Verlages, getroffen wurde, ist eine entschieden glückliche zu nennen, denn sie berücksichtigt wirklich gerade die Publikationen, die zur Zeit dem Gebildeten bekannt und merkwürdig sein mußten oder auf die es sich lohnte zur Lektüre anregend hinzuweisen. Zwar für 1776 setzte Chodowiecki durch, daß ihm die Wiederholung von 12 Blättern aus seiner 1752 getuschten Reihenfolge zu „Blaise Gaulard“, jener an sich ziemlich unbedeutenden Erzählung des Le Noble, aufgetragen wurde: hier überwog das rein künstlerische Interesse an den unvergleichlich virtuosen Radierungen — sie gehören zu den gelungensten Arbeiten des Meisters (E. 140) — den Wert des Gegenstandes: aber gleich im nächsten Jahre kam Goldsmiths unsterblicher „Landprediger von Wakefield“ daran, das allenthalben mit Rührung und Verständnis aufgenommene Gemälde jener gutartigen, jedoch verworrenen Familie Primrose in ihren zuerst idyllischen und dann so bedrängten Zuständen: 1779 folgte Shakespeares „Hamlet“, den die Döbbelinsche Truppe, mit Brockmann in der Titelrolle, 1778 unter größtem Beifalle auf dem „Berliner Theater“ aufgeführt hatte und der ein fast ebenso wichtiges litterarisches Ereignis geworden war wie zehn Jahre vor ihm das Lessingsche Soldatenstück; 1782 wurde an die verschiedenen Werke des 1778 gestorbenen Voltaire, der noch immer in vieler Augen einer der größten Dichter war, erinnert, 1783 an Rousseaus leidenschaftliche „Heloise“, 1784 an des feinfühligen Sterne „Empfindsame Reise“ und 1786 an Smollets originellen „Peregrine Pickle“ angeknüpft, denen man 1788 die „Camilla“ der Mrs. d'Arblay Burney, einen Roman, der sich in dem Geschmacke von Richardsons „Clarissa“ bewegt, anschloß.*)

Parkscene aus den Illustrationen zu „Blaise Gaulard“. (E. 140 [10].)

Von deutschen Werken erschienen dazwischen nur zwei, nämlich 1778 „Sophiens Reise von Memel nach Sachsen“, von Hermes, eine Geschichte, die unter englischem Einflusse steht und in jenem Blütenalter der Empfindung zu den gelesensten gehörte, und 1787 Ifflands „Jäger“, also abermals ein beliebtes Schauspiel, dessen auf der Bühne flüchtig genossene Scenen hier zu erneutem Genuß in ganz prachtvoll kräftigen Figuren festgehalten wurden. Zwischen allen diesen litterarischen Stoffen brachten die Jahrgänge 1780 und 1781 zwei ganz selbständige Kompositionen Chodowieckis, nämlich das „Leben eines schlecht erzogenen Frauenzimmers“ und die „Occupations des Dames“. Die erste Gruppe bildet das Gegenstück zu dem moralisch-satirisch behandelten „Leben eines Lüderlichen“ von 1774, die zweite zeigt, im Gegensatz zu dem schlecht erzogenen, die Beschäftigungen des häuslichen und fleißigen Frauenzimmers. Auch hier kann ebensowenig wie früher von einer speciellen Abhängigkeit des Künstlers von Hogarth oder sonst wem die Rede sein. Die mit Anspielungen überladenen, bis zur äußersten Roheit charakterisierenden, in der Tendenz ganz aufgehenden Bilder des Engländers haben mit den nur die Hauptzüge erzählenden, deutlich, aber diskret schildernden und stets auf einen künstlerischen Eindruck bedachten Blättern Chodowieckis nichts gemein als die sittenstrenge Gesinnung und manchmal auch den Gegenstand (siehe „The Rake's Progress“ und „The Harlot's Progress“); und die französischen Darstellungen ähnlichen Inhaltes unterscheiden sich, wie wir bald hören werden, durch ihre ganze Empfindung von denen des deutschen Meisters.

Mit dem Jahre 1789 nimmt das Interesse des Publikums plötzlich eine Richtung auf die Geschichte. Je energischer sich in Frankreich die revolutionären Ideen in Thaten und Ereignisse umsetzten, je merklicher sich auch in Deutschland allerlei schwere Umwälzungen vorbereiteten, desto lebhafter wurde man sich der politischen Verhältnisse bewußt, mit denen ein jeder allmählich selbst zu rechnen in die Lage kam. Man fühlte sich, sofern man nicht dumpf dahinlebte, von dem Kultus des eigenen Herzens abgezogen, um die bedeutende Gegenwart kritischer Elemente zu beobachten, und von dieser Gegenwart wurde man leicht auf die grundlegenden und folgenreichen Bewegungen der Vergangenheit verwiesen. Der Kalender für 1789 brachte zwar noch eine Verspottung der „Modethorheiten“, d. h. besonders der in einer Periode überstürzter Aufklärung so anachronistisch und dabei doch so naturnotwendig auftretenden Äußerungen des Aberglaubens und des Bedürfnisses nach Verbindungen mit einer geheimnisvollen Geisterwelt, wie sie damals in großem Stile von Cagliostro und Bischoffswerder, im kleinen von Rosenfeld, Mußfeld, Ziehen und anderen unlauteren Propheten und Wunderdoktoren selbst im gewitzten Berlin ins Werk gesetzt wurden; von 1790 an herrschten jedoch in ununterbrochener Folge die historischen Stoffe. Zunächst kamen drei Jahrgänge brandenburgischer, darauf vermischte Bilder aus der mittleren und neueren Geschichte; die zweite und dritte Teilung Polens und der Tod der Kaiserin Katharina wurden ihrer Zeit als aktuelle Ereignisse besonders eingehend berücksichtigt. Dagegen wich man in Berlin sowohl den ungeheueren Unternehmungen der Revolution in Frankreich selbst und in den Rheingegenden, als auch den Kriegszügen Napoleons in Ägypten und Italien aus: man erwähnte von diesen Dingen nicht das mindeste, sondern führte dem Leserkreise des Kalenders fernliegende Historien, die Bartholomäusnacht und den ersten Kreuzzug, vor. Letzterer erschien im Jahrgang 1801, im Todesjahre Chodowieckis, an den noch 1803 ein nachgelassenes Werk, die Geschichte Wallensteins (1799 radiert), erinnerte. Von dieser Zeit an kehrte unter dem Drucke der französischen Invasionen der Kalender allmählich zu Novellen und Romanen, jetzt vorwiegend von romantischem und „ritterzeitlichem" Charakter, zurück und bisher untergeordnete Mitarbeiter des Meisters traten an seine Stelle.[10]

Die allgemeine Anerkennung und die finanziellen Erfolge des Berliner Genealogisch-historischen Kalenders unter Chodowieckis Mitwirkung veranlaßten die Verleger ähnlicher Almanachs, sich des vorteilbringenden Meisters zeitweilig oder auf die Dauer zu versichern. Nicht nur übertrug ihm die Akademie die Illustration des ebenfalls von ihr herausgegebenen „Genealogischen Calenders für West-Preußen" mit Gellerts Fabeln und Erzählungen in den Jahren 1776 und 1777, sondern von 1778 an durften sich auch die drei vornehmsten Konkurrenten des Berliner Genealogischen, nämlich der „Gothaische Hofcalender", der „Göttinger Taschencalender" und der Lauenburger „Königl. Großbritannische historische genealogische Calender", seiner Mitarbeiterschaft rühmen. Sie erschienen sämtlich in einer dem Berliner Kalender entsprechenden Einrichtung und Ausstattung, also in französischen Ausgaben neben der deutschen, in demselben handlichen Formate, mit einem Fürstenbildnisse als Titelkupfer und einem gestochenen Titelblatte, mit in der Regel zwölf Illustrationen, zu denen kurze Erklärungen einen Text abgaben, falls die Unterschriften nicht zu Versen ausgedehnt wurden oder sonst nicht genügten; ferner mit Modekupfern und mit den herkömmlichen Gruppen von Artikeln und Tabellen.

Der älteste von diesen dreien war der „Gothaische Hofcalender", der sich seit 1765 aus der Verschmelzung eines deutschen „Genealogischen und Schreib-Calenders" mit einem speciell für den Gebrauch des Hofes am Spieltische bestimmten „Almanach nécessaire" entwickelt hatte. Die geschickte Auswahl seiner belehrenden und unterhaltenden Aufsätze verschaffte ihm eine Verbreitung und ein Ansehen, die bereits nach wenigen Jahren wesentliche Verbesserungen und die Beigabe von Kupfern ermöglichten. Für letztere wurde seit 1769 Joh. Heinrich Meil gewonnen, neben dessen Vignetten und Vollbildern (Statuen, Theaterstücken u. a.) auch französische Kupfer verwendet wurden. Vorzüglich die Jahre 1776 und 1777 zeichneten sich durch seine Blätter nach Freudenberg, Moreau, Baudouin, Gaillard, Biron und Lannoy aus, die sämtlich heitere Scenen aus dem Leben vergnügter Menschen darstellten. Neben ihnen durfte sich Chodowiecki 1778 mit seinen Kompositionen zur „Erzählung des

Predigers Gros" (einer Episode aus „Sophiens Reise" von Hermes) bei noch größerer Wahrheit der Charakteristik und bei in ihrer Art ebenbürtiger Technik unbedenklich zeigen, und so wurde er von 1780 an (1779 erschienen noch unbedeutende Köpfe römischer und moderner Damen von Liebe in Leipzig) nicht wieder freigelassen. Im allgemeinen hielt die Redaktion des Kalenders, die seit 1777 von Ludwig Christian Lichtenberg, dem Bruder des berühmten Göttinger Professors, gehandhabt wurde, dieselbe Richtung ein, der der Berliner Kalender folgte. Es gab außer 12 Blättern zu Lessings Fabeln im Jahre 1780 und außer zwei kulturgeschichtlichen Reihen („Hochzeitsgebräuche" und „Geschichte der Menschheit nach ihren Kulturverhältnissen") hauptsächlich Bilder zu ausländischen Litteraturwerken: zu Tressans „Huon de Bordeaux", zum „Gil Blas", zu Beaumarchais' welterobernden „Mariage de Figaro", bis von 1789 an, also wiederum genau mit dem Ausbruche der französischen Revolution, die Historie ihr Recht einforderte. Anekdoten von Friedrich dem Großen, Scenen aus der älteren und der neueren Geschichte führen bis 1794; nach diesem Jahre beteiligt Chodowiecki sich bloß noch durch Lieferung einiger gezeichneter Suiten, ebenfalls aus der Geschichte, die Eudner und Grünler radierten. Nur 1798 wurden ein Roman, die philanthropische, eine rationelle Menschenzüchtung behandelnde „Histoire de Quinctius Heymeron de Flaming" und 1799 als Ergänzung zu sechs Anekdoten von Friedrich Wilhelm III. Goethes „Hermann und Dorothea" gewählt. Seit 1800 beherrschen verschiedene ziemlich direktionslose Stecher, die mit Vorliebe Fürstenbildnisse, Ansichten bedeutender Bauwerke, ausländische Völkertypen und dergl. bringen, das Feld. Dann treten 1817 J. H. Ramberg als Zeichner und Meno Haas als Radierer, bald auch die Ramberg sehr ähnlichen J. T. Schubert und J. Bendixen in den Vordergrund und steigern mit ihren Illustrationen zur Geschichte und zu historischen Romanen („Kenilworth" und „Quentin Durward" von Scott) aufs neue den Kunstwert des Kalenders, welche Verbesserung aber schon 1827 durch seine Umwandlung in ein nicht illustriertes genealogisches Taschenbuch mit dem Streben nach dem Charakter eines internationalen Staatshandbuches abgeschnitten wird.[11].

Der „Goettinger Taschen Calender" seinerseits erschien im Verlage Joh. Christian Dieterichs und erfreute sich der besonderen Fürsorge Georg Christoph Lichtenbergs. Dieser vielseitig gebildete, witzige und gedankenreiche Mann, als Physiker und Mathematiker ein wissenschaftlicher Arbeiter von Bedeutung und zugleich ein übersprudelnder Publizist auf verschiedenen Gebieten, übte jahrzehntelang den heilsamsten Einfluß auf seine Redaktion aus und kargte auch nicht mit zündenden Aufsätzen aus der eigenen Feder. Die Berufung Chodowieckis zur Mitarbeiterschaft von 1778 an ist wahrscheinlich ihm zuzuschreiben, und jedenfalls war er es, der dem Künstler den Vorteil verschaffte, daß die zu behandelnden Stoffe nach seinem eigenen Geschmacke gewählt wurden. So konnte geschehen, daß von 1778 bis 1783 eine nicht unterbrochene Reihe seiner psychologischen Studien mit moralisierender Tendenz erschien. Zuerst der „Fortgang der Tugend und des Lasters", dargestellt an den in Medaillons gefaßten Köpfen je zweier männlicher und weiblicher Individuen, deren Züge sich im Laufe der Jahre unter den Einflusse ihres verschiedenartigen Lebenswandels verändern, bis bei den einen ein seliger, bei den anderen ein unseliger Tod sie auslöscht: also gewissermaßen eine abgekürzte Wiederholung der dem Sinne nach ähnlichen Folgen im Berliner Kalender und zugleich eine Erinnerung an Hogarths „Industry and Idleness". Lichtenberg, der übrigens auch der glücklichste Erklärer und eindringlichste Verbreiter jener englischen Cyklen war, schrieb zu den Chodowieckischen Blättern so packende Kommentare, daß man mit Recht auf die Fortsetzung entsprechender Kompositionen begierig wurde. Die beiden Abteilungen der „Natürlichen und affectierten Handlungen des Lebens" und die beiden der „Heirathsanträge", denen sich als ein fünfter Jahrgang das „Centifolium Stultorum", eine Verspottung mehrerer Arten von Narrheit, anfügte, fast alle wiederum von Lichtenberg eingeleitet, verfehlten denn auch nicht, das Publikum zu fesseln und die Recensenten zu besonderer Aufmerksamkeit anzustacheln. Aber auf die Dauer fiel es doch schwer, solche Themata aufzustellen, ohne in Einförmigkeit und Unklarheit zu geraten, vorzüglich weil in den anderen Kalendern und zum Teil gleichzeitig schon Ähnliches veröffentlicht wurde. Nachdem im Jahre 1784 Müllers „Siegfried von Lindenberg" eingeschoben worden war, wandte man sich deshalb zu einer neuen und wiederum ebenso zeitgemäßen als wirkungsvollen Gattung von Stoffen. Es waren vier Shakespearesche Dramen, die man nacheinander bis 1788 im Kalender erscheinen ließ: und zwar: „Macbeth", „Heinrich IV.", „Die lustigen Weiber von Windsor" und „Der Sturm". Den „Hamlet" hatte Chodowiecki, unter dem Eindrucke der Berliner Aufführungen ja bereits 1779 mit Erfolg bearbeitet: für diese Stücke kam ihm zum Teil wenigstens die Anschauung

Aus Shakespeares „Heinrich IV."
(E. 539.)

von der Bühne her ebenfalls zu statten, und mochte ihm auch das Kostüm einige Schwierigkeiten in den Weg legen, so war doch gerade er der offensinnige Mann, sich von Shakespeares plastischen Charakteren ergreifen zu lassen und ihnen innerhalb der Grenzen seiner Ausdrucksfähigkeit gerecht zu werden. Das Publikum aber befand sich eben jetzt im vollsten Geschmacke der Sturm- und Drangzeit, und zwar ihrer zweiten Periode, die von Schillers Jugenddramen gefärbt worden war: es hielt deshalb mit Begeisterung am Schutzheiligen aller Stürmer seit den Zeiten Götzens von Berlichingen, an Shakespeare, fest, auch als der in Italien geläuterte Goethe ihm „Iphigenie" und „Tasso" darbot.

Nachdem die Lust an diesen Dingen in etwas gestillt schien, gedachte Lichtenberg 1789 mit den „Beweggründen zum Heirathen und ihren Folgen" zur Psychologie zurückzukehren. Indessen erwies es sich als unmöglich, dem allgemeinen Drängen nach historischen Gegenständen nicht nachzugeben, und so wurden zunächst Anekdoten von Peter dem Großen, dann die „Bartholomäusnacht", nach dem Trauerspiel des André Chenier, aufgenommen. 1792 und 1793 aber entschloß man sich zu Bildern aus der neuesten Geschichte und wagte sogar Darstellungen, freilich nur allegorische, aus der französischen Revolution, von denen in Berlin und Gotha nicht die Rede gewesen war. 1794 endlich, im letzten Jahre, in dem er sich mit eigenhändigen Radierungen in diesem Kalender zeigte, brachte Chodowiecki noch einmal ein Lieblingsthema an: die Vergleichung von „Aufrichtigkeit und Heuchelei". Damit verabschiedete er sich aufs würdigste von einem Unternehmen, das er zwar nicht so lange wie den Berliner Kalender gefördert hatte, aber vielleicht doch reiner und echter nach seinem Sinne hatte ausgestalten dürfen.[12]

Ein Freund und Helfer wie Lichtenberg stand ihm allerdings eben nur dieses eine Mal zur Seite. Das mochte er auch bei dem Königl. Großbritannischen Kalender spüren, dessen Verleger Berenberg in Lauenburg bei weitem nicht den sicheren Geschmack der Göttinger Redaktion zeigte. Zwar begann auch er mit mehreren Jahrgängen freier, d. h. nicht zu bestimmten Werken gehöriger Darstellungen Chodowieckis, aber wir vermissen bei ihnen allen Reiz und eine strengere Gliederung des Gegenstandes. Die altmodische Aufführung der Monatsbeschäftigungen, die lose Zusammenfassung von zwölf Blättern „moralischen und satyrischen Inhalts" oder gar bloß „verschiedenen Inhalts", allesamt versehen mit äußerst platten und ungeschickten Versen, wirken trotz einzelner reizender Kompositionen, die zwischen indifferenten auffallen, nicht eben vornehm und den Anspruch auf Abgerundetes nicht befriedigend. Glücklicher war der Griff zu den zwölf Blättern „Steckenpferdreiterei" (1781), die in feiner Weise die verschiedenen Sammelpassionen verspotten (nur die Liebhaberei für Kupferstiche wird wie billig dabei nicht getadelt, sondern gelobt);

aber dann folgen wieder sechs Jahrgänge mit ziemlich mißlungenen Bildern, die zu vier auf der Bühne vermutlich beliebten, an sich aber wertlosen Schauspielen und zu den Tragödien „Kabale und Liebe“ und „Coriolan“ gehören. Chodowiecki zeigt sich ja im allgemeinen recht unabhängig von den Einzelheiten seiner Stoffe; falls sie seiner speciellen Begabung oder aber seinem Geschmacke für das Erhabene nur nicht allzu fern liegen, und falls er nur etwas festen Boden unter sich fühlt, so weiß er auch den unbedeutendsten Motiven noch etwas abzugewinnen. Eben dieser Boden fehlt ihm jedoch meistens bei so opernhaften Stücken, wie Plümickes „Lanassa“, die in Indien unter Brahminen, oder wie Großmanns „Adelheid von Veltheim“, die in einem Harem spielt: hier treten ganz charakterlose Theaterfiguren in unechtem Ausputz und in flachen Situationen auf, unfähig, ein Herz oder ein Malerauge irgendwie für sich zu interessieren. Man empfindet daher deutlich die Gleichgültigkeit, mit der Chodowiecki an ihnen schuf.[15]) Anders bei „Kabale und Liebe“: hier ging die rhetorische Leidenschaftlichkeit des Dichters und seine bis zur Verzerrung chargierte Charakterzeichnung (ebenso wie bei den „Räubern“, die er 1783 für Reichards „Theatercalender“ illustrierte) so weit über den Horizont des Künstlers hinaus, daß sein trockenes Pathos uns gelegentlich zum Lächeln brächte, hätten wir dieses Lächeln nicht aus Pietät gegen den Mann, dessen Schwächen wir verstehen lernten, zu unterdrücken. Im „Coriolan“ stellte ihm wiederum das konventionelle Mantelspiel verbunden mit den klassicistisch vergriffenen Typen eine Falle, der er nicht entging.

Aus Shakespeares „Coriolan“.
(E. 571 I.)

Nach alledem schienen Chodowiecki bei dem Lauenburger Kalender wenig Lorbeeren zu blühen; doch wendeten sich seit dem Eintreten Jägers in den Verlag die Verhältnisse plötzlich zum Besseren. Auf eine einjährige Pause folgten 1789 die Blätter zu „Cecilia“, einem dem Künstler sympathischen Romane von der Verfasserin der „Camilla“, und 1790 wurde ihm die fast stets versagte Gelegenheit geboten, einer Anwandlung von spaßhafter und selbst grotesker Laune freien Lauf zu lassen. An Blumauers possenmäßiger Travestie der „Aeneïs“ zeigte er mit offenkundigem Behagen, daß er Späße nicht nur verstand, sondern auch zu machen wußte. Er machte sie freilich auf seine Art, nämlich bei aller Komik doch nicht derb, sondern gleichsam mit gedämpfter Stimme: aber gerade durch diese Feinheit wirkte er viel belustigender als der oft so alberne Text. Eine Darstellung wie die der verlassenen Dido, die sich genau wie eine schöne Seele des achtzehnten Jahrhunderts über die Untreue des Geliebten tröstet, ist die köstlichste Parodie auf die Wertherzeit, die der Meister zwar miterlebt, doch nicht eigentlich mitempfunden hatte.[11]) Im folgenden Jahre fiel dann die Wahl auf Kotzebues allbeliebte „Indianer in England“, eine Komödie, deren Hauptrolle, das Naturkind Gurli, wahre Stürme des Entzückens hervorzurufen pflegte und sich in Berlin wohl auch einer besonders geeigneten Repräsentantin erfreute: jedenfalls hatte der Künstler für seine Gurli ein bestimmtes Vorbild von großer Anmut zur Verfügung und hegte für das ganze Stück eine sichtliche Vorliebe. Vermutlich war ihm in diesem Falle die Bestimmung des Stoffes vollständig übergeben worden; dasselbe geschah im Jahre 1792, in dem er die Redaktion sehr gegen ihren Willen mit seinem „Totentanze“ überraschte. Schon 1780 hatte man ihn gebeten, einen so gefährlichen Gegenstand nicht zu schicken: jetzt setzte er ihn durch Aufstellung einer vollendeten Thatsache durch — und der Schrecken, den die Herren Berenberg und Jäger bei dem Gedanken empfanden, daß tausend Damen als Neujahrsgeschenk den Tod erhalten sollten, wurde durch einzelne Proteste aus dem Publikum nachträglich gerechtfertigt. Frühere Jahrhunderte hatten den Erinnerungen an den Tod nicht mit Feigheit, vielmehr in großartiger Gelassenheit gegenübergestanden; neuerdings war freilich, bei dem nervenschwächeren Geschlechte, diese Stellung zum Abschlusse des Erdenlebens fast ganz verschwunden. Was bestimmte nun wohl Chodowiecki zu einer solchen Wahl? Sie kann bei ihm befremden, da seine Phantastik, an sich gering, wie sie ist,

Aus Blumauers „Aeneis“.
(E. 611 [11].)

sonst stets in den Bahnen des Herkömmlichen, bei einigen zahmen Fabelwesen der Mythologie und höchstens noch bei etlichen scurrilen Gespenstern und Dämonen verharrte. Hier aber ist ein selten gewordenes Motiv mit Mut und in eigentümlicher Weise angegriffen: selbst eine gewisse Energie von düsterer und wilder Stimmung läßt sich verspüren. Die Vertreter verschiedener Stände, die von den Toten abgeholt werden, zeigen sich zum Teil ahnungslos und mitten in der Hoffart ihres Lebens: der König, im Kostüm des achtzehnten Jahrhunderts, läßt sich gerade voll „Ambition und Geiz“ von seinen Unterthanen fußfällig verehren, da greift schon das Gerippe ihm an die Krone; der Arzt hat soeben einem Kranken das Leben abgesprochen, aber der Tod läßt den Kranken sitzen und holt den Arzt. Oder das Ende wird in eine angedeutete Verbindung mit seinen unmittelbaren Ursachen gebracht: die Königin stirbt vor Eifersucht, die junge Mutter in den Wochen. Noch andere Variationen des Sterbemotivs finden sich unter diesen zwölf Blättern, und eben die moderne Mannigfaltigkeit unterscheidet den Chodowieckischen Totentanz von den älteren Kompositionen, in denen das einförmige, gewaltsame Wegführen der Lebenden aus den gewohnten Umständen hinaus im allgemeinen überwiegt. Neben dieser Selbständigkeit ist jedoch ein gewisser Einfluß des Holbeinischen Totentanzes auf ihn unverkennbar — besonders bei dem Bilde des Bettlers, der sich gegen das Grab sträubt — und wir werden daran erinnert, daß der Meister in derselben Zeit, in der er den Totentanz zeichnete (1779 bis 1780), das „Lob der Narrheit“ des Erasmus von Rotterdam illustrierte und ihm eine Kopie des Holbeinischen „Erasmus mit dem Terminus“ vorsetzte; daß er ferner in diesen Jahren eine Kostümfigur desselben Künstlers für die Geschichte „Karl der Große und die zwölf Pairs von Frankreich“ (E. 325) in freier Nachbildung verwendete und daß ihn also damals ein genaueres Studium in die ihm sonst ziemlich fremden Regionen Holbeins geführt hatte, denen er wohl auch die Anregung zu einer eigenen Komposition des Totentanzes verdankte.[15])

Aus dem Totentanz.
(E. 662a.)

Die Aufmerksamkeit, die dieser Totentanz wegen seiner seltenen Beziehungen zu der älteren deutschen Kunst in unseren Augen verdient, wurde jedoch, wie gesagt, von dem Leserkreise des Kalenders nicht in demselben Sinne geteilt, und es erschien daher geraten, den Zorn der Kunden durch einige neue Blätter zu der „Aeneis“ zu besänftigen (1793). Außerdem folgte man dem Beispiele der übrigen Kalender und gab von diesem Jahre an (bis 1796) historische Blätter, und zwar zum größeren Teil aus der neuesten Geschichte, nämlich vor allem zu dem Leben Friedrichs des Großen und zur Revolution.

So war denn, unbeschadet übrigens der gewöhnlich beigegebenen Modekupfer, die unser Künstler mit besonders zierlichen und individuellen Figürchen auszustatten liebte,[16]) und unbeschadet der häufig hinzugefügten Kupfer verschiedenen Inhalts von der Hand anderer Stecher, der Charakter der soeben behandelten vier wichtigen Kalender der schweren Zeit entsprechend ein ernster geworden. Auch andere Almanachs, für die Chodowiecki gelegentlich arbeitete, z. B. der „Genealogische Militärische Calender“ in Berlin, oder Johann Heinrich Campes, des Pädagogen und aufgeregten Altonaer Revolutionsapostels, „Historisch genealogischer Almanach für das dritte Jahr der französischen Freiheit“ (1794), beschäftigten ihr Publikum vornehmlich mit kriegerischen und sensationellen Bildern. Von den eigentlichen Jahreskalendern konnten daneben nur die ausschließlich für Damen bestimmten Etuiskalender kleinsten Formates (Bildgröße 35 : 50 Millimeter und weniger), wie der Oesfeldsche in Berlin,[17]) einen schöngeistigen Ton festhalten. Um so unbeirrter kultivierten ihn dagegen die bald nach 1780 aufkommenden, zahlreichen und meist ebenfalls auf Damen berechneten Monatsschriften. Diese Taschenbücher zum geselligen Vergnügen, zu sittlicher, angenehmer oder zu belehrender Unterhaltung, für häusliche Freuden, für weisen Lebensgenuß, oder für Liebe und Freundschaft, wie Becker, Ebert, Lang, Reusser und viele andere sie herausgaben, pflegten mit unsäglichem Behagen den philiströsen Charakter und die sentimentale Novelle, die sich zu Gunsten kleiner Geister selbst den gewaltigsten Erscheinungen und Ereignissen der neuen Epoche andichten ließen. Auch an ihnen arbeitete Chodowiecki gewissenhaft und fleißig mit; die Blätter, die er für sie lieferte, dem Formate nach gewöhnlich etwa doppelt so groß als die Kalenderbilder, füllten die letzten Jahre seiner Thätigkeit dermaßen an, daß er um ihretwillen seine Illustrationen für den Gothaer, Göttinger und Lauenburger Kalender vorzeitig abbrach. Der häusliche und intime Inhalt jener sanften Geschichten, die tugendhaften Liebespaare, die ehrwürdigen Familienväter und Matronen, die Scenen idyllischen Friedens bei untergehender Sonne und genügsamer Schwärmerei im Gärtchen und am Weiher mögen ihn am Ende auch persönlich mehr gefesselt haben als das unaufhörliche Waffengeklirr der historischen Ereignisse, wie es in den Kalendern losgebrochen war.[18])

Denn jener für sein ganzes Leben verhängnisvolle Unterschied zwischen dem Wollen und dem Vollbringen, zwischen den Idealen und den Realien des Meisters beruhte doch eben darauf, daß seine ursprünglich auf Großes und Monumentales gerichtete Natur von früh an bis zur Resignation eingeengt und auf eine Bethätigung im Kleinen beschränkt worden war. Die Entwickelung dieses Konfliktes wurde eigentlich erst durch die energische Stellungnahme des Publikums, das in diesem Falle eine „force majeure“ ausübte, bestimmt, aber die Entscheidung war trotz gewisser Schwankungen und immer wiederkehrender Halbheiten allmählich eine wahrhaft innerliche und radikale geworden. Und dies zwar in so fern, als der Künstler sich trotz aller widersprechenden Inkonsequenzen im Grunde wirklich und mit ganzer Seele an jener ihm gewissermaßen aufgedrungenen Specialität, der Psychologie des modernen Lebens, genügen ließ und sich dabei auch vollkommen wohl fühlte, obgleich er nie aufhörte, dem idealen Stile einen Vorrang vor dem seinigen zuzusprechen, und mit immer erneuten Versuchen sich unaufhörlich an ihn wagte. Unzweifelhaft verdient eine solche Stellung den Vorwurf einer gewissen Unklarheit, den wir gern einem Manne wie ihm ersparten; daß aber der Vorwurf kein ungerechter und unsere Darstellung des eigentümlichen Verhältnisses die richtige ist, ergiebt sich bereits aus der Beobachtung der Flüge, die des Künstlers Phantasie, wenn sie sich selbst überlassen war, also bei vollkommener Unbefangenheit, zu unternehmen pflegte.

(E. 686*.)

Außer den Illustrationen für Bücher und Kalender hat er nämlich wie am Anfange seiner Thätigkeit als Radierer so auch in der Folge eine große Menge von Einzelblättern ausgehen lassen. Nur wenige von ihnen wurden auf Bestellung oder auf Spekulation gemacht, die übrigen beruhen auf ganz selbständiger Initiative, und ein Blick auf beide Gattungen zeigt sofort das unzweifelhafte Vorherrschen eines unbefangenen Geschmackes für das heitere und daneben für ein leicht satirisches Genre, wogegen das Porträt, die Historie und die Mythologie entschieden zurücktreten, indem sie kaum ohne äußere Veranlassung erscheinen.

Die Einzelblätter auf Bestellung sind vorzüglich Bildnisse, die Chodowiecki nach eigenen Zeichnungen oder nach fremden Originalen radierte. Wie die Porträts für Nicolais „Allgemeine deutsche Bibliothek“ und für Krünitz' „Encyklopädie“, so halten auch sie gewöhnlich ein mäßiges Oktavformat[19] ein; dabei haben sie die Form von Medaillons, die in mehr oder weniger verzierten Rahmen sitzen, und geben die betreffende Person entweder im Profile oder, falls Miniaturen ihnen zu Grunde liegen, mit leichter Wendung des Kopfes lebendig und anspruchslos wieder. Sie wollen und können durchaus keine Paradestücke vorstellen, sondern nur den Freunden verdienter Männer eine Erinnerung an die Verehrten gewähren. Selbst die so bescheiden ausgestattete Vervielfältigung eines Bildnisses dieser Art verursachte aber schon solche Kosten, daß es eines bedeutenden, eigentlich sogar eines öffentlichen Interesses bedurfte, um sie von seiten Privater ins Werk zu setzen, und daher beschränkt sich die Zahl dieser Porträts auf nicht ganz ein Dutzend.

Außer ihnen wurden an Einzelblättern nur noch etliche Bibliothekzeichen bestellt und auf Spekulation, d. h. für den Selbstverlag und Verkauf im großen Stile, unternahm der Künstler im Laufe dreier Jahrzehnte auch nur wenige Platten. Das sind natürlich zunächst patriotische. Eine Heerschau, die Friedrich der Große zu Pferde abhält, zeigte den sichtlich gealterten König (1777) in seiner charakteristischen gebückten Haltung, den Dreimaster auf dem Haupte, den Krückstock am Handgelenk, scharf im Profil und durch die Echtheit seiner Erscheinung als Ganzes ebenso stark wirkend wie durch Verzeichnungen im einzelnen den kritischen Beschauer verstimmend. Dieser letztere Umstand verhinderte jedoch keineswegs eine nachhaltige Popularität des Blattes: die stürmische Nachfrage führte zu seiner schleunigen Wiederholung und die Einzelgestalt des reitenden Königs, aus der Komposition herausgenommen und im Umrisse gestochen, benutzte der Künstler als Unterlage für zahlreiche Aquarelle, die er zum Teil durch seine Kinder und durch Gottfried anfertigen ließ. Er hatte eben wieder einmal wie ehedem mit dem „Calas“ ins Schwarze getroffen: er hatte seinen Landsleuten den alten Fritz geschaffen, wie sie ihn brauchten. Gerade so schlicht und treu faßte er ihn auf, wie der treue schlichte Brandenburger seinen Helden verstand. Daher drang denn auch vornehmlich dieser Typus in die Stuben des Handwerkers und des Bauern, während die prunkenden Bildnisse nach französischer Hofart vom Volke bald vergessen wurden.[20] — Einige Jahre später gab es dann abermals Fridericianische Blätter. Sie wurden teils durch die noch nicht erloschene Erinnerung an die führenden Männer des Siebenjährigen Krieges, teils durch den Tod des Königs veranlaßt. Wie Chodowiecki um dieselbe Zeit in foliogroßen Buntstiftzeichnungen den Tod Schwerins und die letzten Augenblicke Ewalds von Kleist zwar unbeholfen, aber voll Empfindung darstellte,[21] so machte er sich 1785 an die Anekdote vom greisen Ziethen, dem der König selbst einen Stuhl zuschiebt, weil das Stehen bei der Parole ihm schwer fällt, und bald darauf an das Gegenstück zu dieser Scene, den Auftritt an der königlichen Tafel, bei der Zieten zum Gespötte der Tischgenossen eingeschlummert ist und von seinem Herrn verteidigt wird. Beide Platten, von beträchtlichem Umfange (ca. 60 : 45 Centimeter), behandelte er mit äußerster Sorgfalt. Er wußte fast alle Zeugen jener Vorgänge nach der Natur zu studieren und in farbigen Skizzen festzuhalten; ebenso genau beachtete er die Anordnung der Gruppen, die besonders bei dem ersten figurenreicheren Bilde streng etikettemäßig zu komponieren war, und legte dann auch den gewünschten kräftigen Ausdruck in die Hauptpersonen. Diese Vorzüge, die historische Treue und die ersichtlich tüchtige Gesinnung, verbunden mit den Reizen einer Technik, die über die Steifheit und allzu naive Nüchternheit mancher von den Gestalten hinweghelfen, brachten ihm wiederum einen schönen Erfolg zuwege. War schon die Subskription auf „Zieten, sitzend vor seinem König" (E. 563) eine lebhafte gewesen, so wurde das Blatt nach seinem Erscheinen nur noch heftiger begehrt. Trotzdem blieb die andere Platte bis zum Jahre 1800 unvollendet liegen;[**] der Künstler fand nicht die rechte Muße, sich ihr weiter zu widmen. Er hatte freilich nach dem Tode Friedrichs genug mit dringenderen Darstellungen, die sich auf ihn und seinen Nachfolger bezogen, zu thun. Gleich für den Regierungsantritt Friedrich Wilhelms II. in Königsberg radierte er eine „Huldigungs-Eventaille", nämlich zwei Platten in Gestalt und Größe eines Fächers, die bestimmt waren, auf Atlas abgedruckt, Rücken an Rücken geklebt und wirklich als Fächer montiert zur Feier jenes Tages verschenkt zu werden. Sie wurden übrigens auch auf Papier gedruckt und haben sich fast ausschließlich in dieser Form den Sammlern erhalten. Mit einem unerquicklichen Aufwande von frostiger Allegorie und schlechterdings stilloser Ornamentik zeigt die eine die Apotheose Friedrichs, der in antikem Kostüm von Minerva und Themis zu Jupiter, Mars und Apollo emporgetragen wird — die hippokratischen Züge des Verblichenen schauen wie mit hartem Spotte aus diesem Mummenschanz heraus: auf dem anderen Fächer wird vor der Büste des neuen Monarchen geopfert und adoriert. — War für diese beiden Stücke die wichtige Gelegenheit eine verständliche Ursache ihrer Entstehung, so läßt sich kaum erklären, warum Chodowiecki, nachdem er für mehrere Kalender die Ereignisse aus der Zeit Friedrichs des Großen und Züge seines Charakters behandelt hatte, noch im Jahre 1794 eigens ein Strafgericht über die drei Männer verhängte, die 1757 jene von Friedrich und England verworfene Konvention von Kloster Zeven geschlossen hatten. Er that es in einem anspruchsvollen, aber lahmen Blatte, das weder Verbreitung noch Anklang finden und nicht einmal als eine Satire auf den schmählichen Frieden von Basel (1795) gelten konnte. Glücklicher war er 1796 mit einem Bilde der gesamten Königsfamilie, die er zwanglos gruppiert in einem Salon des Schlosses sich unterhaltend zeigte. Die Charakteristik, besonders der männlichen Personen, gelang ihm hier ganz ausgezeichnet und erstreckt sich nicht nur auf die Köpfe, sondern auch auf die ganzen Gestalten und ihre Stellungen (E. 832). Noch zweimal spekulierte der Künstler mit seiner Kunst und zwar zu Gunsten Verunglückter, denen er durch den Ertrag der ihnen gewidmeten Blätter eine reichliche Unterstützung verschaffte. Ende April 1785 hatte die Oder in gewaltiger Überschwemmung die Dammvorstadt Frankfurts geschädigt und bei Rettungsarbeiten war am 27. desselben Monats Herzog Leopold von Braunschweig, ein beherzter Helfer, das Opfer

Friedrich Wilhelm II. und seine Familie.
(E. 832.)

dieser Katastrophe geworden.[25] Chodowiecki, durch seinen Schwiegersohn, den Prediger Papin, für die Armen der Vorstadt erwärmt, stellte mit wenigen derben Gestalten den verhängnisvollen Augenblick dar, wo der edle Herzog den Kahn, der sich als unfähig erweisen sollte ihn über das strudelnde Wasser zu Hilfsbedürftigen zu bringen, mit den Worten besteigt: „Ich bin ein Mensch wie ihr und hier kommt es auf Menschenrettung an“; und er erlebte die Freude, daß etwa 3600 Exemplare der Radierung abgesetzt wurden und eine Beisteuer von fast 1800 Thalern aufbrachten. Kaum zwei Jahre später verwüstete eine Feuersbrunst die Stadt Ruppin; der König interessierte sich für ihren Wiederaufbau, und abermals beteiligte sich unser Meister mit einer ansehnlichen Gabe. Freilich verließ er jetzt, in einer Stimmung von idealistischer Erhabenheit, den gesunden historischen Realismus des Frankfurter Blattes, verzichtete auf den ergreifenden Ernst der wahren menschlichen Empfindung und brachte eine üppige Allegorie zustande, von deren materiellem Erfolge kein Aufhebens gemacht wurde.

Nunmehr betreten wir endlich das Reich, in dem von allen Rücksichten entlastet der natürliche Geschmack Chodowieckis anspruchslos und liebenswürdig herrscht, in dem sogar seine flüchtigsten Einfälle, geistreich und anmutig, herumgaukeln dürfen. Selbst jene an keinen fremden Text gebundenen psychologischen Kalenderfolgen, die moralisierenden Seelengemälde, die so ganz seiner Neigung und besonderen Befähigung entsprangen, waren in manchen Beziehungen an ein festes Schema, an einen speciellen und detaillierten Zweck gebannt; hier aber erblicken wir Schöpfungen, die ganz willkürlich, lediglich um ihrer selbst willen und zunächst nur zur Freude des Schöpfers und seiner Freunde entstanden. Und was sehen wir da? Kaum etwas anderes als neckische oder strafende Improvisationen, novellistische Studien und bescheidene Phantasiestücke im freundlichen, poesievollen Genre, behagliche Ausblicke über friedliche Landstriche, endlich kleine Erinnerungen aus allen Winkeln des Gedächtnisses.

Die eingerissene Emanzipation der Berliner Sitten z. B. mißfiel dem strengen Beobachter: sofort äußerte er sich gegen sie auf seine Weise. So erhielt die Brutalität der Faschingsmasken ihren Hieb in einem Blatte, auf dem die Libertiner ein anständiges Mädchen mit absurder Plumpheit belästigen (E. 121); das neu aufkommende Reiten der Damen wurde durch ein Mißgeschick des Fräuleins von Béguelin persifliert (E. 327a); unlauteres Bankerottmachen, unehrliches Treiben der Nachdrucker mußte sich drastische Verhöhnung gefallen lassen (E. 134, 135, 394). Andererseits verursachte gelegentlich auch die Polizei, daß der sonst so loyale Künstler sich gegen ihre Edikte erklärte: die Rauheit ihres Büttels gegenüber armen alten Weiberchen (E. 937), die Folgen des Verbotes, daß Hunde frei herumliefen (E. 749), wurden von ihm anschaulich und humoristisch dargestellt. Nur selten aber erhob sich seine Satire zur Censur und Betrachtung großer Motive, und that sie es, so geschah es ohne höhere Energie. Fortunens Unbilligkeit will er dadurch beweisen, daß er ihre Gaben sich an einen Haufen von Bestien verteilen und ein Rind über Buch und Lorbeerkranz triumphieren läßt (E. 781); die Idee der „Liberté, Egalité, Fraternité“ oder nach seinem Ausdruck „der ohnbehosten Freiheit und Gleichheit“ offenbart sich ihm in den Caressen, mit denen ein Schornsteinfeger eine Weltdame überfällt (E. 723). Im Vergleich zu so unschuldigen Späßen mag die „Verbesserung der Sitten“ fester gesessen haben, die er in einem prächtigen Spottblatte dem Verleger Morino vorhielt, als dieser den Berliner Klatsch durch wöchentlich erscheinende Kupferstiche verderblichen Inhaltes, eine seltsame Ergänzung zu den zahlreichen schlechten Zeitschriften ähnlicher Art, zu kultivieren gedachte (E. 572). Er zeichnete, gleichsam als Eröffnung der Serie, einen

Bänkelsänger, wie er der Menge die geschehenden Skandalgeschichten demonstriert, ohne etwas anderes damit zu erreichen als eine gekitzelte Aufmerksamkeit und neue zahlreiche Zwischenfälle.[24]

Häufiger indessen als zu den Geschossen seines immerhin sanften Bogens griff der Künstler, um sich zu unterhalten, zu poetischen Erfindungen. Er dachte sich etwa eine Art von Novelle aus und begann sie auch niederzuschreiben, während er zugleich Kompositionen zu ihr schuf. Der Lebenslauf eines Mannes, eines Kaufmannssohnes mit schöngeistigen Neigungen, bildete den Gegenstand, und die Spitze der Motive war, daß alle wichtigen Scenen an dem nämlichen Orte, nämlich unter dem einst für das Kind gepflanzten Baume, vor sich gehen, dessen Entwickelung und Absterben daher die Schicksale seines menschlichen Genossen begleiten (E. 698).[25] Oder, wie bei diesem Werke acht verschiedene Blätter von einer einzigen, aber stets teilweise veränderten Platte gewonnen wurden, so gefiel sich der Meister, einen verliebten Jüngling in der Waldeinsamkeit darzustellen und ihn im nächsten Zustande der Platte von einem Paare Spaziergänger belauschen zu lassen, wie er die Silhouette seiner Angebeteten entzückt betrachtet (E. 722); ebenso gruppierte er um den Herrn von Vollange, einen artigen Lautenspieler, nacheinander mehrere Zuhörer, die den Ahnungslosen bewundern (E. 384).[26] Andere dieser Radierungen sind lustige Gelegenheitsstücke, wie die Tischkarte zur „Heimführung der Braut" (E. 133), ein launiger Hochzeitszug, den Hymen eröffnet und der Storch beschließt; oder die „Wallfahrt nach Französisch Buchholz" (E. 337), die von den jüngeren Mitgliedern der beiden Familien Chodowiecki in feierlicher Ordnung mit einem Vorrate von Brezeln, Würsten, Kuchen und Wein angetreten wird. Auch die „Reise nach Dresden" gehört hierher (E. 793), die bereits erwähnte Darstellung der Gesellschaft, die mit dem Künstler im Jahre 1789 jenen heiteren Ritt nach Sachsen ausführte. Ferner wurden allerlei Beobachtungen aufgegriffen und nicht studienhaft, sondern bildmäßig komponiert: z. B. eine gute Mutter (E. 769), die ihren Knaben trägt, und eine Gruppe, die die Nachbarskinder in ihrem Garten darstellten (E. 919); oder es wurde ein sinnreicher Gedanke mit stillem Behagen zu einer Allegorie ausgesponnen. Solchen Allegorien gleichsam intimen Charakters fehlt aber die unerträgliche Prätension der bei feierlichen und öffentlichen Anlässen entstandenen: sie haben etwas Naives und Gemütvolles. So das Opfer an die zunächst unsichtbaren Grazien (E. 731), denen alle Stände vom Dichter bis zum Handelsjuden enthusiastisch die Arme entgegenstrecken; oder das „Gehirn eines Künstlers" (E. 696),[27] das ganz aus Charakterköpfen zusammengesetzt ist; vor allen „die auf Rosen sanft schlummernde Unschuld" (E. 651), ein reizendes Blättchen, das durch eine Strophe aus Hermann Niemeyers „Lazarus" veranlaßt wurde und in Chodowieckis Phantasie den merkwürdigsten Umwandlungsprozeß erlebte. Der Dichter, natürlich einen arkadischen Hain und antike Genien vor seines Geistes Augen, singt:

„So schlummert auf Rosen
„Die Unschuld ein!
„Wo sanfte Lüftchen säuselnd
„Mit Blüte sie bestreu'n.
„Wie süß sie schläft! Mit Engelfrieden
„Im blühenden Gesicht,
„Weht leiser, Lüfchen, weckt sie nicht!"

Der Zeichner, sonst bereit genug zu idealistischer Stilisierung, bog ihr hier aus dem Wege und ließ sich selber harmlos gehen: und was ersann er? Er legte ein pralles, rundes Mädchen, das Urbild junger Gesundheit, mit sauberem Nachtkamisol und Schultertuche angethan, fest schlafend in ein Bett — und steckte einzelne abgepflückte Rosen ringsum zwischen die aufgeschichteten Kissen! Dies alles dabei vollkommen ernsthaft, nicht etwa zur Verspottung des Textes: dergleichen produzierten eben die Musen und Grazien freiwillig, als sie anfingen sich in der Mark zu akklimatisieren.[28] Ganz ähnlich in ihrem ästhetischen Charakter ist die „Heimfahrt einer guten Schweizerseele" (E. 883), die das Aufschweben des Unsterblichen einer D^lle^ Venel, in Gestalt eines schlanken Genius, darstellt, während unten die Familie Anton Graffs, die an jener eine liebe Freundin verloren hatte, in betrübten Halbfiguren sichtbar ist. Noch andere Vignetten entwarf der Künstler für Trauergedichte bei Todesfällen; auch sie bewegen sich in dieser eigentümlichen Stilgattung.

Die auf Rosen schlummernde Unschuld.
(E. 651.)

Den Übergang zu den „Einfällen" bildet nunmehr eine Gruppe von kleinen Platten, die zum Teil nur zum Probieren des Ätzwassers, zum Teil etwa zur Ausfüllung eines freien Augenblickes oder eines leeren Streifens an einer schon benutzten Tafel angelegt und dann mit erwachtem Interesse weiter ausgeführt werden, als ursprünglich beabsichtigt war. Sie sind also eigentlich selbst schon „Einfälle" — leichte Hors d'oeuvres, die sich vorzüglich mit kleinen, sonnigen Landschaften abgeben und diese Plätze unter Bäumen und Büschen, diese breiten Thäler mit ihren zahmen Felsen und Bergen von Reisenden, Bettlern, Bauern und Hirten bevölkert sein lassen. Abendfriede, Ruhe nach der Arbeit, vergnüglicher Genuß der Natur und der bunten Menge ihrer Staffage bilden das stets wiederkehrende Thema und verraten, in welchen Träumen sich der Meister unter dem Lichtschirm seines Arbeitsfensters an der staubigen Berliner Straße gern erging. Schieben sich dann allerlei Reiterzüge, kriegerische Figuren und Karikaturen dazwischen, so kommt mit ihnen der Gegensatz hinein, der uns das Behagliche nur um so naturgemäßer erscheinen läßt.

Noch mannigfaltiger, sonst jedoch ganz entsprechend zeigt sich der Inhalt der eigentlichen Einfälle oder sogenannten Caprieen. Mit diesem Kunstausdrucke bezeichnet man ja die Figürchen, die von den Kupferstechern auf den Rändern ihrer Platten, sei es zur Bestimmung eines „Zustandes", sei es aus irgend einer Laune, eingeritzt wurden und heute noch werden. Chodowiecki gewöhnte sich allmählich in sehr hohem Grade an diesen künstlerischen Zeitvertreib. Schon am Anfange seiner Laufbahn als Radierer, 1769, schmückte er die Platte der „Minna von Barnhelm" mit einem Kamel, mehreren polnischen und russischen Reitern, verschiedenen Damen und Herren und einem Kopfe, im ganzen mit neun Einfällen, die auf die Gegenstände der Kupfer keinen ersichtlichen Bezug haben. Dann begnügte er sich bis 1792 mit den oben erwähnten leichten Kompositionen und Improvisationen auf besonderen kleinen Täfelchen; aber von Nr. 687 seines Werkes an — der specielle Anlaß zu dieser plötzlichen Wendung ist nicht bekannt — überschüttete er förmlich seine Platten mit jenen Randglossen. Er hat in den letzten zehn Jahren seines Lebens kaum eine Radierung herausgegeben, deren erste Zustände und Abzüge nicht einen oder mehrere Einfälle, die später alle gleichzeitig oder einzeln wieder ausgeschliffen wurden, aufgewiesen hätten. Steigerte er die Zahl der Einfälle bis zur Überfüllung — die Platte Nr. 760 z. B. zählt ihrer nicht weniger als vierzehn — so ist ersichtlich, daß er mit solcher Verschwendung bestimmte Absichten verband. Sie sind unschwer zu erraten. Nicht nur wurden nämlich die mit Einfällen versehenen Abzüge der Kupfer an sich gesucht, weil sie als die ersten der Platte auch die besten waren und überdies die Zugabe der entzückenden kleinen Wunderwerke boten, sondern es entwickelte sich auch gar bald der Sammlersport, ein jedes Blatt mit allen seinen Zuständen, also mit allen Kombinationen von neu hinzugekommenen und noch nicht wieder ausgeschliffenen Caprieen zu besitzen. Natürlich erhöhte diese Liebhaberei den Wert der Etats ganz beträchtlich — und Chodowiecki, der seinen Kunstmarkt sorgfältig beobachtete, fand Vergnügen und Nutzen zugleich, wenn er möglichst viel Einfälle spendete und sie möglichst kompliziert gruppierte und ausschliff. So mischte sich eine gewisse Berechnung in das anfänglich vollkommen unbefangene Spiel seiner Phantasie; und es läßt sich auch feststellen, daß die Einfälle öfters mit einer ausgesprochenen Tendenz auf die

Kompositionen bezogen werden, neben denen sie stehen, und dabei eine ziemlich selbständige Ausbildung erhalten. Sie spielen z. B. bei der zweiten Ausgabe der „Clarissa" (E. 797—820) oder bei der zweiten Abteilung der „Bartholomäusnacht" (E. 920 a) im Berliner Genealogischen Kalender für 1800 geradezu die Rolle eines fortlaufenden Kommentars und belasten sich mit allerlei düsteren, ja schrecklichen Motiven, die nicht selten etwas Gesuchtes an sich haben. Sonst jedoch sind gerade die Einfälle wahre Fundgruben der ergötzlichsten Scherze und der reichsten Laune unseres schalkhaften Meisters. Was ihm irgend einmal an Eindringlichem durch die Seele gegangen ist und eine Spur zurückließ, erscheint in leichtem Abglanze auch wieder hier. Der ganze Olymp mit seinen Abenteuern, vorzüglich Amor in hundert Thätigkeiten erinnert uns an seine alten Zeiten der französischen Emaillen und Miniaturen: polnische Mönche, Edelleute und Bauern stammen aus der Danziger Sphäre: Orientalen, Kosaken und andere Soldaten weisen auf die malerischen Eindrücke des siebenjährigen Krieges hin. Unzählige alte Männer und Frauen in häuslichen Beschäftigungen, lesend, rauchend, kochend, tragend, waschend, vor allem dann laufende, raufende, schreiende, essende, spielende, musizierende Kinder sind Nachbilder jener Studien aus der Periode der Bleistiftskizzen, oder sie schließen sich, wie auch die Gruppen seiner Herren und Damen, in Unterhaltung und auf Spaziergängen begriffen, an die Personen der eigenen, augenblicklichen Gesellschaft und der Großkinder an. Viele Tiere, die in den anderen Kompositionen kaum je einen Platz fanden, kommen hier zu ihrem Rechte: es wimmelt geradezu von Hunden, Schafen, Pferden, Wölfen, Hirschen, Bären, Tauben und Raubvögeln aller Art. Auch sie waren ja, wurden sie gleich nicht sorgfältig studiert, doch mit Interesse, wo sie sich fanden, betrachtet worden. Ebenso haftete das fahrende Volk, das dem einsam Reitenden auf seinen Reisewegen so oft begegnete und Gesellschaft leistete, in seinem Gedächtnis: mit ihm beschäftigt er sich deshalb besonders gern in den Einfällen und versetzt es in zierliche Andeutungen von Landschaften, wie sie ihm ebenfalls in allgemeiner, aus Ansichten der Natur und der Kunstwerke zusammengesetzter Erinnerung vorschweben mochten. Daß er auch das physiognomische Element nicht zu kurz kommen ließ, beweisen die zahlreichen Charakterköpfchen, die sich zerstreut vorfinden; und endlich gelangt selbst das Possenhafte mit Fratzen, Zwergen, Tieren in menschlichen Handlungen, Harlekinen zu seiner Aussprache.[29])

Dieses Charivari von kleinsten Figürchen, meist bloß in Umrissen mit der kalten Nadel geritzt und voll von künstlerischem Leben bis in den letzten Strich hinein, bietet also wie in einem Hohlspiegel das scharfe, zusammengerückte Bild von Chodowieckis in ihrer Gesamtheit kaum übersehbaren Leistung als Radierer. Freilich schmeichelt es ihm dabei und zwar insofern, als es seine verschiedenen Seiten stets im günstigsten Lichte zurückwirft — während doch nicht zu leugnen ist, daß in Wirklichkeit mehr als ein Schatten seinen Eindruck beeinträchtigt und mehr als eine Schwäche ihn lähmt. So mußte berichtet werden, daß die Fähigkeit des Meisters, realistisch empfundene Gestalten auch dem Beschauer wahrhaft natürlich erscheinen zu lassen, mit dem Wachsen des Formates abnimmt, d. h. daß er Formen und Bewegungen zwar beherrscht, aber gerade nur fest genug, um uns im kleinen Maßstabe, an dem das Gewohnheitsurteil der Laien irre wird, zu täuschen; bei größeren Figuren, vorzüglich bei solchen, die er nicht unmittelbar nach der Natur gezeichnet hat, offenbart sich jedoch selbst dem minder gebildeten Auge jene gewisse Leere der Modellierung und jene Steifheit der Stellungen, die gewöhnlich eine Folge von mangelhafter Auffassung der Plastik sind. Es wurde ferner berichtet, daß seine Figuren, Gewänder und Handlungen von idealem Charakter, wie sie zu den religiösen und mythologischen Stoffen sowie zu den meisten Allegorien gehörten, dem modernen Geschmacke selten anders als reizlos und konventionell erscheinen, da der Künstler mit ihnen seinem eigenen Grundsatze der Naturtreue entsagt und, ohne es übrigens selbst zu empfinden, sich in einer angelernten Formenwelt nur nachahmend und noch dazu unbeholfen herumbewegt. Ihn verläßt eben der Genius, sobald er seinerseits den so glücklich aufgespürten Pfad der Wahrhaftigkeit verläßt. Aus demselben Grunde mißlingen ihm fast ausnahmslos die Blätter, deren Inhalt der älteren und mittleren Geschichte oder den Zuständen fremder Völker entnommen ist. Viele Kalenderfolgen, die diese Stoffe behandeln, ferner die Illustrationen in Octavo zu Klein's „Leben und Bildnisse der großen Deutschen“ (E. 136 u. a.), zu Veit Webers „Sagen der Vorzeit“ (E. 603 u. a.), die achtzehn historischen Kompositionen zu Fischers „Deutscher Monatsschrift“ (E. 794 u. a.) und so manche kleinere, die zu Ritterromanen, Ritterschauspielen und Rittergedichten gehören — sie leiden alle an dem gleichen Fehler: ihr Urheber wußte sich weder in die fremdartigen, meistens freilich schon von den Schriftstellern unwahr und stillos dargestellten Charaktere, noch in die historischen Kostüme und Rüstungen hineinzudenken. Die Helden und die Bösewichte, die Fürsten, Geistlichen, Bürger und Knechte erhielten daher bei ihm sämtlich den nämlichen theatralischen Anstand und grobe Köpfe mit schlechterdings platten, thörichten Gesichtern; ihre Anzüge, aus mehreren Jahrhunderten ohne Geschmack und Kenntnisse zusammengewürfelt, sitzen ihnen nur zu lächerlich und unbequem. Selten durchbricht eine freie Bewegung, ein durchgeistigter Blick diese hinderlichen Hüllen, und wir beklagen immer aufs neue den Fleiß, den guten Willen und die Technik, die hier vergeudet wurden.[30]) Denn fanden, ja finden selbst solche Werke die Anerkennung eines Publikums, dem bei Kunstsachen einzelne Motive von psychologischer Bedeutung und eine biedere Auffassung hinreichende Befriedigung gewähren, so urteilt die wissenschaftliche Kritik mit Notwendigkeit strenger: sie behält die Gaben und die Absichten des Künstlers, dazu die Bedingungen, unter denen er schafft, im Auge und hat aus alledem nachzuweisen, welche seiner Schöpfungen, seiner Natur organisch entsprossen, ihm die Lebensaufgabe förderten und welche nicht. Jene schwächlich stilisierten, wenig überzeugenden Blätter gehören aber deshalb nicht zu Chodowieckis Ehrendenkmälern, weil er, sei es auch unbewußt, seine Aufgabe und Eigenart verleugnete, so oft er an ihnen arbeitete.

Eigenart und Aufgabe zeichnen sich jedoch gerade bei ihm mit außerordentlicher Deutlichkeit ab. Im Gegensatze zu der ganzen Kunstwelt, die ihn umgab, ließ er in sich ein realistisches Element zum Durchbruch kommen: so verlangte es seine Eigenart, da eine prinzipielle Ehrlichkeit des Empfindens, Denkens und Schaffens, dazu eine aufrichtige, in Bescheidenheit bewundernde Unterordnung unter die heilig gehaltene Natur ihm eingeboren waren und da ein Künstler, der wahrhaft Gutes leisten will, auch seine zu irgend einem sittlich Guten entwickelte und zu bewußtem Können durchgebildete Persönlichkeit in seinen Werken muß reden lassen. Er respektierte also, nachdem er sich erkannt hatte, soweit ihm dieses möglich war, den treibenden Geist in sich, und daraus entspringt der Begriff und die Erfüllung seiner Lebensaufgabe. Er war und fühlte sich auch, wenn Irrtümer ihn nicht ablenkten, dazu berufen, jenes realistische Element in einer Kunst, die sich nach langem Suchen als die seinige herausgestellt hatte, also in der schwarz-weißen, bei dem kleinen Maßstabe beharrenden Radierung, zu pflegen und damit seine Zeitgenossen, die Künstler wie das Publikum, aus dem Banne überlebter Formen, soviel an ihm lag, zu befreien. Trotz aller Velleitäten für den klassicistischen Idealismus, den er im Gegensatz zum barocken Manierismus als nicht eigentlich unnatürlich, unrealistisch empfinden mochte, und trotz der durch seine anfangs so ungünstige Schulung verursachten Beschränkung und Schädigung seines Talentes hat er diese Aufgabe tapfer und glücklich genug gelöst.

Denn in der That bedeuten alle seine für den ihm eigenen Stil charakteristischen Blätter einen wesentlichen Fortschritt — und das will in einer Zeit des Stockens und Erstarrens der bildenden Kunst in Deutschland sehr viel sagen. Es sagt mehr als selbst die freudigste Dankbarkeit der überraschten Kunstfreunde jener Tage und die konventionelle Hochschätzung späterer, nicht mehr vollständig orientierter und mitempfindender Geschlechter vermuten konnte und kann. Der eigentümliche Wert einer fördernden Leistung, mag sie auch schon nach ihrer äußeren Erscheinung anerkannt werden, findet eben erst dann seine wahre Würdigung, wenn ein klarer Überblick über die Verkettungen, aus denen sie hervorging, und über ihre Tragweite gewonnen wurde. Indem Chodowiecki sich zum Darsteller seines Zeitalters, wie es wirklich war, und also zum treuen Interpreten der mannigfaltigsten Charaktere machte, gab er der Kunst einen neuen Inhalt von unendlicher Keimfähigkeit. Was andere deutsche Maler und Zeichner damals nur wie zufällig, bruchstückweise und unvollkommen, ohne Konsequenz und ohne Energie zu bringen wußten und daher verloren gehen ließen, das hielt er fest zusammen und rundete es zu einem in gewissem Sinne einheitlichen und dadurch um so vorbildlicheren Werke ab. Selbst solche Elemente, die an sich einem Künstler nicht zum Vorteile gereichen, kommen ihm dabei zu Hilfe. Seine saubere Technik des Radierens bleibt wie die des Austuschens von Zeichnungen seit dem Anfange seiner vollständigen Herrschaft über die Nadel (etwa seit 1770) bis an sein Lebensende immer die nämliche, wenigstens im Princip und ohne Steigerungen.[31]) Und zweitens verharrt sie, falls nicht allzu große Eile oder sonst ein Unstern drängte, bei einer sorgfältigen, ruhigen Strichelung. Sie hält sich etwa in der Manier des Linienstiches, nur mit weniger regelmäßigen Schraffierungen, mit Pointillierung der Fleischteile, mit ausgesparten breiten Lichtern und leichter Anwendung von Plattenton zum Erzeugen von weichen Dunkelheiten im Gegensatze zum silberigen Schimmer des Ganzen. Ihren höheren Reiz verdankt sie hauptsächlich der kalten Nadel, die mit einer allerletzten Retouche den Figuren unter Umständen eine unvergleichlich weiche und zarte Modellierung verleiht und es allein rechtfertigt, wenn man bei Chodowiecki von einer geistreichen Handhabung des Griffels in Bezug auf die Technik zu reden pflegt. Dieser Mangel an Abwechselung, an Pikanterie, an Ausbeutung der Mittel zu Gunsten imponierender malerischer Effekte, könnte leicht das Interesse an seinen Blättern vermindern: aber für die Mehrzahl seiner Freunde läßt sich das Gegenteil behaupten und beweisen. Gerade diese Zurückhaltung in der Technik, ihre wohlüberlegte und streng durchgeführte Unterordnung ist es, die das Werk unseres Meisters so durchschlagend wirken ließ. Und das zwar, weil sie das Gegenständliche an ihm, den Inhalt der Kompositionen, nur desto kräftiger hervorhebt. Das Gegenständliche aber ist keineswegs so unwesentlich, wie manche Künstler und Kunstenthusiasten, in einseitiger Wertschätzung der künstlerischen Darstellung, uns wollen glauben machen. Wer bloß über virtuose Fertigkeiten verfügt, wird viele Unverständige nur verblüffen und wenige Begreifende erfreuen und fördern; wer solche glänzende Errungenschaften, dazu jedoch Empfindungen und künstlerische Gedanken besitzt, die zu verbreiten es sich lohnt, wird mit seinem Werke gewiß auch einen Inhalt und diesen vor einer großen Zahl von wahren Freunden der Kunst auf das herrlichste verkünden und verklären; wer aber endlich wie Chodowiecki nur im beschränkten Sinne ein Meister der Technik ist und dafür weit mehr als alle anderen seinesgleichen zu erzählen, zu philosophieren und sinnvoll zu scherzen weiß, der macht sich gleichsam zu einem Dichter, der seine Gedanken nicht in Worten ausspricht oder niederschreibt, sondern sie möglichst verständlich durch Figuren ausdrückt, d. h. also illustriert. Ein solcher Künstler hat ohne Zweifel das größte und zugleich ein verstehendes und dankbares Publikum, denn kaum jemals ist der feinere Kunstsinn, der die rein formale Schönheit bis zur Befriedigung nachfühlt, wirklich allgemein verbreitet gewesen; allerdings ist er dafür kein exklusiver, aristokratischer Geist, der vornehm nur für sich und für Kongeniale schafft. Indessen bringt es ihm auch keinen Tadel, sondern Ehre ein, wenn er auf diese Weise einem guten, freundlichen Prediger gleichen mag, wie ein solcher eine Gemeinde um sich versammelt, sie fesselt und, weil er in ihrer eigenen, freilich gesäuberten und beherrschten Sprache zu ihr redet, sie auf das löblichste anregt und erbaut. Und eben dieses that auf dem Gebiete der Kunst dem vorigen Jahrhundert so not! Es mußte durchaus ein Mann auftreten, der weite Kreise des deutschen Volkes einem besonderen Kunstgenusse zurückgewann, der es auf irgend eine ehrliche Weise packte und, wenn er sich seiner Folgsamkeit versichert hatte, an die Anfänge einer tüchtigen, echten Kunstauffassung gewöhnte. Wir sehen, daß Chodowiecki ein solcher Helfer und Retter war, und dies zwar, weil in seiner Kunst gerade das Gegenständliche als ein zunächst lockendes und dann unvermerkt zur Entwickelung des Kunstverstandes führendes Element mit voller Betonung, klar und ansprechend, hervortritt. Da er durch Wahl und Behandlung seiner Stoffe die Aufmerksamkeit von Tausenden durch Jahrzehnte hindurch besaß und dafür Sorge trug, sie nicht durch unverständliche Extravaganzen zu verscherzen, so durfte er erleben, daß durch ihn der Geschmack des Publikums und mittelbar oder auch unmittelbar der Künstler sich wenigstens in Bezug auf die Kupferstiche verbesserte, und durfte seine Haupterrungenschaft vielleicht ahnen, die wir jetzt nach hundert Jahren vor Augen sehen. Aus seinen Wirkungen ging eine der Wurzeln des modernen Realismus in der bildenden Kunst hervor, und deshalb war der Fortschritt, den er machte, in der That ein so wichtiger.

Noch ein zweites Element ist hier anzuführen, das ihm gute Dienste leistet, während es bei anderen leicht lästig fällt. Das ist seine unendliche Sorgfalt in der Wiedergabe von Dingen, die vielfach als Nebensachen gelten und deshalb entweder vernachlässigt werden oder aber vordringlich erscheinen, wenn sie ohne Geschmack und Geschick behandelt werden. Wir meinen die Ausstattung der Räumlichkeiten, die er darzustellen hat, die Requisiten und vorzüglich die Kostüme der handelnden Personen. So oft er über alles dieses sich ganz im klaren ist, d. h. wenn er seine eigene Umgebung und Nachbarschaft bearbeitet, so bildet er jedes Einzelne für sich gehörig durch und ordnet es dann dem Ganzen unauffällig ein. Auf diese Weise wird es charaktervoll und wirkt lebendig. Die reichen Gemächer, die schlichteren Zimmer, die ärmsten Stuben, die französischen Gärten mit ihren Terrassen, Balustraden und Heckengängen, die einförmigen Straßen und Stadtplätze des achtzehnten Jahrhunderts, die Landwege der Mark — sie erscheinen vor uns, wie sie, soweit wir urteilen können, wirklich gewesen sind, ohne Übertreibungen, ohne willkürliche Änderungen.

Der Hausrat, überhaupt die Gebrauchsgegenstände des täglichen Lebens, die Utensilien der verschiedenen Klassen vom Kaufmann bis zum Handwerker und zum Tagelöhner, alles ist verständig disponiert, praktikabel gedacht und offenbar an Ort und Stelle beobachtet. Am sichtlichsten ist dies bei den Anzügen der Fall. Jede Kleinigkeit der wechselnden Mode für Damen, Herren und Kinder wird aufgegriffen: die Formen der Hüte, Hauben, Frisuren, Perücken, der Negligés wie der Staatskleider werden respektiert und durch das halbe Jahrhundert von Watteau bis David, vom Rokoko bis zu der griechischen Verkleidung begleitet. Dabei zeigt sich ein Verständnis der Fältelungen der Volants, der Bordüren und Stickereien, das uns sowohl an die Thätigkeit unseres Künstlers für die Modekupfer der Kalender erinnert als auf Beratungen mit seiner geschickten Frau, mit drei heranwachsenden Töchtern und deren Freundinnen hinweist: denn nur unter ihrer Beihilfe konnte er den Geist jener Moden trotz einem Fachmann der Schneiderkunst begreifen. Dieser unerschöpfliche Reichtum an zuverlässigen Details ist natürlich eine Wohlthat für den nach Material suchenden Kostümkundigen und Kulturhistoriker; für Chodowiecki selbst aber, der schwerlich an den künftigen Vorteil dieser Zünfte gedacht hat, beruht sein Wert darin, daß er im Verein mit der oben analysierten, auf Klarheit der Darstellung beruhenden Technik das Gegenständliche seiner Schöpfungen im besten

Aus Blankenburgs „Beiträgen".
(E. 125.)

Sinne fördert. Wer eine Welt im kleinen aufbauen will, um seinen Nebenmenschen die Augen über sich selbst und für das Schöne ringsum und in der Kunst zu öffnen, der darf nicht mit Nebeln und Phantastik arbeiten, sondern muß sachlich und präcise bleiben.

Wer wollte leugnen, daß es heutzutage bedenklich ist, eine pädagogische oder moralisierende Tendenz der Kunst als berechtigt anzuerkennen? Es scheint, daß die Mehrzahl unserer Künstler nur aus künstlerischen Rücksichten, also das Kunstwerk rein um seiner selbst willen, schafft oder zu schaffen glaubt (manchmal vielleicht auch vorgiebt), und daß das Publikum, je kunstgebildeter es ist, in einem desto ähnlicheren Sinne die Kunst genießt. So sieht man etwa auf der Bühne ein grelles Sittenbild: man fühlt für einen Augenblick seine Nerven, halb wider Willen, erschüttert — aber sogleich konzentrieren wir unsere Aufmerksamkeit wieder auf die Technik des Dramas, des Spieles, der Effekte. Das ist nun eine notwendige Folge unseres modernen Mangels an Naivetät und williger Hingabe: unzweifelhaft war jedoch zu Chodowieckis Zeit und für sein specielles Publikum eine gewisse außerkünstlerische Tendenz in der Kunst durchaus am Platze. Sie wurde eben von dem Kunstbedürfnis des deutschen Bürgerstandes verlangt. Das Gegenständliche fesselte ihn in erster Linie; auf das, was der Künstler sagte, achtete er zunächst mehr als auf die Art, in der er es sagte, und er wollte sich endlich, nachdem er seit Generationen Fremdartiges, Unverständliches sich hatte vorerzählen lassen, mit ernsten und guten Dingen beschäftigt, mit seinen eigenen Interessen unterhalten sehen. Für viele, schlichtere Gemüter boten patriotische Bilder, etwa aus den Kriegen, den geeigneten Stoff: Tapferkeit, Vaterlandsliebe, Treue, Zucht wurden in ihnen verklärt und durch Züge des Abenteuerlichen, Außerordentlichen noch reizvoller gemacht. Für den gebildeten Mittelstand hatten die Darstellungen auch feiner differenzierter psychischer Erscheinungen und Probleme die größte Anziehungskraft und Bedeutung. Wie fast die gesamte Litteratur jener Zeit sich gerade solchen Aufgaben zuwandte, so sollte es, nach der vielleicht naiven, jedoch verständlichen Erwartung der Interessierten, auch die Illustration und neben ihr die frei schaffende bildende Kunst thun. Chodowiecki erfüllte dieses Begehren, und zwar ohne in der Gefahr zu verderben, in die er dadurch mit seiner Kunst geriet. Denn allenthalben wußte er — wir reden jetzt stets nur von seinen realistischen Genrebildern — viel zu sagen und doch den Gedanken nicht anders auszudrücken als durch Formen, die einen selbständigen Wert behalten, auch wenn man sie nicht nach ihrem Inhalte fragt. Das Geheimnis dieser Fähigkeit liegt eben darin, daß er von jeher seine Menschenbeobachtung mit scharfem physiognomischen Studium verbunden hatte und deshalb den Gesichtsausdruck, die Gebärdensprache, überhaupt den sichtbaren Charakter der Menschen in einem Grade beherrschte, daß ihm für jede Nuance, für jeden konkreten psychologischen Fall eine echte, dem Leben und der Natur entnommene Form vor Augen und, soweit er sie wiederzugeben wußte, zur Verfügung stand. Diese nun vollständig wirken zu lassen, ihren Kunstwert sowohl als ihren moralisch zu verwertenden Inhalt durchaus zu entwickeln, war sein Bestreben: diesem Zwecke entsprechend gestaltete er seine Technik und seine Behandlung der Äußerlichkeiten. Alles schließt sich bei ihm zusammen, um den dargestellten Menschen mit einer ihm angemessenen Sphäre zu umgeben und ihn so in ihr zu zeigen, daß der Beschauer in jeder Beziehung befriedigt, belehrt und angeregt wird.

Der Sylphe.
(K. 63.)

Bei einer solchen Befriedigung durfte der Sinn für das, was im vorigen Jahrhundert als „Schönheit“ galt, nicht leer ausgehen. Was in unseren nur noch halb realistisch, zur anderen Hälfte bereits verworren idealistisch empfindenden Tagen mit einem Worte als „das Schöne“ zu bezeichnen wäre, ohne daß sich hundertfältiger Protest erhöbe, läßt sich kaum ausfindig machen. Damals aber verstand man darunter, von einzelnen Abweichenden abgesehen, ganz allgemein eine Verbindung von natürlichen und künstlerischen (oder naiven und sentimentalen) Elementen, in der die letzteren überwogen und stets Erhabenheit und Anmut, je nach der Gelegenheit verschieden gemischt, enthielten. Das Schlimme dabei war ohne Zweifel, daß man das Erhabene, unfähig, es aus der Natur herauszuerkennen, zu konstruieren sich gewöhnt hatte und daher unfehlbar in den Stil geriet, den wir jetzt vor einer guten Bühne nicht einmal mehr theatralisch nennen dürfen. Das Anmutige jedoch war leichter zugänglich; es sprang allenthalben ungesucht und augenfällig hervor und wurde überdies von den graziös geborenen Franzosen mit der ihnen eigenen Stilsicherheit in den Künsten lebendig erhalten. Auch Chodowiecki konstruierte seine Erhabenheiten und war für seine Zeit dabei völlig im Rechte, während wir unsererseits diesen Teil seiner Thätigkeit als das Spiel einer abgethanen Periode nicht zu seinen Verdiensten rechnen. Desto rühmlicher behandelte er das Anmutige. Begünstigt von seinen französischen Gewohnheiten und Vorbildern, in noch weit höherem Grade aber von einer speciellen Begabung dafür, wußte er es überall, die Reize steigernd, die Härten mildernd, sogar als Beiwerk erfreuend einzuführen. Dabei leitete ihn ein so feiner künstlerischer Takt und ein so gesunder Sinn, daß er nur selten das Gezierte mit dem Zierlichen verwechselte und selbst heute noch alle entzücken kann, die nicht von Idiosynkrasien befangen sind. Das Zierliche ist eben ein Edelreis, das auf den derben Wildling, den Naturstamm, gepfropft wird und desto besser gedeiht, je tüchtiger diese Unterlage ist: das Gezierte entbehrt eines so glücklichen Nährbodens und fällt ab wie eine auf Draht gezogene Blüte.

Mit solchen Vorzügen steht unser Meister unter seinen Mitstrebenden einzig da. In den beiden Jahrzehnten seiner höchsten Leistungsfähigkeit, zwischen 1770 und 1790, konnte kein deutscher Radierer oder Maler mit ihm erfolgreich wetteifern; denn niemand besaß wie er den Schlüssel zu jenen nie versagenden Quellen, und so mochte man seine Technik, seine Komposition, selbst das Typische an seinen Figuren nachahmen — wie alle Kalenderstecher es auch mit der Zeit thaten — aber in gleichem Maße Lebendiges, Individuelles zu schaffen, wußte man nicht. Aus demselben Grunde hielt er sich auch von dem Einflusse der Franzosen bis auf Einzelheiten frei, nachdem er sich erst selbst gefunden hatte. Er überließ ihnen ihre ungleich pikantere, auf das höchste Raffinement getriebene Technik und ihr Aufgehen im prickelnden Reize des Koketten: und es fand sich, daß die Franzosen seine Überlegenheit im Bezug auf die realistische Charakteristik allmählich selbst anerkannten. Nicht nur sammelten sie seine Blätter, sondern sie benutzten sie auch gelegentlich, und zwar noch heute, zur Illustration der solid-bürgerlichen Zustände des vorigen Jahrhunderts neben ihren eigenen kleinen Kupfern, die freilich in der Mehrzahl die unsoliden behandeln und im übrigen oft weniger gewissenhafte Zeugen sind.[32])

So war denn dem treuen Arbeiter eine lange, gesegnete Erntezeit beschieden. Er hatte in der ersten Hälfte seines Lebens so heiß gerungen, so emsig geschafft, so weise entsagt, daß er in der zweiten mit ruhiger Sicherheit an dem fortfahren konnte, was als seine Aufgabe ihm zugesprochen war. Aber wie auch der fleißigste Schnitter ermattet, wenn es Abend wird, so begannen nach 1795 seine Kräfte allmählich zu schwinden. Zwar radierte er noch immer vom Morgen bis in die Nacht und brachte noch eine Anzahl schöner Werke zu stande,[33]) aber es ging doch immer langsamer und vor allem: die Originalität der einzelnen Kompositionen, die Ursprünglichkeit der Intuition für jede Figur, das Individuelle seiner Menschen fing an sich zu verflüchtigen. Während seine Technik nur abnahm, wenn er gar zu eilig oder unbeteiligt arbeitete, fühlen wir doch auch an den sorgfältigsten Blättern der letzten Jahre, daß er in die Manier seines eigenen Stiles geriet. Ohne sich eigentlich zu wiederholen, empfand er jetzt sich selber nach, was er in früheren Tagen der Natur abgelauscht hatte. Eine Melodie verklingt so mit denselben Motiven, durch deren Zauber sie den Hörer in ihrem Zenith gewann und entzückte.

Ländliche Ruhe.
(E. 947.)

Vignette zu den Patenten der Kgl. Akademie der Künste.
(E. 563.)

Zehntes Kapitel.

Der Lebensabend und der Tod des Meisters.

Reformbestrebungen an der Berliner Kunstakademie. — Rodes Ernennung zum Direktor. — Die Reform von 1786. — Die Reform von 1790. — Chodowieckis Direktorat 1797. — Unbefriedigende Verhältnisse der Berliner Künstlerschaft. — Chodowieckis Entwürfe für monumentale Skulpturen. — Seine Buntstift- und Pastellzeichnungen. — Der Familien- und Freundeskreis. — Todesfälle. — Das Leben in den letzten Jahren. — Das Ende: 1801.

Das Bild Chodowieckis, wie es sich uns aus den fünf bis sechs ersten Jahrzehnten seines Lebens entwickelt hat, zeigt mit ungetrübter Deutlichkeit die charakteristischen Züge des suchenden, findenden und im Grunde doch noch verworrenen deutschen Künstlers im achtzehnten Jahrhundert. Es zeigt sie uns zwar an einem Beispiel von seltenen Vorzügen, denn unser Meister überragte ja seine Genossen nicht nur an technischem Können, sondern hauptsächlich an Echtheit der Empfindung und an künstlerischem Sinn: aber der Eindruck einer wenig fruchtbaren, wenig hervorragenden, fast nur als Übergang bedeutsamen Periode, in der zu wirken, an der zu leiden er verurteilt war, wird dadurch schwerlich gelöscht. Noch peinlicher wird er sogar, wenn wir nunmehr von dem immer noch lethargischen Zustande der Berliner Kunstakademie hören, für deren Wiederherstellung und Verwaltung Chodowiecki seine letzten zwanzig Lebensjahre in zähem und doch nahezu vergeblichem Kampfe abnutzte.

Lesueurs Direktorat fuhr fort, die Geduld der Strebsameren unter den Akademikern herauszufordern.[1]) Das Gepräge der Anstalt schien auch im letzten Viertel eines Jahrhunderts, dem Berlin doch manchen Aufschwung zu verdanken hatte, nur das einer gewöhnlichen Zeichenschule bleiben zu sollen und stand in grellem Widerspruche zu den Titeln, Formen und Privilegien, mit denen sie sich brüstete. Auf Grund des noch nicht erhöhten jährlichen Etats von 200 Thalern für die ganze Verwaltung und bei den unzureichenden Besoldungen der Lehrer war in der That bloß dann etwas zu leisten, wenn sich begeisterte, opferwillige Förderer der Sache als einer idealen fanden: und Lesueur, der träge, umständliche Mann der Theorie, dazu ein Fremdling unter den Deutschen, verzehrte lieber in Frieden sein Gehalt als Hofmaler, als daß er mit dem damals noch gehaltlosen Posten eines Akademiedirektors Ernst gemacht und sich gegen eine kleine Welt des Schlendrians in kriegerischen Widerspruch gesetzt hätte. Indessen litten eine Anzahl seiner Kollegen, vor allem der gewissenhafte und eifrige Chodowiecki, und neben ihm Frisch, der jüngere Meil und der wackere alte Bildhauer Tassaert, diese unwürdigen Verhältnisse nicht auf die Dauer. Sie begannen einige Verbesserungen anzubahnen: und es war ein wichtiger Fortschritt, daß sie seit dem Winter 1777 wenigstens ein regelmäßiges akademisches Aktzeichnen von Lehrern und Schülern auf gemeinschaftliche Kosten durchsetzten. Vier Abende in der Woche zu je sieben Viertelstunden wurden dafür bestimmt: die Lehrer stellten abwechselnd das Modell und korrigierten die Schülerzeichnungen. Als Modelle verwendete man neben den gewerbsmäßigen Leuten gutgewachsene Soldaten und wählte später, auf Meils Vorschlag, mit Vorliebe die Auslagen antiker Statuen. Wie ehemals im Hause Rodes, so nahm Chodowiecki auch jetzt an diesen Übungen, so oft er es vermochte, teil und suchte sich durch sie in der Beherrschung der menschlichen Gestalt zu behaupten, da seine chronische Überhäufung mit Auf-

Chodowiecki.
Nach einer Zeichnung Tamberts.
1785.

trägen ihm die Specialstudien für die einzelnen Kompositionen gewöhnlich verbot. Er blieb auch als ein Muster an Fleiß beharrlich bis in sein höchstes Alter dabei und zeichnete mitten unter den Schülern, die sich jedoch im stillen über seine Arbeiten aufhielten: denn sie empfanden, daß die Größe der Akte ihm ungewohnt war und daß er die körperlichen Fehler und Zufälligkeiten der Modelle allzu genau nachbilde. Bernhard Rode dagegen, der „Fixmaler", fiel durch seine übergroße Flüchtigkeit auf: Frisch war der einzige, dessen Methode vollkommen anerkannt wurde, und neben ihm staunte man die Bildhauer Bettkober, Bardou und Boy an, die den Akt in derselben Zeit, in der andere ihn zeichneten, zu modellieren wagten und also ihres Könnens ganz besonders sicher sein mußten.

Bei der Errungenschaft des Aktzeichnens blieb es jedoch für eine Reihe von Jahren, nämlich bis zu Lesueurs Tode. Er starb den 19. Januar 1783 nach zweiunddreißigjähriger Passivität; Chodowiecki, als zwar nicht offizieller, aber durch seine Brauchbarkeit und Bereitschaft doch thatsächlicher Sekretär der Akademie, verfaßte die Todesanzeige in den Zeitungen, besorgte das Begräbnis und ließ am 20. Januar von den ordentlichen Mitgliedern des Institutes eine Supplik an den König um Ernennung Rodes zum Direktor unterschreiben.[2]) Mit überraschender Schnelligkeit, nämlich schon am folgenden Tage, erfüllte ein Kabinettsbefehl diese Bitte, die Akademiker erhielten, was sie wünschten — und hatten sich damit selbst eine artige Zuchtrute gebunden.

Allerdings war Bernhard Rode genau genommen der einzige, der damals für die Direktorstelle in Betracht kommen konnte. Die Tradition bevorzugte ihn als Historienmaler: dem Könige, der ihm ganz wider Erwarten ein Gehalt von 600 Thalern auswarf, war er von seinen vielen Arbeiten in den Schlössern her genehm, im Publikum besaß er einen kritiklosen Anhang, die Kollegen hofften alles von ihm, weil er kein Franzose war, sich thätig und wohlwollend zeigte und überhaupt befähigt schien, die gründlichen Verbesserungen der Anstalt, die man so ernstlich beabsichtigte, zu leiten. Als mächtige Bundesgenossen zu diesem Werke durfte man übrigens den Kriegsminister und Oberberghauptmann von Heinitz und den Obersten Quintus Icilius betrachten: beide besaßen das Ohr des Königs und drangen seit Jahren in ihn, mit der längst versprochenen Reorganisation vorzugehen.[3]) Aber die günstige Konjunktur erwies sich leider als keineswegs unfehlbar wirksam. Friedrich begnadete zwar die Akademie mit dem Geschenk eines Engelskopfes von Correggio, auf Papier gemalt und unter Glas in Goldrahmen, mit den Reformen zögerte er jedoch wie seit dem Antritte seiner Regierung. Und Rode gab zwar das obligatorische Direktoressen und erledigte ohne Umstände die Ausfertigung mehrerer von Lesueur versäumter Ernennungspatente akademischer Ehren- und gewöhnlicher Mitglieder, aber nur um alsbald in das aufgestaute, stromlose Fahrwasser seines Vorgängers einzulenken. Er rührte nicht an die bestehenden Mißbräuche und Unzulänglichkeiten. Hatte Lesueur die Akademie gleichsam im Schutte der Feuersbrunst von 1743 liegen lassen, so blieb sie unter ihm, nach Chodowieckis energischem Ausdrucke, zunächst noch „im Monde befindlich“; es sah nach wie vor sehr elend mit ihr aus und die jungen Leute wurden „nur bis zum Buchstabieren, nie aber zum Lesen und Denken“ gebracht. Rode fuhr auch fort, unter Nichtachtung der übrigen offiziellen Akademiker mit den drei Getreuen der verflossenen Periode den Unterricht und alle Angelegenheiten der Anstalt allein zu besorgen und das „corpus academicum“ vorzustellen. Von diesen dreien befanden der Mathematikus Wagner, der Perspektive, Geometrie u. s. w. vortrug, und der Porträtmaler und Kupferstecher Krüger sich schon lange im Dienst, während Professor Robert durch den jungen anspruchsvollen Eckert, den Sohn von Lesueurs Haushälterin, einen mittelmäßigen Kupferstecher, Unterlehrer an der Zeichenklasse und Kastellan des Hauses, ersetzt worden war. Sie bildeten nebst dem Direktor eine konservative Gruppe und verschoben und verhinderten die Konferenzen, in denen die treibende Partei über vorzuschlagende Veränderungen beraten wollte. Es dauerte daher seit Rodes Beförderung kein halbes Jahr und der Kollegenkampf war bereits hell entbrannt. Chodowiecki, der feurigste unter den gutgesinnten Drängern, mochte sich dabei wie dauernd auf Vorpostendienst kommandiert fühlen. Um gegen eine Ungesetzlichkeit oder Taktlosigkeit des Direktors zu protestieren, sammelte er etwa, durch die Straßen Berlins reitend, die Unterschriften der verstimmten Genossen ein; mit bitteren Späßen, aus Besorgnis, sie könnte selbst zu einem „bonnet“ werden, stritt er für die Akademie und nannte ihr sakrosanktes Haupt gelegentlich sogar eine Schlafmütze. Indessen wurden die verfahrenen Verhältnisse dadurch nicht eben besser. Die aufgeregten Künstler, augenblicklichen, oft sich widersprechenden Impulsen nachgebend und doch unentschlossen und klare Worte scheuend, fanden kein wirksames Hilfsmittel. Schließlich, im Sommer 1784, drohten sieben geachtete Mitglieder der Akademie, unter ihnen Antoine Tassaert, der erste, und Meyer, der zweite Bildhauer, ferner die Stecher Meil und Berger, mit ihrem Austritte, um das scheinbar unheilbare Institut, dem anzugehören „schimpflich und lächerlich“ sei, dadurch zu sprengen. Der greise Porträtmaler Dubuisson, ein Schwager Antoine Pesnes, hatte denn auch wirklich sein Patent bereits zurückgegeben. Chodowiecki jedoch verzagte nicht.[1] Im Einvernehmen mit dem Minister und dessen dazu herangezogenen Beamten betrieb er, aus der Reihe der indolenten Kollegen hervortretend, voll Eifer die Vorbereitung der Reform. Auf Grund des ersten Akademiestatutes vom 20. März 1699 wurde ein neues Reglement entworfen und die Beratung seiner einzelnen Teile im Herbst 1784 begonnen. Auch gelang es jetzt schon, die offizielle Stelle eines Sekretärs zu schaffen, nur wurde zunächst der untaugliche Eckert für diesen wichtigen Posten ausersehen und Chodowiecki, der durch seine Geschicklichkeit und Umsicht bei der Erledigung der Geschäfte unentbehrlich blieb, behielt die Lasten eines Amtes, das er nicht besaß.

Eine einschneidende Reorganisation der Anstalt in allen ihren Teilen erfolgte dann wirklich, vielleicht beschleunigt durch die Pensionierung und den Tod mehrerer ihrer Mitglieder, zu Anfang des Jahres 1786, also wenige Monate vor dem Hinscheiden Friedrichs des Großen. Sie schloß sich im wesentlichen an jenes alte Statut an und war im übrigen auf die Person des Ministers von Heinitz zugeschnitten, der als Kurator die Oberaufsicht über das Ganze erhielt und sie nachdrücklich genug ausübte. Unter ihn stellte man einen lebenslänglichen Direktor, als welcher der bequeme Rode beibehalten wurde und sich wie bisher farblos verhielt. Das Dekanat fiel ganz fort, die Adjunkten und Verwaltungsämter wurden in der Zahl beschränkt, dagegen die Rektoren von vier auf sechs gebracht und die drei Professoren der Zeichenkunst und der Mathematik bestätigt. Die Gehälter wurden teils verbessert, teils neu ausgesetzt, und Chodowiecki, der erste unter den Rektoren, wurde jetzt statt Eckert, dem das Rechnungswesen überlassen blieb, Sekretär. Eine sehr wichtige Bestimmung war endlich, daß die Mitglieder der Akademie nicht mehr jährlich je ein Kunstwerk für das Institut anfertigen sollten, daß aber dafür jährliche akademische, d. h. auf die Angehörigen der Akademie beschränkte Kunstausstellungen zu veranstalten seien. Diese Ausstellungen, so hoffte Heinitz, würden das Publikum interessieren, vor allem die Schüler anregen und die großen Ziele des Unterrichtes dadurch fördern. Überhaupt sollte mit einer durch Hilfswissenschaften unterstützten, praktischen Unterweisung, bei der übrigens jetzt endlich das Aktzeichnen offiziell zu seinem Rechte kam, ein in höherem Grade anregender theoretischer Unterricht Hand in Hand gehen. Die Lehrer wurden verpflichtet, Ideen zu haben, sie zu entwickeln und auszusprechen: zur Schaffung von Gelegenheiten dazu plante man bereits die Monatsschrift der Akademie, die 1788 zu erscheinen begann, und faßte öffentliche Sitzungen mit Vorträgen nach Art der Vorlesungen in der Akademie der Wissenschaften ins Auge.

So schickte sich denn alles an, wie im besten Geleise vorwärts zu gehen. Schon am 18. Mai 1786 wurde die erste Ausstellung in einigen Räumen des Akademiegebäudes eröffnet. Chodowiecki hatte zur Stärkung des Eindruckes gute Gemälde längst verstorbener Akademiker wie Terwesten, van Roye, Pesne ausgewählt; er hatte die Bilder gehängt, einen Katalog verfaßt und ihn unter Ramlers unerwünschter Mitwirkung mit einer Einleitung versehen. Er hatte ferner eigene Arbeiten aus allen seinen Kunstperioden beigesteuert: die sechs Emailtafeln der Passion von 1757, zwei Ölbilder, mehrere Zeichnungen und zahlreiche Radierungen; auch Werke seines Bruders und zweier seiner Kinder sowie verschiedener junger Damen seiner Bekanntschaft hatte er herbeigebracht. Seine Kollegen und die vorgerückten Schüler zeigten ebenfalls, was sie vermochten.[5] Die Königin, die Prinzen und Prinzessinnen mit ihren Höfen bekundeten ihr Interesse durch wiederholte Besuche der Ausstellung, das Lehrerkollegium mußte sie dann empfangen und geleiten; überhaupt war stets ein Akademiker als Repräsentant und verantwortlicher Aufseher in Funktion. Auf solche Weise verlief dieser erste Berliner „Salon" nicht ohne einigen Glanz, und andere Erfolge der Reform ließen nicht auf sich warten. Man erwarb einflußreiche Ehrenmitglieder wie den Herzog Biron von Kurland, der „curis expeditis" in Friedrichsfelde bei Berlin residierte, den Minister von Herzberg, die Prinzessin Czartoriska, die Gräfin Kayserling, geborene Truchseß-Waldburg, die Statthalterin Wilhelmine von Oranien; man gewann auch angesehene Künstler des In- und Auslandes: den dänischen Porträtmaler Darbes, der nach Berlin gezogen war, die Stecher Bause in Leipzig, F. A. David in Paris, ferner den Engländer Townley und den Italiener Cunego sowie den schweizer Bildhauer Trippel und noch viele andere. Die Lücken des aktiven Lehrerkollegiums begann man ebenfalls zu füllen; die Vorschriften für die bestehenden Klassen wurden revidiert und verbessert, neue Klassen und Kurse suchte man einzuführen. Zum Beispiel beantragte Meil der Jüngere einen Lehrgang der Komposition, später auch einen des Faltenwurfes; und Chodowiecki, noch immer in Verbindung mit Lavater und an dessen Beschäftigungen lebhaftesten Anteil nehmend, machte im November 1786 den Vorschlag einer „classe d'expression", also eines Kurses, in dem der Ausdruck der Gemütsbewegungen behandelt werden sollte. Er hatte dazu Joh. Jacob Engels eben erschienene „Ideen zu einer Mimik" studieren wollen, jedoch schon an der Liste der Subskribenten, die nur einen Maler, sonst bloß Gelehrte, aufgeweckte Juden und Schauspieler nachwies, bemerkt, daß in dem Buche hauptsächlich das Theater und die Theorie berücksichtigt wird. Brauchbareres glaubte er in Lebruns „Méthode pour apprendre à dessiner les Expressions" zu finden, vorzüglich aber dachte er seine eigenen psychologischen und physiognomischen Kenntnisse zu verwerten. Er that es schon vorläufig in einer Reihe von Kreidezeichnungen, die an antik kostümierten Idealfiguren die Abstufungen der Charaktere und ihrer Äußerungen darstellen. Der Plan wurde zu den Akten gelegt; vielleicht, weil Illustrationen von solcher Manieriertheit auf den Minister denn doch gar zu niederschlagend wirkten.[6]

Überhaupt fehlte es der Akademie trotz allen guten Willens und thätigen Eingreifens im Grunde wie bisher am Wichtigsten: ihre Leistungen standen mit wenigen Ausnahmen noch auf einer sehr niedrigen Stufe — wenigstens in den Augen dessen, der einen etwas höheren Maßstab an sie anlegte. Woher sollten aber auch unter den geschilderten Verhältnissen Werke kommen, die den Vergleich mit den gleichzeitigen Blüten des ungleich fester gegründeten englischen oder des französischen Kunstlebens ausgehalten hätten? Wie sollten die akademischen konventionell geschulten Lehrer ihre schwerlich mitreformierten Theorien in eine gesunde, auf den modernen Realismus lossteuernde Praxis, also in einen wirklich tüchtigen Unterricht umsetzen, wenn selbst Chodowiecki, unstreitig der am natürlichsten empfindende Künstler unter ihnen und als

Scene aus Homers Ilias: Venus rettet den Aeneas vor Diomedes.
Pastell- und Buntstift.

Praktiker in seinem Fache unerreicht, für den Unterricht an ganz veralteten Theorien festhing und sogar sich selbst von ihnen zu künstlerischen Monstrositäten verleiten ließ? Dergleichen konnte dem umsichtigen Minister von Heinitz nicht ganz verborgen bleiben, und auch sonst bemerkte er, daß an seiner Lieblingsanstalt noch manches zu bessern sein werde. Es ging daher der Akademie wie jener Kranken in Dantes Gleichnis für das nie beruhigte Florenz: unfähig in Ruhe zu verharren, mußte sie „sich wenden, um dem Schmerz zu wehren“.

Das heißt, man ließ sie vor weiteren Reformen fürs erste nicht zur Besinnung gelangen und gab ihr, durch Friedrich Wilhelms II. Munifizenz in stand gesetzt, schon im Jahre 1790 eine bedeutend ausgedehnte Verfassung. Der König selbst erklärte sich zum Protektor der Anstalt; unter ihm hatte ein Kuratorium von vier Mitgliedern, deren erstes ein Staatsminister, zunächst also Heinitz, war, die Oberleitung. Dem Direktor wurde ein Vicedirektor zur Seite gestellt und als solcher Chodowiecki ernannt, der sich dadurch in der Lage sah, den bösen Willen seines Oberkollegen leichter zu parieren. Ein akademischer Senat wurde eingerichtet, wöchentliche Konferenzen wurden angeordnet. Zugleich aber erweiterte man den Unterrichtsplan um ein sehr Beträchtliches. Jetzt endlich wurde ein Unterricht in der Malerei eingeführt und zu seiner Beförderung gestattete man, da die akademischen Sammlungen nicht ausreichten, daß die Malschüler in den Galerien der Königlichen Schlösser von Berlin und Potsdam die Ölgemälde alter und neuer Meister studierten und kopierten. Ebenso begann ein Unterricht in der Bildhauerei im Atelier eines Hofbildhauers, verbunden mit Aktbossierübungen in der Akademie. Auch die Architektur und die sogenannten „mechanischen Wissenschaften“, nämlich gewisse Hilfsfächer der bildenden Künste, ferner die bisher nicht eigens berücksichtigte Landschaftsmalerei und die Formschneidekunst wurden herangezogen. Die Kupferstiche, die Gipsabgüsse und die Zeichenvorlagen vermehrten sich, der Zeichensaal wurde verbessert. Eine „Kunstschule“ für Gesellen und Lehrlinge des Kunsthandwerks, an der im Sommer Zeichnen, Modellieren und Mathematik getrieben wurde, verband man ebenfalls mit der Akademie und gesellte noch allmählich Provinzialkunstschulen (in Halle, Königsberg, Breslau, Magdeburg und Danzig) unter der Oberaufsicht des Berliner Centralinstitutes dazu. Der Besuch der Anstalten erfolgte gegen Honorar, unter Umständen auch ohne Entgelt; Stipendien waren vorhanden; die Schüler der obersten Klasse, die „akademischen Eleven“, konnten bei dem Korrigieren und bei der Einrichtung der jährlichen Ausstellungen beschäftigt werden. Prüfungen, Versetzungen und Prämiierungen hielten das akademische Leben dauernd in Atem.

Eine wahrhaft prächtige Rüstung war also aus diesen hundert ineinander greifenden Teilen zustande gebracht worden, das leidet keinen Zweifel. Sie wurde auch schmuck und blank erhalten, soweit sich dies nach außen hin, etwa durch die sichtliche Protektion des Königs, seine Ankäufe auf den Ausstellungen, durch die Gratifikationen, die er verteilte, erreichen ließ. Nur schade, daß der Körper, für den sie bestimmt war, sich auch fernerhin noch lange nicht kräftig genug erwies, sie zu wirklichem Nutzen zu tragen. Es herrschte eine unverminderte Ermattung im Lehrerkollegium; als ob die Neige des Jahrhunderts wirklich ein schaler Trank gewesen wäre, gab es kein Aufraffen aus dieser, zwar nicht an regen Ideen, wohl aber an klaren und praktikablen Gedanken so armen Halbthätigkeit. Scheinbar glücklich gewählte neuberufene Männer erwiesen sich dabei als desto weniger taugliche Lehrer, je begabtere Künstler sie waren. Asmus Jakob Carstens, der im Mai 1790 eine Professur erhielt, brachte zwei dürftige Jahre im Amte zu, um dann zur Ergänzung seiner allzu merklichen Lücken nach Italien geschickt zu werden: dort freilich entfaltete sich in ihm ein selbstbewußter Frondeur, der der Akademie seine stets wachsende Verachtung ihrer pedantisch gehandhabten Doktrinen nicht verschwieg und in herrlich skizzierten Werken zeigte, was die absterbende Periode Winckelmannscher Gesinnung durch einen wahrhaft vornehm und mit antiker Schlichtheit der Natur nachempfindenden, stark idealistischen Geist noch einmal wenigstens in Umrissen hervorzubringen vermochte. Natürlich verscherzte er sich dadurch die Neigung der selbstgenügsamen Akademiker, die nicht zu derselben Formenreinheit durchdringen konnten, obwohl sie ihnen im Umkreise ihrer eigenen Gedankenwelt zu erreichen gewesen wäre; nur Chodowiecki, in der Praxis sein künstlerischer Antipode, aber von Herzen ihn auf seinem Wege begleitend, blieb ihm zugethan. Er mochte in dem jüngeren, ebenfalls autodidaktisch aufgewachsenen Genossen im stillen und vielleicht nicht ohne Wehmut den heldenhafteren Mann bewundern, der mit dämonischer Energie einer Welt voll Widerwärtigkeiten und einem dahinsiechenden Leibe abzwang, was ihm selbst in einem weniger heroisch gefaßten Leben denn auch nicht zu teil geworden war.[7]) Neben Carstens zeigte sich Hans Christian Genelli, der Architekt, ein Sohn des vor Jahrzehnten aus Dänemark eingewanderten Kunststickers, ein Bruder des Malers Janus und Oheim des großen Bonaventura Genelli, als widerspenstiger Akademiker. Er stak voll von Anschlägen und galt für genial; für zu genial, um in geordneter Folge zu wirken. Kein Wunder, daß er sich deshalb nirgends zu fügen wußte, Intriguen spann, ein langes Memoire über eine abermalige Umgestaltung der Akademie ausarbeitete und es dem Minister einreichte, der sich darauf nach einer Gelegenheit umsah, ihn an einer Kunstschule der Provinz zur Ruhe zu bringen.[8]) Mit mehr Erfolg, jedoch ohne viel Segen, spielte der Hofrat Emil Hirt seine Rolle. Er war der Magister Ubique beider Berliner Akademien. Ein vielgeschäftiger, vielseitig gebildeter Archäologe ohne Tiefe, aber von desto größerer Unbefangenheit, ein Dilettant mit Einfällen, die er durchzusetzen trachtete, konnte er den solideren Fachleuten oft und besonders dadurch hinderlich werden, daß er unter Friedrich Wilhelm II. zu den Intimen der Encke-Rietz-Lichtenau gehörte und auch unter dem nächsten Könige sein Gewicht zu bewahren wußte. An der Bau- und an der Kunstakademie hielt er eine Zeitlang Vorträge über Architektur, die wenig Anklang fanden, da sie zu viel Hypothetisches und „Unverdautes“ boten.[9]) Unstreitig erwarb er sich auch etwelche Verdienste: aber als er nach Rodes Tod einige Aussicht auf den Direktorposten der Kunstakademie zu haben schien — auch er hatte sich mehrfach an ihrer Reorganisation beteiligt — da fürchtete man seine Berufung doch mehr, als daß man sie gewünscht hätte.

Bernhard Rode starb am 24. Juni 1797, bis an sein Ende rastlos im Komponieren und Malen und gleichgültig gegen alles übrige. Um seine Stelle bewarben sich außer Hirt der Maler Darbes, eine wenig geeignete Persönlichkeit, und der Bildhauer Gottfried Schadow. Schadow war ein Schüler Tassaerts gewesen und ihm erst vierundzwanzigjährig 1788 in der Professur für Bildhauerkunst gefolgt. Als Künstler ragte er durchaus hervor — ward er doch der Begründer der modernen Skulptur, insofern er ihren Übergang aus der alten in die neue Zeit mit offenem Sinne lenkte: als zuverlässiger Mann genoß er die Hochachtung seiner Kollegen und würde wohl jedes auf ihn gesetzte Vertrauen gerechtfertigt, jede verständig ihm übertragene Aufgabe verständig gelöst haben. Indessen sollte er noch achtzehn Jahre warten und nicht weniger als drei Direktoren über sich hingehen lassen, ehe ihm jener Posten voll Ehre und Verantwortlichkeit beschieden war. Statt seiner wurde im Juli 1797 Chodowiecki, der sich nicht unter den Bewerbern befand, zum Direktor und Meil der Jüngere zum Vicedirektor befördert. Mit diesen Ernennungen wurde der Gebrauch, die Akademie von einem Historienmaler leiten zu lassen, zum erstenmale durchbrochen. Aber Chodowiecki, bescheiden und aufrichtig wie immer, erblickte darin keine außerordentliche Ehrung. „Ich bin bey der Akademie avanzirt“, schrieb er damals seinem getreuen Korrespondenten Graff, „zum Director wohl nicht, denn das ist der Minister, Rode war es so wenig wie ich: seinen Platz konte er [der Minister] mir wohl nicht nehmen (gefordert hab ich ihn nicht), aber 100 Thaler seines [von Rodes] Gehaltes hat er mir doch genommen, so daß ich nur 200 Thaler Zulage bekomme.“ Der einundsiebzigjährige Greis empfand deutlich, daß Heinitz, wie bisher, sich jede Initiative ausschließlich vorbehalten wollte: durch die Wahl Chodowieckis konnte er seinen Zweck ohne die Schwierigkeiten erreichen, die ihm der um so viel jüngere und kräftigere Schadow durch selbständige Ideen bereitet haben würde, und so kostete es ihm nichts, dem verdienten Manne die schuldige Anerkennung vor der Öffentlichkeit zu erteilen. Daß er dabei eine kleine Sparsamkeit zeigte, muß weniger für ein Zeichen kühler Gesinnung als für gut preußische Gewissenhaftigkeit gehalten werden: denn Rode hatte neben seinen übrigen Obliegenheiten auch Unterricht gegeben, Chodowiecki jedoch sich auf die Korrektur im Aktsaal und die Sekretariatsgeschäfte zu beschränken gehabt.

Unverdrossen und von seiner Erkenntnis der Verhältnisse nicht angefochten, widmete sich nun der Meister dem plötzlichen Zuwachs an Verpflichtungen, der übrigens trotz des Ministers autokratischer Verwaltung durchaus nicht geringfügig war. Die ganze Repräsentation einer vielgestaltigen und anspruchsvollen Körperschaft fiel ihm jetzt zu: bei der Eröffnung der Ausstellungen, bei

Prüfungen und Preisverteilungen, bei feierlichen Sitzungen, bei den Empfängen seitens des Königs und der Höfe hatte er stets den lobenden und dankenden Sprecher zu machen; die Verhandlungen mit den Behörden wie mit den einflußreichen und keineswegs vorwiegend passiven Ehrenmitgliedern u. s. w. hatte er zu leiten: in den Zeitungen mußte er, wenn es not that, diplomatische oder geharnischte Erklärungen veröffentlichen — kurz, nach außen hin sollte er alles mit Selbstbewußtsein und Schwung vertreten und nur zu oft bemänteln, womit er im Inneren, da eine wirkliche Hebung der Kunstleistungen immer noch nicht erschien, sich nie ganz einverstanden erklären mochte.[10] Überdies aber hatte er eine Kontrolle sämtlicher akademischer Einrichtungen zu besorgen: er mußte die Klassen, die verschiedenen Kurse besuchen und sogar in den Schlössern nachzählen, wieviel Eleven in den Galerien kopierten. Die Arbeiten der Provinzialkunstschulen wurden ihm vorgelegt; vor allem war der ausführliche Generalrapport, den er jährlich auf Grund der einzelnen Specialrapporte zu verfassen und einzuliefern hatte, eine umständliche und äußerst zeitraubende Sache, die er von Jahr zu Jahr mühseliger bewältigte. Allein was half der stille Ingrimm? Er hatte sich einmal der Akademie gewidmet, nun zwang ihn das Pflichtgefühl ihr zu dienen. Das Werk ihrer Reform hatte er seiner Zeit mit freudiger Hoffnung in Angriff genommen; er war davon enttäuscht worden — aber er durfte seiner Unzufriedenheit nicht nachgeben. Er fuhr also fort, das Seinige zu leisten, und entschädigte sich, indem er mit unverhohlener Entrüstung oder mit trockenem Humor seinen Vertrauten, besonders wiederum dem Freunde Graff, die Beobachtungen mitteilte, die er über die menschliche Komödie rings um sich her anstellte.

Da gab es denn freilich ausreichend viel zu bemerken. Die oft wechselnden Persönlichkeiten an der Akademie mit dem Gegensatze ihres künstlerischen Unvermögens zu ihren Ansprüchen stempelten ja diese Jahre zu höchst unerquicklichen. Überall Anknüpfungen, die man nicht rasch genug wieder lösen konnte, überall Vorurteile, die sich über kurz oder lang bestraften; Cliquenwesen, das ohne Gemeinsinn im Trüben fischte: übel geplante Unternehmungen, die schon im Keime den Ruin versprachen. Von Schadow, Carstens, Bardou, Karl Philipp Moritz, vielleicht noch vom Landschafter Lüdcke und etlichen anderen abgesehen, begegnete einem kaum eine erfreuliche oder wahrhaft bedeutende Erscheinung. Anregende Gastrollen, wenn dieser Ausdruck auf einen Maler anwendbar ist, gaben hier und da auswärtige Künstler. So kam Anton Graff häufig von Dresden nach Berlin, malte hier Bildnisse und stellte sie aus: er brachte in sein Gebiet, das Porträtfach, dasselbe überzeugende und hinreißende Leben wie Chodowiecki in das seinige und zeigte der Ölmalerei, was natürliche Farbe und schlagende Charakteristik heißen wolle. Die Künstlerfamilie Weitsch aus Braunschweig war ebenfalls in Berlin gern gesehen. Der

Vater, der sogenannte Pascha Weitsch in Salzdahlum, malte hauptsächlich Tiere; von seinen Söhnen war der jüngere Miniaturist, der ältere zeichnete sich als Maler von Fürstenbildnissen, doch auch von Historien und Landschaften aus. Er erfreute sich der besonderen Gunst des Ministers von Heinitz, der ihn 1798 als Rektor an die Akademie und als Hofmaler berief und mit Aufträgen geradezu überhäufte. Aber andere Künstler, die sich in Berlin niederließen, bedeuteten nicht immer etwas Förderliches für die dortigen Verhältnisse. Der Neapolitaner Joseph Calza, genannt Cuningham, z. B., der sich in Rußland einigen Ruhm erworben hatte, traf 1784 ein und begann sich auch in Berlin eine gewisse Bedeutung zu erobern. Seine kräftigen Pastellporträts fanden Gefallen, obgleich sie übertrieben blaue Schatten haben; darauf suchte er seine übrigen Vorzüge in einigen Ölgemälden zu entwickeln. Sie stellten eine „Rückkehr Friedrichs des Großen von dem Manöver“ und, unschicklich genug, den „Überfall bei Hochkirch“ vor, bei dem Friedrich und die Generäle von Seydlitz und Saldern ohne sichtbaren Verfolger auf hastiger Flucht begriffen gezeigt werden. Ein künstlerisches Auge mußte durch die harte Komposition und die bunte, trockene Farbe dieser Bilder abgestoßen werden; das Berliner Publikum freilich, an den Anblick eines wohlgepflegten Gamaschendienstes gewöhnt und über militärische Dinge gut unterrichtet, bewunderte den Sinn für preußische Haltung und die Genauigkeit in den Uniformen, die nach der Natur studiert waren. Der Erfolg veranlaßte Cuningham zu bleiben; ja er wurde, so kühl sein Talent auch war, für die kurzlebige „Kupferstichfabrik“ Pascals gewonnen und in die Kunstakademie aufgenommen.[11] Ebenfalls als eine Erwerbung von problematischem Werte muß der Däne Darbes gelten. Er war ein Original, das bei unangenehmen Schroffheiten und anfechtbaren Sitten ungemein viel Geist, Witz und Drolerie besaß; durch solche gesalzene Zuthaten machte er sich schließlich schmackhaft und schuf auf diese Weise seiner Kunst den soliden Boden, den sie an sich kaum verdiente. Denn die Ähnlichkeit seiner Bildnisse erreichte er vermittels einer Camera lucida, auf deren matter Glasscheibe er die Züge des Modells nachzeichnete — eine wenig künstlerische Grundlage, die er dann mit Gewandtheit und Effekt für seine Farben ausnutzte. Daß man ihn deshalb der Akademie nicht für unwürdig hielt, es sich vielmehr zur Ehre anrechnete, als er sich zum Eintritt bereit erklärte, wurde schon erwähnt. Überhaupt wuchs ja die Akademie zunächst entschieden mehr in die Breite als in die Höhe, und da sie noch keine recht genießbaren Früchte trug, so suchte sie sich eben mit Blüten, waren es gleich taube, zu schmücken. Zu solchen dürften auch die Damen zu rechnen sein, die man jetzt gern heranzog: geschätzte Dilettantinnen, die hübsch kopierten und gelegentlich, aber ohne jede Selbständigkeit, erfanden und komponierten. Mit der immerhin tüchtigen Hofmalerin Dorothea Therbusch war noch Ehre einzulegen gewesen; indessen war es nach merklichem Verfall mit ihr jählings zu Ende gegangen (sie starb 1782), und statt ihrer begrüßte man als akademische Künstlerin etwa die Pastellmalerin Rohren aus Schwedt oder die Gräfin Christiane zu Solms-Laubach, eine gebildete junge Dame, die auf ihren Gütern bei Frankfurt a. M. lebte und von dort aus mancherlei Beziehungen zur wissenschaftlichen wie zur Künstlerwelt zu unterhalten wußte. Sie trieb mit Eifer und Ehrgeiz das Zeichnen und das Malen, wobei sie sich aus der Entfernung von den ihr persönlich übrigens nicht bekannten Chodowiecki und Frisch, also brieflich! beraten ließ. Ihre Werke zierten aber die Berliner Kunstausstellungen nicht weniger als die Pastelle der Töchter Tassaerts, Félicité und Toinette, oder anderer Damen, von denen wir noch hören werden. Den bedenklichen Kultus solcher Mittelmäßigkeiten, die gelegentlich mit Preisen bedacht wurden, hätte der Minister gewiß nicht gestattet, wäre er nicht durch mancherlei Rücksichten gebunden und in mehreren Beziehungen auch zu wenig erleuchtet gewesen. Seinem ehrlichen Interesse, seiner Thatkraft im Organisieren hatte die Akademie die Rettung vor dem gänzlichen Untergange zu verdanken; aber dieser glücklichen Wirksamkeit im Großen heftete sich eine unverkennbare Unsicherheit in den Einzelheiten an. Wie er bei den Ernennungen von Lehrern nicht immer den rechten Mann zu greifen wußte, wie er mit seinen speciellen Anordnungen öfters schwankte und z. B. die Konferenzen des Kollegiums bald wöchentlich abhalten ließ, bald principiell abschaffte und nur nach seinem eigenen Bedürfnis zu berufen für gut fand, so war auch seine Zuverlässigkeit im Beurteilen und Behandeln der Kunstwerke keine hervorragende. Zu Chodowieckis wehrlosem Mißvergnügen sah er etwa bei den Kunstausstellungen hauptsächlich darauf, daß er zu vollständiger Ausfüllung der Wände möglichst viele Bilder zusammenbrachte und sie mit vollkommener Symmetrie ohne Rücksicht auf die ihnen günstigen oder verderblichen Beleuchtungen und Nachbarschaften aufhängen ließ; oder er erteilte nach eigenstem Ermessen Gratifikationen und Aufträge an solche, die sie nicht zu verdienen schienen, während die Besten leer ausgingen.

Schon aus allen diesen wenig befriedigenden Umständen geht hervor, daß das Verdienst Chodowieckis um die Akademie hauptsächlich in seiner hingebenden Mitarbeit an ihrer principiellen Reform und in der gewissenhaften Verwaltung der administrativen Ämter, die ihm an ihr übertragen wurden, bestanden hat, daß man dagegen nicht behaupten darf, er habe auch die künstlerische Bedeutung der Anstalt um ein Merkliches gesteigert. Denn selbst bis zum Ende seines Lebens und noch jahrelang nach seinem Tode hat sie sich kaum über den früheren Zustand erhoben. Seine Erkenntnis der ästhetischen und technischen Schwächen anderer ging eben nicht Hand in Hand mit einer eigenen Klarheit und Energie, die ihn befähigt, ja gezwungen hätten, praktische Ideen zu verwirklichen und die neugetroffenen, an sich gar nicht unzweckmäßigen Einrichtungen zur Ausbildung der ihm anvertrauten jungen Talente thatsächlich auszunutzen. Aus dem Labyrinthe von Unzulänglichkeiten und Geschmacksverirrungen, in das wie seine Kollegen auch er selbst sich verlor, sobald er die Akademie betrat, wußte er keinen Ausweg und konnte schon deshalb dem Minister gegenüber keine größere Freiheit und Selbständigkeit beanspruchen. Nicht einmal seine originelle Gedankenwelt und das Meisterhafte, das er aus ihr heraus zu schaffen pflegte, kamen den Schülern, da er nicht unterrichtete, unmittelbar und allgemein zu gute — während ihnen leider auch solche Werke von ihm bekannt wurden, die besser nicht vollendet worden wären.

Wir denken hierbei an zwei Gruppen seiner Arbeiten, deren Entstehung geradezu rätselhaft ist. Rätselhaft insofern, als wir einem Manne von seiner Kunsterfahrung und sonst so häufig bewiesenen Feinfühligkeit eine solche Anästhesie gegen das Unerträgliche, wie sie an den von ihm entworfenen Skulpturen sowie andererseits an gewissen Buntstiftzeichnungen erscheint, kaum zutrauen möchten. Aber er blieb eben in manchen Beziehungen der echte Sohn seiner Zeit, und es war ja doch das einige Konsistorium der französischen Kolonie von Berlin, das ihm durch den Prediger Erman im Oktober 1780 den Auftrag erteilte, einen vollständigen Dekorationsplan für den „französischen Thurm“ auf dem Gendarmenmarkte anzufertigen, und das seine ihm vorgelegten Skizzen für die sitzenden Kolossalstatuen auf den Attiken, für die Reliefs in den Giebeln und für den Schmuck der Vorhallen mit Statuen und Reliefs ohne weiteres billigte; es war der Baumeister von Gontard selbst, der samt dem Inspektor Becherer mit ihm hin und her überlegte, und es war schließlich der König, der alles genehmigte. So kam es, daß der Miniaturist, ohne irgend jemanden zu befremden, den Bildhauern ungeheuerlich ins Handwerk fallen durfte; und wenn dies für uns ein Zeichen verzweifelter Kunstzustände ist, so ist für ihn selbst und seinen Mangel an Stilgefühl ein ebenso charakteristisches Zeichen, daß er kein Arges darin fand, dem merkwürdigen Ansinnen überhaupt zu willfahren und dies dann noch in einer so unbefangenen Weise zu thun, wie wir es geschehen sehen. Als ob es für eine Statue, die sich in beträchtlicher Höhe gegen den Himmel abhebt, nicht die Forderung einer energischen Silhouette und einer drastischen Klarheit in der Anordnung der Glieder und des Faltenwurfes gäbe, erdachte er massive, weichliche Figuren mit schwerfälligem Contour, die für Evangelisten gelten sollen; als ob ein

Rotstiftzeichnung.

Relief zur Füllung eines mächtigen Giebels nicht kräftiger, wohlverteilter, an sich bedeutender Motive bedürfe, um zu interessieren, entwickelte er in den mit einem Blicke kaum übersehbaren Frontons recht wohlgepflegte Landschaften, in denen er in malerisch empfundenen Gruppen die Jünger von Emaus, die Bergpredigt und die Samariterin anordnete; und in den ebenfalls neutestamentlichen Reliefs der Vorhallen ließ er denselben Klassicismus walten, zu dem er sich auch in seinen Radierungen zu bekennen pflegte, wenn die Veranlassung sich darbot. Nur muß zugestanden werden, daß er noch nie auf solche Wunder geraten war, wie er sie hier, wenigstens bei den Reliefs, zu schaffen beabsichtigte. Man denke sich einen wehleidigen betenden Daniel, der von nie studierten, am ehesten an die Zunftembleme der Bäcker erinnernden Löwen umgeben ist, oder einen Christus, der bei seiner Taufe mit dem halben Körper im Jordan steht und sich beugend Kopf und Arme auch noch ins Wasser taucht, so daß man nichts von ihm sieht als einen Teil des Rumpfes, den Nacken und die auf den Fluten ausgebreiteten Locken! Zum Glück ist dieser letzte Entwurf wie auch einige andere nicht ausgeführt worden; er durfte trotzdem hier nicht mit Schweigen übergangen werden, da gerade solche Erscheinungen, solche Extreme des künstlerischen Geschmackes sehr lehrreich sind. Sie zeigen uns wieder einmal, bis zu welchem Grade unzuverlässig das ästhetische Gefühl eines Künstlers, auf das allein er sich zu berufen pflegt, sein kann und wie gründlich ihm das kritische Urteil versagt, sobald er sich in die Atmosphäre der Anempfindungen begiebt; sie zeigen uns ferner, wieviel sich das Publikum bei stilisierten Idealfiguren noch gefallen läßt, nachdem es für realistische Darstellungen schon längst einen etwas geübteren Blick erworben hat — was mit dem Mangel an wirklich lebendigem Interesse für jene zusammenhängen mag.[12]) — Die Zeichnungen Chodowieckis für die Skulpturen wurden denn also vom Jahre 1781 an in Stein umgesetzt, und zwar von Bardou und Föhr: 1784 war die Arbeit fertig. Ungefähr zu gleicher Zeit, nur unterbrochen durch den bekannten Zusammensturz des Bauwerkes am 28. Juli 1781, versah Bernhard Rode den deutschen Dom auf demselben Platze mit entsprechenden Kunstschöpfungen. Hier war also abermals ein Maler mit den Aufgaben monumentaler Bildhauerei betraut worden, und abermals ließ man gelten, was er lieferte. Es fehlte offenbar an geeigneten Bildhauern: Tassaert war wohl bereits zu alt für so umsichtige Unternehmungen, Bardou schien nur zur Ausführung zu taugen, andere kamen noch weniger und Schadow wegen seiner Jugend noch gar nicht in Frage. Überhaupt aber ermangelte man damals vollkommen und allgemein des Gefühls für den grundsätzlichen Unterschied zwischen plastischer und malerischer Auffassung und Erfindung. Als die Akademie im Jahre 1791 zum erstenmale eine Anzahl von Entwürfen für das geplante Monument Friedrichs des Großen ausstellte, beteiligten sich beinahe ebenso viele Maler als Bildhauer an der Konkurrenz. Auch Chodowiecki hatte eine Zeichnung des Reiterstandbildes, wie er es sich dachte, eingesendet. Sie scheint verloren zu sein, aber wahrscheinlich schloß sie sich in Auffassung und Bewegung an irgend ein bekanntes Denkmal an; wenn nicht überhaupt an den schwer zu vermeidenden Marc Aurel auf dem Kapitol, dessen „Attitude" entlehnt zu haben der Künstler in dem Begleitbriefe an Heinitz eingestand, so vielleicht an Heinrich IV. von Duprez, der zu jener Zeit noch statt des heutigen von Lemot den Pont-Neuf in Paris schmückte.[13] Aus den Akten geht aber wenigstens hervor, daß Chodowiecki seinen Helden, was nach der ausgegebenen Bestimmung freilich unerläßlich war, in eine ideale und zwar in antike Gewandung gekleidet und außerdem, daß er auf die Schabracke des Pferdes eine Sonne gesetzt hatte, „um die durch den großen König auf einem Teile des Erdbodens verbreitete Aufklärung auszudrücken". Andere Künstler hatten den zarten, selbst gebrechlichen Körper Friedrichs in die Hünentracht Hermanns des Cheruskers gesteckt; das Publikum jedoch, mit einer wahrhaft überraschenden Entschiedenheit, erklärte sich gegen diese wie gegen jene Idealität, und Chodowiecki stimmte wenige Monate später, seiner besseren Natur nachgebend, bei erneuten Beratungen für die echte, historische Erscheinung des „Alten Fritz".

So charakteristisch und anerkennenswert diese Wendung auch ist, so konnte sie doch weder den Mißgriff mit dem einmal eingesandten antikisierenden Entwurf aus der Welt schaffen, noch den Schaden aufheben, den die Skulpturen des französischen Domes von ihrer bevorzugten Stelle aus dem öffentlichen Geschmacke zufügten. Allerdings beurteilte ja das Publikum jener Jahre die Bildhauerei bei weitem weniger lebhaft und kritisch wie wir, und daher mögen noch verderblicher als sie die Buntstiftzeichnungen gewirkt haben, die mit dem europäischen Ruhme Chodowieckis[14] behaftet und durch seine Bedeutung als Vicedirektor, später als Direktor der vornehmsten Kunstanstalt Preußens beleuchtet, an der Spitze der Kunstausstellungen zu prangen pflegten.

Schon gegen 1780 hatte der Künstler begonnen, mit drei und vier farbigen Stiften unter Hinzufügung von etwas Pastell zu arbeiten, also in einer Manier, die sich aus der italienisch-französischen Gewohnheit, in Schwarz und Rot zu skizzieren, herausentwickelt hatte. Man zeichnete auf getöntem, meistens grauem oder bläulichem Papier, fügte noch Weiß und Blau oder Gelb hinzu und erreichte, bei sichtbarer und stellenweise verwischter Schraffierung, eine Art von Pastellwirkung. Diese Technik eignete sich wegen ihres breiten Striches besonders für etwas größere, also für Folio- oder Quartformate, und mit diesen Formaten wiederum hing zusammen, daß man vorzüglich anspruchsvollere Kompositionen in ihnen ausführte. Verleitet von der Gelegenheit, ohne viele Mühe und Koloristik ein wenig Historienmalerei zu üben, benutzte Chodowiecki die „trois crayons" auch seinerseits zu solchen Werken und zeichnete im Juni 1781 einen „bettelnden Belisar" und einen „Paetus und Arria" für Karl August von Weimar.[15] Es heißt, daß der Herzog niemand anders als Goethe eine Freude zu bereiten gedachte, als er durch Bertuch zwei schöne Blätter bei dem Meister bestellen ließ; aber mit einem komplizierten Lächeln wird Goethe, ein

Die Herzogin von Angoulême.
Studie zum „Abschied Ludwigs XVI."

keineswegs blinder Verehrer Chodowieckis, die geist- und charakterlose Gabe empfangen und mit schwerem Herzen mag Bertuch die sechzig Thaler Honorar nach Berlin geschickt haben. Der schlimmste Manierist hätte nicht ödere Formen ausstricheln und die französischen Klassicisten respektvoller nachahmen können als unser sonst so fruchtbarer Erfinder für diesen feierlichen Auftrag sich abzuquälen für nötig hielt; und doch war ihm dabei ganz wohl zu Mute, da er fortfuhr, von Zeit zu Zeit ähnliche Werke, etwa einen „Antiochus in seine Stiefmutter verliebt“ oder biblische Scenen oder endlich Gruppen aus dem Homer, zu schaffen. In den Anfang der achtziger Jahre fallen ja auch die ersten jener foliogroßen Historienbilder, die für den Stich durch andere bestimmt waren. Der „Tod Schwerins“ und die Anekdote vom sterbenden Kleist, den Kosaken beschenkend, wurden bereits bei den Radierungen Ziethens genannt; ihnen schlossen sich andere Vorgänge an, unter denen der „Abschied Ludwigs XVI. von seiner Familie“ hervorzuheben ist. Diese Blätter aus der neuesten Geschichte wurden besser vorbereitet als die aus der alten, d. h. sie sind im einzelnen nach dem Leben studiert; aber so reizvoll und empfunden die erhaltenen Studien sind, so schwerfällig erscheinen infolge des Formates die mühsamen Ausführungen.[16] — Und um nichts unversucht zu lassen, begann Chodowiecki etwa 1784 auch noch die reine Pastellmalerei. Eine leicht erklärliche Überanstrengung der Augen verbot ihm damals zeitweilig das Radieren bei künstlichem Lichte und verursachte ihm also eine Abhaltung von seinen Aufträgen, die er zum Ein- und Ausüben jener Technik benutzte. Seine Töchter hatten sie ins Haus eingeführt, er beteiligte sich des Abends an ihrer Beschäftigung mit ihr und fand bald auch am Tage ein Vergnügen darin, auf Quart- und Foliobogen allerlei Idealfiguren, den Kopf einer Andromache, Thusnelda oder Heloise, die Bildnisse seiner Angehörigen, selbst lebhaft bewegte Gruppen in entsprechender Größe, z. B. die Spiele seiner Großkinder oder den Sturz einer jungen Dame in einen Graben, mit den weichen Kreiden, manchmal auch in Verbindung mit härteren Buntstiften, sorgfältig zu zeichnen.[17] Besonders freute es ihn, wenn er etwa des Nachts an dergleichen gearbeitet hatte, des Morgens zu finden, daß die feiner unterschiedenen Farbentöne nicht gar zu arg vergriffen schienen. Eine solche Unterhaltung war nun ohne Zweifel eine sehr liebenswürdige und bereitete manchen häuslichen Spaß: aber die Blätter, die jeder künstlerischen Haltung entbehren und eigentlich nur durch eine gewisse Naivetät zu rühren vermögen, hätten doch nicht, wie es 1787 und 1788 geschah, auf die akademische Ausstellung geschickt werden dürfen. Sie werden ja wohl besser gewesen sein als die Versuche der Dilettantinnen, der Name „Chodowiecki“ jedoch, der unter ihnen stand und das Urteil der Menge bestach, wurde durch sie beleidigt, und zwar sicherlich auch schon damals für die Empfindung mancher Einsichtiger. Ein Glück, daß neben ihnen Radierungen und zierliche Zeichnungen à la Carwell (d. h. Blätter, die nach der aus Frankreich eingeführten Manier dieses Engländers mit dem Blei- oder Silberstift und mit Bister auf Pergament gearbeitet waren),[18] dazu etwa einige der reizend aquarellierten Stammbuchwidmungen, das Publikum öfters daran erinnerten, wieviel der große Künstler als Radierer und als Miniaturist vermocht hatte und noch vermochte. Denn wer Kunstwerke nicht mit geübtem Auge zu betrachten pflegt, dem wird noch am ehesten durch unmittelbare Vergleichung der Unterschied zwischen Schlechtem und Gutem einleuchten.

Eines der schönsten Menschenrechte ist gewiß unsere Freiheit, die Schwächen des Nächsten, sofern wir ihm nicht beistehen können, geduldig zu übersehen, seine Irrtümer und Fehltritte, wenn sie nicht zu bessern sind, mit Schweigen zu bedecken. Der Geschichtsschreiber muß sich eines Teiles dieser Freiheit begeben: er darf nicht aus Rücksichten der milden Gesinnung und der Sympathie das Bild, das er zu zeichnen unternommen, in einzelnen Teilen schönfärbend fälschen oder gar idealistisch stilisierend etwas schaffen, das nie und nirgends erhört war: ein Ding, an dem nur Licht und überhaupt kein Schatten ist. Er muß die Wahrheit, wie sie sich seiner ehrlichen Forschung offenbarte, unverhüllt überliefern. Aber ergiebt sich dabei auch stets, daß selbst den besten unter den Sterblichen jene uralten Mängel, die „verderblichen, schleichenden, erblichen" Bresthaftigkeiten, im Vollbringen umwunden haben, so kommt doch zugleich als ein Trost für den Melancholiker, für den Skeptiker als eine Widerlegung die Erkenntnis zustande, daß dem wahrhaft guten und sittlichen Willen des Menschen in irgend einer Weise Gerechtigkeit zu widerfahren, eine Genugthuung gewährt zu werden pflegt. Dem verehrten Meister, dem noch soeben mit scharfer Verurteilung zugesetzt wurde, ist es ebenso gegangen. Mußten wir ihm vorhalten, daß er zwar den einen Teil seiner Lebensaufgabe glanzvoll löste, im anderen jedoch Fehler über Fehler machte, so genoß er den Vorteil, daß jener Erfolg allenthalben anerkannt, seine Blindheit gegen die nachträglich erwiesenen Mißerfolge aber von seinen Zeitgenossen im allgemeinen geteilt wurde. Er irrte in glücklicher Ahnungslosigkeit mit anderen Irrenden und hätte nicht einmal, voll wahrhaft kindlicher Selbstgewißheit, wie er war, die vereinzelten Tadler begriffen, die sich etwa äußerten und ungefähr dasselbe von ihm verlangten, was wir als die ihm gesetzte Leistung bezeichneten. Und indem er nach den Jahren der Seelenkämpfe immer einiger mit sich selbst, gegen frühere Ideale abgestumpft und am Ende gänzlich unbeirrt sein Leben der Arbeit widmete „wie ein Galeeren-Sclave, aber wie ein solcher der sein Ruder mit Lust bewegt", da wurde ihm noch der schönste irdische Lohn des Menschen zu teil, die Wohlthat eines freudigen Alters inmitten einer eng verbundenen Familie.

Wir lernten ja diesen Kreis schon kennen, wie er sich um die Zeit der ersten Danziger Reise zusammengeschlossen hatte. Jene drei Mädchen und zwei Knaben erfüllten im Heranwachsen das stille Haus mit jugendlichem Leben und die Eltern ließen sich bereitwillig von ihnen verjüngen. Jeannette und Susette zeigten sich musikalisch; man schaffte ihnen ein Klavier an, freute sich an ihrem Singen und begleitete sie in die Passionsmusiken, die Philipp Emanuel Bach veranstaltete, oder in andere gute Konzerte, in denen Oratorien aufgeführt wurden. Sie besaßen nicht minder einiges Talent zum Zeichnen und Malen: es wurde ebenfalls, teils durch den Vater, teils durch andere Lehrer, ausgebildet. Dieser Unterricht zog allmählich etliche Freundinnen heran, und es entstand eine lustige Gesellschaft, die sich unter Chodowieckis Leitung übte und zugleich auf eigene Hand sich in den Allotrien junger Mädchen gefiel. Das waren Dämchen aus der französischen Kolonie: Nanette, die Tochter Gottfried Chodowieckis, die Fräulein Hainchelin und Béguelin: andere gehörten der jüdischen Kolonie an, wie die Demoisellen Bremer, Wolff, Itzig, Ephraim. Ihr munteres Wesen ließ den Hausvater, der einen Schüler nie hatte annehmen wollen, diesen Grundsatz zu Gunsten von Schülerinnen umstoßen: er bewegte sich gern unter ihnen, neckte, scherzte und benutzte sie als Modelle für seine kleinen Kompositionen, daneben als Sachkundige, wenn er Modekupfer zu machen hatte. Auch Wilhelm, der ältere der Söhne, liebte diesen Umgang: er mußte deshalb mit Strenge bei seiner Arbeit gehalten werden, während Isaac Heinrich und Henriette zunächst noch als Kinder betrachtet wurden.

Chodowiecki in hohem Alter.
Nach einer Tuschzeichnung seiner Tochter Susette.

Im Jahre 1777 hatte die Familie ein geräumigeres, zweistöckiges Haus in der Behrenstraße[19], mit einem hübschen Gärtchen bezogen; alte Obstbäume und ein Weinstock fehlten nicht und schufen mit dem Grün der Nachbargärten eine angenehme Ländlichkeit. In diesem behaglichen Neste spielte sich also des weiteren ab, was ein wenig bewegtes Leben zu bringen pflegt. Zwei Gemächer, ein „poêle d'hiver“ und ein „poêle d'été“, an deren Wänden die Gemäldesammlung prangte, bewohnte der Künstler selbst. Hier hatte er auch seine Mappen mit

Kunstblättern, seinen Arbeitstisch, alle Vorrichtungen zum Ätzen und seine Druckerpresse; ebenso empfing er hier die Besucher, die sich jahraus jahrein bei seiner Celebrität melden ließen. Oft unterhielt er sich mit ihnen, ohne seine Thätigkeit zu unterbrechen; waren sie fort, so dankte er Gott und fragte sich, wie nur jemand die gute, kostbare Zeit zu so zwecklosen Gesprächen mißbrauchen könne. Kamen aber Fremde von Ansehen und Interesse, so begegnete er ihnen mit heiterer Lebendigkeit. Es muß z. B. ein hübscher Auftritt gewesen sein, als im Juli 1778 der liebenswürdige kleine Prinz Friedrich Wilhelm, der künftige König, mit seinem Hofmeister Behrisch und weiterem Gefolge bei ihm erschien, sich die Handgriffe des Radierens ansah, alsbald selber ein Plättchen ritzte und glücklich war, wie Chodowiecki es vor seinen Augen ätzte und in einigen Exemplaren druckte. Am willkommensten blieben immerhin die guten Freunde, die, ohne Ansprüche zu erheben, gemeinsame Angelegenheiten verhandeln wollten oder auch nur zu plaudern gedachten. Zu ihnen gehörten wie früher die älteren akademischen Kollegen und einige andere Künstler der Stadt; neben diesen hauptsächlich die Geistlichen der Kolonie und einzelne Gelehrte. Auch mit Moses Mendelssohn wurde ein gewisser Verkehr gepflogen.[20]) Chodowiecki schätzte den seltenen Mann, den er auch gezeichnet und gemalt hat, ohne ihm doch recht verzeihen zu können, daß er nicht Christ wurde. Überhaupt verband sich seine Toleranz gegen die Juden mit einer entschiedenen Neigung, sie zu bekehren. Besonders am Medailleur Abrahamsohn, für den er häufig Zeichnungen anfertigte, versuchte er immer wieder zu wirken: sein fester Glaube und ein lehrhafter Zug, den er selten verleugnete, ließen ihn die Möglichkeit anderer Erkenntnis bei vernünftigen und ihm sympathischen Menschen nicht recht begreifen. — Minder philosophisch, aber desto schöngeistiger mögen seine Gespräche mit der berlinischen Sappho, der Dichterin Anna Luise Karsch, gewesen

Moses Mendelssohn.
Schwarz- und Rotstiftzeichnung.

sein. Eine jahrelange Freundschaft führte diese wunderliche Frau zu allen Familienfesten in das Chodowieckische Haus. Oft bat sie auch um gemalte Bänder, auf die sie dann einträgliche Verse an ihre Gönner drucken ließ, oft lieh sie sich, besonders in späteren Jahren, ein Pöstchen Geld; aber öfter spendete sie Lob- und andere Gedichte, erzählte ihre unterhaltenden Träume oder weissagte aus dem Bodensatze der Kaffeetasse. Sie vertrat die erhabene und sentimentale Dichtkunst; munterer und amüsanter wird die Demoiselle Haas geredet haben, eine Verwandte von Hermes in Breslau, die einige Jahre mit ihrer Mutter in Berlin verbrachte und sich viel mit Schriftstellerei und mit Schriftstellern abgab. Zu ihr trat Chodowiecki in ein schalkhaft-galantes Verhältnis. Er besuchte sie oft, zeichnete sie für Lavater und andere Aspiranten, gab ihr die Bücher zu lesen, die er illustrierte, schenkte ihr Radierungen und erhielt zum Lohne kleine Zärtlichkeiten, die er mit behaglicher Gewissenhaftigkeit im Journal notierte. Es war ja die Zeit, wo selbst den ehrbarsten Leuten ein Kuß in Ehren nicht verwehrt wurde und wo die Seelenfreundschaft sich leicht zu einer gewissen Exaltation erhob. Dies läßt sich auch an dem höchst charakteristischen Briefwechsel beobachten, den Chodowiecki von 1780 an bis wenige Jahre vor seinem Tode mit jener Gräfin von Solms-Laubach, späteren Prinzessin Hohenlohe-Kirchberg, unterhielt. Sie war eine Verehrerin seiner Werke und überraschte ihn eines Tages mit einer Zeichnung von ihrer Hand, die sein Bildnis nach der Geyser-Zinggschen Radierung darstellte. Eine vergnügt humoristische Epistel seinerseits, der ein besseres Selbstporträt beigefügt war, beantwortete diese Artigkeit und damit war eine Korrespondenz angeknüpft, die sich nicht nur auf Kunstberichte und auf Ratschläge für die Kunstübungen der Gräfin bezog, sondern bald genug, an den „Engel in Menschengestalt" gerichtet und voll von vertraulichen Mitteilungen und Bekenntnissen, einen kleinen Kultus der Dame wie einer unsichtbaren Geliebten anbahnte. Frau Jeanne Chodowiecka durfte diesen Roman mit derselben Gelassenheit beobachten, die der Gemahl der Prinzessin sich bewahrte; da aber ein weibliches Gemüt niemals mit besonderer Billigung den Gatten anderswo tändeln sieht, so werden ihr wohl die Briefwechsel ihres Mannes mit seinen männlichen Freunden, mit Graff, Geyser, Zingg und dem Hofrat Becker in Dresden, im Grunde lieber gewesen sein.

In dieses Treiben der Freundschaft und der Heiterkeit nach gethaner schwerer Tagesarbeit begann jedoch mit der Zeit der Tod seine Schatten zu werfen. Wer alt wird, muß wie der Baum im ausgewachsenen Walde rings um sich her die Genossen wanken und niedergestreckt erblicken. Daß der kranke Bruder Antoine 1775 gestorben war, kann freilich niemand unter den Angehörigen schmerzlich empfunden haben; tiefer berührte die Familie der Hingang der Mutter im Mai 1779. Bedeutete auch dieser Verlust in manchem eine

Erlösung, so war doch mit ihm für Chodowiecki ein letzter, völliger Abschied von der alten Heimat verknüpft, zu der die Liebe im Herzen eines Ausgewanderten nie gänzlich erlischt; und die ältlichen, unverheirateten Schwestern Luise und Henriette verloren ihren Lebenszweck, um sich mühsam im Haushalte Gottfrieds, der sie in Berlin aufnahm, zurechtzufinden. Wenige Monate nach ihrer Übersiedelung, Ende Januar 1781, ergriff aber ein hitziges Fieber diesen Bruder, der eigentlich erst in den letzten Jahren angefangen hatte mit seinen Arbeiten glücklicher vorwärts zu kommen; er starb, von Daniel auf das sorgfältigste gepflegt, den 14. Febrnar. Die Seinigen hinterließ er in ziemlich dürftigen Umständen, der Verkauf seiner Sammlungen brachte nicht viel Gewinn; so mußte denn das Haupt der Familie mit nachdrücklicher Hilfe eintreten. Chodowiecki nahm seine Nichte Marianne (Nanette) zu sich, unterstützte sein Patenkind, den ältesten Neffen Daniel Auguste, beim Abschlusse des theologischen Studiums und suchte der Schwägerin die Erziehung des Jüngsten, ihres François, der Handwerker werden sollte und nicht recht gut that, zu erleichtern. Inzwischen fuhr der Tod in seiner Ernte fort. Die Schwiegereltern Barez starben, ihnen folgten im März 1784 die einzige Schwester der Frau Chodowiecka und im August 1785 Chodowieckis älteste Schwester Luise; kurz vor dem Verscheiden der letzteren hatte ihn aber der allerschwerste Schlag getroffen: der Tod seiner Gattin.

Sie hatte schon seit mehreren Jahren gekränkelt und seit 1781 jeden Sommer in Begleitung der ebenfalls nicht ganz kräftigen Tochter Jeannette einige Monate am Berliner Gesundbrunnen verbracht.[21]) Aber immer konnte sie sich wieder erholen und mit der ihr eigenen Liebe und Thätigkeit den häuslichen Pflichten genügen. Sie erlebte auch noch die Freude, die beiden ältesten Töchter versorgt zu sehen. Ende 1782 verlobte sich Jeannette mit dem Prediger Jacques Papin, der eine Stelle in der französischen Gemeinde von Burg bei Magdeburg erhalten hatte, und wurde im Mai 1783 im eigenen Hausgarten unter freiem Himmel und im Schatten zweier großer, noch blühender Birnbäume mit ihm getraut; drei Monate später hielt Jean Henry, ebenfalls ein französischer Prediger, um Susette an, und da ihm Anfang 1785 das erwünschte Amt in Brandenburg zu teil wurde, so setzte man den Hochzeitstag der beiden auf den 1. Juni fest. Das Schicksal fügte es, daß an eben diesem Tage die Mutter einer kurzen, heftigen Krankheit erlag.

Die Aufzeichnungen des Journals über dieses Ereignis klingen in ihrem trüben Lakonismus dem Teilnehmenden erschütternd. Am 29. Mai, während drei Ärzte sich über eine geeignete Behandlung der Fiebernden beraten, schreibt Chodowiecki: „Ma femme est fort mal.“ Die nächsten zwei Tage fallen ganz aus, und am 1. Juni fährt er fort: „à 6 heures ma femme est morte (après avoir été fort agitée pendant la nuit comme elle l'avoit été une partie de l'apresdiner et souffert une agonie 4 heures) fort doucement. — continué la dite planche, fait ronger 30 minutes." Dieses nüchterne Einlenken auf die tägliche Arbeit — die letzte Bemerkung betrifft die Radierungen zu „Kabale und Liebe" — verhüllt einen tiefen und dumpfen Schmerz. Ebenso wortarm war die Mitteilung an Graff: „Es ist sehr betrübt, nach einer 30jährigen, stets zufriedenen Ehe getrennt zu werden", und nur gegen Christiane Solms sprach sich der Witwer leidenschaftlicher aus. „Ihre guten Wünsche, meine edle Freundin," schrieb er ihr am 13. Juni, „für meine so gute, so biedere, so liebenswürdige Frau sind nicht erhört worden. Sie ist nicht mehr. — Sie hatt mich am Mittwoch des Morgens nach einem Lager von 8 Tagen verlassen — Ich kan nicht mehr weinen, aber mein Herz blutet. Sie war so ganz meine Freundin, voll Gefälligkeit, hatte Gedult mit meinen Fehlern, freute sich wenn ich froh war — mein Verlust ist unersetzlich." — Am 4. Juni, um sechs Uhr in der Frühe, wurde Jeanne Chodowiecka auf dem Kirchhof des französischen Hospitals begraben.[22] Ein Gefolge von drei Equipagen bildete den schlichten Leichenzug, die Karschin stellte sich alsbald mit zwei überströmenden Elegien ein, die Chodowiecki mit Vignetten schmückte, und dann mußte man an die vorbereitete Trauung Susettens denken. Sie fand am 8. Juni gegen Abend statt; wie bei Jeannettens Hochzeit wurde die Feierlichkeit trotz der Mißbilligung einiger Orthodoxen unter jenen treuen Birnbäumen abgehalten — „es war ebensoviel Betrübnis als Freude dabey." Zu gleicher Zeit wurde Daniel Chodowiecki der Neffe, welcher inzwischen Pastor in Schwedt geworden war, mit einer Verwandten der Familie Barez eingesegnet. Die jungen Paare reisten ab und ließen das Trauerhaus in trübseliger Einsamkeit zurück. Auch Isaac Heinrich, der jüngere Sohn, lebte damals nicht mehr bei dem Vater, sondern bereitete sich im Seminar und an verschiedenen Orten auf ein geistliches Amt vor. So richtete sich Chodowiecki mit Wilhelm und den beiden Mädchen Henriette und Nanette ein. Er spürte bald die Folgen des erlittenen Schmerzes und die Anzeichen des nahenden Alters: melancholische und misanthropische Stimmungen überfielen ihn und allerlei wassersüchtige Anschwellungen, besonders an den Beinen, begannen ihn zu plagen.[23])

Da war es denn nach einigen kummervollen Jahren die wiedererwachte Freude an der Arbeit und die stets wachsende an den Nachkommen, der er seinen sonnigen Lebensabend verdankte. Wie zum Ersatze für allen Ärger, den ihm die Akademie bereitete, suchte er mit größerem Eifer als je seine Befriedigung im Radieren und Zeichnen; ja er dachte einmal sogar daran, die Ölmalerei von neuem zu versuchen und „etwas Großes" in ihr zu machen. Zur Ausführung dieser Absicht ist er freilich nicht gekommen, denn während die Zahl der Aufträge für Illustrationen womöglich noch wuchs, begann er seinerseits langsamer zu schaffen [24]) und mußte ja auch viel Zeit auf die Geschäfte seines Amtes verwenden. Aber er faßte sich in Geduld und bot dem abgehärteten Leibe alles, was dieser sich noch bieten ließ. Bis tief in die Nacht hinein saß er beim Ätzen über die Bassins mit Scheidewasser gebeugt, prüfte, wartete, prüfte wieder und zählte die Minuten; schlief er einmal darüber ein und verdarb die Platte, so begann er sie ruhig von neuem, indem er seine körperliche Ermüdung mit Humor behandelte. Am Ende eines seiner Briefe zeigt uns eine drastische Skizze die Stellung, in der er sich, schlummernd vom

Vignette aus Hippel „Über die Ehe“: der Hagestolz.
(E. 670.)

Stuhle gesunken, am Boden wiederfand. Wenn er nach solcher Erschöpfung morgens zur gewohnten Stunde aufzustehen beabsichtigte, so verband er das Gewicht der Weckuhr mit seinem Daumen, um mit Gewalt emporgezerrt zu werden, falls er von dem Geräusche der Uhr nicht wach wurde. Es soll sogar vorgekommen sein, daß er die Nacht in Kissen sitzend verbrachte, weil er dadurch die Zeit ersparte, die die Befestigung der Perücke ihn sonst am anderen Tage gekostet hätte. War er bettlägerig, so schob man ihm einen Krankentisch über, an dem er aß, arbeitete und schrieb und unter dem er schlief; halb eingesargt, wie er dann war, dachte er guten Mutes an sein endlich bevorstehendes, seliges Ende.

Der freundliche Sensenmann gönnte ihm jedoch noch manche gute Stunde. Die Familie Papin wurde von Burg nach Frankfurt a. O., 1795 aber nach

Potsdam versetzt, und dort war sie leicht zu erreichen. Es war für den Großvater ein Geringes, seine Enkel zu Pferde zu besuchen und denselben Tag wieder zurückzureiten: das that er noch ein Jahr vor seinem Tode, als das Gehen ihm bereits lästig fiel, ohne Rücksicht auf Wind und Wetter. Andererseits brachten die Papins auch ganze Wochen bei ihm in Berlin zu, und dann mochte er den Umgang des bedächtigen Schwiegersohnes, der nach seiner Meinung zu leise predigte und zu kurze Gebete abhielt, und die Gesellschaft der Tochter mit noch größerem Behagen genießen. Jeannette hatte auch als Hausmutter ihre Talente nicht vernachlässigt: sie hatte fortgefahren, in Pastell zu zeichnen, besonders zu kopieren. Ihr „Besuch beim Großvater" nach Smith, die „Verlobung des Soldaten" nach Wheatley, ihre „Wahrsagerin" nach Dieterich, auch eine selbstkomponierte „Wahrsagerin" und eine „Spielgesellschaft" waren 1788, 1789, 1794 auf den akademischen Ausstellungen zu sehen gewesen. Diese Interessen erhielten fortwährend die Teilnahme des Vaters, der mit Rat und That, d. h. mit Korrektur und mit dem Leihen passender Originale, stets zur Hand war. Noch gründlicher als Jeannette beschäftigte sich Susette Henry mit der Kunst. Ihr Gatte wurde von Brandenburg nach Potsdam und 1795 nach Berlin berufen, wo er seinen Neigungen entsprechend die Bibliothekarstelle des verstorbenen Hofrats Stosch nebst der Aufsicht über die königliche Kuriositäten- und Medaillensammlung, dazu die Anwartschaft auf ein Predigtamt bekam: die Familie wohnte einige Zeit im Hause des Vaters, und so erfüllte nicht nur das Treiben der Großkinder die Räume mit lauter Lust, sondern es wurde auch die Malerei unter den Augen des Altmeisters ernsthaft gefördert. Bereits von Brandenburg aus hatte Susette die erste Berliner Ausstellung mit Pastellporträts und mit Kopien nach Battoni, Mengs und Falbe beschickt: damals wurde sie im Kataloge als Dilettantin rubriziert. Schon im folgenden Jahre, 1787, nennt der Katalog sie jedoch unter den Künstlern (während jetzt Nanette als Dilettantin ausstellt), sie erscheint mit immer zahlreicheren Werken, vorzüglich in Pastell, aber auch in Öl: und neben den Kopien aller Art und neben den Bildnissen finden sich Familienstücke, die in genrehafter Anordnung einen Übergang darstellen zu den Folgen von Ölgemälden, in denen sie später, nach dem Vorgange des Vaters, den Gegensatz guter und schlechter Erziehung, die verschiedenen Stände bei ihren Vergnügungen u. dergl. behandelte.[25]) Ihre gewandte, sichere Technik und eine gewisse Anmut der Farbe wie der Komposition erwarben ihr ein nicht unbedeutendes Ansehen: sie wurde 1789 zum ordentlichen Mitgliede der Akademie ernannt und öfters mit Auszeichnungen bedacht. — Zum eigentlichen Nachfolger des Vaters sollte jedoch Wilhelm erzogen werden. Er hatte die Akademie besucht und war dann vielfach zur Hilfe Chodowieckis beim Illuminieren von Umrißstichen, wie des „Königs zu Pferde" (E. 200 a), bei Zeichnungen, Stammbuchblättern und schließlich auch für Radierungen verwendet worden. Durch diesen halb methodischen und halb praktischen Unterricht machte er, bei entschiedener Begabung, bald Fortschritte; indessen war es ihm nicht bestimmt, Bedeutendes zu leisten. Es fehlte ihm an Fleiß und an Arbeitsfreude, auch war sein Leben kein glückliches. Nach kurzer Ehe 1796 verwitwet, schloß er drei Jahre später eine zweite Heirat, starb aber schon 1805. Er hinterließ eine Anzahl von radierten Kopien und Studien sowie von Illustrationen zu Almanachs und zu leichterer Unterhaltungslektüre.[26]) Man rühmte ihn als einen geistreichen Charakterzeichner, wie er denn ein heiterer Gesellschafter und guter Beobachter war. — Das Haus in der Behrenstraße hat er auch als Ehemann nicht verlassen; und als Sophie Henriette, die jüngste Schwester, den Kaufmann Lecoq heiratete und nach Hamburg zog, gab sich der Vater bei seiner Wirtschaft in Pension.

Auch Hamburg lag nicht allzu weit von Berlin, es fehlte also nicht an innigen Beziehungen zwischen dem Lecoqschen Paare und dem Berliner Familienhaupte; Isaac Heinrich, mit einer Französin verheiratet, lebte in dem noch näheren Halle a/S. So überblickte der Greis mit reger Teilnahme die Schicksale aller seiner Kinder: hatte er sie streng, ja nicht ohne Härte erzogen, so lohnten sie es ihm jetzt durch ihre Tüchtigkeit und durch dankbare Ehrfurcht.

E. 65.

Er selbst hatte sein Werk gethan. Im Februar 1800, kurz nach dem Tode seiner Schwester Henriette, traf ihn in der Akademie ein leichter Schlaganfall. Das war ein Vorbote. Er kräftigte sich wieder, arbeitete weiter, besuchte noch die Seinigen in Potsdam, und ließ, in seinen Jugendbriefen an die Mutter blätternd, sein langes Leben noch einmal sachte an sich vorübergehen. Im Herbst, im Winter verschlechterte sich sein Befinden, das Alter forderte jetzt unnachsichtlich seinen Zoll. Die Kräfte schwanden ihm immer rascher, und am 7. Februar 1801, früh zwei Uhr, befreite ihn ein sanfter Tod von aller Mühsal. Auf dem neuen Friedhofe der französischen Gemeinde vor dem Oranienburger Thor, fern von den Gräbern der Seinigen, wurde er beigesetzt[27].

Man beklagte seinen Verlust, man feierte seine Verdienste. Man hob hervor, er habe die Werke der Natur in den seinigen erreicht. Aber die ganze Tiefe seiner Bedeutung wußte damals doch niemand zu ermessen. Er war ein Mensch, der mit Wahrhaftigkeit die Wahrheit liebte und sich dadurch trotz aller hemmenden Irrtümer ein Leben nach dem Tode errang. Denn was ihn neben wenigen Künstlern jener Zeit mit Macht beseelte, das lebt noch heute in der Kunst und wird fortleben, wie es von jeher die Auserwählten beherrschte: der Durst nach Erkenntnis und der Wille, für das Erkannte mannhaft einzustehen.

(E. 661^{2}.)

Anhang.

Quellenangabe.

Das biographische Material und die meisten übrigen Nachrichten über Künstler und Kunstzustände aus der Zeit Chodowieckis, die in diesem Buche verarbeitet sind, wurden den hinterlassenen Tagebüchern, Dokumenten und Briefen des Meisters entnommen.

Die Tagebücher oder „das Journal" sind in französischer Sprache auf lose, in Oktavform gebrochene Bogen geschrieben und beschränken sich in den meisten Fällen auf kurze, abgerissene, aber sehr reichhaltige Notizen. Sie sind mit großer Regelmäßigkeit geführt und behandeln in erster Linie die tägliche künstlerische Leistung Chodowieckis, so daß z. B. die Entstehung der einzelnen Radierungen von ihrem Anfang bis zum Ende an ihnen zu verfolgen ist. Etwas minder ausführlich werden die Miniaturen, Zeichnungen, Emaillen u. s. w. berücksichtigt. Außer von den Arbeiten berichtet das Journal von den Geschäften; d. h. sowohl von der komplizierten Vermögensverwaltung und dem Kunsthandel, als von den bürgerlichen Ämtern in der Kolonie und später an der Kunstakademie. Ferner werden gemachte und empfangene Besuche, angekommene und abgesandte Briefe, die Kirchgänge, oft samt dem Inhalte der gehörten Predigt, aufgeschrieben; nicht minder die Eindrücke von gesehenen Kunstwerken in Sammlungen und Ateliers, die Titel gelesener Bücher, die Stichworte bedeutender Gespräche. Endlich finden die häuslichen Ereignisse, von den Geburten bis zu den Todesfällen samt allem, was dazwischen liegen kann, ihre kurze Erwähnung. Einzelne Episoden, besonders die Reisen nach Dessau, Danzig, Dresden, Hamburg und die verschiedenen Touren nach Potsdam sind dagegen mit größerer Ausführlichkeit, zum Teil mit sichtlichem Behagen geschrieben. Auch finden sich gelegentlich Anekdoten und curieuse Geschichten eingestreut.

So würde man das Leben Chodowieckis mit vollkommener Genauigkeit studieren können — weit über den Bedarf der Diskretion hinaus und bis zur Indiskretion — wären diese Tagebücher vollständig erhalten und wären sie nicht in der letzten Zeit des Künstlers weniger sorgfältig geführt worden. Wann er mit ihnen begonnen hat, ist nicht genau festzustellen. Aus dem Jahre 1767 haben sich einige Blätter gefunden, die in größerem Formate von einem Ausfluge nach Potsdam zwischen dem 11. und 13. März erzählen (Chodowiecki hatte dort einen Prinzen zu porträtieren); aber erst mit dem 1. Januar 1770 setzt das Journal in der oben beschriebenen Weise ein und führt zunächst, mit einer Lücke vom 3. Juni bis zum 31. Dezember 1770, bis zum 31. Dezember 1774 fort. Dann fehlen dreizehn Monate; aber vom 4. Februar 1776 bis zum 5. Juli 1787 ist es wieder ziemlich regelmäßig geschrieben und erhalten. Es fallen einzelne Tage, Wochen, ja Monate dazwischen aus; eine Erklärung sagt dann etwa: „Je n'ai pas eu le temps d'écrire" oder: „négligé d'écrire", oder der freigelassene Raum deutet dasselbe an; aus dem Gedächtnisse wird zuweilen eine kurze Zusammenfassung nachgetragen. Vom Jahre 1779 an wird der Text immer knapper, man spürt die Eile und die zunehmende Überbürdung des Verfassers; auch werden die Lücken immer größer. Aus dem Jahrgang 1786 sind sechs Wochen verloren gegangen.

Schließlich führt das im Inhalt sehr reduzierte Journal vom 11. November 1795 — also nach einem Ausfall von rund acht Jahren, die verloren zu sein scheinen — ohne wesentliche Unterbrechungen bis zum 20. Dezember 1800, worauf noch eine Notiz vom 20. Januar 1801, also kaum drei Wochen vor dem Tode Chodowieckis, den Abschluß bildet. — Vermutlich sind die Konvolute des Journals zu ziemlich gleichen Packen von den Kindern des Meisters aus der Erbschaftsmasse übernommen worden; in dem Besitze ihrer Nachkommen sind sie zum größten Teile geblieben. Die Jahrgänge 1770 bis 1774 befinden sich bei den Rosenbergerschen Erben, die Jahre 1776—1782, 16. Februar, bei Frau Dr. Ewald in Berlin, die folgenden bis Mitte 1787 bei Herrn Geheimrat Emile du Bois-Reymond: nur vom Jahre 1786 gehören einzelne Teile dem Herrn Grafen August Dönhoff auf Friedrichstein und Herrn Dorgerloh-Commussin in Berlin. Die Gruppe 1795—1801 endlich ist im Besitze des Herrn Albert Chodowiecki in Valparaiso. Alle erwähnten Stücke des Tagebuches, etwa 500 Bogen im ganzen, habe ich durch die große Güte der Eigentümer unbeschränkt ausnutzen dürfen. Die Nachforschungen nach den fehlenden Jahrgängen 1788—1794 und nach etwaigen Journalen vor 1770 waren sämtlich erfolglos. Vor mir ist dieses Material meines Wissens kaum verwertet worden. Die „Mitteilungen von der Familie“, auf die sich A. Weiße in Engelmanns Katalog beruft, beruhten höchstwahrscheinlich in der Hauptsache auf den „Anekdoten und Winken für den Biographen des Herrn Daniel Chodowiecki“ von Jacques Papin, dem Schwiegersohne des Künstlers, und der „Notice abrégée“ von Henri Chodowiecki, seinem Sohne. Diese ungedruckten Zusammenstellungen geben einen kurzen Überblick über das Leben und die Entwickelung des Meisters und behandeln hauptsächlich seine menschlichen und moralischen Eigenschaften; die „Anekdoten und Winke“ wurden mir von Herrn Albert Chodowiecki in einer Kopie zur Verfügung gestellt, ihr Original ist wahrscheinlich verloren (Die „Notice abrégée“ besitzt Frau Dr. Ewald.) Papin hat in erster Linie aus der eigenen Erinnerung und der Familientradition, dann mit Hilfe von Briefen, ferner des Journals geschrieben; vielleicht benutzte er auch das Fragment einer Autobiographie des Meisters, die ungedruckt in zwei nicht ganz übereinstimmenden Exemplaren (bei Herrn Albert Chodowiecki und bei Frau Dr. Ewald) vorhanden ist. Chodowiecki verfaßte sie kurz nach 1780, um einer Aufforderung im 7. Heft von Meusels „Miscellaneen artistischen Inhaltes“ (1780) zu genügen. In dieser Zeitschrift waren seit dem 1. Hefte 1779 die Verzeichnisse seiner Radierungen und der Stiche anderer nach ihm, im 5. Hefte 1780 auch bereits seine Autobiographie erschienen. Letztere hatte die Aufmerksamkeit der Chodowieckiverehrer erregt und ihren Wunsch nach noch genaueren Notizen erweckt; aber aus unbekannten Gründen unterblieb die Vollendung der bis 1773 ausgeführten zweiten Autobiographie. — Außer diesen wichtigen Manuskripten gehören noch andere Dokumente zu der ersten Gruppe von Quellen: mehrere Stammbäume der Familie, eine polnisch-französische Familienchronik, ein Rechnungsbuch, verschiedene andere geschäftliche Aufzeichnungen, einige offizielle Schreiben, Konzepte zu Reden und gedruckten Erklärungen, einige Aufsätze, endlich die Testamente von den Jahren 1780 und 1801, sowie Nachrichten über den Nachlaß des Künstlers. Auf dieses Material wird an den nötigen Punkten noch im einzelnen hingewiesen werden

Sehr zahlreich sind die Briefschaften Chodowieckis, deren Benutzung für diese Arbeit von besonderem Werte war Von ihnen sind zunächst die Briefe zu nennen, die seine Mutter aus Danzig an ihn schrieb; sie befinden sich in verschiedenen Sammlungen verstreut. Von Interesse sind darin vorzüglich die Nachrichten über die Vorfahren und den Vater des Künstlers. Von den übrigen Briefen an ihn sind nur wenige erhalten; wahrscheinlich sind sie vernichtet worden, nachdem ein Auszug aus den wichtigeren unter ihnen angefertigt war. Im Nachlasse Wilhelm Engelmanns befindet sich eine Kopie oder ein Auszug dieses Auszuges, worin alphabetisch geordnet der Inhalt von etwa 235 Briefen in Kürze angegeben wird. Sie stammen größtenteils von Verlegern und Sammlern und beziehen sich daher fast nur auf die Radierungen und Verwandtes. Andererseits aber sind zahlreiche Briefe Chodowieckis aus den Nachlässen ihrer Empfänger gerettet worden. Außer vielen einzelnen Korrespondenzen, die man hier und da den Autographensammlungen einverleibt hat, kenne ich ihrer vier bedeutendere, noch ungedruckte Komplexe. Vor allen die 113 ausführlichen und vertraulichen Briefe an Anton Graff in Dresden, geschrieben zwischen dem 24. Dezember 1778 und dem 1. September 1800, die von Engelmann erworben und für die Anmerkungen in seinem Kataloge benutzt worden sind. Aus dem Nachlasse dieses um die Kenntnis Chodowieckis verdientesten Mannes hat Frau Dr. Engelmann, seine Witwe, eine gütige Förderin meiner Arbeit, sie mir zu erneuter Verwertung zugänglich gemacht, wofür ihr auch hier der verbindlichste Dank ausgesprochen sei. Zog Engelmann hauptsächlich die Notizen über Kupfer aus ihnen, so fand ich meinerseits manches Nutzbare über Berliner Verhältnisse und häusliche Ereignisse. Einige Briefe an Graff in anderem Besitze füllen mehrere Lücken aus. — Sehr interessant sind ferner die 47 Briefe (1780—1795) des Künstlers an die Gräfin Christiane von Solms-Laubach, seit 1787 verehelichte Prinzessin Hohenlohe-Kirchberg auf Weikersheim; einer von ihnen ist in der unschätzbaren Autographensammlung des Herrn Alexander Meyer-Cohn in Berlin, begleitet von einem vollendet ausgeführten Stammbuchblatte; die 46 übrigen sind bei den Herren Amsler & Ruthardt in Berlin, die mir mit der dankenswertesten Liberalität einen Einblick in sie gestatteten. In diesen behaglichen Briefen giebt der Schreiber sich womöglich noch unbefangener als gegenüber Graff; es ist nur zu bedauern, daß keine einzige Antwort der merkwürdigen Adressatin, die Mitglied der Darmstädter und der Berliner Kunstakademie, außerdem der Berliner naturforschenden Gesellschaft und Freundin zahlreicher Gelehrten war, sich erhalten hat: schon Papin in seinen „Anekdoten und Winken" beklagt ihren Verlust. — Eine dritte Gruppe zu beachtender Briefe sind die 15 Schreiben Chodowieckis an Friedrich Nicolai (zwischen 1773 und 1786) in der Berliner Königlichen Bibliothek, eine vierte die 10 (zwischen 1772 und 1782) an den Kupferstecher Geyser in der Königlichen Universitäts-Bibliothek zu Leipzig. — Andere gewiß sehr ergiebige Briefkomplexe, wie die übrigen an Geyser, die zahlreichen an Adrian Zingg, den Dresdener Künstler, an Lavater, an Lichtenberg und die an den Dresdener Hofrat Becker, der um 1800 einen raisonnierenden Katalog der Radierungen Chodowieckis handschriftlich bearbeitete, sind leider verloren. Erhalten sind dagegen, im Nachlasse Engelmanns, interessante Briefe an den Künstler von Dieterich, Campe u. a.

Weitere handschriftliche Quellen außer den im obigen allgemein oder speciell erwähnten habe ich nicht benutzt: d. h. ich habe weder die Akten des Berliner Geheimen Staatsarchivs noch die der Berliner Kunstakademie durchforscht. Ich unterließ es aus verschiedenen Ursachen: unter anderen, um den Schwerpunkt des Buches auf die künstlerische Entwickelung und Thätigkeit Chodowieckis, nicht auf sein Verhältnis zur Akademie zu legen. Die Beiträge zur Kenntnis der akademischen Zustände und Persönlichkeiten zwischen 1780 und 1801, die sich im zehnten Kapitel finden, basieren also zum größten Teile nur auf dem Journal und auf den Briefen; dennoch befürchte ich nicht, daß die offenkundige Verstimmung Chodowieckis gegenüber der von ihm vergeblich gepflegten Anstalt meinen Bericht parteiisch gefärbt habe. Ich entnahm seinen Worten fast nur positive Daten und glaube meine Schlüsse und Kombinationen mit Vorsicht aus ihnen gezogen zu haben. Von litterarischen Quellen suchte ich zu specieller Verwendung nur wenige auf. Es kam mir nicht darauf an, alles nachzuprüfen, was seit Chodowieckis Tode über ihn geschrieben worden ist; die wichtigeren Urteile, die man zu seinen Lebzeiten über ihn fällte, finden sich bereits in charakteristischer Auswahl unter der von Engelmann S. LIV der Einleitung zusammengestellten Litteratur. Was ich sonst noch benutzte, ist, wo es angezeigt schien, in den Anmerkungen angegeben.

Es ist kaum nötig auszusprechen, daß dieses Buch nicht dazu bestimmt ist, den Sammlern specielle Aufschlüsse und Mitteilungen über die einzelnen Radierungen und sonstigen Werke Chodowieckis zu bringen. Ebensowenig will es die kleinen Irrtümer

Engelmanns verbessern oder nachtragen, was er auszulassen für gut fand oder nicht wußte. Bei dem überreichen Materiale war eine resolute Beschränkung des ganzen Planes notwendig, und daher wurde beschlossen, nur die Persönlichkeit Chodowieckis und ihre Beziehungen zu dem Geiste ihres Jahrhunderts darzustellen. Auch der Verlockung, auf die übrige Berliner Künstlerschaft und auf die Nachfolger des Meisters einzugehen, wurde deshalb widerstanden. Ein Katalog der Stiche nach Chodowieckischen Vorlagen und ein Index seiner Bilder, Emaillen, Miniaturen und Zeichnungen müßten als selbständige Werke behandelt werden.

Die Illustrationen.

Es war nicht möglich, für jedes Kapitel nur solche Abbildungen zu verwenden, die genau in die gerade behandelten Jahre fallen. Die Reihe unserer Illustrationen zeigt daher die künstlerische Entwickelung des Meisters nicht ganz in ihrer richtigen Folge. Um den Anachronismus thunlichst zu korrigieren, ist einigen Bildern die Zeit ihrer Entstehung hinzugefügt worden. Der Buchstabe E. vor der Nummer einer reproduzierten (oder erwähnten) Radierung bedeutet, daß die betreffende Nummer und die Benennung des Blattes dem Engelmannschen Verzeichnisse entnommen ist. — Die etwa erwünschten Nachweise über die verschiedenen Werke Chodowieckis, die der Text in Betracht zieht oder die in den Abbildungen erscheinen, stehen in den Anmerkungen verzeichnet, und über die ganze Reihe der Radierungen orientiert die Leser, die den Engelmannschen Katalog nicht zur Hand haben, das mit E.-Nummern versehene vollständige Register am Schlusse dieses Anhanges. — Eine große Anzahl der Reproduktionen von Radierungen, Tuschzeichnungen und Rotstiftstudien ist stark verkleinert; die Nachbildungen von Emaillen, Miniaturen, Bleistiftstudien und von Kalenderkupfern, Vignetten, Einfällen u. dgl. sind ganz oder annähernd in der Originalgröße gehalten.

Anmerkungen.

Die Anmerkungen, nach den Kapiteln in Abschnitte geteilt und an ihrer Spitze mit einer Seitenzahl versehen, beziehen sich auf die mit einer hochstehenden Ziffer bezeichneten Textstellen der betreffenden Seite.

Erstes Kapitel.

S. 1: [1]) Der Name Chodowiecki wird im Polnischen mit stark aspiriertem Anlaute und mit Trennung des i vom folgenden e, sowie des c vom folgenden k gesprochen, also: Hodowi-ez-ki. Vgl. die Anmerkung zu S. 6.

S. 2: [2]) Diese Chronik, gegen 1700 von Johannes Chodowiecki polnisch geschrieben, fand sich im Nachlasse des Vaters unseres Künstlers. Sie wurde letzterem nach Berlin geschickt, als es ihm wegen seiner Stellung zur französischen Kolonie auf den Nachweis ankam, daß seine Vorfahren schon lange reformiert gewesen seien. Des Polnischen nicht genügend kundig, ließ er sie ins Französische übersetzen. Ein Exemplar dieser Übersetzung, zwanzig Quartseiten umfassend und bis 1675 reichend, befindet sich bei den Rosenbergerschen Erben; ein anderes vollständiges gehört nebst vielen Familienpapieren Herrn Albert Chodowiecki in Valparaiso, dem ältesten jetzt lebenden Träger des Familiennamens: er hat aus den verschiedenen Quellen und Stammbäumen eine ausführliche Chronik zusammengesetzt, die ich im Manuskript benutzen durfte. Andere Stammbäume und Papiere besitzt Herr Wilhelm Chodowiecki in Berlin.

S. 2: [3]) Aus einem Briefe von Chodowieckis Mutter: „Feu votre père m'a toujours dit que ses ancêtres étoient de la meilleure noblesse de Pologne, que dès les premiers temps de la Réformation ils embrassèrent la Réligion protestante, et quand la persécution contre cette religion commença, ils se retirèrent peu à peu en abandonnant tous leurs biens comme au Refuge de France, souffrant beaucoup de misère, et par zèle pour leur religion ils firent étudier leurs fils en Théologie."

S. 3: [1]) Die Nachrichten über Gottfried Chodowiecki den Vater stammen zum großen Teil aus Briefen seiner Witwe an Daniel.

S. 6: [2]) In der kgl. Jagellonischen Bibliothek zu Krakau befindet sich ein Brief Chodowieckis an den polnischen Astronomen Joseph Leski aus dem Jahre 1796 (veröffentlicht in der „Sprawozdanie Komisyi do badania Historyi Sztuki w Polsce", Tom IV, Zeszyt III, Kraków 1889), in dem es heißt: . . . „wenn Sie mein Hochwohlgebohrner Herr mich für einen Polen ansehn dessen Eltern sich in Deutschland festgesetzt haben so thun Sie mir Unrecht, denn auf solche Art wäre ich kein Pole sondern ein Deutscher, und ich mache mir eine Ehre daraus ein wahrer Pohle zu seyn obwohl ich mich in Deutschland niedergelassen habe . . . . . Sie sagen ferner: „„ich nenne Sie nicht so wunderlich Kodowiki, sondren Hodowiczki."" Das ist auch nicht recht, sondren Cho-do-wi-ez-ki. Man nennt mich aber auch Scho do wie ki." Letzteres geschieht leider vielfach auch heute noch.

S. 6: [3]) Zur Beschreibung Danzigs ist herangezogen worden:

R. Curicke, Der Stadt Danzig historische Beschreibung . . . (verfaßt 1645) . . . Amsterdam 1687.

Joh. Bernoullis Reisen durch Brandenburg, Pommern, Preußen . . . Bd. I Leipzig 1779.

Gedanensia . . . 3. Bändchen. Jugendleben und Wanderbilder von Johanna Schopenhauer. Danzig 1884.

Joh. Geo. Meusel, Miscellaneen artist. Inhalts. Heft 3, 1780.

S. 11: [4]) Vgl. die handschriftliche Autobiographie Chodowieckis und Meusels Miscellaneen, Heft 5, 1780.

S. 12: [5]) Die durch Theorie erfundene Practic oder Gründlich-verfaßte Reguln deren man sich / als einer Anleitung / zu berühmter Künstlere Zeichen-Werken / bestens bedienen kan. Erster Theil. Heraus gegeben von Daniel Preißler, der allhiesigen Kunst-Mahler-Academie Director, . . . in Nürnberg. Anno MDCCLXV. Die erste Ausgabe des Werkes (vier Teile) erschien 1728—1731. Dieses Buch wird als im Zeichenunterricht Danzigs gebräuchlich erwähnt.

S. 16: [6]) Im Besitze der Rosenbergerschen Erben.

S. 18: [7]) An dem „Jüngsten Gericht" in der Marienkirche blieben die auffallendsten Fehler ihm „mehrentheils verborgen und darin war ich glücklicher als viele andere denen die Fehler mehr als die Schönheiten auffallen". Aus der Autobiographie.

Zweites Kapitel.

S. 21: [1]) Chodowiecki soll damals auch in der Nacht gezeichnet und zwar in Tusche die Kupfer zu Racine, Corneille, Molière und Voltaire kopiert haben, welche Arbeiten sich in der Familie lange erhielten, jetzt aber verschollen sind.

S. 21: [2]) Vgl. für diesen Abschnitt:

(Friedrich Nicolai) Beschreibung der Kgl. Residenzstädte Berlin & Potsdam . . . 3 Bde. Berlin 1769 ff.

Verzeichniß derjenigen Kunstwerke, welche in der Kgl. Akademie der Künste . . . ausgestellt sind. Berlin 1814. Darin eine Geschichte der Akademie.

C. E. Geppert, Chronik der Stadt Berlin. 3 Bde. Berlin 1839 ff.

Ludwig Geiger, Berlin 1688—1840. Bd. I. Berlin 1893.

S. 31: [3]) Vgl. Erman et Reclam. Mémoires pour servir à l'Histoire des Réfugiés François dans les Etats du Roi. Berlin, Jasperd, 1786. Bd. V. Die neun großen Kupfer zu diesem Werke lieferte Chodowiecki, ohne Honorar dafür zu beanspruchen.

S. 37: 5) 46 Centimenter hoch, 57 breit. Weimar, Großherzogl. Museum.

S. 38: 5) 10,5 : 8,8 Centimeter. Der Titel lautet: „Blaize Gaulard ou le Neveux de la Tante Bobé. Tiré des Promenades de Monsieur le Noble. Tome 3me, Nouvelle 6me. Enrichie de figures Inv. & dess. par Daniel Chodowiecki. A Berlin 1752." Jetzt im Besitze der Großherzogin Sophie von Sachsen: 1837 unter Großherzog Karl Friedrich von Professor A. Weise in Halle erworben. Damals gehörte ein eigenhändig geschriebenes Textheft Chodowieckis zu diesen Zeichnungen, das aber verloren gegangen ist. Nach einem Briefe Weises an den Geh. Rat K. Vogel in Weimar vom 30. September 1837. Dem Künstler gefielen die Blätter so gut, daß er zwölf von ihnen mit ganz geringen Veränderungen für den Berliner Genealog. Kalender 1776 radierte (E. 140). — Ein ähnlicher Cyklus von Illustrationen scheint verloren zu sein. Eine Tuschzeichnung (11,6 : 9,5 Centimeter) zeigt nämlich wie ein Titelblatt ein Theaterproscenium mit dem ganzen Zubehör von Orchester, Kronleuchter und Publikum und auf dem gesenkten Vorhange die Worte: „L'Enfant Prodigue Comedie de Monsieur de Voltaire. Berlin 1753." Im Besitze der Rosenbergerschen Erben.

S. 39: 6) Bei diesem Punkte angelangt, sagt Chodowiecki in der Autobiographie: „Das wäre die Zeit gewesen nach Italien zu reysen, ich dachte nicht daran, hatte auch keine Idee davon." Auch später hat er nie eine Sehnsucht dahin empfunden: beobachtete er doch, daß manche, die nach dem Gebrauche der Pariser Akademie in das gelobte Land gingen, nur verdorben daher zurückkehrten. Er warnte deshalb jeden vor der Reise, der nicht mindestens gut zeichnen könne; von sich selbst aber urteilte er zuletzt doch, er hätte sie nicht versäumen sollen.

Drittes Kapitel.

S. 41: 1) Die Verlobung fand Ende März oder Anfang April 1755 statt.

S. 42: 2) Daß die Brüder dasselbe Haus bewohnten, geht aus Wendungen wie „mon frère est monté chez nous" oder „descendu chez mon frère" hervor. Die Brüderstraße, mit dem großen Wirtshause „Stadt Paris", mit der Köllnischen Propstei, dem Gotzkowskischen Hause und anderen bemerkenswerten Gebäuden war stattlich genug und in allen Beziehungen günstig gelegen.

S. 42: 3) Der Eintritt in die Kolonie muß stattgefunden haben, denn Daniel wurde 1776 zum „Caissier" der Gemeinde gewählt, aber er kann kein vollständig korrekter gewesen sein. Denn noch 1769 wurde nach den Familienpapieren zum Nachweise einer natürlichen Zugehörigkeit zur Kolonie geforscht, wobei sich herausstellte, daß dieser nicht genügend erbracht werden konnte, und 1770 wurde Chodowiecki ausgewechselt „contre un membre qualifié suivant la teneur des reglemens". Dennoch erhielt er später neue Gemeindeämter. Gottfried drückt im Jahre 1771 die Absicht aus „de se faire franciser".

S. 45: 4) 5,8 : 8,1 Centimeter. Im Besitze des Herrn Geheimrats E. du Bois-Reymond. Die Platten mögen ursprünglich zum Schmucke einer Kassette oder eines Kabinetts bestimmt gewesen und wegen eines kleinen Sprunges in der zweiten Tafel dem Besteller nicht abgeliefert worden sein. Mit Ausnahme dieser beschädigten trägt jedes Stück die Bezeichnung „D. Chodowiecki fecit" — oder „pinx."; auf dem ersten findet sich außerdem die Jahreszahl 1757. Da sie unverkauft blieben, faßte der Künstler sie in einen gemeinsamen Rahmen und gab sie so 1786 auf die erste akademische Kunstausstellung. In seinem Testamente (1801) erwähnte er sie ausdrücklich als Legat für seine jüngste Tochter. — Über die Originale des le Clerc vgl. den Catalogue raisonné de l'oeuvre de Séb. le Clerc, par Joubert, Paris, 1777, p. 76 ff.

S. 46: 5) Die Emaillen, auf die hier Bezug genommen ist, befinden sich zum größten Teile im Privatbesitze der Nachkommen des Künstlers, teils auch in öffentlichen Sammlungen: z. B. im Kgl. Kupferstichkabinett zu Berlin und im Großherzogl.

Museum zu Weimar. — Die Dose mit Hercules und Omphale nach Le Moyne (Besitzer: Graf Pourtalès) war 1892 auf der „Ausstellung von Kunstwerken aus dem Zeitalter Friedrichs des Großen" in Berlin zu sehen.

S. 48: [6]) Die erste dieser drei Miniaturen besitzt Frau Antonie Zech in Neustadt-Eberswalde, die zweite Herr Major von Reclam in Berlin; die dritte sah ich nur in einer Photographie und ihr Besitzer ist unbekannt.

S. 50: [7]) Vgl. Salomon Geßners Schriften. Zürch, Orell, Füeßli & Co. 1777. Bd. III, S. 183—221.

S. 53: [8]) So bedeutend Anton Graff als realistischer Bildnismaler auch ist und wie sehr er Chodowiecki auf dem Gebiete der Malerei übertroffen haben mag, so ist doch der Einfluß Chodowieckis auf den Geschmack des Publikums und vieler Künstler unstreitig ein größerer gewesen. Das hängt mit der unvergleichlichen Verbreitung und Mannigfaltigkeit seiner Radierungen zusammen, die überall und immer aufs neue wirkten, während Graff ausschließlich Porträts malte und also nur einem kleineren Kreise überhaupt bekannt wurde. Über Graff vgl. R. Muther, Anton Graff.

S. 59: [9]) „Dieses akademische Zeichnen währte aber nur wenige Jahre. Und das wäre nicht genug? wird ein schon ausgelernter Künstler fragen. — Nein, lieber Mann! Wenn du dein ganzes Leben lang nach dem Leben zeichnest, so wirst du am Ende desselben fühlen, daß dir noch vieles zu lernen übrig blieb, und du nicht zuviel gezeichnet hast. Nach und nach wurden es die dieses am meisten nöthig hatten, überdrüssig und blieben aus, wir musten es einstellen, Herr Rode und ich, wir blieben allein." Aus der Autobiographie.

S. 60: [10]) „Jedoch die Manier ist immer ein Abweichen von der Wahrheit und jede Abweichung von derselben ein Fehler. Wer nun einen andren Künstler in seiner Manier nachahmt, der übertreibt sie noch, erreicht seine Schönheit nicht und vergrößert nur seine Fehler oder macht sie auffallender: ebenso wenn ein Mensch die Physiognomie eines Andren nachäffen will, so übertreibt er das was der zum Auffallen an sich hat und macht eine unangenehme Grimasse." Aus der Autobiographie.

S. 63: [11]) In der ungedruckten Autobiographie, aus der auch der unten folgende Abschnitt entnommen ist. — Die Citate aus Chodowieckis Handschriften sind mit unveränderter Orthographie und nur im Notfalle mit leicht verbesserter Interpunktion abgedruckt. Leider sind jedoch einzelne Kopien, die in Eile und mit Bleistift genommen werden mußten, nicht ganz diplomatisch treu ausgefallen.

S. 64: [12]) Durch sein Zeichnen im Reiten büßte Chodowiecki zwei Vorderzähne ein; er hatte einmal den Zügel in den Mund genommen, das Pferd stolperte und riß sie ihm aus.

Viertes Kapitel.

S. 67: [1]) Wiederum aus der ungedruckten Autobiographie.

S. 67: [2]) Für diese Skizzen benutzte er Bücher oder lose Blätter eines feingerippten Postpapiers und bediente sich gewöhnlich des Bleistiftes. Gröberes, getöntes Papier und Zeichenkarton, Tinte und Rotstift werden in Ausnahmefällen und im ganzen später zu Specialstudien für Bilder und Radierungen angewendet. Jene Bleistiftskizzen messen etwa 10:12 Centimeter Blattgröße und sind oft mit dem genauen Datum, fast immer mindestens mit der Jahreszahl, auch mit dem Namen in Abkürzung bezeichnet. Die ausgeführteren unter ihnen wurden durch ein bräunliches Fixatif (Kaffeewasser?) geschützt. Es haben sich ihrer mehrere Hunderte erhalten; die meisten von der Hand einer Nichte Chodowieckis (Nanette) in einen Sammelband vereinigt (Besitz der Rosenbergerschen Erben); größere Gruppen von ihnen befinden sich auch im Kgl. Kupferstichkabinett zu Berlin und im Städelschen Museum zu Frankfurt a. M. Andere sind in kleinerer Anzahl in Privatsammlungen verstreut.

S. 69: [4]) Die Studien Watteaus und Bouchers behandeln häufig dieselben Gegenstände, aber sie unterscheiden sich durch das bedeutend größere Format, durch die breitere, viel genialer gehandhabte Technik (Rötel und schwarze Kreide), vor allem durch ein stark subjektives Element, das den Chodowieckischen Bleistiftskizzen fehlt. Zeichnungen wie die von Gravelot und den Cochins haben bei aller Virtuosität das unverkennbare Gepräge des Manierismus.

S. 70: [5]) Sie bilden ein Heftchen von 23 Blättern (10:15 Centimeter) mit zierlich geschriebenem Titel. Unter jedem Bilde befindet sich die Nummer der dargestellten Scene, die aber nicht immer stimmt. Überhaupt scheint der Künstler das Stück nicht genau gelesen zu haben, denn er läßt den Sganarelle in dem von ihm selbst beschriebenen und verspotteten Kostüm des Ariste auftreten, während dieser wie die übrigen Personen nach der Mode von 1750 angezogen ist. — Im Besitze der Frau Anna Haslinger, geb. Chodowiecka, in Berlin.

S. 72: [6]) Diese Zeichnung ist auf einem Quartblatte in Rötel ausgeführt (Rosenbergersche Erben): Wilhelm Chodowiecki, der Sohn, hat eine Kopie nach dem Ölbilde als seinen ersten Versuch in Aquatinta geätzt. Diese Angabe ist dem Katalog des Nachlasses Chodowieckis entnommen, wo auch steht, daß dieses Blatt für vier Groschen fortging. Auf dem Blatt ist allerdings die Bezeichnung: „D. Chod. del. 1759. W. Ch. sculps. 95." Danach läge der Radierung die Zeichnung zu Grunde. Aber das Jahr 1759 stimmt nicht dazu.

S. 73: [7]) Ein energisches Zeugnis für diese Gesinnung, freilich aus sehr viel späterer Zeit, aber für diese Periode ebenso gültig, findet sich in einem Briefe Chodowieckis an den befreundeten Kupferstecher Geyser vom 3. August 1782 (Leipzig, Kgl. Universitätsbibliothek): „Es ist doch zu verwundern, daß heut zu Tage auch die großen teutschen Köpfe so wenig Erfindungs Geist besitzen und mehrentheils nur Nachahmer sind. Mir komt Wielands Oberon so vor, als wenn ein geschickter Mann eine ganz simple Figur ohne Zierraten und ohne Schmuck mit schwarzer Kreide gezeichnet häte; nun komt ein geschickter Mann, sieht diese Figur, sie gefalt ihm: Ohe! daraus wär was zu machen — er setzt sich hin, zeichnet den Umriß durchs Fenster nach, setzt hin und wieder an der Traperie etwas zu, kürzt an andren Orten etwas ab, schattiert sie sehr sauber mit Karmin aus, verziert ihr Haar mit Bluhmen, und ihr Gewand mit Guirlanden, schmückt ihre Arme mit Bändern und ihre Finger mit Ringen, zeichnet ihr Grübchen in Backen und Kinn, verzieht ihren Mund zum Lächlen. Nun steht die reizende Figur da, wer sie sieht, glaubt, sie gehört ganz dem Nachahmer, bis man endlich das Uhrbild entdeckt — dann sagt man: schade daß der Mann so wenig Erfinder ist."

S. 73: [8]) Vgl. oben S. 64.

S. 74: [9]) Im Besitz der Frau Paul du Bois-Reymond in Charlottenburg. Auf der Rückseite des Bildes steht: „Jacob bei Laban ankommend": indessen ist diese Aufschrift nicht von Chodowieckis Hand und die auftretenden Personen stimmen auch nicht zu der Erzählung im 1. Buch Mose, Kapitel 29. Eher könnte die Scene Eliesers Verhandlung mit Bethuel, nach dem 24. Kapitel desselben Buches, vorstellen; aber Chodowieckis Bericht nennt das Bild nicht eine Travestie, was es doch wäre, und außerdem ist eine solche Verspottung biblischer Personen von seiten des religiösen und strengen Mannes nicht denkbar. Der Künstler liebte übrigens die kleine Arbeit und ließ sie noch wenige Jahre vor seinem Tode rentoilieren.

S. 77: [10]) Sie sind beide 31:25 Centimeter groß, auf Holz gemalt, unbezeichnet und befinden sich in der Galerie des Amalienstiftes zu Dessau. In der Zeitschrift „Der Sammler", Bd. XIII, No. 4 hat Walther Schwarz mit der dem echten Kenner und Kunstliebhaber eigenen Wärme zuerst auf diese vergessenen Gemälde hingewiesen und für ihre bessere Erhaltung gesprochen.

S. 79: [11]) Es ist auf Kupfer gemalt, 63:46 Centimeter groß, und kam 1850 (als Geschenk der Frau Claire Chodowiecka, einer Schwiegertochter des Künstlers, an das Museum zu Leipzig. Abgebildet in der „Zeitschrift für bildende Kunst", Bd. VI. N. F. Heft 8.

S. 80: [11]) „La Parthie au Volant." 62 : 46 Centimeter groß, auf Leinewand in Öl, und zwar in grau-bräunlichem Camayeu, gemalt. Unbezeichnet. Frau Eugenie Rosenberger.

S. 81: [12]) Die Bilder sind als Gegenstücke gedacht, messen beide 63 : 78,5 Centimeter und sind auf Leinewand gemalt. Der „Hahnenschlag" ist mit „D. Chodowiecki 1768", das „Blindekuhspiel" mit „D. Chodowiecki pinx. 1768" bezeichnet. Berlin, Kgl. Museum. — Der „Hahnenschlag" wurde 1862 für 50 Thaler aus der Auktion der Thiermannschen Sammlung (bei Weigel) erworben.

S. 82. [13]) 69:80 Centimeter, Öl auf Leinewand, unbezeichnet. Im Besitze der Rosenbergerschen Erben. Das Bild wurde gegen 1770 gemalt und entspricht im großen und ganzen der bekannten Radierung des Meisters E. 83 „Premiere promenade de Berlin. La place des Tentes au Parc". Nur fehlen auf ihm die hohen, schlanken Bäume vom Vordergrunde der Radierung, und die Staffagen weisen beträchtliche Abweichungen voneinander auf. Die Radierung erschien im Jahre 1772, nachdem im August und September 1771 die Studien dazu gezeichnet und in den folgenden Monaten die Platte ausgearbeitet worden war. Sie sollte das erste Blatt einer Folge von „Örtern, wohin die Berliner lustwandeln" sein, die der Künstler plante. Er mußte sie jedoch wegen seines Zeitmangels aufgeben und konnte nur noch im Frühjahr 1772 einige Ansichten vor dem Schönhauser, dem Kottbuser und dem Schlesischen Thore dafür skizzieren. Der Gedanke zu diesem fehlgeschlagenen Unternehmen ist vielleicht durch das Ölbild „Die Zelten" entstanden, von dem wir wissen, daß es vor der Radierung E. 83 vollendet wurde; der Gedanke zum Ölbilde selbst aber mag durch ähnliche Prospekte aus anderen Hauptstädten und speciell durch den Wunsch angeregt worden sein, die an den beliebten Lustorten gesammelten Einzelbeobachtungen von Menschen in Bildform vereinigt und möglichst naturwahr festzuhalten.

S. 83. [14]) Bei Frau Dr. Félicie Ewald, geborener du Bois-Reymond, in Berlin.

S. 83. [15]) Die hier gemeinten Bilder, sämtlich ungefähr gleichen Formates wie die soeben erwähnten, befinden sich im Besitze der Familien du Bois-Reymond, Chodowiecki, Ewald, von Gruner, Rosenberger. Zwei von ihnen sieht man übrigens auf der Radierung E. 75 „Cabinet d'un Peintre" unter den Gemälden an der Wand des Chodowieckischen Ateliers. — Ein ähnliches Bild ist im Besitze der „Gesellschaft der Freunde der Wissenschaften" im Museum von Posen: Damen, die sich in Gesellschaft von Herren mit Putzmacherei beschäftigen. — Zwei „Wochenstuben" verkaufte Chodowiecki für 30 Dukaten an den Grafen Stroganow aus St. Petersburg: wohl die einzigen dieser Bilder, die er aus dem Hause gab.

S. 85. [16]) 22,5 : 18,5 Centimeter, auf Holz gemalt, unbezeichnet.

S. 85. [17]) 80:75 Centimeter groß, auf Leinewand, unbezeichnet, befindet sich eine Kopie dieses Bildes von der Hand der Frau Marianne Gretschel, einer Enkelin des Künstlers, im Besitze des Fräuleins Marie Chodowiecka in Berlin. Das Original, das um ein Beträchtliches höher sein soll, hat Herr Chodowiecki in Valparaiso. Als Entstehungszeit des Bildes giebt der Maler selbst das Jahr 1766 an und über die Art seiner Entstehung berichtet er in einem der Briefe an Christiane Solms folgendes: „Ich fing einmahl ein Familienstück an, da mahlte ich meine Schwiegerältern, meine Schwägerin, meine Frau, auch meine älteste Tochter, die ein Jahr alt war, und eine Cousine meiner Frau. Da verliefen einige Jahre und das Bild war noch nicht fertig: mittlerweile kam noch eine Tochter und nachher ein Sohn angestochen — Schade, sagte man, daß die beiden nicht auch da sind. Was war zu thun? Ich muste aus dem schon gemahlten kleinen Mädchen einen Jungen machen, und die beyden Mädchen hinsetzen wo ich konnte. Nachher kamen noch ein Junge und ein Mädchen, dazu fand ich aber keinen Platz mehr, und die für einen Familienportraitmahler, der mit der Anfertigung seiner Familie noch nicht fertig ist, so lästige Chronologie kam mit dazu, und das Familienbild wurde zwar fertig quand [sic!] à la peinture, aber unfertig quand au nombre des sujets qui la composent".

S. 85. [18]) 53 : 42 Centimeter, auf Holz, unbezeichnet, bei Fräulein Marie Chodowiecka, Berlin. Die Datierung läßt sich aus den Angaben des Journals feststellen. Auf dieses Bild bezieht sich die Fortsetzung des in der vorigen Anmerkung citierten Briefes: „Darauf fing ich ein andres an, worauf ich mich mit meiner Frau und fünf Kindern vollkommen angelegt habe, aber fertig wird es in Ewigkeit nicht, denn zwey von diesen Kindern haben nun wieder zusammen sechs Kinder zur Welt gebracht — Sagen Sie mir um Himmelswillen, wo will das hin? Zumal die neveux und nieces älter sein würden als die Tanten, auch eine Schwierigkeit, woran die leidige Chronologie Schuld ist, und man kann ihr doch unter solchen Umständen unmöglich ausweichen. Und nun sagen Sie mir noch einmahl, meine Durchlauchtige liebe Freundin: ‚Wie glücklich sind Sie — Sie können leisten was Sie wollen' ꝛc.; aber wie würde es wohl mit den reglen der Kunst stehn wenn wir immer leisten wolten was wir wollen? Unsere lieben Vorältern, die nahmens so genau nicht, die setzten Begebenheiten, die sich mit einer Person in einem Zeitraum von 10, 20, 30 ꝛc. Jahren zugetragen hatten, auf ein und dasselbe Gemählde und waren sehr ruhig dabey. So findet man Adam und Eva beim verbothenen Baum, besserhin auf der einen Seite Adams erste und letzte Ruhe, auf der andern wie der Engel die guten Leute mit dem flamigten Schwerte aus dem Paradies treibt, auch endlich Kain der seinen Bruder erschlägt ꝛc. Dergleichen findet man offt von Martin de Voß, von Martin Hemskerck und Anderen mehr."

S. 86. [19]) Beide Bildnisse, 23 : 16 Centimeter groß, auf Kiefernholz gemalt und „D. Chodowiecki pinx. Berol." bezeichnet, befinden sich im Königl. Museum zu Berlin. Auf der Rückseite von Banks' Porträt steht mit Bleistift, kaum noch lesbar, von fremder Hand geschrieben: „dem Hamburger Naturforscher D. Bolten." Auf der Rückseite des andern Porträts steht von ebenfalls unbekannter Hand: „Nach der Natur gemalt von Chodowiecki, welcher das Porträt seinem Freunde Bolten zu Geschenk gemacht hat zu einer Zeit, als Banks, Solander, Chodowiecki und Bolten in einem und demselben Orte vereinigt waren." Dieser Ort kann, dem „pinx. Berol." zufolge, nur Berlin gewesen sein: mit Dr. Bolten war Chodowiecki, wie aus dem Journal seiner Hamburger Reise 1781 hervorgeht, bekannt; aber Näheres über die Entstehung der Bilder und über eine persönliche Bekanntschaft Chodowieckis mit jenen Reisenden habe ich nirgends gefunden. Ich vermute auch, daß die Porträts nicht nach der Natur, sondern nach Kupferstichen gemalt wurden.

S. 86. [20]) Ein Porträt Friedrichs des Großen zu Pferde in Öl (38,5 : 30,5 Centimeter) besitzt Herr von Quast auf Radensleben bei Herzberg. Andere Königsbilder wurden nach Mecklenburg und nach England verkauft.

S. 87. [21]) Nach 1765 fallen außer den genannten Bildnissen aller Art und außer den beiden Parkscenen à la Watteau und dem großen Bilde „Die Zelten" nur noch einige sehr unbedeutende bäuerliche Genrescenen im Geschmacke der französischen Realisten: z. B. eine Bauernschule, die der Berliner Stecher Schuster reproduziert hat (und ein von Chodowiecki ebenfalls erwähntes Gegenstück zu ihr, das ich nicht kenne), ferner eine Gruppe von Frauen, die an einem Ziehbrunnen sitzen; eine Milchfrau und eine Obsthändlerin in der Straße u. a. Übrigens kam der Künstler noch im spätesten Alter vorübergehend auf den Gedanken zurück, etwas Großes in Öl zu malen; vgl. S. 253.

S. 88. [22]) 30 : 40 Centimeter, auf Leinwand, bezeichnet: „D. Chodowiecki f." Berlin, Königl. Museum. Die oben erwähnte Ölkopie der Radierung von Delafosse wird dieselben Maße gehabt haben, da die Bilder als Gegenstücke gelten sollten. Chodowiecki suchte sie wiederholt zu verkaufen, er verlangte 100 Thaler für beide zusammen; aber sowohl die Königin fand (1770) diesen Preis zu hoch als auch andere Käufer, die sich hier und da zeigten. Schließlich hatte sich die Familie des Künstlers so sehr an die Gemälde gewöhnt, daß sie für unverkäuflich erklärt wurden. Dies geschah vielleicht zum Teil auf das Betreiben des Hamburger Freundes Johann Valentin

Meyer, der Chodowiecki riet, das Kind „erblos zu machen", das den Familienschatz veräußern wolle. So blieben sie bis zum Tode des Meisters in seinem Besitze: er vererbte sie seinem ältesten Sohne, Ludwig Wilhelm. Dann ist die Kopie nach Delafosse verschollen, während der „Abschied des Calas" 1865 als Geschenk der Frau Marianne Gretschel, geborenen Chodowiecka, an das Berliner Museum kam. Sie wird das Bild 1862 in der Weigelschen Auktion der Thiermannschen Sammlung, in der es für 202 Thaler losgeschlagen wurde, zunächst für die Familie zurückgekauft und dann als würdigsten Platz dafür das Museum ausersehen haben.

Fünftes Kapitel.

S. 92. [1]) Die Anordnung von Chodowieckis Radierungen beruht in erster Linie auf einem chronologischen Verzeichnisse, das er selbst angelegt und größtenteils eigenhändig weitergeführt hat. Es führt von No. 1 bis No. 945. Zu den meisten Blättern hat er einen Kommentar von wenigen Worten hinzugefügt. Diesem Verzeichnisse entsprechend, erschienen in Meusels „Miscellaneen" (s. o. S. 258) die Stücke eines knapper gehaltenen Kataloges; sie reichten im 30. Heft 1787 bis No. 573, um damit abzubrechen. Der Kunsthändler Jacoby, im Besitze jenes Chodowieckischen Handexemplars, verfaßte auf Grund dieses Materials seinen gedruckten Katalog: „Chodowieckis Werke, oder: Verzeichnis sämtlicher Kupferstiche, welche der verstorbene Herr Daniel Chodowiecki, Direktor der Königl. Preuß. Akademie der Künste, von 1758 bis 1800 verfertigt, und nach der Zeitfolge geordnet hat. Verfaßt und herausgegeben von D. Jacoby senior, Kunsthändler. Berlin 1808. . . ." Engelmann endlich erweiterte den Plan des Katalogs durch Hinzufügung der Einleitung, vieler Anmerkungen, der Nachweise von Kopien und durch bequeme Register. Er ergänzte und verbesserte dadurch Jacobys Mitteilungen um ein Bedeutendes. In seinem Nachlasse befindet sich jetzt auch das Chodowieckische Manuskript. — Ob die „Ankunft der Franzosen in Deutschland" (E. A.), die Darstellung eines hemdlosen, aber äußerst vornehm thuenden Franzosen, der aus einem Feldlager kommend von gutmütigen deutschen Bauern mit einem Hemde beschenkt wird, und „Henry Gierart" (E. B.), ein verwachsener Krämer, von Chodowieckis Hand sind oder nicht, bleibt für unsere Darstellung gleichgültig. Er selbst ignorierte diese an sich unbedeutenden Blätter (wenigstens E. B. ist von wahrhaft kindischer Plattheit), und meines Erachtens liegt nicht der mindeste Anlaß vor, sie ihm zuzuschreiben. Was bei E. A. an ihn erinnert, ist nur die Figur des lesenden Bauern, dessen obere Hälfte ähnlich der Radierung E. 2 ist, und ich vermute, daß Chodowiecki dieses Blatt in Abhängigkeit von jener „Ankunft der Franzosen" oder von einem gemeinsamen Originale abhängig gemacht hat. — Übrigens besaß er (um 1770) ein Ölbild „L'arrivée des François": der etwas zweideutige Wortlaut der Erwähnung desselben im Journal ermöglicht vielleicht, den Maler Johann Gottlieb Glume für seinen Urheber zu erklären. — Den „Würfelspieler" (E. 1) nennt Chodowiecki einen „mutwilligen Versuch". Er fügt hinzu, er würde Johann Wilhelm Meil gern nachgeahmt haben, wäre das Nachahmen nicht ganz gegen sein Prinzip gewesen. (Vgl. Meusel, Miscellaneen, 1780, Heft 5.) Ein Prinzip, das er freilich erst spät aufstellte und nie ganz befolgen gelernt hat.

S. 93. [2]) „Bauerngespräche" hieß eine Reihe von politischen Satiren, die während des siebenjährigen Krieges erschienen, die europäischen Machthaber unter der Maske von Bauern auftreten ließen und von den politisierenden Bürgern viel gelesen wurden.

S. 94. [3]) Chodowiecki sagt in einem Briefkonzept, er habe keine Übung mit dem Grabstichel gehabt und daher alles durch Retouchieren erreichen müssen.

S. 95. [1]) Le Prince legte 1765 der Pariser Akademie Kupfer vor, die mit chinesischer Tusche oder mit Bister lavierte Handzeichnungen nachahmten: ein Verfahren, das er entdeckt hatte. Vgl. Meusel, „Miscellaneen", 1781, 9. Heft.

S. 95. [5]) Die Einzelheiten, die Weiße S. XXXVIII ff. der „Einleitung" in Engelmanns Katalog über diese und die nächsten Blätter bringt, müssen mit Vorsicht benutzt und verbreitet werden, da die hier zu Grunde liegenden Quellen sich bei näherer Prüfung als widerspruchsvoll und nicht ganz zuverlässig erweisen.

S. 96. [6]) Vgl. „Les Pseaumes de David en Vers avec des Prières. Aux Dépens de la Compagnie du Consistoire. A Berlin 1759." Spätere Auflagen: 1783 und 1791.

S. 98. [7]) Es läßt sich nicht nachweisen, daß der König Chodowiecki besondere Gunst oder Ungunst bewiesen hätte. Eine Porträtsitzung scheint er ihm nie gewährt zu haben; die Anekdote, der Künstler habe ihn einmal durch das Schlüsselloch seines Arbeitszimmers in Potsdam beobachtet und gezeichnet (sie gilt von einem lebendig aufgefaßten Aquarellbildniß im Großherzoglichen Museum zu Weimar), ist unverbürgt und heftet sich übrigens auch an ein Porträt Voltaires. Eine authentische Quelle für den Bericht über jene Audienz habe ich nicht gefunden, ebensowenig für Friedrichs Ungnade wegen der Darstellung E. 162: „Friedrich der Zweyte standhafft im Unglück oder ein Held sich auf sein Schwert stützend", wie Chodowiecki das Blatt nennt. Wenn Gottfried Schadow in seinem Buche „Kunst-Werke und Kunst-Ansichten" (Berlin, Decker, 1849) S. VIII vom Könige sagt: „Von Chodowiecki mogte er nichts wissen", so ist dagegen zu erinnern, daß Schadows Mitteilungen in vielen Punkten ungenau sind. Fest steht nur, daß Chodowiecki, der 1767 seine Allegorie auf die Vermählung der Prinzessin Friederike Sophie Wilhelmine (E. 46) dem Könige hatte überreichen lassen, in einem eigenhändig unterzeichneten Schreiben einen kurzen Dank dafür erhielt und daß er bis zum Jahre 1786 durch die Vermittelung der Hofjuweliere Jordan und Reclam Emaildosen für Friedrich nach dessen genauen Angaben über Gegenstand und Farbe der Malerei zu liefern hatte. Näheres darüber siehe S. 278. Nach Schadow hätte Chodowiecki seine charakteristischen Bildnisse des Königs bei den Paraden auf dem Berliner Exerzierfelde konzipiert. Das ist gewiß richtig; aber außerdem wird der Künstler noch oft genug Gelegenheit gefunden haben, Friedrich zu sehen, und bei ihm genügte eine kurze, scharfe Betrachtung, um die wesentlichen Züge und Bewegungen eines Menschen aufzufassen.

S. 102. [8]) Ein Zusammenhang dieser Figuren mit französischen Werken im Sinne irgendwelcher Abhängigkeit, etwa mit den Suiten von Bouchardon und Boucher, ist nicht vorhanden und ebensowenig mit den Charakterstudien und Typen des interessanten Zeichners J. F. von Göz.

S. 104. [9]) Einzelne dieser Studien wurden auch als Zeichnungen ausgeführt. So befinden sich die „Sechs Türken" (E. 25) in sehr feiner aquarellierter Zeichnung, datiert vom „3. May 1765" im Königl. Kupferstichkabinett zu Berlin. Siehe die Abbildung S. 117. Im Berliner Genealogischen Kalender für 1789 befindet sich ein Kupfer von D. Berger: ein Kosak zu Pferde „nach einer von D. Chodowiecki nach dem Leben ausgemahlten Zeichnung copiert durch C. Stäglich": also noch in solcher Verwässerung konnte das Original als wirkungsvoll gelten!

S. 105. [10]) Chodowiecki selbst sagt allerdings, das Bild, das er als etwas sehr Ausgeführtes habe machen wollen, sei ihm, nach vielem Retouchieren, „ziemlich gut sowohl in Aehnlichkeit als auch Ausführung" geraten. Konzept eines Briefes.

S. 106. [11]) Der „kleine Calas" (E. 353) unterscheidet sich vom „großen" (E. 48) hauptsächlich dadurch, daß er in ein Hochformat gebracht ist, während jener im Querformat gehalten wurde. Um diese Veränderung, die durch die Form des Oktavbandes von Weißes Trauerspiel veranlaßt war, auszuführen, wurden die Fliesen des Fußbodens im Vordergrunde weiter vorgeschoben und die Gewölbe beträchtlich höher geführt, so daß man den Haken sieht, an dem die Laterne hängt; an den Seiten wurde der Raum, soweit es mit Rücksicht auf die Personen anging, eingeengt. Aus diesen Verschiebungen ergab sich ferner das Bedürfnis, einen mittleren Pfeiler zu konstruieren und rechts von ihm noch die Figur eines trauernden Herrn anzubringen; auch ist der Soldat hinter der geöffneten Thür weniger sichtbar als auf E. 48.

S. 106. [12]) Vgl. S. 282. Die Bewunderung dieser Komposition hat sich bis auf den heutigen Tag im Publikum erhalten. Ein liebenswürdiges Zeugnis dafür findet sich in einem Briefe Theodor Storms an Frau F. Rosenberger, vom 28. Juli 1885: „Das Calas-Blatt ist nun jedenfalls die Krone meiner kleinen Schätze, man gewinnt es lieber, je öfter man es betrachtet: das ganze redliche und tüchtige Herz des Meisters ist darin." — Die privilegierten Kunstkenner und Künstler suchen heutzutage nicht so leicht das Herz des Künstlers im Kunstwerke.

S. 107. [13]) Der Künstler meint freilich in dem zu S. 105 angeführten Konzept, E. 48 sei „von Kenner und Nichtkenner so wol wegen der Invention, Composition, Beleuchtung, Ausdruck als auch der Behandlung gesucht und geschätzt".

S. 108. [14]) Im folgenden sind hauptsächlich Notizen aus Meusels „Miscellaneen" und Meusels „Teutschem Künstlerlexicon, Lemgo 1778", aus Wielands „Teutschem Merkur" u. a. verwertet.

S. 113. [15]) Johann Wilhelm Meil, der interessanteste Künstler jenes Kreises neben Chodowiecki, bestrebte sich auch, den Holzschnitt etwas zu beleben. Er entwarf bäuerliche Genrescenen auf Blättern von 6¼:5 Zoll, die Johann Georg Unger zu schneiden bekam. Vgl. Meusel, „Miscellaneen", 1779, Heft 1.

S. 113. [16]) Die Armseligkeit von Johann Heinrich Meil zeigt sich z. B. bei einer Vergleichung seines „Herzog Leopold von Braunschweig" mit Chodowieckis entsprechender Komposition (E. 541).

S. 115. [17]) Nach dem Tode „unseres großen Schmidt" mußte Chodowiecki den Katalog seiner nachgelassenen Sammlungen anfertigen, eine, wie er sagt, 14 Tage Zeit raubende, aber sehr interessante Arbeit, für die er als einen Teil des Honorars viele schöne Blätter erhielt. Dabei zeigte sich übrigens, daß er von den Finessen der Etats-Feststellung bei Kupfern weder viel verstand noch verstehen mochte.

Sechstes Kapitel.

S. 118: [1]) Chodowiecki an seine Mutter, etwa 1770: „ . . . Je m'amusai à la gravure, mes ouvrages plurent au public, je voulais être peintre, le public voulut que je sois graveur, hé bien, je le suis plus que jamais et on m'encourage de tout côté en me payant tout ce que je demande."

S. 118: [2]) Chodowiecki sagt, die Leipziger Verleger hätten mehr Zeichnungen, die Berliner mehr Radierungen bei ihm bestellt, da sie in seinen Originalarbeiten einen feineren Ausdruck fanden. Er selbst ist ebenfalls dieser Meinung, und wir werden zugeben, daß er recht hat.

S. 118: [3]) Der genaue Titel der deutschen Ausgabe eines Jahrganges dieses Kalenders lautet: „Genealogischer Calender auf das Jahr 1770; mit Kupfern gezieret und mit Genehmhaltung der Königl: Academie der Wissenschaften zu Berlin, herausgegeben." Die französische Ausgabe ist betitelt: „Almanac genealogique pour l'an 1770 avec l'approbation de L'Academie Royale des Sciences et belles Lettres à Berlin."

S. 123: [4]) Die Mitteilungen über die Berliner Kalender beruhen auf den in der Kgl. Bibliothek zu Berlin erhaltenen Exemplaren. Eine Speciallitteratur über die Kalender des 18. Jahrhunderts giebt es nicht. Für Frankreich hat Victor Champier Les anciens Almanacs illustrés, Paris 1886, einiges dafür zusammengestellt.

S. 124: [5]) Die Kalender pflegen nicht die Texte der illustrierten Werke zu bringen, sondern die Kupfer, als Ersatz der früher üblichen Darstellungen der Monatsbeschäftigungen, sind meist in das Kalendarium eingeschaltet und werden entweder nur durch ihre Unterschriften oder durch einen kurzen Aufsatz erläutert.

S. 125: [6]) Als Chodowiecki einige Jahre später zum zweitenmale ein Bühnenstück für die Illustration des Kalenders wählte und dabei auf das beliebte Singspiel von Sedaine „Le Déserteur" geriet, das er mehrmals mit Vergnügen gehört hatte, da zeigten mehrere von diesen Blättern (E. 110, 1774) die Hauptpersonen in den charakteristischen, stilisierten Stellungen von Opernsängern: ein Beweis dafür, daß seine Erfindung von den Aufführungen beeinflußt worden ist. Dasselbe geht auch aus der Porträtähnlichkeit hervor, die er bedeutenden Schauspielern entnahm, um seine dramatischen Figuren durch sie zu beleben. Z. B. hat er Brockmann als Hamlet genau studiert und in Maske und Bewegungen wiedergegeben: fett, glatzköpfig mit Locken (vgl. Goethes Auffassung im „Wilhelm Meister"!), mit origineller, seltsam realistischer Aktion (E. 213. 214. 252; vgl. auch „Die Manşefalle", nämlich die Theaterscene aus dem „Hamlet", nach Chodowieckis Zeichnung von Berger gestochen). Auch andere Schauspieler, wie Bruckner, Döbbelin und seine Tochter erscheinen in den Illustrationen zu den von ihnen aufgeführten Dramen porträtähnlich. Chodowiecki verkehrte übrigens eine Zeitlang persönlich mit diesen Künstlern, porträtierte sie mehrfach und entwarf gelegentlich auf Bitten der Dlle Döbbelin Kostüme für sie, z. B. zur Aufführung von Plümickes „Lanassa" (vgl. das Journal von 1781). Immerhin behielt er seine scharfe Kritik stets bei: als Döbbelin (1783) Lessings „Nathan" geben wollte, schrieb er an Christiane Solms: „Können Sie es sich vorstellen, daß Döbbelin künftigen Montag Nathan den Weisen aufführen lassen wird? Und daß er, ein feister, schwülstiger, aufgeblasener Dragoner Unterofficier den Nathan vorstellen wird?" Wirklich mißfiel ihm auch die Vorstellung, dem Publikum jedoch nicht minder; denn beim drittenmale, berichtet er später, sei das Haus leer und NB. kein Jude zugegen gewesen.

S. 126: 7) Ein Solitaire, das sich jetzt im Kunstgewerbemuseum zu Hamburg befindet. Da das zierliche Geräte mehr als zwölf zu bemalende Flächen hatte, so erfand der Porzellanmaler einige Kompositionen dazu. Das Service wurde Chodowiecki bei einem Besuche im Magazin der Fabrik am 15. April 1772 gezeigt und war „quelque temps" vorher vollendet worden. Vgl. „Das Kunstgewerbe", V, Heft 7 u. 8, S. 27. — Ob sich sonst noch viele Kompositionen Chodowieckis auf Porzellan übertragen finden, habe ich nicht näher untersucht. Es ist nicht unwahrscheinlich; aber er selbst wunderte sich doch, auf den Tellern des berühmten „Russischen Service's", das in der Berliner Manufaktur 1772 als Geschenk des Königs für Katharina II. angefertigt wurde, nur ein Motiv aus seinen Werken, und zwar die Gruppe des Großtürken aus E. 60, der „Gleichheit aller Stände im Grabe", verwendet zu sehn. — E. Zais erwähnt in seinem Werke über die Kur-Mainzische Porzellan-Manufaktur zu Höchst (Mainz, J. J. Diemer 1887) p. 163 f. ein Höchster Déjeuner mit Darstellungen nach Chodowieckis Kupfern zu Sedaines „Déserteur" (E. 110).

S. 128: 8) Diese Kupfer fanden denn auch so viel Beifall, daß sie nicht nur den Absatz des Kalenders abermals steigerten und gleich zweimal kopiert wurden, sondern auch veranlaßten, daß man 1775 die Illustration der Bertuchschen Don Quixote-Übersetzung mit fünf Bildern (E. 147. 148. 169—171), und die einer anderen Ausgabe des Buches (1780) mit gar dreißig Bildern wiederum Chodowiecki übertrug. Letztere dreißig stach jedoch nicht er selbst, sondern nach seinen herrlich ausgeführten Tuschzeichnungen (im Besitz der Großherzogin von Sachsen) Daniel Berger.

S. 128: 9) Die Unterschriften der Bilder in der französischen Ausgabe dichtete für diesen Kalender wie für den vorhergehenden Herr von Francheville, die deutschen Unterschriften die Karschin.

S. 130: 10) Es scheint allerdings, als ob die Anordnung der Tafeln allmählich mehr dem Zufall als dem festgesetzten Programme anheimgegeben worden sei; denn innerhalb der erwähnten Disposition finden sich, besonders gegen Ende des Werkes, viele Gegenstände willkürlich eingeschoben und aus ihrem Zusammenhange herausgerissen.

S. 131: 11) Man betrachte z. B. auf Tafel III das kleine Mädchen, dessen Kleid am Kamin Feuer gefangen hat, und vergleiche dazu den Text, Beschreibung I. 15: „Du unvorsichtiges Mägdchen — zu nah sassest Du dem Feuer auf dem Camin. Izt wilst Du davon fliehen . . . rufst Erwachsene zu Hülfe: „Komt, liber Vater, libe Mutter, libe Brüder! Komt, Freunde! die ihr mich hört, helft, ach helft mir, rettet, rettet mich! denn die Flamme hat mein Kleid ergriffen, kommt, und löscht die Flamme plötzlich mit Wasser, oder — die Haut, das Fleisch und die Nerven meines Körpers werden anbrennen, und mir die heftigsten Schmerzen verursachen" . . . ꝛc. Genau wie Chodowieckis Figur des entsetzten Kindes sich von dieser unwahrscheinlichen und überladenen Rede unterscheidet, so unterscheiden sich seine sonstigen realistischen Figuren von den studierten und unempfundenen Geschöpfen in den Allegorien des Manierismus.

S. 131: [13]) Ohne zunächst auf ähnliche Werke einzugehen, sei hier nur an die „Bilderakademie für die deutsche Jugend" des Pastors Stoy zu Heusenfeld, späteren Professors in Nürnberg, erinnert, die zwischen 1779 und 1784 entstand. Chodowiecki steuerte ein allegorisches Titelblatt zu ihr bei, das von Schellenberg gestochen wurde. Die Tafeln, in sehr komplizierter Anordnung und Zusammensetzung aus vielen kleinen Abschnitten von verschiedener Gestalt, wurden von Gottfried Chodowiecki (14), Schellenberg (28), Penzel (8) und Schleuen (1) entworfen und teils von den genannten selbst, teils von Glaßbach, Bock und Ballwerb radiert. Die Zeichnungen zu diesem Bilderwerke befinden sich im Besitze der freiherrlichen Familie von Rotenhan. Der Titel des Buches wurde für einen der Drucke in „Manuel Elementaire. Figures" verändert.

S. 134: [14]) Auch die Kaiserin Katharina zeigte sich der Sache günstig: sie gab 1000 Thaler und bestellte 400 Exemplare des Elementarwerkes; der Großfürst-Thronfolger eiferte ihr nach und spendete 500 Thaler. Am großartigsten unterstützte der König von Dänemark das Unternehmen (durch Subskription auf 1580 Exemplare und eine Zahlung von 900 Thalern) und erntete dementsprechend den meisten Weihrauch von seiten Basedows und Wolckes, die zwar die Kinder zu stolzen Naturmenschen erziehen wollten, selbst aber die diplomatischen Künste durchsichtiger Schmeichelei nicht unter ihrer Würde fanden.

S. 131: [15]) Diese Reise erfolgte zunächst im Interesse Basedows, und ihre Beschreibung im Journal führt uns denn auch mit besonders interessanten Einzelheiten in dessen Kreis ein. Am 16. Mai war Chodowiecki von Berlin ausgeritten, hatte in Potsdam die Leiche eines jungen Herrn Bretton mit Rötel bei Licht porträtiert und war dann am Mittag des 17. über Wörlitz in Dessau eingetroffen. Er stieg im „Goldenen Beutel" ab, Basedow ließ sich den Gast aber nicht entgehen. So lernte Chodowiecki dieses wunderliche Hauswesen kennen: die junge Frau, die für krank ausgegeben wurde, obgleich sie augenscheinlich gesund war; die verständige Schwiegermutter, eine Dänin, die mit dem Schwiegersohn in bestem Einvernehmen lebte; die zwei Kinder: Emilie, drei Jahre alt, lebhaft, schon auf dem Wege, ein berühmtes Erziehungsobjekt zu werden, das die Fremden harmlos auf Lateinisch ansprach und erstaunlich weise schien, und ihr Bruder, ein schwächlicher Junge von anderthalb Jahren. Dieser mußte stets barfuß gehen, und keines der beiden durfte je eine Kopfbedeckung tragen — „nicht einmal des Nachts", wie Chodowiecki mitleidig hervorhebt. Übrigens galten sie für sehr folgsam, doch wurde das Gehorchen ihnen nicht eben schwer gemacht, da die gewährte Freiheit eine fast unbeschränkte war. — Basedow selbst schlief in einem gut verdunkelten Zimmer bis tief in den Tag hinein, arbeitete nicht viel, rauchte dafür desto mehr und saß gern und lange bei der Tafel. Dann trank er reichlich, wurde heiter und gesprächig, sagte manches, was er besser verschwiegen hätte, und ging um Mitternacht zu Bett. — Gleich am Morgen nach seiner Ankunft wurde Chodowiecki auf das Schloß beschieden, um die Fürstin zu porträtieren. Sie empfing ihn in einem runden Salon mit korinthischen Säulen und einer reichen Verzierung von Bildern im Geschmacke Joseph Vernets und von Kopien nach herculanischen Fresken; auch waren Büsten, Porzellanfiguren und silberne Geräte in griechischem Stile aufgestellt. Während der Arbeit beklagte sich die Fürstin über den italienischen Maler Malaporta, der sie als „nimphe maritime" gar zu schlecht getroffen habe, und über Lisiewski, den Vater der Dorothea Therbusch, daß sie ihm unendlich oft, für alle Teile des Anzugs, selbst für die Schuhe, die sie trug, habe sitzen müssen: trotzdem sei aus dem Bilde nichts Gutes geworden. Auch Chodowieckis Miniatur mißriet an diesem Tage; er begann am folgenden von neuem und diesmal gelang es ihm besser. Der Fürst zeigte sich öfters im Salon und schlug dem Künstler, freilich vergeblich, vor, ihm ein Gemach al Fresco auszumalen: wie er denn den Bauerntanz und die Samariterscene von Chodowieckis Tafel XLIX des Elementarwerkes als Camayeux in den Zimmern des Erbprinzen hatte anbringen lassen. Zwischendurch genoß man Thee und Zwieback mit Butter, und zur Erheiterung der melancholischen Fürstin hielt etwa der gereiste Dilettant, Herr von Erdmannsdorff, einen unterhaltenden Diskurs oder die Hofdame las eine Komödie vor. Ab und zu wurde auch Herr Behrisch (Goethes Studienfreund) aufgefordert, ein Kapitel aus Wielands „Agathon“ vorzutragen, wenn er nicht seinen Zögling, den Erbprinzen, in der englischen Tracht hereinbrachte. — Nach Vollendung dieser Arbeit zeichnete Chodowiecki noch die Porträts der Basedowschen Damen und ihn selbst, den er im folgenden Jahre für Nicolais „Allgemeine deutsche Bibliothek“, Bd. XXI, radierte (E. 105), und kehrte am 23. Mai nach Berlin zurück.

S. 135. [15]) Vgl. Kapitel IX.

S. 136. [16]) Die Rückseite der Medaille behandelt denselben Gegenstand wie E. 55, aber in weniger glücklicher Anordnung. Da die Blätter unmittelbar aufeinander folgen und E. 56 vielleicht früher entworfen wurde als E. 55, so könnte man die Erfindung des Stoffes auch dem schöngeistigen Baron zuschreiben.

S. 136. [17]) Daß Romanzoff zwölf Jahre früher der roheste Feind Preußens und Verheerer Pommerns gewesen war, störte Chodowiecki keineswegs. Er illustrierte freilich auch die „Leiden des jungen Werther“, nachdem er die „Freuden“ desselben eben erst illustriert hatte. Diese Thatsachen beschränken die Meinung, er habe seine Gegenstände stets von Grund aus aufgefaßt.

S. 138. [18]) Die Gruppe des Arztes stammt aus den Zeichnungen zu Blaise Gaulard von 1772. Der Kenner Chodowieckischer Werke wird überhaupt manche Selbstanleihen des Künstlers in ihnen entdecken.

S. 138. [19]) Am 11. Juni 1772 bestellte Labes bei Chodowiecki eine Vignette „relative à ses affaires fâcheuses“, die aber wegen der Überzahl der anzubringenden Figuren unausführbar war.

S. 139. [20]) Es wäre zu weitläufig, alle im Text angeführten Titel von Büchern und von Kompositionen ausführlich und genau zu citieren. Nach den beigefügten Nummern wird man sich aber in dem Verzeichnis von Engelmann, allenfalls auch schon in unserer Übersichtstabelle orientieren können.

S. 139. [21]) Chodowiecki stellte die Ökonomie dar als ein antik kostümiertes Weib im Ährenkranze, das Zirkel und Scepter in den Händen trägt, an einem Steuerruder sitzt und von Bienenkörben sowie von einem Pflüger flankiert wird. Wie in vielen anderen Fällen so ist es auch in diesem unmöglich zu bestimmen, ob der Künstler die Einzelheiten für eine solche Allegorie von dem Auftraggeber vorgeschrieben erhielt oder ob er sie der Tradition, d. h. irgend einem der Handbücher für Embleme und dergleichen oder ähnlichen Kupferstichen, entnahm oder endlich, ob er sie sich selbst austüftelte. Im allgemeinen neigt Chodowiecki keineswegs zur selbständigen Erfindung von so komplizierten Figuren, und wo er kann, begnügt er sich mit einer „schlichten Erhabenheit“, die uns freilich auch nicht eben viel genießbarer scheinen will.

S. 141. [22]) Ludwig Geiger bringt in „Berlin 1688—1840“, I, 697—698 eine ausführlichere, feine, in manchen Beziehungen von unserer Darstellung abweichende Parallele zwischen Chodowiecki und Nicolai. — Sehr interessant für das Verhältnis von Chodowieckis Frömmigkeit zu Nicolais Freigeisterei ist ein Brief des ersteren an letzteren vom 8. März 1776 (ungedruckt, Königl. Bibliothek zu Berlin); es handelt sich darin um die Weigerung des Künstlers, die Kupfer zum letzten Bande des „Sebaldus Nothanker“, der besonders starke Ausfälle gegen die Religion enthält, zu übernehmen. Die Mutter und die Schwestern des Künstlers hatten ihm schon wegen der früheren Kupfer zum „Sebaldus“ bekümmerte Vorstellungen gemacht; jener französische Prediger in Danzig, wahrscheinlich Fabricius, hatte in Übereinstimmung mit den Berliner Pastoren Erman und Reclam ebenfalls gewarnt. Chodowiecki glaubt daher seine früher gethane, für die ersten Bände des Buches auch gehaltene Zusage zurückziehen zu müssen und teilte seine sorgfältig erwogenen Gründe mit der ihm eigenen Genauigkeit dem Verfasser des anstößigen Buches mit. Wir lassen den vollständigen, in nichts veränderten Abdruck des Briefes hier folgen: er ist höchst charakteristisch für Chodowieckis ganze Auffassung des Christentums. Übrigens ließ er sich nach einer Rücksprache mit dem Pastor Bocquet und nach dem Versprechen Nicolais, die ärgsten Stellen zu mildern, doch beschwichtigen und lieferte die Kupfer. Eine spätere Ausgabe (1799) illustrierte aber Johann Wilhelm Meil, und zwar ohne sich von seines Vorgängers so schwer zu übersehenden Vorbildern abhängig zu zeigen. Chodowiecki schrieb am 14. Februar 1799 an Nicolai, er schlage Arbeiten für Bücher, in denen man sich über berühmte Leute lustig mache, ab. Ein Grundsatz, den er 1775 offenbar noch nicht hatte. — Auf dem Rücken des Briefes ist von Nicolais Hand bemerkt: 1776. 8. März. Chodowiecki.

Chodowiecki an Nicolai.

Ich bin wahrlich sehr betrübt daß ich Ew. Hochedelgeboren nicht helffen kann, ich habe etliche mal die mir anstößigen stellen gelesen. wenn ich die Blätter aus der Hand lege deucht mir ich thue Ihnen unrecht, und alles waß Sie zu Ihrer rechtfertigung sagten scheint mir war und richtig, wenn ich sie aber von neuem lese verschwindt alles dieses und ich finde nur Gelegenheit zu tausenderley wiedrigen und gefährlichen auslegungen. Ich finde in Ihren Ausdrücken zuweilen etwaß beißendes, bitteres und spottendes wenn von der Religion und der H. Schrift die rede ist. und die Lehrer derselben können Sie durch das ganze werk nicht genug heruntersetzen, den eintzigen Alkmarer ausgenommen.

Sie halten dafür e s s e i n i e m a n d m e h r s o e i n f ä l t i g d i e ü b e r n a t ü r l i c h e E i n b l a s u n g d e r H. B ü c h e r z u g l a u b e n, ich glaube sie auch nicht so wie Sie dieses Wort auslegen. Aber das etwas übernatürliches bei Stiftung der Christlichen Religion, wovon diese Bücher Folgen sind, vorgegangen ist, das kann doch nicht geleugnet werden. was waren die ersten Prediger des Christenthums? warens nicht gantz gemeine Leute, Fischer, Zölner u. dgl. waren sie nicht zu der Zeit da Christus noch mit ihnen auf Erden war, einfältige, furchtsame und mit Vorurtheilen behafftete Menschen? Flohen sie nicht alle da Christus gefangen wurde? verleugnet Petrus ihn nicht? hielten sie sich nicht verschlossen aus Furcht für den Juden?? Nach dem Pfingstfest aber, oder nach der Ausgießung des H. Geistes über sie, wurden sie erst was sie werden sollten. Mit welcher Standhafftigkeit redete Petrus nun nicht mit dem Gantzen versammelten Volk, waß für eine Folge hatte seine Anrede nicht, wurde er und die andern Apostel von dieser Zeit an nicht gantz andre Menschen? War nun hier ein wunder an ihnen Geschehen, so mußte ja dieses Wunder einfluß auf ihr gantzes folgendes Leben haben, und waß sie geschrieben haben kan man ohne die Nothwendigkeit eines jedesmaligen neuen wunders als Schriften von mehr als g e m e i n e n v e r n ü n f t i g e n L e u t e n ansehen; Ich halte davor es gehörte noch mehr als Vernunfft dazu die Bücher zu schreiben die sie uns gelassen haben, sonst hätten die Gelehrten Männer die vor ihnen gelebt haben und die weit mehr Natürliche Vernunfft hatten als diese auch so schreiben können.

Was Werenfels schrieb von der Bibel ist übertrieben sonst müßten die Mahomethaner auch ihre Lehre darin finden. Freilich kan man mehr glauben als darinne steht, und auch weniger wenn man das verwirfft waß einem nicht ansteht.

G o t t h a t s e i t d e n T a f e l n a u f S i n a i k e i n e O f f e n b a h r u n g u n m i t t e l b a h r g e g e b e n. woher ist denn die Lehre Christi gekommen, dem Sie doch die Gottheit nicht absprechen, er hatt sie ja unmittelbahr gepredigt. Hier setze ich mich in die Stelle sovieler jungen Leute die Ihr Buch lesen und schon einen Hang zum unglauben mitbringen, und bethe mit frohem Hertzen nach. G o t t h a t s i c h d e r E i n s i c h t e n g u t t e r L e u t e b e d i e n t w e l c h e B ü c h e r g e s c h r i e b e n h a b e n d i e d u r c h verschiedne Vorfälle den Menschen wichtig geworden sind. Also war alles was vorher geschehen war, nämlich die Zukunft Christi auf Erden um den Menschen den Willen Gottes beßer zu lehren als vorher geschehen war, Ihnen das vollkommenste Beispiel eines Gutten Menschen zu geben, Einige menschen zu fortpflanzer seiner Lehre vorzubereiten, Für alle zu sterben um ihnen wenn sie sonst Guttes thun wollten, die Seligkeit zu erwerben, Alles dieses wäre also unnöthig gewesen. Die Ausgießung des Heilg. Geistes am Pfingstfest wäre auch nicht nöthig gewesen und doch sind dadurch diese Gutten eigentlich zu den Einsichten gekommen. oder alle diese Sachen nicht wahr, dieß schließe ich wenn mir weiter nichts gesagt wird als daß Gott sich der Einsicht dieser Gutten leute bedient hatt.

Um nun aus diesen Schriften seine Pflichten kennen zu lernen braucht es nicht vieler Betrachtungen und Schlüsse, der Gemeinste Mann (und man sieht offt daß dieser es am besten thut) kan es. Ich habe offt da ich noch diaere bei unserer Kirche war bey den Aermsten und Gemeinsten Leuten die besten Christen gesehen, und besonders auf dem Sterbe Bette im Hospital. Ich habe ein junges Melancholisches Frauenzimmer gesehen von Guter Familie, daß niemand beßer trösten konnte als die Frau des Kutschers.

Diese armen Leute verstehen in diesen Büchern nichts als waß ihnen nützlich ist, waß sie nicht begreifen können, das können sie auch zu ihrer Beßrung im Leben, zu ihrem Trost im Tode, und zu ihrer Seligkeit entbehren. Die aber die alles erklären wollen so dunkel es auch sein mag, die müßen nothwendig in ihren erklährungs Arten sehr verschieden sein. aber es sei. wenn sie nur das ihnen eigentlich nothwendige verstehen und befolgen, so hatt es keine Noth um sie, und es ist gleichviel von welche Seite sie die Hieronimische Perle durchbohren.

Die Heil. Bücher sollen allen Quellen der wahrheit seyn. Sagt man ihnen aber nicht erst wie diese Bücher entstanden sind, so werden sie bey der ersten Gelegenheit wo ihr interesse oder ihre Leidenschaften es verlangen das Buch zu machen und sich befriedigen.

Die Anzeigen der varianten können bey Leuen viel mehr schaden als nutzen stiften. Sind diese Stelle falsch befunden worden, wer weiß wie es um die andern steht, wer steht mir dafür daß sie nicht auch falsch sind. sind das nicht die Natürlichsten gedanken die darauf folgen? So wie der Spruch 1 Thim. III. 16. in den Übersetzungen steht hat er doch zusammenhang, kan er auch noch zusammenhang haben wenn aus dem O. der Strich ausgelaßen wird?

Man mag den 14 versum 5. cap. im Brief an die Römer nehmen wie man will. ich sehe nicht welche Lesearth ihm den besten Sinn giebt: Nach der frantz. Übers. scheint mir am besten zu sein wo es heißt, qui n'avoient point peché.

Ich habe nichts wider den Ausspruch Joh. 1 Br. v. 11. wer über tritt und bleibet nicht in der lehre Christi, hat keinen Gott. wer einmahl dieser Lehre kundig ist kan wohl nicht anders als sehr unglücklich werden wenn er davon abgeht, wird er nicht zugleich auch Gott abtrünnig werden?

Der andere ist ohnstreitig für die ersten Christen bestimmt gewesen — und konnte damals sehr nützlich sein.

Dieses sind wohl die erklährungen aller vernünftigen Gottesgelehrten, giebt es unvernünftige die sie unrecht erklähren so müßen doch nicht alle in eine Klaße gesetzt werden, wie mehrentheils in diesem Buch geschehen ist. Ich finde gar nichts unglaubliches in dem 5 vers der Briefe Judae. steht nicht ausdrücklich im 4ten Buch Mosis daß Gott die Israeliter um ihres Unglaubens willen in der wüsten aussterben ließ, und daß nur die Kinder und Josua und Kaleb in das gelobte Land kamen, indeßen bewahr mich Gott daß ich den verfluchen wolte der das nicht glauben kan. nur bey der Wahl deßen daß sich für mich schickt muß ich mich auch in Acht nehmen, denn Natur und erfahrung könnten auch manigmahl triegen. Wie waren unsere Vorfahren beschaffen ehe das Christenthum und nachher die Reformation bey uns eingeführt wurde.

Haben wir es nicht dem Christenthum zu danken daß wir unsere Natur haben kennen gelernt, und unsere erfahrungen nützen können: und das Christenthum haben wir doch nur durch diese Bücher erlangt sowie sie sind.

Freylich mag man ungereimtes Zeug genug mit der Bibel vorgenohmen haben, Aber sind die Englischen verse nicht auf eine zu bourlesque arth übersetzt? Das Arme Buch! ꝛc.

Jawohl ist zwischen Blindem Glauben und Unglauben ein Mittelding daß ist der Rechtschaffne, einfältige, demüthige Glauben den der Mann der Christum ein Mondsüchtiges Kind zu heilen zuführte hatte, Ich glaube schrie er, hilf meinem Unglauben?

Kein Freydenker ist verwünschenswerth, aber zu beklagen ist ein jeder der es ist, und man muß sich wohl hütten keinem Gelegenheit zu geben es zu werden.

Ich versichere Ew. Hochedelgbr. auf meine Ehre daß ich Ihnen keine üble intension zutraue aber es ist doch auch fast keine Zeile auf den Seiten die ich mir die Freyheit nehme zu untersuchen die mir nicht anstößig wäre, und die es nicht auch vielen andern sein wird. Waß soll man doch dem Tindal für seinen Beweis daß das Christenthum so alt ist als wie die Welt, danken. Irre ich mich, oder haben wir als denn Christum nichts zu verdanken, waß könnte es helffen wenn auch das Pockock'sche Capitel in der Stelle der 9 ersten Capitel des 1sten Buchs der Chronik gesetzt würde, wir haben ja im neuen Testament verschiedne stellen die die Tolleranz hinlänglich empfehlen.

Die vergleichung des D. Thortons ist doch eine wahre plaisanterie die ich nicht recht verstehen kan.

Beßer ist der folgende Abschnitt, der hat meinen völligen Beyfall oder ich versteh ihn auch nicht, daß, werden Sie sagen, sey meine Schuld, aber leider mögen viel solche verstopfte Köpfe sein. Ich setze nun den Fall, das alles waß ich beferchte, geschieht nicht. Niemand ärgert sich an Ihrem Buch, niemand wird durch lesung deßelben schlimmer alß er war, wer sind denn die, die davon Nutzen haben sollen, die intolleranten? die werden aber so Satyrisch gegeißelt daß sie vor Schmerzen das nicht bemerken waß zu ihrer Beßerung darunter verborgen ist.

Ihre Intension alle Gottes Gelehrte zu vertragsamkeit zu bringen ist sehr gut, aber auf die Arth wie Sie sie von Anfang des Werks biß zu ende der Bogen die ich vor mir habe behandelt haben werden Sie den Zweg nicht erreichen.

Anfangs 1774 da ich den Kalender mit den Kupferstichen des Liederlichen gemacht hatte schrieb mir ein mir ehrwürdiger Mann der in meiner Jugend mir oft mit Guttem rath an die Hand gegangen war auch mir sonst viel Guts gethan hatte „Qu'est ce que vous ont fait les pauvres Pasteurs pour vous obliger de donner une figure si comique a celui qui benit le mariage de votre agreable Debauché? Je crain que le Librair Nicolai qui doit etre un Grand enemi des Ministres ne vous aye Seduit, Je connais le Livre qu'il a ecrit depuis peu." Den Sommer vorher war der erste Theil des Sebaldus herausgekommen. Er wußte nicht daß der Kalender älter war als der Sebaldus. Vor kurzem schrieb mir derselbe Mann, „croyés-moi, vous feriés bien de ne plus faire d'Estampes pour le Livre de Sebaldus ou pour dautres qui lui ressemblent, il faut bien que Nicolai soit un impie (vergeben Sie den Ausdruck) puisquil ecrit des Livres contre La Religion, et vous les ornés de vos Estampes." Ich hab ihm hierauf noch nicht geantwortet, ich nahm Ihren Sebaldus zur hand laß ihn von Anfang bis zu Ende und marquirte mir alle Stellen wo ich etwas fand das zur erlangung der vertragsamkeit zwischen den Predigern und andern Gliedern der verschiedenen Religions-Parteyen dienen solte um ihm zu zeigen daß dieses ihr eigentlicher Zweg bei dieser Arbeit gewesen wäre. Ein eintziger Artikel fiel mir auf den ich nun unschicklich fand, der vom Blauen Lamme. Die vergleichung Christi mit einem Lamme kommt schon in den Propheten vor und ist in den Lutherischen Liedern nur zu sehr gebraucht worden. Dieser Einfall wird wohl allen frommen Leuten besonders den Lutheranern ärgerlich sein, und er schien mir etwas schwer zu vertheidigen. Ich habe auch gehört daß in einem Journal ich weiß nicht in welchem einen Rezensenten es befremdet hatt daß ich mich mit verzierung dieses werkes abgegeben hätte. Darüber würde ich doch lachen, wenn ich mich nur überzeugen könte daß ich mit guttem gewißen in diesem letzten Theil sowie er ist die Kupfer machen kan, ich halte davor daß in allen Sachen wo man zweifelt ob man recht thut, man zurückhaltend sein muß.

Ich gestehe daß mir Ihre Verlegenheit zu Herzen geht, ich wolte Ihnen gerne helffen wenn ich könnte, aber wenn ich auch bei Ihnen für abergläubisch gehalten werden solte so sehr mich das betrüben würde, kan ich doch nicht.

D. Chodowiecki.

Siebentes Kapitel.

S. 147: 1) Zeitweilig gab er auch selbst den Zeichenunterricht, während sein Bruder Gottfried die Kinder malen ließ.

S. 147: 2) Der Künstler übersandte am 19. Januar 1771 seiner Mutter zwölf Exemplare der Radierung mit den Worten: ... „J'ai pris la liberté de Vous les dédier, pour Vous donner publiquement cette faible remarque de mon respect. C'est un endroit de votre lettre du commencement de cette année qui y a donné lieu, par lequel vous me demandez un dessin composé de ma famille, je n'eus rien de plus pressé à faire que de mettre cette demande en exécution, et en commençant à dessiner j'ay pensé qu'il valoit autant le graver pour pouvoir en rendre la communication plus facile. Je vous prie, ma très-chère mère, d'accepter cette bagatelle et de regarder plutôt à mon intention qu'à l'exécution, qui n'est pas tout-à-fait telle que je l'aurois desirée."

S. 148: 3) Caissier war Chodowiecki 1766—1769, Receveur 1777—1783; seine Stellung als Diacre und Ancien Diacre fällt in den Anfang der siebziger Jahre; wie lang sie sich erstreckte, konnte ich nicht erfahren. — Seine Wohlthätigkeit an den Armen war eine große. Viele Bedürftige erhielten von ihm regelmäßige Unterstützungen an Geld, Essen, Holz und Kleidern; ein mittelloses Mädchen, Manon Kahn, nahm er in sein Haus auf; in seinem Testamente ordnete er an, daß die gewohnten Gaben nicht plötzlich ausgesetzt werden sollten, auch vermachte er den Stiftungen der Kolonie ansehnliche Summen. An seine Mutter schrieb er einmal, er lebe „dans de travaux pénibles mais toujours agréables par ce qu'ils ont été utiles tantôt aux pauvres, tantôt à ma famille".

S. 150: 4) Viel Papier bezog er aus Basel. Sein Rotstift war Crayon d'Angleterre in Cedernholz gefaßt, aus Paris, zu 1 Livre. Elfenbein und Pergament kamen oft aus Dresden. Die Rezepte von Zingg, Wille, Pernetti u. a. füllen einen Teil seines Kontobuches.

S. 152: 5) Bei der Versteigerung von Chodowieckis Nachlaß im Herbst 1801 wurde eine Zeichnung in Folio von „Michel Angelo", Hercules und Antäus darstellend, zusammen mit zwei Federzeichnungen von Baccio Bandinelli für 12 Groschen losgeschlagen; eine Federzeichnung in Quarto von „Raphael" (der Umriß eines Engels) brachte ihrer 18. Zwei Blätter „Correggio" kamen dagegen auf 5 Thaler; selbst in der Travestie scheint also Correggio eine besondere Vorliebe genossen zu haben.

S. 153: 6) Nicolai zählt im zweiten Bande seiner „Beschreibung der Königl. Residenzstädte Berlin und Potsdam" (Ausgabe 1786) aus Chodowieckis „auserlesenem Cabinet von Malereyen" Bilder und Skizzen von Pesne, Falbe (6), Rode (3), Dieterich (9), G. Ph. Rugendas (15 Bataillen), Berghem, Hondekoeter, Rubens, v. d. Velde, Weenix, Wouverman, Jordaens, Mignon, Verkolje, Mieris, Franck, Saftleven, Romeyn, Elsheimer, Pynacker, Luti, Paul Veronese u. a. auf. Zur Zeit von Chodowieckis Tode umfaßte die Sammlung der Ölbilder 146 Nummern, die bei der Auktion (1801) zusammen ca. 1120 Thaler eintrugen. Den höchsten Preis (73 Thaler) erzielte dabei ein Verkolje auf Kupfer, 23:19 Zoll, „Hercules mit der Omphale". Zwei „schöne

Pastellköpfe von Boucher, 13 : 16½ Zoll, die Schlafende und die Wollüstige, in goldenen Rahmen", brachten 15 Thaler: es werden dieselben sein, die man im „Cabinet d'un Peintre" an der Wand hängen sieht und nach denen sich mehrere Emaillen im Nachlasse des Künstlers gefunden haben. — Das Lieblingsstück Chodowieckis in seiner Sammlung war ein „Parnaß von niedrigem Standpunkt aus", 4 Fuß 9 Zoll zu 5 Fuß 5 Zoll, von La Fosse. — Von Pesne nennt der Auktionskatalog 15 Ölbilder und -skizzen; darunter zwei Bildnisse Friedrichs des Großen, deren sich Chodowiecki vermutlich oft genug für seine Darstellungen des Königs bedient hat.

S. 157: ⁷) Die Einzelheiten dieser Atelierbesuche sind aus dem Journal zusammengestellt, das überhaupt, wie auch die etwas später einsetzenden Briefe an Anton Graff und an die Gräfin Solms eine ausgezeichnete Quelle für Nachrichten von dem Berliner Kunstleben ist. Sie konnte in diesem Buche nur für gewisse Gesichtspunkte ausgenutzt werden. Immerhin sei hier ein Urteil über die Therbusch herausgehoben, das Chodowiecki einige Jahre nach ihrem Tode in seiner so charakteristischen, aus Kritik und Begeisterung zusammengesetzten Art an Christiane Solms schrieb: „Die Therbusch war wahrlich eine große Mahlerinn, ihr Kolorit ist nicht ganz wahr, aber sehr schön. Sie hatt vor ihrer Reise nach Paris ihr Familienbild gemahlt das nicht ganz fertig ist, aber sehr schön . . . mit einer Rembrandt'schen Kraft und van Dyck'schen Wahrheit gemahlt . . . allemahl wenn sie Sachen mahlte . . wo sie alles nach der Natur mahlen konnte, war sie unvergleichlich; wenn sie aber die Natur übertreffen, idealisieren wolte, dann gerieth sie in Schwärmerey. Besonders wenn es ihr einfiel, mit ihrem Pinsel wollüstige Ideen zu erwecken, dann war sie mir unausstehlich, besonders wenn ich dachte, daß es ein altes Weib war das diese Ideen erwecken wolte, um dadurch Geld zu verdienen. Historische und allegorische Gemählde zeichnet sie schlecht. Ihre Bildnisse großer Herren und Damen mahlte sie mit vieler Pracht und glänzendem warmem Colorit. Sie hat verschiedene Schüler gehabt, aber ich sehe nicht, daß aus einem einzigen was geworden ist. Sie hatt offt viel Geld verdient, offt keins gehabt und ist in den schlechtesten Umständen gestorben, obgleich sie vor etliche Tausend Thaler Bestellungen unangefangen oder unfertig hinterlassen hatt."

S. 158: ⁵) Innerhalb der ersten 100 Nummern seiner Radierungen stellten sich schon sehr früh eine ganze Anzahl von Blättern als vergriffen heraus. 1786 mußte Chodowiecki den um gewisse Nummern vergeblich bittenden Graff damit trösten, selbst der Kaiser habe seine Sammlung nicht bei ihm komplettieren können. 1789 fehlte ihm z. B. E. 12, 1793 und 1794 wußte er die No. 1—3, 13, 16—18, 20—23, 47, 53, 61—63, 76, 84 u. a. nicht zu schaffen. Weder seine eigene Sammlung (die jetzt im Besitze der Berliner Akademie der Künste ist), noch die Sammlungen, die er seinen Kindern schenkte, resp. für sie aus den nachgelassenen Vorräten testamentarisch zusammenzustellen verordnete, waren wirklich vollständig, obgleich das Gegenteil wiederholt behauptet worden ist. — Übrigens war die Kupferdrucker- und Stecherfamilie Berger, bei der Chodowiecki von Anfang an fast ausschließlich drucken ließ, öfters imstande, mit für vergriffen gehaltenen Nummern in überraschender Weise aufzuwarten: es waren eben gar viele Blätter an ihrer Presse „kleben" geblieben.

S. 158: ⁶) Zehn Jahre später war sein Werk auf 463 Nummern mit 926 Platten angewachsen und der Preis betrug schon 140 Thaler, wobei allerdings 54 Nummern fehlten. Eine etwas vollständigere Sammlung besaß damals der Modelleur und Zeichenlehrer Sahler und forderte dafür 160—200 Thaler. Im Oktober 1785 kostete ein „Oeuvre presque complet" von No. 1—525, dem 26 Nummern fehlten, 250 Thaler. Die erheblichste Steigerung der Honorarforderung für Platten ließ der Künstler Anfang 1786 eintreten. Er begann damals für eine Kalenderplatte (zu 12 Bildern) statt 200, 300 Thaler zu beanspruchen, denn er arbeitete, wie er am 17. Januar 1786 an Justus Perthes schrieb, bis tief in die Nacht hinein und mußte durch Fleiß ersetzen, was er in jüngeren Jahren „durch Lebhafftigkeit" bestreiten konnte. Die Platte No. 565 (Ziethen vor seinem Könige sitzend), 1786, schätzte er auf 500 Thaler.

S. 159: [16]) Nach 1775 machte Chodowiecki in Email kaum etwas anderes als einige Dosen für den König, und auch das dauerte nur bis 1780. Diese Dosen waren allerdings sehr sorgfältig zu behandeln: eine im Jahre 1776 bestellte kostete 500 Thaler. Im Herbst 1777 befahl Friedrich eine ebenso teure Arbeit: er ließ den Künstler nach Potsdam kommen und dort im Stadtschlosse das Bild „Aeneas und Dido" von Amédée Vanloo in Miniatur kopieren; von dieser Kopie sollte er weglassen was ihm unmöglich schiene auf die Dose zu bringen und im übrigen die Luft „couleur de chair" halten. Der Brand dieser Dose bereitete ganz besondere Schwierigkeiten. Im Jahre 1780 erwähnt das Journal zum letztenmale eine Arbeit für den König, eine Dose, die er zurückwies — freilich hatte auch Chodowieckis offene Notiz im Tagebuch gelautet: „barbouillé les plaques pour le Roy." — Wenn er noch 1783 für den Markgrafen Heinrich von Schwedt auf besondere Bitte ein Dosenporträt nach Angelica Kaufmann malte, so wird das wohl seine allerletzte Emaille gewesen sein, falls es nicht überhaupt eine Miniatur war.

S. 160: [17]) Allerdings ließ sich noch im Jahre 1776 die Princesse douairière de Prusse, die Witwe des Prinzen August Wilhelm, in einer auffallend großen Miniatur, nämlich in ganzer Gestalt in ihrem genau wiedergegebenen Boudoir sitzend, von Chodowiecki porträtieren. Die Arbeit war für die Königin von Dänemark bestimmt: zwei schöne Studien dazu wurden im April 1895 mit der Hebichschen Sammlung in Berlin versteigert. — Von den Namen der übrigen Porträtierten giebt das Journal, soweit es erhalten ist, ebenfalls genaue Rechenschaft; doch verbietet die Rücksicht auf den Raum, sie hier zu wiederholen.

S. 161: [18]) Rotstiftporträts, die nicht im Profil erscheinen, werden ebenso wie die radierten Bildnisse gewöhnlich nach einem Gemälde, etwa nach einer Miniatur angefertigt worden sein. — Eigentliche Silhouetten, d. h. also vollständige Schattenbilder mit schwarzer Füllung ohne jede Andeutung der Augenbildung &c., hat Chodowiecki nie gemacht — es sei denn, daß er Lavatern zuliebe, als er für diesen arbeitete (vgl. das neunte Kapitel), seine lebhafte Abneigung gegen sie verleugnete. Über die Abneigung vgl. die Anmerkung zu S. 239 auf S. 293.

S. 162: [19]) Von diesen „rothen Köpfen" sind einige hundert erhalten; zum größten Teil lassen sich aber die Dargestellten nicht bestimmen. Auf einigen befinden sich jedoch die Namen derselben notiert — das betrifft vorzüglich die Bildnisse der Verwandtschaft und der Freundschaft: bei anderen, die genau datiert sind, läßt sich der Name aus dem Journal für den entsprechenden Tag erfahren, falls es für diesen vorhanden ist. Eine ganze Anzahl von Berliner Berühmtheiten aus der Künstler- und Gelehrtenwelt, auch aus der Danziger Gesellschaft (vgl. das achte Kapitel) kann uns aus diesen Blättern mit meist gewiß nicht unähnlichen Zügen lebendig werden.

S. 163. [20]) Die Zahl von Chodowieckis Handzeichnungen ist ganz erstaunlich groß. Es müssen ihrer sehr viele verloren oder weithin zerstreut sein, denn der Künstler fing erst ziemlich spät an sie zu beachten, und als er das gethan hatte, begann er sie an Liebhaber gern zu verkaufen: trotzdem haben sich ihrer mindestens gegen 3500 Stück erhalten. Von diesen werden über 1200 von den Nachkommen des Meisters aufbewahrt, vorzüglich von der Familie Chodowiecki, von Frau Dr. Ewald und den Rosenbergerschen Erben. Das Berliner Königl. Kupferstichkabinett hat ihrer über 700; gegen 400 besaß die jetzt versteigerte Sammlung Hebich. Im Großherzogl. Museum und im Goethe-Nationalmuseum zu Weimar und im Privatbesitz der Frau Großherzogin von Sachsen befinden sich zusammen über 200 Stück. Das Städelsche Institut in Frankfurt a. M., die k. k. Fideicommißbibliothek in Wien, die Sammlung Engelmann in Leipzig, die Sammlung der Berliner Akademie der Künste weisen zusammen etwa 700 Blätter auf, und zu diesen kommen noch einige hundert, die ich im Privatbesitz oder in den Museen zu Hamburg, Leipzig, München, Berlin, Dresden, Gotha, Düsseldorf sah. In St. Petersburg, Posen, Lemberg, Danzig sind, wie ich aus Katalogen und Nachrichten entnehme, ebenfalls manche Zeichnungen zu finden. Weiter habe ich meine Forschungen nicht ausgedehnt, denn das angeführte Material ließ keine Periode des Künstlers unillustriert und zeigt ihn von allen seinen Seiten und Fähigkeiten. — Gegen 2000 von diesen Blättern enthalten die Vorarbeiten für die Radierungen in den verschiedensten Stadien; einige hundert sind die oft erwähnten Bleistiftskizzen um 1760, die sich in einem oder mehreren Albums befanden und deshalb nicht verzettelt wurden; vgl. oben die Anmerkung zu S. 67. Andere Gruppen von Zeichnungen sind: die Aktfiguren, auf Foliobogen in schwarzer, roter und weißer Kreide. Die lebensgroßen Profilköpfe nach dem Schattenriß ausgeführt, in Rotstift. Die verkleinerten Porträtköpfe, meist in gezeichneten Rahmen von Medaillonform. Die sehr sauber mit Feder und Tusche ausgeführten Vorlagen für den Stich durch andere (Basedow, Salzmanns Elementarbuch, Don Quixote und viele andere Romane). Ähnlich ausgeführte Blätter ohne weitere Bestimmung (Blaise Gaulard). Stammbuchblätter, meist Federzeichnungen mit leichter Aquarellierung. Die „Reise nach Danzig", vgl. das achte Kapitel. Physiognomische Studien (für Lavater und an idealen Figuren). Entwürfe für Skulpturen. Veduten und Skizzen von Menschengruppen aller Art. Scherzbilder und Karikaturen. Aus den achtziger und neunziger Jahren: große Kompositionen in Buntstift und Pastell. — Landschaftliche Aufnahmen, Baum-, Pflanzen- und Tierstudien fehlen fast ganz. Kostümstudien finden sich für Porträts und einzelne Kompositionen; ich habe aber keine Studie nach historischen Kostümen, Waffen, Geräten gesehen. — Die Zeichnungen sind sehr ungleich in ihrem Werte. In ästhetischer Hinsicht sondern sich für den modernen Geschmack (und vermutlich auch für den Geschmack der Zukunft) die von einem unsicheren Stilgefühl und durch mangelhafte Durchbildung verdorbenen idealisierenden Darstellungen von den nach der Naturbeobachtung lebendig empfundenen sehr merklich. Aber auch innerhalb dieser Gruppen ist der Wert der einzelnen Blätter ebenso ungleich, als ihre Ausführung mit mehr oder minder innerer Beteiligung vor sich ging. Es giebt ganz unbegreiflich verfehlte Blätter, die unzweifelhaft echt sind. Um so sicherer unecht sind die zahlreichen mit Blei- und Silberstift und weiß gehöhten Lichtern auf bräunlichem Kartenpapier Strich für Strich ausgeführten Zeichnungen nach Chodowieckischen (und nach Bergerschen) Radierungen, die zum Teil in Goldleisten gefaßt in der Thiermannschen Sammlung auftauchten. Chodowiecki hat für seine Radierungen nur selten kopiert: sich selbst aber, und noch dazu so peinlich und pedantisch, etwa ein Viertel seines ganzen radierten Werkes abzuzeichnen, konnte ihm schwerlich einfallen. Auch findet sich keine Andeutung von einer so langwierigen Arbeit in irgend einer handschriftlichen Quelle. Übrigens ist die Unechtheit dieser anspruchsvollen Blätter längst erkannt worden: schon im Katalog der Weigelschen Auktion 1862 (Thiermannsche Sammlung) wurde nicht behauptet, daß die angebotenen 545 Blätter dieser Gattung von Chodowiecki selbst seien; sie wurden aber doch für 90 Thaler gefordert. — In derselben Auktion brachten 1032 Blatt Studien und Skizzen Chodowieckis nur 130 Thaler ein (aus dieser Kollektion schreibt sich der von manchem Unechten befreite Bestand des Berliner Kupferstichkabinetts her); in der Auktion von 1801 waren etwa ebensoviel Blätter (vielleicht zum Teil dieselben?) für 128 Thaler fortgegangen. Sehr interessant ist die Steigerung der Preise seit 1801. Bei der Auktion der Sammlung Hebich durch die Herren Amsler & Ruthardt in Berlin, im April 1895, wurden für 308 Nummern etwa 8500 Mark gelöst. Allerdings umfaßten diese 308 Nummern über 800 Blätter: unter ihnen befanden sich jedoch viele wertlose, die zu Konvoluten zusammengestellt waren (infolge der Zweifelhaftigkeit vieler Blätter ist auch die Zahl der Zeichnungen in der ehemals Hebichschen Sammlung oben auf 400 Blatt angegeben worden). Bei dieser Gelegenheit kamen wieder viele Blätter unter den Hammer, die schon in der Auktion 1801 gestanden hatten; wir können also an ihnen den Preisunterschied im einzelnen erkennen. Z. B.: Ein Entwurf zu E. 55, die Schlacht bei Choczim, Federzeichnung, brachte 1801: 2 Thaler, 1895: 135 Mark. Die 15 Blätter zu Clarissa, E. 521–527, 550—557, Tusche und Bister, brachten 1801: 5 Thaler 16 Groschen, 1895: 250 Mark.

S. 161. [15]) Die eigene Presse benutzte Chodowiecki nur zu gelegentlichen und zu Probedrucken; die Hunderte und Tausende von Abzügen, die er von seinen Platten zu liefern hatte, ließ er nach wie vor von der Familie Berger und anderen herstellen. Später druckte auch Wilhelm auf der Presse im Hause.

Achtes Kapitel.

S. 168: [1]) Gottfried Chodowieckis Thätigkeit als Radierer ist bis auf die erwähnten Bewegungsstudien eine durchaus unselbständige. Entweder kopiert er nach Vorlagen oder nach Radierungen anderer, oder er bildet Reitergruppen und Gefechtsscenen den Rugendas und Bourguignon mit wenig Freiheit nach. Seine Platten pflegt er mit „G. Chodowiecki" in nicht zusammenhängender lateinischer Kursivschrift zu bezeichnen. Von Malereien seiner Hand sind mir nur die beiden erwähnten Reiterkämpfe bekannt geworden, die sich 1892 im Besitz des Herrn August von Lecoq in Berlin befanden. Weniger selten sind seine Zeichnungen. v. Heinecken, Nachrichten von Künstlern und Kunstsachen, Leipzig 1768, sagt von ihm S. 31, er zeichne artig kleine Stücke mit der Feder auf Callotische Art oder vielmehr wie Stefano della Bella.

S. 170: [2]) Die Darstellung der Danziger Reise beruht ausschließlich auf dem für diese außerordentliche Episode besonders sorgfältig geschriebenen Journal. Es ist ein verbreiteter Irrtum, der Künstler habe das Tagebuch der Reise bloß mit dem eigensten Ausdrucksmittel eines Künstlers, nämlich mit dem Pinsel geführt. Richtig ist nur, daß er auf der Hin- und Herreise wie auch in Danzig selbst seine Skizzenbücher mit dem größten Eifer füllte und Einzelfiguren sowie Gruppen mit flüchtigen Federstrichen notierte. Nachträglich hat er dann, im Laufe des Winters 1773 auf 1774, aus Liebe zur alten Heimat und zur Erinnerung an das letzte Zusammensein mit der Mutter, eine Reihe der Skizzen mit Feder und Tusche ausgeführt, auch wohl neue Kompositionen dazu erfunden und alles in so fern mit dem Journal verbunden, als er in letzterem die Stellen rot unterstrich, auf die sich ein Bild bezieht. Die Ausführung der Blätter ist bei den meisten so fein und genau, daß es schon an sich undenkbar sein sollte, er habe sie auf der Reise selbst Tag für Tag angefertigt. Zwischen die gleichsam als Vollbilder behandelten Hauptkompositionen von der Größe seines Skizzenbuches (11 : 19,5 Centimeter) setzte er einzelne nicht weiter durchgebildete Studien und vereinigte im ganzen 108 Blätter zu einem prächtigen Album, daß er als „mon voyage" zu bezeichnen pflegte. Die S. 179 erwähnte „petite collection" wird darin aufgegangen sein. — Chodowiecki berechnete den Wert der „Reise nach Danzig" auf etwa 1000 Thaler. Sie blieb indessen unverkauft und wurde auch 1801 aus der Auktion des Nachlasses, vermutlich infolge unzureichender Angebote, von den Erben zurückgezogen. Frau Claire Chodowiecka, geb. George, die Witwe Isaac Heinrichs, hinterließ sie schließlich der Königl. Akademie der Künste in Berlin, auf deren Bibliothek sie jetzt aufbewahrt wird. — Ein großes Verdienst um das Publikum und um die Popularität des Werkes erwarben sich die Herren Amsler & Ruthardt, indem sie die ganze Reihe von Blättern unter dem Titel „Von Berlin nach Danzig" in guten Faksimilereproduktionen herausgaben. Eine neue Auflage, die bald nötig geworden ist, wird soeben (1895) vorbereitet.

S. 177: [3]) Über die Kunstsammlungen und Künstler Danzigs zu dieser Zeit vgl. die zu Kap. I. angeführten Reisebeschreibungen von Nicolai und Bernoulli. Dasselbe Thema hat L. Kaemmerer in der „Danziger Zeitung", April 1895, zusammenfassend behandelt.

S. 180: [4]) Dieses Bildnis, das sich im Besitz des Herrn Ludomir Cienski in Ofen befindet, ist die größte Miniatur, die Chodowiecki jemals ausgeführt hat. Der Stich des Porträts durch Georg Friedrich Schmidt, der für eine Platte von der angegebenen Größe 1000—1100 Thaler zu fordern pflegte, ist übrigens unterblieben. — Der Fürst Primas starb bereits im Jahre 1777.

S. 183: [5]) Vgl. „Von Berlin nach Danzig" No. 74.

S. 187: [6]) Die Reise nach Dresden ist weder im Journal noch in den Skizzen so eingehend behandelt wie die nach Danzig. Immerhin hat unsere gedrängte Erzählung manches Detail übergehen müssen; von Skizzen fanden sich allerdings nur wenige, ganz flüchtige Bleistiftveduten von Landschaften. Über den Dresdener Künstlerkreis vgl. R. Muther, Anton Graff sowie die dort reichlich angeführte Litteratur.

S. 188: [7]) Die Radierung entstand 1798 auf Bitten Zinggs, und zwar mit der Bedingung, daß die bis dahin unter Sequester gehaltene Karikatur gemildert und die Person Chodowieckis hinzugefügt werden sollte. Infolge dieses Wunsches sieht man den Meister auf E. 882 ganz ähnlich wie auf E. 75 im Hintergrunde arbeiten, obgleich er einmal feierlich erklärt hatte, er werde sich nicht wieder selbst darstellen. (Dieser Vorsatz war indessen bereits bei der Zeichnung für E. 793 „Die Reise nach Dresden 1789" gebrochen worden.) — Philipp Daniel Lippert starb 1785.

S. 190: [8]) Als Herr von Vieth ihm 1777 das Anerbieten machte, ihm den frei gewordenen Platz eines Inspektors am Dresdener Kupferstichkabinett zu verschaffen, ging er nicht darauf ein.

S. 190: [9]) Über Oeser urteilt Chodowiecki, er sei ihm „zu ideal, zu unbestimmt und nicht warm genug für die Kunst, zu faul".

S. 191: [10]) Die Reise nach Hamburg dauerte vom 5. Oktober bis zum 12. November und wurde mit großen Beschwerden auf Postgäulen ausgeführt. Garlieb Helwig Sillem nahm den Künstler „wie einen Bruder" auf und ließ ihn in seinem Hause mehrere Wochen reichster Anregung verleben. Bei der Bedeutung der Kupferstichsammlung, die zu ordnen und aufzunehmen war, machte die Arbeit an ihr ebenso viel Freude als Mühe. Der Katalog, den Chodowiecki verfaßte, erschien 1782 in 4° bei Decker in Berlin, umfaßte 324 Seiten und war betitelt: „Verzeichniß einer Sammlung von Kupferstichen aus allen Schulen und verschiedne gebundene Kupferwerke gesammlet von Herrn Sillem, Kaufmann in Hamburg. Aufgesetzt von Daniel Chodowiecki. 1781." — Auch das Schwalbiche und das Stengliniche Kabinett in Hamburg besaßen gedruckte Verzeichnisse. — Im übrigen benutzte Chodowiecki seinen Hamburger Aufenthalt zum Studium der dortigen Kunstschätze und zu Besuchen. Besonders gewählt war die Kollektion Johann Valentin Meyers, mit dem der Künstler befreundet war. Meyer sammelte auch die Radierungen Chodowieckis und wurde von ihm mit einigen Zeichnungen zu dem Lavater gewidmeten großen Blatte: „Wilhelm Tell" (E. 381) beschenkt; außerdem verfertigte Chodowiecki für ihn wie für Sillem und den ebenfalls befreundeten Kaufmann Hudtwalcker je ein foliogroßes Familienbild in Buntstiften. Tusch, Campe, Claudius, Klopstock, Reimarus, Goeze und andere Notabilitäten in und um Hamburg-Altona erhielten die ihnen gebührenden Visiten.

S. 191: [11]) Das Tagebuch dieser Reise ist nicht mehr vorhanden; es war in den Besitz des Kriegsrates Link in Berlin gekommen und von ihm zu einem genauen Bericht über die Ereignisse auf dem Ritte (im „Kunstblatt" 1839, No. 73—76, unter dem Titel: „Ein Manuscript von Daniel Chodowiecki") benutzt worden; dann ist es verschollen. Jener Bericht enthält lebendige und interessante Schilderungen, besonders eines Besuches der Festung Königstein. Die Radierung E. 793, nach einer Zeichnung des Vaters von Wilhelm Chodowiecki 1795 ausgeführt (und daher eigentlich nicht in den Katalog Engelmanns gehörend), zeigt die vier Reisenden auf ihren Gäulen; der letzte in der Reihe ist der Meister selbst, der hier, im Gegensatze zu der zugehörigen Zeichnung, ganz unähnlich erscheint. Ein Zeugnis für die fröhliche Stimmung bei dem Zusammensein mit den Dresdener Freunden findet sich in den Einfällen, die fast zehn Jahre später unter die Platte E. 882 (Lippert und Zingg" 1798) gesetzt wurden. Zingg radierte den Berliner Freund und dessen Schwiegersohn, wie sie durch die Landschaft reiten; ob der andere, ihm zugeschriebene Einfall mit der Ansicht der Stadt Dresden von ihm oder von einem größeren Künstler stammt, bleibe hier ununtersucht. Wilhelm Chodowiecki stellte eine lustige Tischgesellschaft dar mit dem Wunsche: „Gott erhalte uns nur": der Meister selbst aber hatte für den ersten Zustand der zweiten Platte seinen reichsten Einfall (von 13 Figuren) gespendet. Vgl. die Mitteilungen Engelmanns zu E. 882.

Neuntes Kapitel.

S. 194: [1]) Die Großquartausgabe erschien in Leipzig und Winterthur bei Weidmann Erben und Reich und Heinrich Steiner & Co.

S. 195: [2]) Das Verhältnis zwischen Chodowiecki und Lavater ist hier nur ganz kurz angedeutet worden. An sich wäre es einer ausführlichen Behandlung, etwa in Form einer eigenen Studie, wohl wert; da aber die Beiträge des Meisters zu den „Fragmenten", sofern sie Porträtköpfe und aus Kompositionen entlehnte Gestalten sind, schon in anderem Zusammenhange betrachtet wurden und da die schematisierten Charaktere sowie die Vignetten nach genauen Vorschriften Lavaters und also nicht eigentlich künstlerisch (nicht einmal technisch reizvoll) ausgeführt sind, so schien eine Beschränkung mit Rücksicht auf die Ökonomie dieses Buches notwendig. Nur weniges sei hier noch nachträglich bemerkt. Lavater wird durch den „Abschied des Calas" auf Chodowiecki aufmerksam geworden sein. Er schätzte dieses Blatt ganz außerordentlich. In der zwölften Zugabe zu „Fragment IX", Bd. I. S. 112 (der großen Ausgabe) drückt er sich darüber so aus: „Ich halte die adieux de Calas von Chodowiecki, für eines der herrlichsten, natürlichsten, kräftigsten Stücke, das ich in meinem Leben gesehn. Welche alles beherrschende Wahrheit! welche Natürlichkeit! welche Zusammensetzung! welche Festigkeit ohne Schärfe! welche Zartheit ohne Kleinmeisterey! welche Bedeutung im Ganzen und in einzelnen Theilen! welcher Contrast in den Charactern und welche Einheit und Harmonie im Ganzen! und immer und immer Wahrheit — und immer Natur, und solche Wahrheit, solche Natur, daß man sich nicht einen Augenblick kann einfallen lassen, daß der Auftritt, daß die Zusammensetzung, irgend eine einzige Person, oder der geringste Umstand erdichtet sey — nichts übertrieben! alles Poesie, und nicht ein Schein von Poesie — Ihr vergeßt das Bild, und seht, und seht nicht! Ihr seyd da — im Gefängniß der leidenden Unschuld! Ihr weint mit . . ." 2c. Zum Schlusse dieses Abschnittes sagt Lavater, er habe die Gruppe des Vaters Calas mit der an ihn sich lehnenden Tochter stechen lassen, „um mit einigen meiner Leser — einige Augenblicke wehmüthiger Wollust zu theilen". Auf einen solchen Eindruck hin entspann sich nun ein brieflicher Verkehr, der mit weniger Ausrufungszeichen und Gedankenstrichen, dafür mit mehr Präzision die komplizierten Aufgaben behandelte, die der genau verfahrende Lavater seinem Zeichner stellte. Z. B. wünscht er in einem (ungedruckten) Briefe vom 16. Oktober 1784 für eine spätere Auflage der „Fragmente" unter anderem zwölf Profile von gleicher Größe „Stufen der Schlechtigkeit und Schönheit in demselben Gesicht. aber ich bitte, aufs netteste, reinste ausgezeichnet, ohne Schattierung, bloße umriße — und zwar alle in demselben alter angenommen. Stellen Sie sich zwölf Zwölflinge (: wie man Zwilling, Trilling sagt:) von einem Vater vor, die alle des Vaters Bild haben, in denen allen aber fühlbare Stufen der Schönheit sind." Oder: „auf einem Quartblatt Adam und Eva, oder den schönst möglichen Mann, u: die schönst mögliche Frau in der schönst möglichen Stellung u. Verhältniß gegen einander — dieß Stück sehr ausgearbeitet, nicht bloß umriß. Ich überlasse verzierung und umstände Ihnen." Diese Zeichnung oder ein Duplikat zu ihr befindet sich im Rosenbergerschen Nachlasse. Adam und Eva stehen, sich bei der Hand fassend, dem Beschauer en face gegenüber, wenden einander aber den Blick zu, so daß ihre Köpfe im Profil sichtbar sind. Mit ihrer freien Rechten deckt Eva ihre Blöße, während Adam seine Linke auf einen Baumstumpf stützt. Ein Blatt von vollkommen klassicistischer Kühle und Glätte. Ein anderes Mal bestellte Lavater eine über zwei Fuß lange aquarellierte Zeichnung, eine Kreuzschleppung Christi mit mehr als neunzig gegen vier Zoll hohen Figuren, die zum größten Teile im einzelnen vorgeschrieben wurden —

eine Arbeit, die der Künstler, wie die Dichterin Karsch, eine treue Hausfreundin, in ihrer Epistel „An den Christus Liebhaber Lavater" sang, „in dreyßig trüben Wundertagen So wahr, so geistreich dargestellt Zum Anschaun für die Christenwelt, Bis nach dem letzten Donnerschlage Die Schöpfung in einander fällt." Leider irrte sich die begeisterte Prophetin, denn die mühselige, bei Nacht ausgeführte Zeichnung ist, soviel ich urteilen kann, verloren und also der Christenwelt noch vor dem Untergange der Schöpfung entzogen worden. Erhalten sind dagegen wahrscheinlich die meisten übrigen Blätter, die Chodowiecki zwischen 1773 und 1797 an Lavater geschickt hat; es werden allein in der k. k. Fideikommißbibliothek zu Wien ihrer einige hundert aufbewahrt. (Ich verdanke ein Verzeichnis der hauptsächlichsten von ihnen der Güte Carl Rulands.) Einen großen Posten bilden unter ihnen die biblischen Zeichnungen, besonders solche mit der Person Christi, die ja ein Hauptmotiv des Lavaterschen Dichtens und Trachtens bildete. So zufrieden Lavater mit der „einfachen Erhabenheit" dieser stilisierten Darstellungen im allgemeinen war, so kritisch zeigte er sich doch gegen Einzelheiten an ihnen und fand z. B. den Manierismus in den Augen, auch das Gequälte, Haltlose des Christustypus ganz richtig heraus. Vgl. für letzteres S. 198. — Um so mehr Beziehungen fühlte er zwischen sich und den Charakterfiguren Chodowieckis aus dem modernen Leben. Zu einer ganzen Reihe von ihnen hat er Unterschriften und Deutungen, oft freilich überraschender Natur, geliefert. (Solche Epigramme finden sich unter Zeichnungen und einzelnen aus Radierungen kopierten Figuren im Kgl. Kupferstichkabinett zu Berlin, im Großherzogl. Museum zu Weimar und im Engelmannschen Nachlasse.) Z. B. zu dem sitzenden Oheim der Vignette zu Schummels „Kinderspiele" E. 173: „Dumm nicht und nicht klug — nur unbedeutend und harmlos." Oder zum Grafen Bruchsall aus dem 12. Kupfer zu „Minna von Barnhelm", E. 51: „Band und Stern und Gold macht kleinliche Kleinlinge groß nie." An den Berliner Predigern im „Sebaldus Nothanker", E. 122, findet er: „Harmloses Völklein. Satte Pastoralitaet. Französische Beredtsamkeit. Bedächtliche Pastoralitaet. Fromme Würde. Pastoralische Demuth. Superintendentliche Gravitaet. Probst Spener'sche Bedenklichkeit." — S. 254 des 1. Bandes der „Fragmente" ist ein Bildnis „Daniel Codowiecki / verfertiget durch seinen Freund und Diener J. R. Schellenberg" eingefügt. Der Zeichner hatte sein Objekt nie gesehen und das Porträt ist unähnlich: dennoch erblickte Lavater darin „vollkommen die idealste Physiognomie" eines Künstlers wie Chodowiecki, den freilich auch er nie gesehen hatte — es war ja die Zeit der brieflichen Freundschaften, in denen man sich den Freund nach dem eigenen Bilde schaffen konnte, um ihn desto zärtlicher zu verehren. — Der Anteil Chodowieckis an der Illustration des Werkes ist unschwer festzustellen, da fast jede seiner Arbeiten auf der Platte oder im Text bezeichnet ist. Die besten unter ihnen sind aber, wie gesagt, nicht eigentlich für Lavater komponiert worden.

S. 196: 3) Da im folgenden ein gedrängter Überblick über sehr zahlreiche Werke gegeben werden muß, sind die Titel der illustrierten Bücher und der Einzelblätter meist nur kurz angedeutet und wird zu näherer Orientierung auf das Register für die Jahre 1775—1801 verwiesen.

S. 197: 1) Unter den Zeugnissen für diese Gesinnung sei nur folgende Briefstelle (an die Gräfin Solms vom 6. März 1781) hervorgehoben: „Ich wolte gern einmahl eine Folge von historischen Gegenständen bearbeiten, worinn ich mich im eigentlichen Grosen Ausdruck, in schönen Gewändern und mahlerischen Stellungen, Zusammensetzungen, Beleuchtungen üben könnte, und muß immer beym tändelnden Modekram der Romane bleiben. Für Lavater hab ich einige historische Blätter zu machen gehabt, und andre sind noch zu machen, aber da kommt mir ein Graver mit ein paar dutzt Blätter, die er zu einer neuen Uebersetzung der Clarisse bestimmt über den Hals; zu Salzmann seinem moral. El.[ementar]buch soll ich 60 Zeichnungen liefern, wovon ungefehr der dritte Theil erst gemacht ist, dann kommt ein Däne und will zu Balder's Tod etliche Blätter und ebensoviel zu den Fischern, beyde von Ewald, haben, da muß ich mich in das fabelhaffte gothische Alterthum hineindenken, und Bauer oder Fischer Costume studieren." Seine Abneigung gegen den „tändelnden Modekram der Romane" hat Chodowiecki nicht immer so energisch ausgedrückt, aber den Zug zum „großen Ausdruck" rc., also zu einem idealisierten Stile, hat er, wie wir schon beobachteten, immer verspürt und nur mit Resignation wenigstens so weit in sich gedämpft, daß er ihm in der Ölmalerei gar nicht, in der Radierung nur dann folgte, wenn die herkömmliche Sitte oder die historische Situation eine Veranlassung dazu bot. Wurde der Meister dann mit Genuß „erhaben", so verfällt er zwar, vielleicht unbewußt, in akademische Unselbständigkeit, unterscheidet sich jedoch dabei von den meisten seiner Kollegen durch größere Einfachheit. — Es fehlte übrigens nicht an Stimmen aus dem Publikum, die sich über die Wahl von Romanen und Komödien, die man nicht kenne oder nicht kennen lernen wolle, aufhielten und für die Illustration der Kalender ernstere Gegenstände, also wohl im Sinne Chodowieckis verlangten.

S. 199:) Natürlich hörte bei einer so eiligen Produktion die genauere Vorbereitung, das Studium der einzelnen Figuren auf. „Nun da ich für das Wohl einer immer stärker anwachsenden Familie arbeiten muß", klagt Chodowiecki 1781, „wie selten mach ich jetzt Sachen worinn ich studieren kann, wie ich gerne wolte und solte."

S. 200:) Es ist merkwürdig, wie verschieden die Blätter Chodowieckis zu Goethe unter sich sind. Wie eine seiner schönsten und sorgfältigsten Zeichnungen in tief empfundener Weise Lotte Kästner darstellt, wie sie Werthers Diener die Pistolen reicht — vgl. die Tafel — wie der Wertherfächer von 1776 — vgl. die Tafel — drei Scenen der Geschichte mit zartester Empfindung aufgefaßt zeigte, so herrlich ist das erste radierte Blatt (E. 151) zu Werther, Lotte den Kindern das Brot schneidend; auch das Sterbezimmer Werthers (E. 152) macht den Eindruck, den es hervorbringen soll. Dagegen die leidenschaftlichen Scenen zwischen Lotte und Werther, die Berger nach Chodowieckis Zeichnungen radierte, und die Scene am Brunnen (E. 577) sind gänzlich vergriffen. Sie stammen aus dem Jahre 1786 — sind also gerade zehn Jahre jünger als die ersten Wertherbilder — und entbehren sowohl der Wahrheit als der Zierlichkeit. Man kann verstehen, daß sie Carl Reinhart (in einem ungedruckten Brief an Göschen vom 6. Mai 1787) recht kräftige Ausdrücke entlockten: „Schikken Sie Chodowiecky den elenden Quark zurück er muß nicht glauben daß die Leute so dum sind diese Excremente für gut waare zu halten und suchen Sie daß Angelica Kaufmann ihnen ein paar eigenhändig radierte Blättgen zu Werthers L. liefert." Das wäre auch wohl Goethes Geschmack gewesen. — Die Blätter zu den übrigen angeführten Werken Goethes sind nicht glücklicher als E. 577.

S. 200:) „Z. B.: Kupfer zu Herren Professor Salzmanns Elementarwerk nach den Zeichnungen Herrn Daniel Chodowiecki von Herrn Nußbiegel, Herrn Penzel und Herrn Crusius Sen. gestochen. Erstes Heft. Leipzig 1784. bey Siegfried Leberecht Crusius." Das zweite Heft folgte 1787, das dritte 1788. — „Neun alphabetische Bildertafeln. Zum Lesen - Empfinden - und Denken - Lernen. Ein Weihnachts- und Neujahrsgeschenk für Kinder edler Erziehung. Mit 24 feinen Kupfern nach Chodowiecki u. a." Ohne Ort und Jahr. Hier sind nur einzelne Figuren aus Radierungen Chodowieckis gezogen, und zwar vom Leipziger Crusius. Auf die Kupfer zu Ziegenhagen ist besonders aufmerksam zu machen: es befinden sich unter ihnen ganz besonders schöne (E. 664—668, 672—675).

S. 201:) In der „Litteratur- und Theaterzeitung" (Berlin, Wever 1778) erschienen Aufsätze, die das Spiel Brockmanns als Hamlet analysierten; zu ihnen, und später zu einer Besprechung der „Macbeth"-Aufführung, lieferte Chodowiecki oktavgroße Blätter (E. 213. 214. 272), die genau nach den Masken und Stellungen der Schauspieler entworfen sind. Vgl. die Anmerkung zu S. 125. — Das dem „Peregrine Pickle" beigegebene Porträt des Admirals Hawser Trunion (E. 517) ist von so origineller, packender Lebendigkeit, daß man im Publikum glaubte, Chodowiecki habe den Mann — nach dem Leben gezeichnet.

S. 202: [9]) Eine Studie über „Hogarth und Chodowiecki" hat Alfred Woltmann in seinem Buche „Aus vier Jahrhunderten niederländisch-deutscher Kunstgeschichte", Berlin 1878, S. 117 ff. gebracht. Chodowiecki mochte gar nicht leiden, daß man ihn mit dem Engländer verglich, denn er fühlte seinerseits nicht die geringste innere oder äußerliche Verwandtschaft mit ihm. Auch habe ich in seinen Werken nur zwei untergeordnete Motive gefunden, die von Hogarth entlehnt scheinen. Dennoch entgeht Hogarth ebensowenig wie Chodowiecki dem Fluche, der nun einmal der Malerei des 18. Jahrhunderts anhaftet: sobald er das realistische Genrebild verläßt, um in religiösen Bildern den bei diesen für notwendig geltenden Ton anzuschlagen, wird er uns unglaubhaft, der Phrase verdächtig und unschön. Freilich könnte man auch fragen, ob nicht viele der modernen Heiligenmaler darin ebenso unglücklich sind.

S 203: [10]) Wie die ersten Chodowieckischen Jahrgänge des „Genealogischen Kalenders" so wurden auch die meisten übrigen durch gleichzeitige Kopien und hinzugefügte Blätter von der Hand der beiden Berger, Penzels, Hennes, Haas', Arndts, Meils, Heidenreichs, Kimpfels, Buchhorns u. a. verstärkt. Nach dem Tode Chodowieckis trat besonders Wilhelm Jury mit seiner glatten, zierlichen, aber kalten Technik hervor.

S. 204: [11]) Über die Entwickelung des „Gothaischen Hofcalenders" orientiert in Kürze die allerdings nicht im Handel befindliche „Geschichte der gothaischen genealogischen Taschenbücher, den Besuchern der heraldischen Ausstellung zu Berlin . . . 1882 gewidmet von Justus Perthes." Noch belehrender freilich ist die fast vollständige Sammlung dieser Taschenbücher im Perthesischen Institute selbst.

S. 206: [12]) Der Göttinger Kalender erfreute sich in J. C. Dieterich eines sehr eifrigen und höchst originellen Verlegers. Seine Briefe an Chodowiecki hier abzudrucken fehlt leider der Raum: sie zeigen aufs köstlichste den wenig gebildeten Mann, der vor seinen berühmten Mitarbeitern Lichtenberg und Chodowiecki den größten Respekt und eine bewundernde Verehrung empfindet, aber auch die kaufmännischen Interessen darüber nicht vergißt. So schildert er einmal Lichtenbergs, des kränklichen, zarten, empfindlichen, immer gar so vorsichtig anzufassenden Mannes Bemühungen, eine interessante Idee zur Illustration im Kalender zu finden: endlich hat er sie: es soll die Affektation der Menschen dargestellt werden. „. . . es müste allemahl ein Affectirte Person gegen eine Solide ordentlich Stehn . . . zu denen ordentlichen würde ich wünschen allemahl schönne Gesichter und Personen zu Stellen, so dem ansehen und den Käuffern reiz machten." Auf Lichtenbergs Erklärungen der Kupfer ist Dieterich sehr stolz: „. . . ist dieses nicht ein Launichte Schreibe arth und ein munterer einsichts voller autor, machen Sie doch in Berlin und Ihren Freunden die kleine opus bestens bekandt." — Leider sind die Lichtenbergschen Erklärungen nicht in seine gesammelten Werke aufgenommen und bei der Seltenheit der Almanachs nur schwer aufzutreiben. Sie gehen mit großer Feinfühligkeit den Absichten des Zeichners nach und können uns nicht nur die witzigen Nebengedanken des Schriftstellers suggerieren, sondern uns auch darüber belehren, daß man im vorigen Jahrhundert die Bilder sehr anders als heute zu betrachten pflegte: nämlich mit Ideenverbindungen, die uns fremd sind, und mit mehr Aufmerksamkeit, als wir gewöhnlich für dergleichen anzuwenden belieben. — Wie energisch Lichtenberg seinen Liebling Hogarth auch im Göttinger Kalender zur Geltung brachte, zeigt der Umstand, daß er neben den Chodowieckischen und anderen Blättern in den Jahrgängen 1778 und 1785—1795 umfangreiche Gruppen von Kopien nach Hogarth erscheinen ließ. — In Meusels „Miscellaneen" 1780 fand sich ein nervöser, ebenso begeisterter als auch wieder übellauniger Recensent der Chodowieckischen Kupfer für den Göttinger Kalender in dem Erfurter Gelehrten Timme. Seine Anzeigen und Chodowieckis Verteidigung finden sich Heft 3—5 des angeführten Jahrganges und sind größtenteils wieder abgedruckt bei Ferdinand Meyer, „Daniel Chodowiecki der Peintre-Graveur", Berlin 1888.

S. 207: [13]) In einem Briefe an den Buchhändler Voß beklagt sich Chodowiecki, man trage ihm Kupfer zu Schauspielen auf, die nicht die geringsten malerischen Scenen darbieten, und tadele dann seine Arbeit, die den Gegenstand nicht habe schmackhafter machen können.

S. 208: [14]) Man fand selbst in Wien, wo man Blumauer doch schätzte, daß die Bilder besser seien als die Verse.

S. 209: [15]) Schon im Februar 1780 hatte Chodowiecki der Berliner Akademie der Wissenschaften seinen Totentanz (E. 662) für den Kalender angeboten. Er war zurückgewiesen worden, obgleich in den Kalendern 1763 und 1768 unter den moralischen Kupfern mehrere gewesen waren, die Ähnliches enthielten: ein Arzt, ein Wucherer wurde vom Gerippe geholt, eine elegante junge Dame von einem gespenstischen Kavalier erschreckt. — Im allgemeinen sind Darstellungen des Todes — von denen an Grabmälern abgesehen — im 18. Jahrhundert selten. Sehr merkwürdig und einer eingehenden Behandlung wohl wert ist der Totentanz, den der Schweizer Stecher J. Roderich Schellenberg, der schon öfters als Mitarbeiter Chodowieckis an den Werken von Basedow und Lavater genannt wurde, in 25 (?) Blättern 8° kurz nach 1780 erfand und stach. (Dem einzigen mir bekannten Exemplar des Buches fehlt das Titelblatt.) Wenn er auch in einzelnen Blättern herkömmliche Gruppen herkömmlich behandelt, so schiebt er doch eine Reihe selbständiger Erfindungen glücklich ein. — Ein Zusammenhang zwischen Chodowieckis Zeichnungen zu Erasmus' „Lob der Narrheit" und Holbeins Randglossen dazu besteht nicht.

S. 210: [16]) Zu den Modekupfern ließ Chodowiecki gelegentlich seine Töchter und deren Freundinnen Modell stehen; so findet sich unter den Coiffuren des Lauenburger Kalenders 1783 das Bildnis des Fräuleins von Béguelin als „à l'aimable Simplicité" (No. 3 auf Blatt E. 112a). Dieselbe Dame erscheint im Kostüm „d'Elise Drapper" als No. 1 auf dem Blatt E. 113a. Zu letzterer Figur giebt es eine ganz ausgeführte Aquarellstudie — sogar das Muster des Diwans ist im einzelnen durchgebildet — ein Beweis dafür, wie genau der Künstler auch jetzt noch studierte, wenn er einmal Zeit und Lust dazu hatte. Solche Modekupfer fielen dann freilich auch auf. In einer Recension der „Koeffüren" im Göttinger Kalender für 1780 heißt es, die anonymen Kupfer hätten Köpfe ohne Ausdruck und Verhältnis, sie seien verzeichnet, steif, Karikaturen, Haubenstöcke, Meerkatzengesichter, ihr Stich sei hart, unsauber, gesudelt, unter der Kritik. Chodowieckis Modekupfer dagegen seien richtig gezeichnet, voll Leben, voll herrlichen Ausdrucks, voll Grazie; jeder Kopf habe einen anderen Ausdruck. Der Stich sei mehr punktiert als schraffiert, sich ungleich und flüchtig, aber sanft, schmelzend, angenehm.

S. 210: [17]) Für diesen Kalender radierte Chodowiecki die Kupfer zu Höltys Elegie auf den Tod eines Landmädchens (E. 726) und zu Fabeln und Erzählungen von Gellert, Gleim, Hagedorn, Lichtwer und Pfeffel (E. 711) in meisterhafter Ausführung, gegen die die beiden Suiten von menschlichen Eigenschaften (E. 513 und E. 609) mit ihren Allegorien recht unglücklich abstechen.

S. 210: [18]) 1793 schrieb Chodowiecki, es „ennuire" ihn, immer „aus dem 30 oder 7jährigen oder franzosen Kriege zu zeichnen". Man findet auch weder in seinem Journal noch in den Briefen die Spuren einer lebhaften Beteiligung an den politischen Ereignissen rings um ihn her. Nur zweimal, soviel ich sehen kann, äußerte er sich gefühlvoll auf seine Weise, und zwar in den Briefen an Christiane Solms. Ihr schreibt er am 17. August 1786: „Mit unsrem Großen König ist es nun zu Ende. Er starb am 9. d. M. Abends. Heute hatt die Garnison seinem Nachfolger geschwohren. Die ganze Stadt ist wie vor den Kopf geschlagen." Und im Jahre 1793 bemerkt er über die Schreckensherrschaft in Paris: „Wieviel Kunstsachen mögen nicht in diesem unglücklichen Lande seyn zerrüttet worden, die nicht wieder können ersetzt werden. Wer hätte so viele Greuelthaten und sovielen Unsinn von einer der gebildetsten Nationen erwarten sollen; welch ein Unterschied zwischen diesen Menschen und den braven refugiés, die vor 200 Jahren ihr Vaterland verlassen mußten und aller Orten wo sie hinkamen, geehrt und geliebt wurden und auch in Teutschland viel Gutes gestiftet haben. Ich gehöre auch einigermaßen zu diesen guten Leuten, denn meine Großmuter mütterlicher Seite war eine refugiée, aber von meinem Vater her bin ich ein Pole, ein Abkömmling einer braven Nation die bald nicht mehr existieren wird."

S. 212: [19]) Nur die Porträts von C. W. E. Dietrich (E. 118) und F. E. von Rochow (E. 191) sind wesentlich größer.

S. 212: [20]) Chodowiecki kannte 34 Kopien nach diesem seinen Königsbilde. Sie waren zum Teil im Auslande gemacht.

S. 212: [21]) Für den Stich durch andere. Vgl. das zehnte Kapitel.

S. 213: [22]) Robert Dohme sagt in seiner Studie über Chodowiecki (Kunst und Künstler, Bd. II, Leipzig 1878), die Anekdote von dem vor seinem Könige sitzenden Ziethen sei nicht wahr. Diesem Verdachte scheint mir der Umstand zu widersprechen, daß Chodowiecki nicht nur das genaue Datum des Vorfalles (den 25. Januar 1785) angiebt, sondern auch die Zeugen desselben kennt, aufsucht und porträtiert. Eine Anzahl dieser Porträtstudien auf bräunlichem Papier in drei Kreiden, mit dem Namen der Dargestellten bezeichnet, befindet sich in Weimar, andere sind im Rosenbergerschen Nachlasse. — Beide Ziethenblätter (E. 565 und E. 948) mögen uns steif erscheinen: früher waren sie sehr beliebt. 1814 erschienen sie sogar auf der Berliner Akademischen Kunstausstellung in Seide gestickt.

S. 214: [23]) Nach dem Berichte Jacques Papins war der Herzog der einzige Mensch, der bei dieser Überschwemmung seinen Tod fand. Die interessanten Mitteilungen Chodowieckis über die Etats des Blattes (E. 541) sind bei Engelmann abgedruckt.

S. 216: [24]) Morino beeilte sich für die Platte 200 Thaler zu bieten, er erhielt sie aber nicht.

S. 216: [25]) Das Manuskript dieser unvollendeten Novelle besitzt Frau Dr. Ewald in Berlin. Ihr Stil ist unbeholfen und dürr und der Inhalt, bis auf den ansprechenden Grundgedanken, überaus dürftig.

S. 216: [26]) Auch die „Berlinische Folgsamkeit" (E. 749) und der „Bettelvogt" (E. 937) sind Suiten, die durch Zuthaten auf einer und derselben Platte gebildet wurden.

S. 216: [27]) Über dem Altar und der ihn umgebenden Menge ist der ganze Raum der Platte leer gelassen. In diese Leere konnte die Platte E. 199 abgedruckt werden, welche die drei Grazien nach der bekannten antiken Gruppe darstellt. Ursprünglich waren sie als Bibliothekszeichen für die D[lle] Haas, vgl. S. 250, komponiert. Übrigens trug Chodowiecki dieselbe Gruppe in einem geschnittenen Steine und siegelte mit ihr, wenn er nicht das Petschaft seines Vaters mit dem Familienwappen, einer Lilie, benutzte.

S. 217: [28]) Sowohl das „Gehirn eines Künstlers" als die „Auf Rosen sanft schlummernde Unschuld" hat Chodowiecki öfters auf Stammbuchblättern wiederholt. Jenes z. B. für Johann Valentin Meyer in Hamburg; im Mittelpunkte des Gewirres von Köpfen brachte er mit artiger Galanterie die Köpfe des Freundes und von dessen Gattin an. Unter die „Unschuld" schrieb der Künstler einmal:

„So schlummert auf Rosen
„Die Unschuld —

„Schlummern Sie immer so, holdes Mädchen, so werden Sie Gott und Menschen liebhaben — unter letzteren auch — Ihr ergebenster Freund und Diener
D. Chodowiecki. In Berlin geschrieben den 8. Juny 1783."

S. 219: [29]) Man liest öfters, Chodowiecki sei so überreich an zuströmenden Gedanken gewesen, daß er sich ihrer in der Form der Einfälle habe entlasten müssen. Das könnte an die krankhaften Visionen seines Freundes Nicolai erinnern: denn welche Konfusion von verschiedenartigen Vorstellungen hätte ihn dann unversehens zu plagen gepflegt! Während doch viel natürlicher ist, die Einfälle eben als Capricen zu erklären, und zwar als solche, die zunächst zur Prüfung der Nadel, des Kupfers, des

Ätzwassers, wohl auch zum beiläufigen Studium eines Motivs, dann aber immer absichtlicher zur Herstellung von Etats ausgeführt wurden.

S. 220: 30) Ohne Zweifel hat jedes Publikum den Künstler, den es verdient (zum Glücke besaß aber Chodowiecki auch Vorzüge, die für den Durchschnitt seines Publikums zu hoch waren): selbst diese mißratenen Historien fanden ihrer Zeit Beifall. Zu einer nicht einmal vom Künstler selbst radierten Fortsetzung des Lebens Heinrichs VIII. und der „Histoire du Stadhouderat" im Gothaischen Kalender für 1797 wird bemerkt: „Ceux qui connaissent les chefs d'oeuvres de Chodowiecky reconnoitront surement sa main dans les dessins . . . où l'artiste s'est imposé la loi non seulement de conserver strictement le costume, mais encore de se servir de portraits qu'on a reconnu authentiquement vrais." Die hier gelobten Kostüm- und Porträtstudien sind sehr fragwürdig und beschränken sich auf ungesichtete Kupferwerke und auf Erinnerungen an die Theaterkostüme als Quellen. Auch Anklänge an französische Typen finden sich, zu unserer Überraschung, in diesen Blättern: aber nicht an die zierlichen Schäferinnen, sondern an die unerträglichen Helden und Greise Bouchers und seiner Genossen.

S. 222: 31) Man kann aber beobachten, daß die Radierungen der neunziger Jahre oft in stärkeren Kontrasten schattiert sind, während früher eine feinere Gleichmäßigkeit des Tones vorherrschte.

S. 227: 32) J. G. Wille z. B., der ganz französierte Kupferstecher, bat zweimal seinen Freund Georg Friedrich Schmidt, ihm Kupfer von Chodowiecki nach Paris zu schicken, wobei er die zu „Sebaldus Nothanker" besonders hervorhob. Vgl. du Plessis, „Mémoires et Journal de J. G. Wille", Paris 1857, T. I, p. 505, 575. Du Plessis bemerkt dazu in einer Anmerkung, Chodowiecki werde zwar überschätzt, sei aber „l'artiste le plus réellement spirituel que l'Allemagne ait produit". — Im Prachtwerke von Paul Lacroix „Le XVIIIme Siècle", Paris, Firmin-Didot 1875, sind S. 437 und 452 zwei Radierungen Chodowieckis reproduziert, und zwar „La Lecture" und „La Danse" (E. 355, 6 und 11), als Illustrationen des französischen Salonlebens.

S. 228: 33) In das Jahr 1796 fällt z. B. die Fortsetzung der zweiten Reihe zu Richardsons „Clarissa", E. 807—820; in das Jahr 1797 fallen die zwei Blätter zu v. Krottow, „Wohlthätige Vorschläge zur Erziehung", E. 858, 859, in das Jahr 1798 „Lippert und Zingg", E. 882, in das Jahr 1799 „Clérus Kinder", E. 919, in das Jahr 1800 die vier Blätter zu Stein, „Charakteristik Friedrichs II.", E. 944. — Nach Engelmanns Zählung hat Chodowiecki im ganzen 2075 Darstellungen auf 978 Platten einschließlich der 28 verätzten Platten geliefert. Von diesen wurden 1275 Darstellungen auf 178 Platten für die Kalender verwendet. An Einfällen zählte Engelmann gegen 737. — Bedenken wir, daß jede Platte 2—3000 Abdrücke und nötigenfalls, wenn sie aufgestochen wurde, ihrer noch mehr gab, bedenken wir ferner, daß von vielen Platten (besonders von denen für die Kalender, aber auch von anderen vorzüglich beliebten wie E. 48 und E. 200), mehrere Kopien mit je mehreren Tausenden von Abdrücken gefertigt wurden, und bedenken wir endlich, daß auch noch Hunderte von Zeichnungen Chodowieckis, von fremder Hand gestochen, sich ebenso vervielfältigt verbreiteten, so erhalten wir einen Begriff von der propagatorischen Macht unseres Meisters. Das Publikum hatte ihm diese Macht verliehen, da es ihn aufkommen und nie im Stiche ließ, und es fügte sich ihr so willig, daß es sogar manche Bücher nur deshalb kaufte, weil sein Liebling sie illustriert hatte. Ein Wächter über den platten Commonsense wehklagte deswegen einmal, Chodowiecki verwirre durch verderbliches Treiben den Geschmack an der Litteratur.

Zehntes Kapitel.

S. 230: 1) Wie bereits bemerkt wurde, stammen die folgenden Mitteilungen hauptsächlich aus Chodowieckis Journal und aus seinen Briefen an Graff und die Gräfin Solms. Einzelheiten sind auch wieder dem angeführten Buche Schadows und dem geschichtlichen Überblick im Kataloge der Akademischen Kunstausstellung 1811 entnommen.

S. 231: ²) Das ebenso kurz als klar abgefaßte, von Chodowieckis Hand geschriebene Konzept dieser Supplik lautet: „Allergnädigster König Da der Directeur Ew. Königl. Majestät academie der Mahler und Bildhauer Herr Blaise Nicolas Lesueur gestern Nachmittag um 3 Uhr mit Tode abgegangen und dadurch das Directorium bey besagter Academie vacant geworden, so wolten wir Ew. Königl. Majestät solches unterthänigst berichten, und zugleich ersuchen, daß Allerhöchstdieselben allergnädigst geruhen, die Stelle wiederum durch den Historien Mahler Bernhard Rode zu besetzen. Ew. Königl. Majestät unterthänigste Unterthanen

. . . . Mitglieder der Kgl. M. u. B. Ac.“

Im Besitz des Herrn Wilhelm Chodowiecki, Berlin.

S. 231: ³) Schon im Jahre 1767 benutzte Chodowiecki eine Porträtsitzung, die ihm von einem Prinzen in Potsdam gewährt wurde, zur Agitation zu Gunsten der Akademie. Er stellte dem Herrn den „triste Etat“ der Anstalt vor, in der freilich nicht sehr starken Hoffnung, seine Worte würden gelegentlich vor den König gebracht werden.

S. 232: ⁴) Das muß ihm doppelt hoch angerechnet werden, da er gerade um diese Zeit eine besonders scharfe Verstimmung gegen die Akademie empfand. „Seitdem ich unsere academie habe kennen lernen,“ schreibt er Ende 1783, „und mich ein wenig ums innere anderer academien bekümmert habe, bin ich sehr von der hochachtung die ich vor academien hatte, zurückgekommen.“

S. 234: ⁵) Ramler war ein intimer Freund Rodes; obgleich er, nach Chodowieckis Meinung, von bildender Kunst nichts verstand, pflegte er den besuchenden Fremden in Rodes Atelier den Cicerone zu machen, wobei er sich in Lob und Begeisterung kräftig und daher als Herold nicht unerwünscht zeigte. — Wie alles Neue, so erregten auch die erste Kunstausstellung und ihr Katalog zu 12 Groschen den billigen Spott der Berliner. Man fand bald eine „böswillige Pasquinade“ auf Rode und Chodowiecki in den Straßen angeschlagen. — Die Ölbilder, die Chodowiecki von sich selbst ausstellte, waren, nach dem „Verzeichniß derjenigen Kunstwerke, welche von der Königlichen Akademie der bildenden Künste und mechanischen Wissenschaften in den Zimmern der Akademie über dem Königlichen Marstalle auf der Neustadt . . . öffentlich ausgestellt sind“: das Familienbild von 1766 und der „Abschied des Calas“. Unter seinen Zeichnungen befand sich „Eine Allegorie auf den Frieden der Kayserinn Catherine II von Rußland mit den Pohlen und Türken“, ferner ein Mädchen, das „dem leichtfertigen Amor drohet die Flügel zu beschneiden“ (mit Bleistift und Bister), und: „Die Hofnung nährt die Liebe.“ (Zwei Jahre später brachte die Ausstellung Kopien nach diesen letzten zwei Blättern von der Hand der Nanette Chodowiecka.)

S. 234: ⁶) Von solchen Ausdrucksstudien sind viele erhalten: z. B. „Le Chagrin“, „La Prière“, „La douleur“, „La Charité“ bei Frau Dr. Ewald. Es ist verwunderlich, daß Chodowiecki vor so verzerrten, leblosen Masken nicht selbst erschrak. Aber er gab ihrer sogar eine Reihe als „Versuche leidenschaftlicher Köpfe“ auf die Ausstellung von 1787.

S. 237: ⁷) Neben günstigen Urteilen über Carstens' Leistungen äußerte Chodowiecki allerdings auch recht herbe; besonders nachdem Carstens den Heinitzschen Saal im Dorvilleschen Hause ausgemalt hatte. Er findet (in einem Aufsatze über die Ausstellung von 1791, in deren Katalog eine „description plus que poetique et ridicule“ jenes Saales enthalten war: „les figures (Apolls und der Musen) peintes en couleur sont au dessous de la critique.“ Einige Musen seien gut draviert, aber alle seien schlecht und unproportioniert gezeichnet; Apollo sitze gar zu steif da. Das Schlimmste seien die Farben: „On ne peut pas se former une meilleure idée de ces peintures qu'en les comparant aux estampes de ces anciennes fables allemandes dont les contours sont gravés en bois et enluminés bien uniment avec des couleurs bien voyantes.

Toutes fois ces barbouillages, qui ont été très-mal payé au sieur Karstens, lui ont valu une place à l'academie dans le senat, le titre de professeur. — le soin de la classe du platre avec une pension de 200 th. et la promesse qu'il sera envoyé à Rome pour y continuer ses études." — Im Sommer 1795 wurde Carstens das römische Stipendium entzogen, das nun ein gewisser Schumann aus Dresden für drei Jahre erhielt: Chodowiecki bemerkt dazu: „Carstens hatt sollen zurückkommen, wird aber wohl dort bleiben, er ist die Caricatur von Michel Angelo geworden" — eine Wendung, die mehr für die Berliner Verstimmung gegen den unbotmäßigen Künstler als für die Kenntnis seiner Arbeiten in Italien zeugt: denn unter diesen erinnern nur die Studien zu Dantes Hölle an Michel Angelo, und dies nicht einmal in übertriebenem Sinne.

S. 237: [8]) Vgl. H. C. Genelli, Idee einer Akademie der bildenden Künste. Braunschweig 1800.

S. 237: [9]) Chodowiecki nennt die Vorträge „misérables" und seine Extempores „mal digérés".

S. 239: [10]) Sehr charakteristisch für die Art, in der der ehrliche Chodowiecki sich mit Reden, die eigentlich panegyrisch hätten sein sollen, abfand, ist die folgende, die er noch als Sekretär zur Eröffnung der Kunstausstellung von 1786 hielt und die im 1. Bande der „Monatsschrift der Akademie der Künste und mechanischen Wissenschaften zu Berlin", 1788, 1. Stück, S. 25 f. abgedruckt wurde: „Anrede an die Akademie von Herrn D. Chodowiecki. Es sind nun 87 Jahre, daß diese Kgl. Preußische Akademie der Künste und mechanischen Wissenschaften entstanden ist. Ihr Anfang war sehr glänzend, und sie hat sich unter mancherley Schicksalen bis hieher erhalten. Was unser große König ganz neuerlich für sie gethan hat, ist uns allen bekannt, und wie könnten wir ihm genug dafür danken! Die öffentliche Gemäldeausstellung, die das Publikum jetzt beschäftigen soll, die erste seit der Stiftung der Akademie, ist die erste Folge obgedachter Wohlthaten, aber diese Ausstellung zeigt auch, wie weit sie noch neben andren Akademien, die viel jünger sind als sie, zurück ist, und wieviele Schritte sie noch machen muß um jene einzuholen. Die Statuten, die sie von ihrem Durchlauchtigsten Stifter erhielt, sind zwar nicht ganz ihrer jetzigen Lage angemessen, doch so, daß sie es vortheilhaft fand, die meisten davon zur Basis ihrer Wiederaufrichtung beyzubehalten: und wenn sie dieses Beybehaltene gehörig befolgt, so kann sie, mit wenigen neuen Zusätzen, bald sehr zweckmäßig werden. Hieran mit Ernst zu arbeiten ist ihre erste Pflicht: wer wolte alsdann an ihrem guten Fortkommen zweifeln? — Sie hat aber auch eingesehn, daß es ihr noch an mehreren Männern fehle, welche durch ihren Stand, ihre Verhältnisse mit dem Hofe, ihre Talente und Gelehrsamkeit ihr oft nützlich werden könnten, und deren Beytritt ihr zur Ehre gereichen würde. In dieser Rücksicht ersucht sie Sie, durchlauchtigster Herzog, [es handelt sich um die Aufnahme des Herzogs von Curland als Ehrenmitglied] und Sie, hochgebohrene, Wohl- und Hochedelgebohrene Herren Kunstkenner und Verehrer!, es sich gefallen zu lassen, Mitglieder von dieser alten, deutschen, dem Staate sehr nützlichen Akademie zu werden: sie von Neuem zu beleben, und die Aufnahme derselben durch Ihre Kunstkenntnisse, Geschmack und Menschenliebe, bey innigster Verbindung und größter Einigkeit, zu befördern. Die Kgl. Akademie wird Ihre gnädige und gütige Einwilligung hierzu mit ergebenstem Danke anerkennen. — Um nun noch etwas Nützliches vorzunehmen, sey es mir erlaubt, der Kgl. Akademie drei Objekte in Vorschlag zu bringen, auf welche sie, nach ihrem noch mäßigen Fond, verhältnißmäßige Prämien bestimmen kann." Die drei Gegenstände, die er zu ausführlicher Zeichnung oder zum Bossieren in Wachs oder Thon en basrelief vorschlägt, sind: Schwerins Tod; Friedrich an Schwerins Leiche „und Ihm gehen die Augen über", und: „Kleist, verwundet, von russischen Soldaten beschenkt, aus der Vorrede zu Kleists Werken, 1761." Die Akademie soll bestimmen, wie hoch die Preise zu setzen sind und ob Mitglieder der Akademie sich an der Konkurrenz beteiligen dürfen. Letzteres scheint bejaht worden zu sein, da Chodowiecki selbst sowohl Schwerins Tod als den beschenkten Kleist bearbeitet hat. — Auch außer der mitgeteilten Rede ist manches von Chodowieckis Hand gedruckt worden: es sei nur an seine Aufsätze und Repliken in Meusels „Miscellaneen" erinnert. Handschriftliche Berichte und Gutachten finden sich ebenfalls nicht selten von ihm; doch soll auf diese weniger wichtigen Dinge nicht näher eingegangen und nur folgender, leider nur fragmentarisch erhaltener, interessanter Aufsatz abgedruckt werden. Er stammt etwa aus dem Jahre 1790, scheint für den Druck bestimmt gewesen zu sein und befindet sich unter den Papieren im Besitze des Herrn Wilhelm Chodowiecki.

„Etwas über den Verfall der Künste!"

„Wahrlich ein sehr wunderlicher Einfall zu der Zeit wo alles von der Aufnahme der Künste ertönt, von ihrem Verfall zu sprechen. Aber man darf nur mit ein wenig unpartheyischer Aufmerksamkeit auf das sehen was zu Anfang dieses saeculi in den Künsten geleistet wurde und waiz jetzt geleistet wird so wird man gestehen müssen daß dieser ton sich zu früh hören läßt, und noch vieles zu leisten übrig bleibt.

„Die Künste sind wahrlich, seit der Zeit, sehr in Abnahme gekommen und mit der Abnahme der Künste kam die academie in Verfall, oder umgekehrt: mit dem Verfall der academie gingen die Künste zu grunde. Man betrachte den Bau des Kö. Schlosses: welche schöne Architectur im ganzen und in allen seinen Theilen, welch schönes Portal an der großen Treppe, welche Pracht in der Dorischen Colonnade, sie ist nicht ohne Fehler und doch übertrifft sie alles was in neuern Zeiten ist gebaut worden. Das Opern Haus obwohl es später gebaut wurde ist ein sehr schönes Gebäude auch die noch spätere Katholische Kirche, aber Prinz Heinrichs Palais — und die Bibliothek, welche schnelle Abfälle? Und wenn die Bau Kunst vieles von ihrer ernsthafften Schönheit verlohren hatt, so hatt die Bildhauerkunst noch mehr gelitten.

„Da vor einiger Zeit die über besagtem Portal stehenden Statuen heruntergenommen wurden und man sie in der Nähe betrachten konnte, sah man was vor ein großer Styl zur Zeit ihrer anfertigung in der Bildhauerkunst herrschte, welch ein Unterschied zwischen diesen Statuen und denen auf der Neustädtischen Brücke, welch elendes Zeug auf und um der Bibliothek und auf der Spandauer Brücke! Aber ärger als wie alles das, sind die Kindergruppen auf der Königsbrücke.

„Man sieht wohl daß jene Statuen auf dem Schlosse nicht von Künstlern der ersten Größe gemacht worden sind, aber es ist ein so edler Styl im Umriß, eine so schöne Zeichnung im gantzen, richtige Anathomie in den Muskeln und Charactere in den Köpfen und der ganzen Structur des Körpers wovon man heut zu Tage keinen Funcken mehr findet.

„Man sagt Schlüter habe den Arbeitern die Modelle vorbossirt, das kan wohl sein und wäre zu wünschen daß heute auch jemand da wäre der es thäte, aber es muste doch damals Arbeiter geben die ihm zu folgen fähigkeit hatten.

„Es scheint bey nah daß die Mahler jener Zeiten noch schlechter waren als die Bildhauer. In den Platfonds die damahls gemacht wurden herrscht zwar eine gewisse Großheit des Characters in der Zeichnung und in der Zusammensetzung aber das Colorit ist mehrentheils schlecht die Haltung schwer und in den Köpfen weder Schönheit noch Anmuth; überhaubt scheint es daß es zu allen Zeiten bessere Bildhauer als Mahler gegeben hatt.

„Friedrich der Erste wolte die Künste in seinen Staaten emporbringen, er that für sie was er konnte. Da er in seinem Lande wenig Künstler fand ließ er sie mit großen Kosten von außen zusammen kommen, er verschrieb gute Leute aus Teutschland, Holland, aus der Schweitz, selbst aus Frankreich, mit ihnen errichtete er die academie und setzte sie auf einen sehr guten Fuß. Aber es ist zu verwundern daß diese geschickten Leute so wenig gute Schüler gezogen haben, mit ihnen starb alles wieder aus. Aber damahls ging auch die academie zu grunde, ihre fonds wurden ihr genommen, sie brandte endlich gar ab. Mit einer jeden neuen Generation musten neue Meister aus der Fremde angeschafft werden.

„Decoxie, Rutger von Langefeld, Leigebe, Wenzel, Vaillant, Willmanns, Werner waren gute Historienmahler zu Friedrich des ersten Zeiten: aber mit ihnen starb die Historien Mahlerey unter Friedr: Willhelmen wieder ganz aus, weil er die Künstler nicht wieder wie die Soldaten recrutirte. Da Friedrich der Zweyte zur Regierung kam und historische Sachen gemahlt haben wolte, muste er Pesne und Harper, die einzigen guten Künstler die er hatte, dazu anstellen. Harper war ein vortreflicher Portraitmahler, konte aber nicht zeichnen, konte also im historischen Fache wenig ausrichten. Aber Pesne, obwohl er auch kein Zeichner war, so doch ein Mann von Genie, hatte Anlagen zu allen Theilen der Kunst, seine Zusammensetzung, sein Colorit, seine Beleuchtung, selbst seine Landschafften waren sehr gut, aber seine Zeichnung und sein Ausdruck taugten nichts. Der König sah sich genöthigt, wieder Künstler aus der Fremde zu verschreiben, sein Geschmack war damahls durch den Geschmack seines Rathgebers des Graffen Rottenburg (denn Könige wissen sich selten in dem was die Kunst betrifft selbst zu rathen, und hätte Ludw: der XIV in Colberg nicht einen sehr guten Rathgeber gehabt, niemahls wäre in Franckreich die Kunst dahin gestiegen wo sie damahls war da Le Brun, Jouvenet, Detroy u. a. mehr sie betrieben) Rottenburg war nach Paris gegangen und war ganz in den watteauschen Geschmack verliebt, des Königs geschmack wurde auch französisch, Er schaffte sich watteausche und lancretsche Gemahlde an und behängte damit die Wände in Sansouci. Der watteausche Geschmack wurde der herrschende, er wolte Boucher zum Hofmahler haben, aber Boucher antwortete dem Marquis d'Argens durch ein Bonmot, er wolte Carl Vanloo haben, er bekam Amedeum mit dem er betrogen wurde. Dieser mahlte ihm anfänglich so elendes Zeug daß er es nicht wolte aufhängen lassen. Vanloo brachte Lesueur mit sich als seinen Gehülffen, Lesueur war besser als Vanloo aber er war faul, er mahlte in 8 oder 29 Jahren vier Gemählde, zwey für die Tapetenfabrick, eine Landschafft und ein Dianen Bad, welches noch nicht fertig ist, besserte übrigens für einen Bilder Handler verdorbene Gemahlde aus und machte Postischen für Zeichnungen an und machte sie nicht fertig . . aber genug davon und wieder zu Pesne. Das Beste was er als Historien Mahler betrachtet mahlte waren Plafonds. Dieses ist ja die Mahlerey worinn ein Mahler der nicht zeichnen kann am Besten fortkommt, alle Fehler der Zeichnung werden auf Rechnung der Verkürzung gesetzt, sein angenehmes klares Colorit, seine Stärke in Licht und Schatten, seine glückliche Composition machten alles wieder gut. Er hinterließ viele Schüler unter welchen sich die, die sich der Bildnißmahlerey widmeten die Besten waren. Die Historienmahler gingen in seine Fußstapfen, sie componierten gut, zeichneten schlecht und ohne Ausdruck, dazu fehlte es ihnen an dem schönen Colorit, der herrlichen Beleuchtung und einer gewissen Grazie, die der Stempel aller Pesneschen Gemahlde ist, und welches Alles sie nicht erreichen konten.

„Vanloo hatt keine Schüler hinterlassen.

„Lesueur auch nicht, Hackert hatt zwar unter ihm angefangen, hatt sich aber in Franckreich und Italien weiter fortgeholfen, und Bardou hatt es nicht weiter als zu einem schwachen Pastelkopf gebracht. Von den Schülern der jezt lebenden Künstler ist keiner zur Reiffe gekommen. Daher der Vorwurff den der hochseelige König der academie etliche Mahl machte, daß er aus ihr noch keinen Künstler gesehen hätte der was rechts gelernt hätte, nicht ungegründet war.

„Unsere Academie hatt jezt nur drey Schüler von denen sich etwas hoffen läßt, der Beste ist Boldt, der wird Kupferstecher, Schumann und Riedlich scheinen Historienmahler werden zu wollen, aber der Weg den sie einschlagen ist nicht der der zur Vollkommenheit führt: sie zeichnen einen guten Act, aber gemeiniglich ist nur der rumpf, die Arme und Beine gut, der Kopf, die Hände und Füße taugen mehrentheils . . . ."

Hier bricht der Text mit dem Ende des Bogens ab.

In dem Konvolute, das das Manuskript dieses Aufsatzes enthält, befindet sich ein anderes Manuskript, das zwar nicht von Chodowieckis Hand geschrieben, aber mit eigenhändigen Anmerkungen und mit der Erklärung Chodowieckis versehen ist, er habe vorstehende Gedanken vor einigen Jahren aus einem Journale, er wisse nicht mehr welchem, ausgezogen. Diese Erklärung nennt eine Gegenanmerkung von fremder Hand ein „Blendwerk", denn: „der ganze Aufsatz ist echt Daniel'sch — wie oft habe ich ihm so über die Schattenrisse sprechen hören." Mag nun Chodowiecki den Aufsatz verfaßt oder ihn nur gebilligt haben: der Kunstschreiber wird in jedem Falle aus ihm ersehen, daß seine Kollegen von damals in den Augen des verehrten Meisters eine überaus klägliche Rolle spielten. Der Artikel beginnt nämlich mit der Klage, man pflege neuerdings statt der Miniaturen nur Schattenrisse zu bewundern und zu kaufen, die reichen Thoren, die zur Erhaltung des guten Geschmackes etwas beitragen sollten, vergnügten sich jetzt an Silhouetten, die ein jeder anfertigen könne, und das bringe einen Verfall der Kunst zuwege. Hierauf folgt die Behauptung, dieser „Übelgeschmack" sei eine Frucht der übel angebrachten und noch übler verstandenen Urteile über Kunstwerke von seiten Gelehrter, die ohne jede Kunstkenntnis und ohne Nase und Finger zeichnen zu können, die größten Meisterwerke bekritteln oder schlechtes Zeug himmelhoch zu erheben pflegen. Kunstbeurteilung seitens nicht kunstübender Gelehrten tauge überhaupt nichts: denn die Beschreibung der Gegenstände: das ist Mars, das ist Venus, das ist ein gemalter Mensch, sei nicht scharfsinnig, und ebenso wenig scharfsinnig sei es, wenn man bloß auswendig gelernte Kunstwörter anwende, ohne vorher wahre, in der Kunst selbst gegründete Gefühle erlangt zu haben. Nur die Künstler dürfen über Kunst reden: sie haben ihre andere, wahre Sprache, sie werden erwärmt, ihr Urteil bricht zwar öfters in unartikulierte Töne aus, sie erfinden wohl selbst in der Eile neue Ausdrücke, um ihre Empfindungen mitzuteilen — aber sie überzeugen mehr als jeder, der rhetorisch auftritt und deklamiert. Denn die Künstler sind nur zum zwanzigsten Teil Studierte, die guten unter ihnen haben sich nur nach der Natur gebildet: es giebt nichts Vollkommeneres als dieses „große Urbild" und dadurch wirken sie überzeugend. Aus den Schriften von nicht künstlerisch thätigen und nicht an der Natur gebildeten Gelehrten, in deren Seele „es kalt aussieht", ist nichts zu lernen: ja sie schaden positiv, weil die Kunstliebhaber, da sie Schriften von Künstlern nicht haben, aus ihnen Geschwätz und Eigendünkel lernen, die Künstler aber parteiisch behandelt werden. Oft loben und blähen die Kunstgelehrten, bestochen durch ihre von einem jungen Künstler gemalten oder verbreiteten Bildnisse, die Mittelmäßigkeit und sind doch nicht imstande, die Diebstähle aufzudecken, von denen diese sich genährt hat. Die guten Künstler müssen dann sehen, „daß ihnen von Schmierern öfter das Brod unter Protection des albernen und eingebildeten, zugleich aber auch vermögenden Kunstkenners gestohlen wurde". — Der Aufsatz scheint auf Bernoulli gemünzt zu sein, dessen freilich recht oberflächliche Kunstschreiberei auch Chodowieckis Zorn und Abwehr (in Bezug auf seine Notizen über Danziger Verhältnisse) hervorgerufen hatte. Sollte — was ich bezweifele — Chodowiecki wirklich sein Verfasser sein, so hatte er wohl vergessen, wie viele Kunstschriften von Künstlern er selbst besaß (Hogarth, Mengs, Lairesse u. a.) und wie wenig Warmes und Überzeugendes aus ihnen herauszulesen war. — Ob der eifernde Artikelschreiber mit uns Kunstgelehrten von heute wohl milder ins Gericht gegangen wäre? Schwerlich; denn da er offenbar ein Künstler ist, so würde er eine freiwillige Einschränkung subjektiver Urteile und die Betonung eines möglichst objektiven Standpunktes weder ganz begreifen noch als notwendig anerkennen.

S. 240: [11]) Trotz seines Sinnes für militärische Korrektheit hatte Cuningham, wie Chodowiecki bemerkte, es fertig gebracht, mehr als zwanzig Militärpersonen auf dem Paradebilde (es befindet sich im Potsdamer Stadtschlosse) so zu stellen, daß man an keiner den Degen sehen kann, und bei den beiden einzigen, an denen man ihn sehen müßte, ihn zu vergessen. Trotz der Zurückhaltung des Königs trug Cuningham den Preis für vaterländische Geschichtsmalerei davon, den nach Chodowieckis Meinung der junge Töpler verdient hätte: denn Töplers Figuren seien gut gezeichnet und ausgeführt, was bei Cuningham nicht durchaus der Fall war, und man sollte doch „in Betrachtung ziehen, daß es schwehrer ist alles aus dem Kopf machen zu müssen als wenn man sich die Soldaten mit ihren Mondierungen und Gewehren auf die Stube kommen lassen und nach der Natur mahlen kann". — Die Kupferstichfabrik des Hutmachers Pascal sollte patriotische Historienbilder durch Kupferstich verbreiten. Heinitz und der Oberbaurat Itzig begünstigten die Sache, Cuningham und Darbes waren die am meisten beteiligten Maler; als Stecher wurden unter anderen Haas, Cunego und Townley verwendet; aber das Unternehmen mißglückte nach wenigen Jahren.

S. 243: [12]) Die meisten dieser Entwürfe, in Rotstift sauber ausgeführt, zum Teil auch nur in Pausen erhalten, befinden sich bei Frau Dr. Ewald, Herrn Wilhelm Chodowiecki und im Rosenbergerschen Nachlasse.

S. 244: [13]) Wenigstens hat er das Standbild Heinrichs, wie auch ein anderes, nicht zu identifizierendes aus irgend einem Kupferwerke in Rötel abgezeichnet. — Näheres über die Konkurrenz um das Denkmal Friedrichs, besonders auch über Chodowieckis Beteiligung an ihr, findet man in Kurt Merckles sehr sorgfältiger, preisgekrönter Schrift: „Das Denkmal König Friedrichs des Großen in Berlin", Berlin 1894. Gegen Graff und die Gräfin Solms spricht Chodowiecki sich drastisch genug über die eingelaufenen Modelle und über den berühmten Kostümstreit aus.

S. 244: [14]) Chodowieckis Ruhm war in der That ein europäischer. Nicht nur wurden seine Werke außer in Deutschland auch in Rußland, Schweden, Dänemark, Holland, England, der Schweiz, Frankreich und Österreich gesammelt, wie wir aus seinen Korrespondenzen wissen, sondern die ausländischen Zeitungen beschäftigten sich auch öfters mit ihm, und die „Accademia italiana" in Siena ernannte ihn am 1. Oktober 1798 zum „Accademico associato libero", im Vertrauen, „che voglia contribuire col suo favore, co' suoi lumi e conosciuti talenti ad aumentare l'utilità e lo splendore della repubblica letteraria".

S. 245: [15]) Die Buntstifte und in Verbindung mit ihnen das Pastell hatte er schon 1777 benutzt, um eine Komposition der todkranken, schlummernden Clarissa (42:47 Centimeter, auf weißem Papier), bei Frau Dr. Ewald, sehr sorgfältig auszuführen. 1778 hatte er in derselben Technik D^lle Döbbelin gezeichnet, als verlassene Ariadne auf dem Felsen sitzend. — Die beiden für Goethe bestimmten Zeichnungen sind im Großherzogl. Museum zu Weimar; der weiter unten genannte „Antiochus" und einer der homerischen Kämpfe sind in Privatbesitz in Eberswalde.

S. 246: [16]) Den „Tod Schwerins" stach Daniel Berger, den „Kleist" Friedrich Berger, den „Abschied Ludwig des XVI." Eberhard Henne. Henne hatte das Blatt bestellt und 500 Thaler dafür gegeben, „obgleich es nur fünf Figuren enthielt". Die Studie der Herzogin von Angoulême aus dieser Komposition besitzt Herr Direktor Hans Wichern in Hamburg-Horn; für die Erlaubnis, sie hier zu reproduzieren, sei ihm bestens gedankt. Siehe S. 215.

S. 246: [17]) Ganz reines Pastell, d. h. ohne Hilfe der Buntstifte, hat Chodowiecki nur selten verwendet. — Die erwähnten Blätter befinden sich zum größten Teile im Besitze seiner Nachkommen.

S. 246: [18]) Carwell kam 1783 nach Berlin und hatte mit seinen Zeichnungen in der angegebenen Art viel Beifall gefunden. Chodowiecki lobt an ihnen „eine sehr wohlgefällige Leichtigkeit" und versuchte sich selbst in der Technik. Er benutzte dabei Dresdener Pergament, da das preußische zu schlecht war, und nahm zu den Schatten niemals schwarze Kreide, sondern verwischte nur die Blei- und Silberstiftstriche mit zusammengerolltem Papier und etwas fein pulverisiertem Bimstein. „Zuweilen wird das mit der Zeit bräunlich, und das gefällt mir. Ich habe aber wahrlich keine Uebung in dieser Art zu zeichnen, weil ich nicht geduldig genug bin mich hineinzuarbeiten, daher erlang ich keine Manier darin" (1787, an die Gräfin Solms). Er hat in diesen Jahren mehrfach Köpfe in Art und Format der Miniaturen à la Carwell ausgeführt: sie erinnern lebhaft an jene Kopien nach seinen Radierungen, von denen in der Anmerkung zu S. 163 die Rede war. Ein Meister, der die Carwelltechnik besser beherrschen lernte als Carwell selbst, war Anton Graff. — Man findet bei solchen Zeichnungen öfters ein leichtes Karmin auf den Wangen der Bildnisse angewendet.

S. 248: 19) An seiner Stelle steht heute das moderne Haus No. 31, an dem eine Tafel den Meister nennt. 1798 verkaufte Chodowiecki sein Haus für 10000 Thaler und unter der Bedingung, daß er sein Logis im ersten Stocke zeitlebens behalte, an seinen bisherigen Nachbar Cléry, den früheren Kammerdiener Ludwigs XVI. Er mußte jedoch bald den Ärger erleben, daß der neue Herr dem Hause ein weiteres Stockwerk aufsetzte und sich auch sonst nicht bequem erwies.

S. 249: 20) Von Mendelssohn stammt die vorzüglich treffende Definition, Rode sei ein „imitateur de la Nature embellie“, Chodowiecki sei „la Nature“.

S. 251: 21) Der Gesundbrunnen vor dem Rosenthaler Thor galt damals als eine Badequelle „martialischer Art“ gegen Gicht und Nervenleiden; er war 1768 gefaßt und mit einem stattlichen Kurhause versehen worden. Vgl. Nicolai a. a. O.

S. 252: 22) Das Journal sagt: „Juin 4, au matin a 6 h. nous avons enterré ma femme au cimetière de l'hopital vis a vis de Mr. Marechaux avec les pieds contre la palissade qui fait angle avec celle qui va parallelement avec la maison.“ Die Beisetzung fand also nicht in der Barezschen Familiengruft statt, sondern im Erdboden selbst. Gottfried Chodowiecki war am 19. Februar 1781 auch „à l'hopital“ begraben worden und zwar neben dem acht Tage früher verstorbenen Vetter Barthélémi. Luise Concordia Chodowiecka wurde am 10. August 1785 begraben „a l'Hopital dans le voisinage de notre famille“, also wohl Gottfrieds und Jeannettens. 1795 wurde beschlossen, den Friedhof am Französischen Spital zu schließen und in einen Garten zu verwandeln; dafür wurde der neue Friedhof vor dem Oranienburger Thor eröffnet, auf dem Chodowiecki selbst beigesetzt ist.

S. 252: 23) Seine heitere, zufriedene Natur rang sichtlich gegen den Trübsinn: „So wechselt immer Leid mit Freude ab,“ schrieb er am 6. November 1785, „aber es giebt doch mehr Freuden als Leiden, nur machen die Leiden den tieferen Eindruck.“

S. 253: 24) „Bisher hab ich gearbeitet wie ein Pferd, und wahrlich nicht wie ein faules.“ An Graff, den 2. Juni 1791.

S. 255: 25) Andere Suiten, die Susette behandelte, sind: die gute und die böse Frau, acht Bilder im sog. Schindelhause im Neuen Garten zu Potsdam; die gute und die schlechte Haushaltung; die Sonntagsheiligung im alten und im neuen Jahrhundert. Diese Bilder wurden zum Teil gestochen. — Susette Henry starb den 27. März 1819.

S. 255: 26) Er bezeichnet seine Blätter mit „W. Chodowiecki“, L. W., auch L. Chodowiecki. — Die „J. Chodowiecka“ bezeichneten sind von Jeannette Papin.

S. 255: 27) Die Krankheit Chodowieckis bestand in einer Zunahme der Wassersucht und in einer fortschreitenden Schwächung des Magens und der übrigen Verdauungsorgane. Er machte am 1. Februar sein Testament, „gisant au lit pour cause de maladie corporelle, mais entièrement libre d'esprit et de mémoire“, wie es im Dokumente heißt; doch konnte er es vor Schwäche nicht mehr selbst unterzeichnen. Unter seinen Bestimmungen befindet sich der Wunsch, daß aus den vorhandenen Beständen seiner eigenen Radierungen für jedes seiner Kinder eine Sammlung, so vollständig wie möglich, zusammengestellt werde; die noch brauchbaren Platten, soweit er frei über sie verfügen konnte, sollten unter der Aufsicht von Wilhelm und Susette zum Vorteil seiner Hinterbliebenen allmählich und so lange abgedruckt und die Blätter verkauft werden, bis sie abgenutzt sein würden. Der übrige künstlerische Nachlaß, sofern nicht besonders über ihn verfügt war, sollte versteigert werden. — Alles dieses ist auch ausgeführt worden, und zum größeren Teile befinden sich die damals gebildeten Sammlungen jetzt noch im Besitze seiner direkten Nachkommen. Seine eigene Sammlung seiner Radierungen kam wie die „Danziger Reise“ später an die Bibliothek der Berliner Kunstakademie. — Am 9. Februar 1802 erschien ein warmer Nachruf auf ihn in der „Berliner Zeitung“. Der Ausstellungskatalog von 1802 feierte in einer

Vorrede ihn, den Musiker Fasch und den Minister von Heinitz, der seinen Mitarbeiter nur um wenige Monate überlebt hatte. „Helmina" (von Chézy, die Enkelin der Karsch) ließ ein Trauergedicht auf Chodowiecki drucken, „zum Besten der Armen, die ihn verloren haben". Auch als Wilhelm Chodowiecki gestorben war, kam man in seinem Nachrufe auf den Vater zurück. In der „Zeitung für die elegante Welt" vom 9. November 1805 sagte J. A. Merey, ein Freund und Verwandter des Chodowieckischen Hauses, Wilhelm habe nach dem Tode des Vaters öffentlich die Verpflichtung übernommen, in Verbindung mit Merey dem Meister ein biographisches Denkmal zu setzen. Aber: „Da diese Biographie mehr die Geschichte der Fortschritte sein muß welche die Kunst seinem Genie verdankt, als blos eine Lebensbeschreibung", so unterblieb sie damals, obgleich das Material, das sich seitdem wieder zerstreut hat, schon beisammen war. — Möge aus unserem Versuche einer Biographie der Sinn und Inhalt dieses reichen Lebens in seinen Umrissen kenntlich geworden sein: dann wäre zugleich der Fortschritt bezeichnet, den die Kunst ihm schuldig wurde. Denn das Beste, das Chodowiecki schuf, verdanken wir seiner eigensten Natur.

Verzeichnis sämtlicher Radierungen Chodowieckis

chronologisch und nach der Bestimmung der Blätter geordnet.

Die Nummern und die Benennungen (diese verkürzt) sind dem Engelmannschen Kataloge entnommen. Ein * bedeutet, daß die betreffende Platte in einem oder mehreren ihrer Zustände mit Einfällen verziert war oder daß sie bei Einzelblättern an sich ein „Einfall“ ist; ein † bedeutet, daß das betreffende Blatt im Text reproduziert ist.

Jahr	Buchillustrationen	Almanachbilder	Einzelblätter
1757			E. 1. Le passe-dix.
			2. Lesender Bauer.
1758			3. Singendes Weib.
			4. Husaren und Mönche.
			5. Stehende Dame.†
			6. Bauernjunge mit verbundenem Gesicht.
			7. Betteljunge beim Baum.
			8. Betteljunge beim Thorweg.
			9. Friedrich d. Gr. zu Pferde.†
			10. Die beiden stehenden Damen.
			11. Die beiden sitzenden Damen.
			12. Die russischen Gefangenen.†
			13. Der kleine L'hombretisch.
			14. Eine Gesellschaft.†
			15. Die zwei sitzenden Damen am Baum.
			16. Studienblatt von 18 Fig.*
1759			17. Die Schlafende nach Rembrandt.
			18. Landschaft nach Rembrandt.
	E. 19. Titelkupfer zu d. franz. Psalmen.		
			20. Dame mit Muff.
1763			21. Der Friede bringt den König wieder.
			22. Der große L'hombretisch.
			23. Die vier Damen am Fenster.
1764			24. Kinderstube.*
			25. Sechs Türken zu Pferde.
			26. Viehstück nach Dieterich.
			27. Bettelfrau mit 2 Kindern.
			28. Bettelndes Soldatenweib.
			29., 30. } 2 Landschaftsstudien.†(29).
			31. Strickende Frau.
			32. Bettelfrau mit 3 Kindern.
			33. Das junge Mädchen vom Rücken gesehen.
			34. Bauernfrau, vom Rücken gesehen.
			35. Die 3 Damen am Fenster.
			36. Das lesende Kind.†
			37. Die 2 Alten und das Kind.
			38. Knab. beim Bratenwender.†
			39. Das Brandenburger Thor.†
			40. Ausländisches Weib mit 3 Kindern.
			41. Die Frau mit 2 Kindern.
			42. Der Türke.†
			43. Die 3 Türken.
			44. Russen und Türken.

Jahr	Buchillustrationen	Almanachbilder	Einzelblätter
1767			E. 45. Prinzessin Friederike. 46. Vermählung d. Prinzessin.† 47. Bouquet de Maximes. 48. Der große Calas.
1768			49. Friedrich d. Gr. nach Vanloo. 50. Die Karawane.*†
1769		E. 51. Minna von Barnhelm, Almanac généalogique 1770. Berlin. 52. Dasselbe, zur deutschen Ausgabe.*† 12).	
			53. Die 9 Einfälle zu E. 52.*
	E. 54. Basedow, Elementarwerk, Blatt 1.		
			55. Action près de Choczim.† 55a. Mars und Venus zu E. 55. 56. Medaille auf Choczim.
	57. Basedow, El.-Werk, Bl. 2 †		
1770		58. Don Quixote. Alm. gén. 1771. Berlin.	
	59. Vademecum V. Titelkupfer.		
			60. D. Gleichheit aller Stände.†
	61—63. Basedow, Elem.-Werk, Bl. 3—5.		
			64—66. 3 Vignetten auf Frau Daum. † (65). 67. Die ökonomische Trophäe. 68. Romanzoffs Sieg.
1771		69. Geßners Idyllen. Geneal. Kalender 1772. Berlin.	
	70. Buffon, Naturgeschichte. Titelkupfer u. Vignette. 70a. Porträt v. Schönberg zu Krünitz, Encyklopädie I. 71—73. Basedow, Agathokrator, 3 Bl.		
		74. Ariosts Rasender Roland. Alm. gén. 1772. Berlin.† (5).	
			75. Cabinet d'un Peintre.†
	76. Sulzer, Theorie, Titelk. 77. Abbt, Vom Verdienst, Titelk.		
			78. Einwanderung der Franzosen.† 79. Scharmützel.* 80. Studienblatt.* 81. Studien von 2 Reitern.* 82. Lebenslauf der Buhlschwester.* 83. Die Zelte.
1772	84. Nouv. Mémoires de l'Academie, Titelkupfer.		
			85. Medaille auf das französ. Jubiläum.
	86. Gellert, Leçon de Morale, Übersetzung, Titelvignette.		
			87. Bibliothekzeichen des franz. Seminars.
	88—89. Buffon, Naturgesch. der Vögel, Titelk. u. Vign.		
1773		90. Das Leben eines Liederlichen. Geneal. Kal. 1774, Berlin.	
	91. Krünitz, Encyklop., Vign. 92—96. Nicolai, Seb. Nothanker, Bl. 1—5 † (92). 97. Porträt v. Thile, zu Krünitz, Encyklopädie II.		
			98. Die Schlittenfahrt.*
	99. Guichard, Mém. crit. Cäsars Zug, Vign. 100—104. Nicolai, Seb. Nothanker, Bl. 6—10. 105. Porträt von Basedow, zur Allgem. deutschen Bibliothek		

Jahr	Buchillustrationen	Almanachbilder	Einzelblätter
1773	E. 106. Porträt von Philippi zu Krünitz, Encyclopädie III.		
			E. 106a. Porträt von Wajenberg.
1774	107. Lavater, Physiogn. Fragmente I. Titelvignette.		
	108. Martini, Allgem. Gesch. d. Natur, Titelvignette.		
	109. Sulzer, Theorie. Bl. 2.		
			109a. Der Künstler im Zimmer seiner Mutter.
		E. 110. Der Deserteur, von Sedaine. Gen. Kal. 1775. Berlin.	
			111. Friedländers Bibliothekzeichen.
	112—116. Lavater, Physiogn. Fragmente, Bl. 2—6.† (113).		
	117. Basedow, Elem.-Werk, Bl. 5.		
			118. Porträt von C. W. C. Dieterich.
			119. Kleine Landschaft *
1775	120. Nicolai, Freuden d. jungen Werthers, Titelvignette.		
			121. Das Masauerrecht.
	122. 122a. Nicolai, Seb. Nothanker, Bl. 11.		
	123. 124. Lavater, Phys. Fragm. Bl. 7 u. 8.		
	125. Blankenburg, Geschichte d. deutschen Reiches, Titel †		
	126. 127. Lavater, Phys. Fragm. Bl. 9 u. 10.		
			128. Drei Baschkiren *
	129—132a. Nicolai, Seb. Nothanker, Bl. 12—16.		
			133. Heimführung der Braut.†
			134. Der Bankerottierer.
			135. Der bankerott. Schuhflicker.
			136. Karikaturen I.*
			137. Karikaturen II.*
			138. Drei poln. Figuren.* †
	139. Lavater, Phys. Fragm. III. Die Grausamkeit.		
		140. Blaise Gaulard. Alm. gén. 1776. Berlin.† (10).	
		141. Gellert, 6 Fabeln u. 6 Erzählungen. Gen. Kal. für Westpreußen 1776.	
	142. Porträt von Teller, in d. Allgem. d. Bibl. 28.		
	143—146. Lavater, Phys. Fragm. Bl. 11—14.		
	147. 148. Bertuch, Don Quixote, Bl. 1. 2.		
1776	149. Goldsmith, Vicar of Wakefield, Titelkupfer.		
	150. Sanseverino, Bianca Capello, Titelkupfer.		
	151. 152. Deyverdun, Werther traduit. 2 Titelvignetten.		
	153. Tielcke, Mémoires, 1 Bl.		
	154—158. Nicolai, Seb. Nothanker, Bl. 17—21.		
		159. Goldsmith, Landprediger v. Wakefield. Alm. gén. 1777. Berlin.	
		160. Gellerts Fabeln. Gen. Kal. für Westpreußen 1777.	
	161. 162. Tielcke, Mémoires, Bl. 2 u. 3.		
		163. Gellerts Monument. Titelkupfer zum Gen. Kal. f. Westpreußen 1777.	

Jahr	Buchillustrationen	Almanachbilder	Einzelblätter
1776			E. 164. Erste Militärstrafe.† 165. Zweite Militärstrafe.
	E. 166. Porträt von Goethe. Allg. d. Bibliothek 29. 167. Nicolai, Kl. feyner Almanach, Titelkupfer.		
		E. 168. Porträt v. Gerstenberg, Titelk. zu Voß, Musenalm. 1777.	
	169—171. Bertuch, Don Quixote, Bl. 3—6.		
		172. Hermes, Prediger Gros, Gothaischer Hofkal. 1778.	
	173, 174. Schummel, Kinderspiele, Titelk. u. Titelvign.		
		175. Wiederholung von E. 168.	
	176. Weihnachtsgeschenk f. Kinder, Titelkupfer. 177. Basedow, Gesangbuch, Titelkupfer. 178. Basedow, Gesangbuch II. 179. Basedow, Prakt. Philosophie, Titelkupfer.		
			180. Porträt von Brückmann. 181. Porträt von Weitsch.
1777		182. Hermes, Sophiens Reise. Gen. Kal. 1778. Berlin. 183. Die Monate. Kgl. Großbritan. gen. Kal. f. 1778, Lauenburg.	
	184. Zachariä, Tanti, Titelvign. 185. Teller, Geist d. vernünft. Christentums, Titelvignette. 186. Weber, Leben Menadies, Titelkupfer.		
		187. Porträt der Prinzessin Augusta Sophie, Titel zum Lauenburger Kal. f. 1778. 188. Fortgang der Tugend und des Lasters. Göttinger Taschenkalender f. 1778.	
	189, 190. Trisch, Gesch. Karl Ferdiners, Bl. 1 u. 2.		
			191. Porträt von F. E. von Rochow. 192. Bibliothekzeichen Chodowieckis.†
		193. Wiederholung von E. 183 f. d. franz. Ausg. d. Kal. 194. Wiederholung von E. 187 f. d. franz. Ausg. d. Kal. 195. 2 Titel u. 2 Modekupfer zum Göttinger Taschenkal. f. 1778.	
			196. Friedrichs II. Wachtparade.
		197. Titel u. Porträt v. Hölty zu Voß, Musenalm. f. 1778.	
			198. Der Kronprinz zu Pferde. 199. Die drei Grazien. 200. Wiederholung von E. 196. 200a. Friedrich II. zu Pferde, Umriß.
	201, 202. H. Stillings Jugend, Titelk. u. Vign. 203. Weber, Leben Menadies, 2. Teil, Titelk.		
		204. Wiederholung von E. 197. 205. Wiederholung von E. 183. 193. 206. Wiederholung von E. 187. 194.	
	207. Claudius, Wandsbecker Bote III. Vign.		
1778	208—212. Voltaire, Kandide, 6 Bl.		

Jahr	Buchillustrationen	Almanachbilder	Einzelblätter
1778	E. 213. 214. Wever, Litt. u. Theaterzeitung I: 2 Bl. zu Hamlet.		
	215—230. Spieren, Leben Bunkels, 16 Bl.		
		E. 231. 12 Bl. moral. u. satir. Inhalts. Gen. Kal. f. 1779. Lauenburg.	
	232—239. Bürgers Gedichte, 8 Bl.		
	240. Mackenzie, Der Mann v. Gefühl, Titelk.*		
	241. Hahn, R. v. Hohenecken, Titelkupfer.		
	242. 243. Niemeyers Gedichte, 2 Vignetten.		
	244. 245. Stillings Jünglingsjahre, Titelk. u. Vign.		
	246—251. Hippel, Lebensläufe, Bl. 1—6.		
		252. Hamlet, 12 Bl. f. d. Gen. Kal. f. 1779. Berlin.	
		253. Titel u. Porträt d. Prinzessin Elisabeth f. d. Gen. Kal. f. 1779. Lauenburg.	
		254. 255. 5 Bl. Moden und Kopfputz zu demselben Kal.	
		256. Natürl. u. affekt. Handlungen I. f. d. Taschenkal. f. 1779. Göttingen.	
		257. Die Büste Shakespeares, Titelk. zum Gen. Kal. 1779. Berlin.	
		258. 2 Bl. Kopfputz z. Taschenkalender f. 1779. Göttingen.	
		259. Wiederholung von E. 231 f. d. franz. Ausg. desselben Kalenders.† (8).	
		260. Wiederholung von E. 253 f. d. franz. Ausg. desselben Kalenders.	
	261. Schubach, Die Jünger zu Emaus, Titelvign.		
	262. 263. Stillings Wanderschaft, Titelk. u. Vign.		
	264—267. Phil. Gatterer, Gedichte. 4 Bl.		
	268. Tusch, Gesch. Ferdiners, Bl. 3.		
		269. Wiederholung von E. 231 u. 259.	
		270. Wiederholung von E. 253 u. 260.	
	271. Porträt v. Eberhard, Allg. d. Bibl. 37.		
	272. Wever, Litt.- u. Theaterzeitung II: Lady Macbeth.		
779	273—276. Le Sage, Gil Blas übers., 2 Titelk., 2 Vign.		
	277. Schubach, Die Jünger zu Emaus, Bl. 2.		
	278. Tusch, Gesch. Ferdiners, 4 Bl.		
		279. Leben e. schlecht erzogenen Frauenzimmers, Gen. Kal. f. 1780. Berlin.	
	280—284. Wezel, Die wilde Betty, 1 Bl.		
	285—288. Le Sage, Gil Blas, Bl. 5—8.		
	289. 290. Hippel, Lebensläufe, Bl. 7 u. 8.		
	291. Schulze, Elementarbuch d. lat. Sprache, Bl. 1.		
	292—297. Wezel, P. Marks, 6 Bl.		

Jahr	Buchillustrationen	Almanachbilder	Einzelblätter
1779	E. 298–303. Hippel, Lebensläufe, Bl. 9–14. 304. Sammlung witziger Einfälle, Titelkupfer. 305. Porträt d. Kaiserin Katharina, f. Krünitz, Encyklop. 16.		
		E. 306. 12 Bl. verschied. Inhalts f. d. Gen. Kal. f. 1780, Lauenburg. 307. Titel und Porträt Ernst Augusts zu demselben Kal. 308. Minervakopf zu demselben Kalender. 309, 310. 2 Bl. Kopfputz, 3 Bl. Kleidermoden zu demselben Kalender. 311. Titelkupfer zum Gen. Kal. f. 1780. Berlin.	
	312. Porträt von J. J. Engel f. d. Allgem. d. Bibl. 39. 313–316. Le Sage, Gil Blas, Bl. 9–12. 317. Campe, Robinson, Titelk. 318. d'Alembert, Eloge de Milord Maréchal, Titelvign.		
		319. Natürl. u. affekt. Handlungen II. Alm. gén. p. 1780, Göttingen.† 7. u. 8. 320. Lessing, Fabeln und Erzählungen, Alm. de Gotha p. 1780. 321. 2 Bl. Kopfputz zu demselben Kalender.	
	322–324. Schulze, Elementarb. d. lat. Sprache, Bl. 2–8. 325. Reichard, Bibl. d. Romane IV. Bl. 1. 326–329. Stolberg, Gedichte, 4 Bl.		
		330. Wiederholung von E. 306. 331. Wiederholung von E. 307.	
	332. Zeitz. Mediz. Annalen, Titelkupfer. 333–336. Duich, Gesch. Ferdineros, Bl. 5–8.		
			E. 337. Wallfahrt nach Fr. Buchholtz.
		338. Wiederholung von E. 307 u. 331.	
1780	339. Ramlau, Reisen d. Cyrus, übers., Titelvign. 340. Miller, Gesch. d. Zärtlichkeit, Titelk. 341. Duich, Gesch. Ferdineros, Bl. 9. 342. 343. Lichtenberg, Orbis pictus, Bl. 1 u. 2.		
			344. Porträt von Scheel.
		345. Heiratsanträge, Alm. gén. p. 1781. Göttingen.	
	346. Geschichte eines Genies, Titelkupfer. 347. Lavater, Jesus Messias, Vign. 348. Schummel, W. v. Blumenthal, 1. Titelk. 349. 350. Leben d. Fürstin v. Detmold, 2 Vign. 351. Meißner, Skizzen III Titelvignette. 352. Westphal, W. Edelwald, Titelkupfer. 353. Weiße, Jean Calas, Titelkupfer.		
			354. Porträt von General Belling.

Jahr	Buchillustrationen	Almanachbilder	Einzelblätter
1780		E. 355. Occupation des Dames Alm. gén. p. 1781. Berlin.+/6.	
		356. Hochzeitsgebräuche. Hofkalender f. 1781. Gotha.	
		357. Steckenpferdreiterei. Gen. Kal. f. 1781. Lauenburg.+2 4.	
		358. 2 Titelkupfer z. Göttinger Kal. f. 1781.	
		359. 2 Bl. Kopfputz zum Göttinger Kal. f. 1781.	
		360. Penelope, Titelk. z. Berliner Kal. f. 1781.	
		361. Porträt v. Aug. Friedrich u. Titel z. Lauenburger Kal. f. 1781.	
		362. 2 Bl. Kopfputz z. Lauenburger Kal. f. 1781.	
		363. 3 Bl. Moden z. Lauenburger Kal. f. 1781.	
	E. 364. Mudler, Neujahrsgeschenk für Frauenzimmer. Titelkupfer.		
	365. Westphal, W. Edelwald II. Titelvign.		
	366. Gesch. e. Genies II. Titelk.		
	367. Grammont, Mémoires, Titelkupfer.		
	368. Lichtenberg, Orbis pictus, Bl. 3.		
	369—374. Erasmus, Lob der Narrheit, Bl. 1—6.		
	375. Tiecke, Beiträge, Titelvignette		
	376. Cramer, Unterhaltungen, Titelvignette		
	377. 378. Erasmus, Lob der Narrheit, Bl. 7 u. 8.		
	379. Porträt von Lüdke, zur Allg. d. Bibl. 64.		
		380. Voltaires Schriften. Alm. gén. p. 1782. Berlin.	
	381. Pestalozzi, Lienhard und Gertrud, Titelvign.		
		382. Heiratsanträge II. Taschenbuch zu Nutzen und Vergnügen f. 1782. Göttingen.	
	383. Hermes, Andachtsbuch, Vign.		
			E. 384. Wilhelm Tell.
	385—389. Ewald, Rolf Krage, 5 Bl.		
	390. Phil. von Freudenthal, Titelkupfer.		
	391. Lady Montagues Lettres, Titelkupfer.		
	392. W. v. Blumenthal II. Titelkupfer.		
1781	393. Westphal, Porträts II. Titelkupfer.		
			394. Die Werke d. Finsternis
		395. Grossmann, Nicht mehr als 6 Schüsseln. Gen. Kal. f. 1782. Lauenburg	
		396. Mayer, Hist. des Croisades, Alm. gén. p. 1782. Gotha.	
		397. Titel u. Porträt Adolf Friedrichs zum Gen. Kal. 1782 Lauenburg.	
		398. 399 5 Bl. Kopfputz und Kleidermoden zu demselben Kalender.	
		400. 2 Bl. Kopfputz zum Alm. gén. p. 1782. Gotha.	
	401. Lichtenberg, Orbis pictus, Bl. 4.		

Jahr	Buchillustrationen	Almanachbilder	Einzelblätter
1781	E. 402. 403. Wezel, W. Arend, 2 Vignetten.		
	404. Zack, Predigten, Titelk.		
	405. Hermes, Passionspredigten, Titelvignette.		
	406. Becker, Toleranz, Titelvignette.		
	407. 407a. 408. Hippel, Lebensläufe, Bl. 15—17.		
	409—415 Bl. 18—24 zu demselben.		
	416 416a. S. Albrecht, Gedichte, Titelk. u Vign.		
	417. Hermes, Andachtsbuch, Vign.		
1782	418. Magdalena, Titelvign. zu „Andachten".		
		E. 419. Blümicke, Lanassa, Gen. Kal. f. 1783. Lauenburg.	
	420. 421. Ph. Engelhard, Gedichte, Bl. 5 u. 6.		
	422—426 Blumenbach, Beiträge zur Naturgeschichte, 5 Vignetten.		
	427. Eberhard, Amyntor, Titelkupfer.		
	428—431. Coventry, Der kl. Cajus, 4 Bl.		
	432. Joseph, Titelkupfer.		
	433. Unger, Gesch. der Brüder d. grünen Bandes, Titelvign.		
	434. Winkopp, Prior Hartungus, Titelkupfer		
	435. Starrons kom. Roman, Titelkupfer.		
	436. Klein, Leben d. gr. Teutschen, Bl. 1.		
			E. 437. Vign. zur Elegie auf den Tod Barez'.
		438. Rousseau, Nouvelle Héloise. Alm gén. p. 1783. Berlin.	
		439. Tressan, Huon de Bordeaux. Alm. gén. p 1783. Gotha.	
		440. Centifolium stultorum. Taschenkal. f. 1783. Göttingen.	
			440a. Die Frau mit 2 Kindern.
		441. Titel u. Porträt d. Prinzessin Maria z. Gen. Kal. f. 1783. Lauenburg.	
		442. 443. 5 Bl. Kopfputz und Kleidermoden, zu demselben.	
	444—455. Pestalozzi, Lienhard u. Gertrud, franz., 12 Bl.		
	456. Über d. Ganze d. Maurerey, Titelk.		
	457. Meißner, Skizzen IV., Titelkupfer.		
	458. Müller, Verschanzungskunst, Vign.		
	459. Wiederholung von E. 19.		
	460. Erman & Reclam, Mémoires, Bl. 1.		
	461. Porträt d. J. E. Stosch. Allg. d. Bibl. 64.		
		462. Schiller, Die Räuber, in Reichards Theaterkal. f. 1783.	
	463. Klein, Leben d. gr. Teutschen, Bl. 2.		
1783		464. Sterne, Yoricks Empfindsame Reise. Gen. Kal. für 1784. Berlin.	
	465. 466. Lavater, Jesus Messias, Bl. 1 u. 2.		

Jahr	Buchillustrationen	Almanachbilder	Einzelblätter
1783	E. 467. Katharina II., Märchen, Titelk.		
	468—473. Claudius, Wandsbecker Bothe, Bl. 2—7.		
	474. 475. Bibl. d. Romane, Bl. 2—3.		
	476. 477. Salzmann, Carl v. Carlsberg I., Titelk. u. Vign.		
	478. Meißner, Skizzen V., Titelvignette.		
	479. Klein, Leben d. gr. Deutschen, Bl. 3.		
		E. 480. Müller, Siegfried v. Lindenberg, Taschenkal. für 1784. Göttingen.	
		481. Großmann, Adelheid von Veltheim. Gen. Kal. f. 1784. Lauenburg.	
		482. Le Sage, Gil Blas. Alm. gén. p. 1784. Gotha.	
		483. Titel u. Porträt z. Gen. Kal. f. 1784. Lauenburg.	
	484—486. Lavater, Jesus Messias, Bl. 3—5.		
	487—490. Müller, S. v. Lindenberg, 4 Bl.		
	491. Katharina II., Märchen, Titelkupfer.		
		492. Sprengel, Gesch. d. Revolution v. Nordamerika. Hist. gen. Kal. f. 1784. Berlin.	
	493. Erman & Reclam, Mémoires, Bl. 2.		
	494. 495. Salzmann, Carl von Carlsberg, Bl. 3 u. 4.		
1784	496—499. Weiße, Briefwechsel I. 4 Bl.		
	500. Klein, Leben d. gr. Deutschen, 4 Bl.		
	501. Seyffert, Neue Morgenandachten, Titelvign.		
	502—504. Ewald, Balders Tod, 3 Bl.		
	505—507. Ewald, Die Fischer, 3 Bl.		
	508. 509. Bibl. d. Romane, Bl. 4 u. 5.		
	510. 511. Salzmann, Carl von Carlsberg, Bl. 5 u. 6.		
	512. Lavater, Jesus Messias, Bl. 6.		
		513. Sechs männl., sechs weibl. Eigenschaften. Kl. Taschenkal. f. 1785. Berlin.	
		514. Macbeth, Taschenkal. für 1785. Göttingen.	
		515. Bretzner, Der Eheprokurator. Gen. Kal. für 1785. Lauenburg.	
		516. Titel u. Porträt d. Prinzessin Amalie zu demselben Kalender.	
		517. Zur Geschichte d. Menschheit. Alm. gén. p. 1785. Gotha.	
	518. Neue Abendandachten. Titelvignette.		
	519. Kom. Erzählungen, Titelk.		
	520. Bibl. d. Romane, 6 Bl.		
	521—527. Richardson, Clarisse, übers., 7 Bl.		
			E. 527a. Cavalcata infortunata
	528. Lavater, Jesus Messias, Bl. 7.		
	529. Erman & Reclam, Mémoires, Bl. 3.		

Jahr	Buchillustrationen	Almanachbilder	Einzelblätter
1784	E. 530. Porträt von Boehm, Allg. d. Bibl. 67.		
	531. de la Veaux, Les vrais principes de la langue française, Titelkupfer.		
1785	532. Lavater, Jesus Messias, 8. Bl.		
		E. 533. Smollett, Peregrine Pickle. Gen. Kal. f. 1786, Berlin.	
	534. Klein, Leben d. gr. Deutschen, 5. Bl.		
	535. Rousseau, N. u. Heloise, Titelkupfer.		
	536. 537. Salzmann, Carl von Carlsberg, Bl. 7 u. 8.		
	538. Bibl. d. Romane, 8. Bl.		
		539. Shakespeare, König Heinrich IV. Taschenkal. f. 1786. Göttingen.† (6).	
			E. 540. Herzog Leopolds von Braunschweig Tod.
		541. Schiller, Kabale u. Liebe. Gen. Kal. f. 1786. Lauenburg.	
			542—545. 4 Vign. zu d. Elegien der Karsch auf d. Tod d. Frau Jeannette Chodowiecka.
			546. Holzendorffs Genesung, Vignette.
		547. Porträt von Hawier Teunion, Titelk. zum Gen. Kal. f. 1786. Lauenburg.	
	548. Krausch, E. gel. Geschichte, Titelkupfer.		
		549. Mariage de Figaro. Alm. gén. p. 1786. Gotha.	
	550—557. Richardson, Clarisse, Bl. 8—15.		
	558. Hermes, Beyträge, Titelvignette.		
		559. Iffland, Die Jäger, Gen. Kal. f. 1787. Berlin.	
1786	560. Erman & Reclam, Mémoires, 4. Bl.		
	561. Katharina II., Märchen, Titelkupfer.		
		562. 6 Bl. ostindische Gebräuche, hist.-gen. Kal. f. 1786. Berlin.	
			563. Blanquet zu d. Patenten der kgl. Akademie d. Künste zu Berlin.†
	564. Goldsmith, The Triumph of Benevolence, Titelk.		
			565. Ziethen sitzend vor seinem Könige.
			566. Umrisse der Köpfe zu E. 565.
		567. Brandenburgische Kriegsscenen, Gen.-mil. Kal. f. 1787. Berlin.	
		568. Shakespeare, Die lustigen Weiber v. Windsor. Taschenkalender f. 1787. Göttingen.	
		569. Karoline von Lichtfield. Hofkal. f. 1788. Gotha.	
	570. Seyffert, Andachten, Titelvignette.		
		571. Shakespeare, Coriolan. Gen. Kal. f. 1787. Lauenburg.† (7).	
			572. Verbesserung der Sitten.
	573. Erman & Reclam, Mémoires, 5. Bl.		
1787			574. Der erste } Fächer.
			575. Der zweite } Fächer.

Jahr	Buchillustrationen	Almanachbilder	Einzelblätter
1787	E. 576. Klein, Leben d. gr. Deutschen. 6. Bl.		
	577–580. Goethe, Schriften, 4 Bl.		
	581. Gotter, Gedichte I 1. Bl.		
		E. 582. d'Arblay, Camilla, Gen. Kal. f. 1788. Berlin.	
		583. Shakespeare, Der Sturm. Taschenkal. f. 1788. Göttingen.	
	584. Hermes, Predigten, Titelk.		
	585. Blumenbach, Naturgesch., Titelkupfer.		
	586. Blumenbach, Bildungstrieb, Titelvign.		
	587. Das Auge Gottes für ein Gebetbuch.		
		588. d'Arblay, Cäcilia. Gen. Kal. f. 1789. Lauenburg.	
			E. 589. Allegorie auf die Einäscherung Ruppins.
	590–592. Gotter, Gedichte, Bl. 2–4.		
1788	593. Erman & Reclam, Mémoires, Bl. 6.		
	594. 595. Bretzner, Das Leben eines Liederlichen, Titelk. u. Vign.		
		596. Titel zum Gen. Kal. f. 1789. Lauenburg.	
	597. Lavater, Verm. unphysiogn. Regeln, Titelvign.		
		598. Beweggründe z. Heiraten. Taschenkal. f. 1789. Göttingen.	
		599. Modethorheiten Gen. Kal. f. 1789. Berlin.	
		600. Anekdoten Friedrichs II. Hofkal. f. 1789. Gotha.	
		601. Titelkupfer z. Gen. Kal. f. 1789. Berlin.	
		602. Zur Geschichte d. holländ. Krieges, 4 Bl. Gen.-mil. Kal. f. 1789. Berlin.	
	603. Weber, Sagen d. Vorzeit, 1. Bl.		
	604. Halem, Poesie u. Prosa, Titelkupfer.		
	605. Hermes, Für Eltern, Vign.		
			605a. Kl. histor. Darstellung.*
1789			606. Kleine Landschaft.*
	607. 608. Wieland, Idris, 2 Bl.		
		609. 12 gute menschl. Eigenschaften. Kl. Taschenkal. f. 1790. Berlin.	
	610. Hermes, Zween litt. Märtyrer, Titelvign.		
		611. Blumauer, Äneis. Gen. Kal. f. 1790. Lauenburg. †(11).	
	612. Bürger, Leonore, Vign.		
		613. Anekdoten Peters d. Gr. Taschenkal. f. 1790. Göttingen.	
		614 12 Darstellungen aus der neuen Geschichte. Hofkal. f. 1790, Gotha.	
		615. Pr.-brandenburg. Staatengeschichte. Hist.-gen. Kal. f. 1790. Berlin.	
	616. Klopstock, Messias, übers. v. Kazinczy, Titelvign.		
	617. Woltersdorf, Predigten, Titelvign.		
	618. Porträt von Reclam, in s. Sermons.		
			619. Marsch einer Armee im 7jähr. Kriege.
			620. Reisende u. Bettler.
			621. Belgische Auswanderung.

Jahr	Buchillustrationen	Almanachbilder	Einzelblätter
1790	F. 622. Weber, Sagen d. Vorzeit, Bl. 2. 623. 624. Busch, Erfahrungen, 2 Vignetten. 625. Claudius, Wandsb. Bothe, Bl. 8. 626 Barth, Geschichte m. Gefängnisses. Titelvign. 627. Lenz, Geschichte d. Weiber, Titelvign. 628. Bunsen, Siegfr. v. Lindenberg, Titelvign. 629. Kl. Schmidt, Neue poet. Briefe, Titelvign		
		F. 630. Chenier, Bartholomäusnacht. Taschenkal. für 1791. Göttingen. 631. Kotzebue, Die Indianer in England. Gen. Kal. f. 1791. Lauenburg. 632. 12 Bl. z. älteren, mittleren u. neuen Geschichte. Hofkal. f. 1791. Gotha. 633. 1 Bl. zur Br.-brandenb. Staatengeschichte II. Gen. Kal. f. 1791. Berlin. 634—637. 4 Bl. zu Knoblauchs Taschenbuch f. Aufklärer.	
	638. Erman & Reclam, Mémoires. Bl. 7. 639—641. Ewald, Harlekin-Patriot, 3 Bl. 642. Ewald, Die brutalen Klatscher, 1 Bl. 643. Schulz, Romane-Magazin, Titelkupfer. 644. Hoffmann, Deutschlands Flora II. Titelkupfer.† 645. Merkwürdige Weissagung, Titelvign. 646. Weber, Sagen d. Vorzeit, Bl. 3.		
			F. 647. Die Zwerggruppe 648. Ausmarsch d. preußischen Armee. 649. Ausmarsch d. türk. Armee. 650. Ein Scharmützel. 651. Die auf Rosen schlummernde Unschuld.† 652. Die Flucht nach Ägypten. 653. Ruhe auf der Flucht.
	654. Claudius, Wandsb. Bothe, Bl. 9.		
1791	655. 656. Mühlenpfordt, Scenen a. d. Ritterzeiten, 2 Bl. 657. 658. Langbein, Schwänke I. Titelk. u. Vign. 659. J. Schwarz, Briefe einer Kurländerin, Titelvign. 660. Henry, Recueil de Poëmes, Titelk.		
		661. 6 gr. Begebenheiten a. d. verflossenen Decennium. Taschenkal. f. 1792. Götting.†(2). 662. Der Totentanz. Gen. Kal. f. 1792. Lauenburg.† (1). 663. 12 Bl. z. älteren u. mittleren Geschichte. Hofkal. f. 1792. Gotha.	
	664—668. Ziegenhagen, Lehre v. d. richtigen Verhältnissen, Bl. 1—5. 669. 670.† Hippel, Über d. Ehe, Titelk. u. Vign. 671. Weber, Sagen d. Vorzeit, Bl. 4.		

Jahr	Buchillustrationen	Almanachbilder	Einzelblätter
1791	K. 672–675. Ziegenhagen, Lehre, Bl. 6–9.		
1792	676. 677. Diderot, Jakob u. s. Herr, Titelk. u. Vign.		
	678. Ährenlese v. Kalenderfelde, Titelkupfer.		
	679. Walther, Vorübungen, Titelvign.		
		K. 680. Fabeln von Gellert, Gleim, Hagedorn u. Lichtwer. Kl. Taschenkal. f. 1795. Berlin.	
	681. 682. Langbein, Schwänke II., Titelk. u. Vign.		
	683.† 684. Vargas, Novellen, 2 Vignetten.		
	685. Huber, Verm. Schriften. Vignette.		
		686. 6 Begebenheiten a. d. neuer. Zeitgeschichte. Taschenkal. f. 1793. Göttingen.† (4).	
		687. 12 Bl. Brandenburg. Geschichte. Gen. Kal. f. 1793. Berlin.*	
		688. 12 Bl. a. d. mittleren u. neueren Geschichte. Alm. gén. p. 1793. Gotha.*	
		689. 6 Bl. n. Geschichte u. 6 Bl. Blumauer, Aneis. Gen. Kal. f. 1793. Lauenburg.*	
		690. Titelkupfer z. hist.-gen. Almanach f. d. 3. Jahr d. französ. Freiheit.*	
1793	691. Temme, Pächter Martin, Titelvignette.		
		692. 693. 2 Bl. z. hist.-gen. Alman. f. d. 3. Jahr d. franz. Freiheit.	
	694. Jean Paul, Die unsichtbare Loge, Titelk.*		
			K. 695. Bibliothekzeichen des Dr. Schinz.*
			696. D. Gehirn e. Künstlers.* †
	697. Wiesiger, Gedichte, Titelk.*		
			698. Der Lebenslauf, 8 Bl.
	698–702. Storch, Gemählde v. St. Petersburg, 1.–4. Bl.		
		703. 12 Bl. z. älteren, mittleren und neueren Geschichte. Gen. Kal. f. 1794. Berlin.*	
	704–709. Weber, Holzschnitte, 4 Vignetten.		
	710. Mühlenpfordt, Scenen a. d. Geschichte, Titelk.*		
		711. Fabeln u. Erzählungen v. Gellert, Gleim, Hagedorn, Lichtwer u. Pfeffel. Kl. Taschenkal. f. 1794. Berlin.*	
		712. Brandenburg. Geschichte. Hist.-gen. Kal. f. 1794. Berlin.*	
		713. Aufrichtigkeit u. Heuchelei. Taschenkal. f. 1794. Göttingen.*	
		714. Anekdoten Friedrichs d. Gr. Gen. Kal. f. 1794. Lauenburg.*	
		715. Geschichte d. Mittelalters. Taschenkal. f. 1794. Gotha.*	
			716. Porträt v. O. C. Schorne.
	717–719. Storch, Gemälde v. St. Petersburg, 5.–7. Bl.*		
	720. Matthisson, Gedichte, Titelvignette.*		
	721. Wächter, Gründung der Bürgerfreiheit Hamburgs, Titelvignette.*		

Jahr	Buchillustrationen	Almanachbilder	Einzelblätter
1793			E. 722. 722a. Der j. Mann mit der Silhouette. 723. Freiheit u. Gleichheit. 724. Pethion, Marat und die Poissarde. 725. Drei Cavalcaden.*
1794		E. 726. Hölty, Elegie auf ein Landmädchen. Kl. Taschenkal. f. 1795. Berlin. 727—732. Theseus. Beckers Taschenbuch u. Alm. z. gesell. Vergnügen f. 1795.*	
	E. 733. Halem, Geschichte von Oldenburg, Titelvign.*		
			734. Die Enthusiasten.
		735. 6 Bl. neue franz. Geschichte. Gen. Kal. f. 1795. Lauenburg.*	
	736. Kinderling, Für deutsche Sprache. Titelvign.* 737. Weber, Sagen d. Vorzeit V. Titelkupfer.		
		738. 739. 2 Bl. zu Beckers Taschenbuch f. 1795.* 740. Titelkupfer zur Leipziger Monatsschrift f. Damen f. 1794.*	
	741. Erman & Reclam, Mémoires, 8. Bl.*		
			742. Graff u. Becker, Einfall zu E. 741.*
		743. 744. Wiederholung von E. 738. 739.* 745—747. 3 Bl. zu Ehrenbergs Taschenbuch f. Frauenzimmer f. 1795.*	
			748. Konvention von Kloster Seeven. 749. Berlinische Folgsamkeit. 5 Bl.* 750. Bataille du 18. Août.*
	751. S. Mereau, Das Blütenalter d. Empfindung. Titelk.* 752. 753. Lafontaine, Clara du Plessis, Titelk. u. Vign.*		
			754. D. u. Reiter mit d. Dame.* 755. Die angenehme Unterredung.*
		756. Titelkupfer zur Leipziger Monatsschrift f. Damen f. 1795.	
	757. Honig, Grigri, Titelvign.* 758. Schulz, Reise eines Liefländers, Titelvign.		
			759. Verschiedene Figuren.*
1795		760. Fragmente einer Heiratsgeschichte. Kal. z. sittl. u. angenehmer Unterhaltung f. 1796.* 761—768. 8 Bl. zu Beckers Taschenbuch f. 1796.*	
			769. Die gute Mutter.
	770. 771. Füllner, Feyer der Liebe, Titelk. u. Vign.* 772. Der Märterer der Wahrheit, Titelvign.*		
		773. Ebert, Jahrbuch zur belehrenden Unterhaltung f. j. Damen, Titelvign.*	
			774. Begegnung am Frühlingsmorgen. 775. Der Aufschneider. 776. D. Spaziergang i. Grünen.
		777. 778. 2 Bl. zu Ehrenbergs Taschenbuch f. Frauenzimmer f. 1796.*	

Jahr	Buchillustrationen	Almanachbilder	Einzelblätter
1795		E. 779. Geschichte von Polen. Histor.-gen. Kal. f. 1796. Berlin. 780. 6 Bl. z. älteren u. mittleren Geschichte Gen. Kal. f. 1796. Lauenburg.*	
			E. 781. Verteilung d. Glücksgüter.
	E. 782. Weber, Sagen d. Vorzeit VI. Titelk.* 783. Wiederholung v. E. 736.*†		
			784. Porträt von Geh.-Rat Höpfner.* 785. Die Emigrierten. 786. Die kl Landschaft mit d. Backofen.*
		787—792. 6 Bl. zu Langs Alm. u. Taschenb. f. häusl. u. gesellige Freuden f. 1796.*	
			793 Die Reise nach Dresden.
		794—796. Fischers Deutsche Monatsschrift 1795, Bl. 1—3.*	
	797—806. Richardson, Clarissa, 2. Komposition, Bl. 1—10.*		
1796	807—820. Richardson, Clarissa, 2. Komposition, Bl. 11—24.*		
		821—822a. 4 Bl. z. Milit.-Kal. f. 1797 Berlin 823. Geschichte v. Polen. Hist.-gen. Kal. f. 1797. Berlin.* 824—831. 8 Bl. zu Beckers Taschenbuch f. 1797.*	
			832. Die kgl. preuß. Familie.†
	833. Gräter, Bragur. Titelk.* 834. Ewald, Phantasien auf e. Reise u. Flucht nach Hanau, Vignetten.*		
			834a. Die Einfälle von 834.*
1797		835—837. Fischers Deutsche Monatsschrift 1796. Bl. 4—6.* 838—845. 8 Bl. zu Beckers Alm. ꝛc. f. 1798.* 846. Geschichte Katharinas II. Histor.-gen. Kal. f. 1798. Berlin.* 847—850. 4 Bl. zu Langs Alm. f. 1798.* 851, 852. 2 Bl. zu demselben f. 1799.*	
	853—856. Unger, Julchen Grünthal I u. II., Titelk. u. Vign.*		
			857. 30 physiognom. Köpfe zu Lavater.*
	858, 859. v. Krecktow, Wohlthätige Vorschläge, 2 Bl.* 860. Becker, Darstellungen I., Titelvignette.*		
		861—863. Fischers Deutsche Monatsschr. f. 1797, Bl. 7—9.*	
1798	864. Becker, Darstellungen II., Titelvignette.*		
		865—872. 8 Bl. zu Beckers Alm. u. Taschenb. f. 1798.* 873—876. 4 Bl. zu Langs Taschenbuch f. häusl. u. gesell. Freuden f. 1799, 1801, 1802.* 877—878a. 3 Bl. Hermann u. Dorothea, zu Renners Taschenbuch f. Frauenzimmer v. Bildung f. 1799.*	
	879. Hoffmann, Deutschlands Flora II, 2 Titelk.*		
			880. Porträt v. Mos. Weiselh.*
		881. Geschichte der Bartholomäusnacht. Hist.-gen. Kal. f. 1799. Berlin.*	

Jahr	Buchillustrationen	Almanachbilder	Einzelblätter
1798			E. 882. Lippert u. Zingg.*† 883. Heimfahrt einer guten Schweizerkerle. 884. 3 Bl. Mr. de Vollange.
	E. 885. Genlis, Herbies moreaux, Titelkupfer.		886. Kleidermoden.
	887. Ewald, Phantasien, Titelkupfer.* 888. Weber, Winhall, Titelvignette.*		
1799		E. 889—896. 8 Bl. zu Beckers Alm. u. Taschenb. f. 1800.* 897—900. 4 Bl. zu Langs Taschenbuch f. 1799.* 901. Titelkupfer z. Taschenbuch d. Liebe u. Freundschaft f. 1800.* 902—904. Fischers Deutsche Monatsschrift, Bl. 10—12.* 905. 906. 2 Bl. z. Taschenbuch f. weisen Lebensgenuß, 1800.* 907—909. 4 Bl. zu Langs Taschenbuch f. 1800.* 910—912. 3 Bl. zu Neusiers Taschenb. f. Frauenzimmer, 1800.*	
	913. Hoffmann, Deutschlands Flora I., 1 Titelkupfer.*	914. 915. 2 Bl. z. Zeitschrift: Berlin, 1799, 1800.*	916. Die Höflichkeit.* 917. Die ländliche Ruhe.*† 917a. Einfälle.*
	918. Erman & Reclam, Mémoires, Bl. 9.*		919. Cl[illegible]rns Kinder.*
		920. Woltmann, Wallenstein. Histor. Kal. f. 1803, Berlin.* 920a. Geschichte der Bartholomäusnacht. Hist.-gen. Kal. f. 1800, Berlin.*	
1800		921—928. 8 Bl. zu Beckers Taschenbuch f. 1801.* 929—931. 4 Bl. zu Langs Taschenbuch f. 1801.* 932—936. 5 Bl. zu Salzmanns Taschenbuch zur Beförderung d. Vaterlandsliebe f. 1801.*	937. Der Betielvogt
		938—943. Fischers Deutsche Monatsschrift f. 1800, Bl. 13 bis 18.* 944. Stein, Charakteristik Friedrichs II. Milit.-Kal. f. 1801. Berlin.* 945. Geschichte d. ersten Kreuzzuges. Hist.-gen. Kal. f. 1801. Berlin.*	946. Die Neujahrswunschverkäuferin.*
		947. 5.—8. Bl. zu der Folge E. 944.*	948. Ziethen an der Tafel Friedrichs II. schlafend. 949. 31 Figuren.* 950. Modekleidungen 1750 bis 1800.

Inhaltsverzeichnis.